# 総合コミュニケーション英語文法

岸野英治 著

大修館書店

# まえがき

　本書は，表題の示すとおり，英語を「話し」「書く」観点から編まれたコミュニケーションのための英文法書である。国際化・グローバル化の急速な進展にともない，発信型の文法書の必要性が叫ばれて久しいが，本書はこの要望に応えるべく，表現の立場に立って編まれた総合的な文法書で，人間の多様な発想をしかるべく類型化し，ある概念が日本語と英語でどのように表現されるかということを体系的に示し，同時に正しく「話し」「書く」ために必要な文法・語法の解説を試みたものである。このように表現文法の立場に立ちながら，従来の文法の枠組みをも利用して，コミュニケーションに必要な項目が全体的に必要十分な形で網羅されるよう工夫されている。高校生にもわかりやすいように解説は要を得て簡潔にしているが，さらに深く読み進む人のために，NOTE欄を多数設け，表現に必要な文法・語法の最新の知見を豊富に盛り込んでいる。そのため，大学生，大学院生，英語をやり直したいと考えている人を含めて一般の方にも幅広く利用していただけるものと考えている。

　執筆にあたっては，主に次のような点に留意した。

1. 発想別にまず日本語の概念を示し，それに対応する英語を示す。そして英語がどのような形で表現されるかということをできるだけ平易な範例を用いて解説する。
2. 範例は，日常よく使われる表現を中心とし，日常の多様な状況や場面に対応できるバラエティに富んだものとする。必要な場合，範例に注記を施し，範例をいっそう使いやすいものにする。
3. スピーチレベルに配慮する。特にくだけた言い方，話し言葉で用いられる語や表現には《話》，特に堅い言い方，書き言葉で用いられる語や表現には《書》のラベルを付す。
4. 地域差に配慮する。語，語句，表現に英米差がある場合，特にアメリカで用いられるものには《米》，特にイギリスで用いられるものには

《英》のラベルを付す。
5. 非文情報を示す。こうは言わないという特に間違いやすい表現には ×の印を付け，注意を促す。
6. 必要に応じて NOTE 欄を設け，表現に必要な最新の文法・語法の知見を存分に盛り込み，奥行きがあり，深みのあるものにする。

　本書が出来上がるまでには直接，間接に多くの方のお世話になっている。恩師小西友七先生は文法・語法研究に導いてくださったばかりでなく，最後まで常に温かくご指導くださり，その学恩に心から感謝の意を捧げるものである。國弘正雄氏は，その著書『英語の話し方』で表現文法の必要性を強く訴えられており，私が英語学研究の世界に飛び込む一つのきっかけになったのも氏の著書によるところが大きい。甲南女子大学英語英米文学科で同僚の Christopher E. B. Powell 名誉教授，Charles F. Canning 准教授はインフォーマントとして貴重な情報を提供されたばかりでなく，丁寧に範例を読んでくださった。また畏友である井内長俊氏には貴重なコメントを賜った。

　最後になったが，出版を快く引き受けてくださった大修館書店，特に編集第二部部長飯塚利昭氏には心からお礼を申し上げたい。編集担当の五十嵐靖彦氏は，細部にわたる助言，深い洞察に富んだコメントを寄せられ，本書がいっそう充実したものになるよう尽力を惜しまれなかった。ほんとうに最初から最後までお世話になった。この場を借りて深く感謝の意を表しておきたい。

　終わりに，本書の内容をさらに充実させるために，著者はさらに努力を重ねることはもちろんであるが，ご利用くださった皆様方のご助言を仰ぐ次第である。

　　　2007 年 12 月

　　　　　　　　　　　　　　　　　　　　　　　　　岸　野　英　治

目　　次

まえがき　i

## 1章　現在の表し方 …………………………………………… 3
### 1.1　単純現在時制　4
(1) …である──現在の状態　4
　(1a) 現在の状態　4
　(1b) 永遠の真理　5
(2) (繰り返し) …する──現在の習慣的動作　7
　(2a) 現在の習慣的動作　7
　(2b) 習性　8
(3) (今) …します，…する──現在の瞬間的動作　8
　(3a) 発話時と同時の動作　8
　(3b) 眼前の動作　9
　(3c) 発話と同時の行為の成立　10
(4) …した──現在完了形，過去時制の代用　11
### 1.2　現在進行形　13
(1) (今) …している──現在進行中の動作・状態　13
(2) (反復しながら) …している，(絶えず) …してばかりいる
　　　──現在の一時的な反復的動作・習慣的動作　15
　(2a) 現在の一時的な反復的動作・習慣的動作　15
　(2b) 現在の動作の不断の継続　16
(3) (一時的に) …のようにふるまっている──現在の一時的なふるまい　17
### 1.3　現在完了形　19
(1) (ちょうど) …した，…してしまった──完了・結果　19
(2) (今までに) …したことがある──経験　21
(3) (今まで) …している，…してきた──継続　23
　(3a) 現在までの状態の継続　23
　(3b) 現在までの反復的・習慣的動作　24
### 1.4　現在完了進行形　25
(1) (今まで一時的にずっと) …している，…していた
　　　──現在までの一時的な動作・状態の継続　25
(2) (今まで反復しながら一時的に) …している
　　　──現在までの一時的な反復的動作・習慣的動作　27

## 2章　過去の表し方 …… 28

**2.1　単純過去時制　29**
(1) …した──過去の動作　29
(2) …であった──過去の状態　31
(3) よく…した──過去の習慣　32

**2.2　過去進行形　34**
(1) …していた──過去の進行中の動作・状態　34
(2) (反復しながら)…していた，(絶えず)…ばかりしていた
　　──過去の一時的な反復的動作・習慣的動作　36
　(2a) 過去の一時的な反復的動作・習慣的動作　36
　(2b) 過去の動作の不断の継続　36
(3) (一時的に)…のようにふるまっていた──過去の一時的なふるまい　37

**2.3　過去完了形　37**
(1) (過去のある時よりも前に)…した，…していた
　　──過去時制の後方転移による過去完了形　38
(2) (その時より前に)…した，…であった
　　──時制の一致による過去完了形　40
(3) …してしまっていた，…したことがあった，…していた
　　──現在完了形の後方転移による過去完了形　41
　(3a) (その時)…してしまっていた，…した──完了・結果　41
　(3b) (その時までに)…したことがあった──経験　41
　(3c) (その時まで)…していた──継続　42

**2.4　過去完了進行形　43**
(1) (過去のある時まで一時的にずっと)…していた
　　──過去のある時までの一時的な動作・状態の継続　43
(2) (過去のある時まで反復しながら一時的に)…していた
　　──過去のある時までの一時的な反復的動作・習慣的動作　44

## 3章　未来の表し方 …… 45

**3.1　「will [shall]＋動詞の原形」　46**
(たぶん)…だろう　46

**3.2　「be going＋to 不定詞」　48**
(現在の兆候に基づいて)…しそうだ　48

**3.3　現在進行形　50**
(取り決めて)…することになっている　50

**3.4　未来進行形　52**
(1) (未来のある時に)…しているだろう　52

(2) (成り行きとして) …することになっている　53
3.5　単純現在時制　55
　　　(1) (確実に) …する，…である——確実な未来の出来事　55
　　　(2) …するときに [する前に，した後で，するまで]，もし…なら
　　　　　　——時・条件を表す副詞節で　56
3.6　「be＋to 不定詞」　57
　　　(公式に) …することになっている　57
3.7　未来完了形　58
　　　(1) (その時までに) …してしまっているだろう——完了・結果　59
　　　(2) (その時までに) …したことになるだろう——経験　59
　　　(3) (その時までずっと) …していたことになるだろう——継続　59
3.8　未来完了進行形　60
　　　(その時までずっと) …していたことになるだろう　60

## 4章　仮定・条件の表し方 …………………………………………… 61

4.1　仮定法過去　63
　　　(1) (現在，未来に) もし…なら (…だろう)　63
　　　(2) もし…がなければ (…だろう)　65
　　　(3) まるで…であるかのように　66
　　　(4) その他の慣用表現　68
4.2　仮定法過去完了　69
　　　(1) (過去に) もし…していたら (…であっただろう)　69
　　　(2) もし…がなかったら (…だっただろう)　70
　　　(3) まるで…であったかのように　71
4.3　仮定法未来　71
　　　もし万一…なら　71
4.4　if 節に代わる表現　72
　　　(1) もし…としたら—— suppose [supposing] (that) …　73
　　　(2) …の場合に限って—— provided [providing] (that) …　73
　　　(3) …という条件で—— on condition (that) …　74
　　　(4) …する限りは—— as [so] long as …　74
　　　(5) もし…の場合には—— in case …　75
　　　(6) …でない限り—— unless …　77

## 5章　使役の表し方 ……………………………………………………… 79

5.1　(強制的に，無理に) …させる—— make　80
5.2　(望みどおり) …させる—— let　82

 5.3　（説得などして）…させる——get　83
 5.4　（自分に有利なように）…させる——have　85
 5.5　その他の動詞による使役　87
  (1)（強制して）…させる——force　87
  (2)（やむをえず）…させる——compel　89
  (3)（義務を負わせて）…させる——oblige　89

## 6章　命令・指示の表し方 …… 91

 6.1　2人称命令文　93
  (1) …しなさい——主語を明示せず文頭に動詞の原形を置いて　93
  (2) …してください——命令を和らげて　95
  (3) ぜひ…してください——命令を強めて　97
  (4) あなた…しなさい
   ——命令の対象を示し，いら立ちなどの感情を表して　98
  (5) …は…しなさい——命令の対象を明確にして　98
 6.2　1人称・3人称命令文　100
  (1)（私［我々］に）…させてほしい——1人称命令文　100
  (2)（彼［彼女；彼ら］に）…させよう，…させておけ
   ——3人称命令文　101
 6.3　助動詞による命令文　102
  (1)（話し手が強制して）…しなければならない——must　102
  (2)（客観的な事情から）…しなければならない——have to　104
  (3) …すべきだ——should; ought to　107
  (4) …したほうがよい——had better　109
  (5) …しなさい——will　111
  (6) …しなければならないことになっている——「be＋to不定詞」　112
 6.4　節形式によらない命令文　114

## 7章　許可・禁止の表し方 …… 116

 7.1　助動詞を用いた表現　117
  (1)（くだけた言い方で）…してもいいですか；…してもよい
   ——Can I ...?; You can ...　117
  (2)（丁寧に）…してもいいでしょうか——Could I ...?　119
  (3)（非常に丁寧に）…してもよろしいでしょうか；…してもよろしい
   ——May I ...?; You may ...　121
  (4)（非常に丁寧で控え目に）…させていただいてもよろしいでしょうか
   ——Might I ...?　123

7.2 動詞 mind, wonder を用いた表現　124
　　(1) …してもかまわないでしょうか──Would [Do] you mind if I ...?　124
　　(2) …してもよいかしら──I wonder if [whether] I ...　125
7.3 動詞 allow, let, permit などを用いた表現　126
　　(1) (消極的に)…するのを許す──allow; let　126
　　(2) (正式に)…するのを許す──permit　127
　　(3) …するのを禁止する──prohibit; forbid　128
7.4 その他の許可を求める表現　129
　　…してもいいですか；…してもよろしいでしょうか──Is it all right [OK] if I ...?; Would it be all right [OK] if I ...?　129

# 8章　依頼・勧誘の表し方 …………………………………… 130

8.1 助動詞を用いた表現　132
　　(1) (相手の意志を尋ねて)…してくれませんか；…してくださいませんか
　　　　──Will you ...?; Would you ...?　132
　　(2) (相手の能力を尋ねて)…できますか；…していただけませんか
　　　　──Can you ...?; Could you ...?　134
　　(3) (許可を求めて)…できますか[できるでしょうか]；…してもよろしいですか[でしょうか]──Can [Could] I ...?; May [Might] I ...?　136
　　(4) (おそれいりますが)…していただけませんでしょうか
　　　　──Would you be kind enough [so kind as] to do?　137
8.2 if 節を用いた表現　138
　　(1) もし…してくださるなら[することができるなら]
　　　　──if you will [would; could] ...　138
　　(2) もし…なら──if+主語+動詞の過去形　139
8.3 動詞 want, like, mind, wonder を用いた表現　140
　　(1) …はどうですか；…するというのはどうですか
　　　　──Do you want ...?; Do you want to do?　140
　　(2) (よかったら)…はいかがですか；…してくださいませんか
　　　　──Would you like ...?; Would you like to do?　141
　　(3) (いやでなかったら)…していただけませんか
　　　　──Would [Do] you mind doing?　142
　　(4) …してくださらないかしら──I wonder if [whether] you ...　143
8.4 その他の依頼・勧誘表現　145
　　(1) Aに…してほしい[いただきたい]
　　　　──I want [would like] A to do　145
　　(2) Aに…してくれるように頼む──ask [request] A to do　145

## 9章　提案・申し出の表し方 …… 147

### A　提案の表し方　148
**9.1　Shall I [we] ...?; Let's ... などの表現　148**
- (1) …しましょうか―― Shall I [we] ...?　148
- (2) …しよう―― Let's ...　149
- (3) (話し手を含めて反語的に) …してはどうですか―― Why don't we ...?　151
- (4) (相手に対して反語的に) …してはどうですか
  　　―― Why don't you ...?; Why not ...?　152
- (5) …しませんか，…はいかがですか―― How [What] about ...?　153
- (6) …しませんか，…はいかがですか
  　　―― What do [would] you say to ...?　154

**9.2　仮定法を用いた表現　155**
- 私なら (…するでしょう) ―― if I were you　155

**9.3　助動詞 can, could, might を用いた表現　156**
- (1) …するのはどう [どうですか] ―― You [We] can [could] ...　156
- (2) …してみてはどうでしょうか―― You might ...　157

**9.4　動詞 suppose, suggest, propose, advise を用いた表現　158**
- (1) …してはどうか―― suppose [supposing] (that) you do　158
- (2) (控え目に) …してはどうかと提案する―― I suggest (that) you do　158
- (3) (積極的に) …してはどうかと提案する―― I propose that you do　159
- (4) …するように勧める―― I (would) advise you to do　160

### B　申し出の表し方　161
**9.5　Let me do; Can [May] I ...? などの表現　161**
- (1) …してあげましょう―― Let me do　161
- (2) …してあげようか；…してあげましょうか―― Can I ...?; May I ...?　161
- (3) …しましょうか；…いたしましょうか
  　　―― Do you want me to do?; Would you like me to do?　162
- (4) お望みなら (…しましょう) ―― if you like [want]　163

**9.6　動詞 offer を用いた表現　164**
- (…しようと […を]) 申し出る―― offer　164

## 10章　意志・意図・決意の表し方 …… 165

**10.1　助動詞による表現　166**
- (1) …しよう―― will　166
  - (1a) (今すぐ) …する――その時点での意志　166
  - (1b) …します――意図　167
  - (1c) どうしても…する――固執　168

(2) …するつもりである——「be going+to 不定詞」　169
　　　(3) 必ず…する——shall　171
　　　　　(3a) 必ず…する——1人称主語と用いて　171
　　　　　(3b) …させよう——2人称・3人称主語と用いて　172
　10.2　動詞による表現　172
　　　(1) …するつもりである——intend [mean] to do　172
　　　(2) …するつもり［予定］である——plan to do; plan on doing　174
　　　(3) …しようと決心する
　　　　　——decide [determine, resolve, make up one's mind] to do　175
　　　(4) …しようかと思っている——be thinking of doing　176

# 11章　推量・可能性の表し方 …………………………………… 177

　A　推量の表現　179
　11.1　助動詞 will, would, should, must などを用いた表現　179
　　　(1) …だろう——will; would　179
　　　(2) (当然) …するはずである——should; ought to　180
　　　(3) …にちがいない——must　182
　11.2　推量を表す副詞を用いた表現　184
　　　(1) 確かに (…だろう) ——certainly　184
　　　(2) (根拠に基づいて) どうも…らしい——presumably　185
　　　(3) たぶん (…だろう) ——probably　186
　　　(4) しそうな——likely　187
　　　(5) ひょっとすると (…かもしれない) ——maybe; perhaps; possibly　188
　B　可能性の表現　189
　11.3　助動詞 can, may, might, could による表現　189
　　　(1) (理論的・潜在的に) …することもできる，…でありうる——can　189
　　　　　(1a) …することもできる，…でありうる
　　　　　　　——理論的または潜在的な可能性　189
　　　　　(1b) …であるはずがない，…でありうるだろうか
　　　　　　　——可能性に対する否定・疑い　191
　　　(2) (実際に) …かもしれない；(ひょっとしたら) …かもしれない
　　　　　——may; might, could　193

# 12章　原因・理由の表し方 …………………………………… 196

　12.1　接続詞による表現　197
　　　(1) なぜなら…；というわけは…——because; for　197
　　　(2) …なので——since; as; now (that); seeing (that)　200

12.2 前置詞 (句) による表現　201
　　(1) …のために——because of; owing to; due to; on account of　201
　　(2) …から；…のために；…で——from; out of; through; for; with; of　203
　　(3) …を聞いて，…を見て，…を知って——at　206
12.3 to 不定詞による表現　207
　　(1) …して——to 不定詞；that 節　207
　　(2) …するとは——to 不定詞　209

# 13 章　目的・結果の表し方 …………………………………………… 210

13.1 目的の表現　211
　　(1) …するために——to 不定詞；in order to; so as to　211
　　(2) A が…するように——so that A can [will, may] …　213
　　(3) …のために——for; for the purpose of; with the aim of; with a view to; for the sake of; for the benefit of　216
13.2 結果の表現　218
　　(1) それで——so　218
　　(2) その結果——so that 節　219
　　(3) 非常に…なので…——so … that 節；such … that 節　220
　　(4) それゆえ——therefore; thus; consequently; accordingly; hence; as a result; in consequence; with the result that　223
　　(5) (…すると) …である——to 不定詞　224

# 14 章　対照・譲歩・様態の表し方 …………………………………… 226

14.1 対照・譲歩の表現　227
　　(1) しかし…——but; yet　227
　　(2) …であるけれども——although; though　228
　　(3) …であるのに，…だが一方——while; whereas　230
　　(4) しかしながら；それにもかかわらず；それにしても
　　　　——however; nevertheless; even so　232
　　(5) …にもかかわらず——in spite of; despite; for all; with all　233
　　(6) たとえ…でも——even if　235
　　(7) (誰が，何が，どちらが，どんなに，どこへ，いつ) …しようとも
　　　　——whoever; whatever; whichever; however; wherever; whenever　235
　　(8) A であろうと B であろうと；A であろうとなかろうと
　　　　——whether A or B; whether A or not　238
14.2 様態の表現　240
　　(1) …するように；…と同じように——as; like　240

(2) …なふうに──様態を表す副詞（語句）によって　242

## 15章　比較の表し方 …… 244

### 15.1　同等比較による表現　245
Aと同じくらい…──「as ... as A」　245
### 15.2　不等比較による表現　248
(1) Aよりも…である──「比較級＋than A」　248
(2) Aほど…でない──「less ... than A」　251
### 15.3　比較級を含む表現　252
(1) …すればするほどますます…──「the＋比較級, the＋比較級」　252
(2) （…のために）それだけますます──「(all) the＋比較級」　253
(3) だんだん…，ますます…──「比較級＋and＋比較級」　254
(4) 慣用表現　255
### 15.4　最上級による表現　256
(1) （…のうちで）一番…である　256
(2) 慣用表現　259

## 16章　強調の表し方 …… 261

### 16.1　語彙的な強調　262
(1) まったくの──強意の形容詞　262
(2) まったく，完全に──強意の副詞　264
(3) 一体全体──wh-語を強調して　267
(4) 少しも…でない──否定を強めて　268
(5) どんどん，何度も何度も──同一語句の反復　270
(6) …自身──再帰代名詞を用いて主語, 目的語, 補語を強めて　271
　(6a) 主語と同格の場合　271
　(6b) 目的語, 補語と同格の場合　272
(7) …だよ, まったく──主文を強調して　272
### 16.2　文法的な強調　273
(1) 本当に──助動詞 do による強調　273
(2) …なのは…である──特定の要素を強調して　274
　(2a) 「It is A that ...」の構文　274
　(2b) 「What ... is A」の構文　277

## 17章　欲求・願望の表し方 …… 280

### 17.1　want, would like などを用いた欲求の表現　281

(1) （ぜひ）…がほしい；（ぜひ）…したい―― want; want to do　281
　　　(2) （よければ）…がほしいのですが；（よければ）…したいのですが
　　　　　　　―― would like; would like to do　283
　　　(3) （できたら）…したいと思う―― wish to do　284
　　　(4) …を［することを］強く望む―― desire; desire to do　286
　　　(5) …したい気がする―― feel like; feel like doing　286
**17.2** wish, hope などを用いた願望の表現　287
　　　(1) wish　287
　　　　　(1a) …すればいいのだが――「wish＋主語＋動詞の過去形」　287
　　　　　(1b) （現状への不満を表して）…すればいいのだが
　　　　　　　　　――「wish＋主語＋would＋動詞の原形」　288
　　　　　(1c) …していればよかったのだが――「wish＋主語＋had＋過去分詞」　289
　　　(2) if only …　289
　　　　　(2a) …でありさえすれば――「if only＋主語＋動詞の過去形」　289
　　　　　(2b) （現状への不満を表して）…でありさえすればいいのに
　　　　　　　　　――「if only＋主語＋would＋動詞の原形」　290
　　　　　(2c) …でありさえすればよかったのだが
　　　　　　　　　――「if only＋主語＋had＋過去分詞」　290
　　　(3) …を［することを；であることを］希望する
　　　　　　　―― hope for; hope to do; hope (that) …　291
**17.3** その他の欲求・願望を表す表現　294
　　　(1) …が［するのが］待ち遠しい
　　　　　　　―― can't wait for; can't wait to do　294
　　　(2) …する［である］ことを切望している
　　　　　　　―― be anxious to do; be anxious (that) …　294
　　　(3) …するのを熱望している―― be eager to do　296

# 18章　受身の表し方　297

## A　「be＋過去分詞（＋by＋動作主）」による表現　298
　　　（～によって）…される　298
**18.1** 能動態と受身　298
**18.2** 受身が用いられる場合　300
　　　(1) 被動作主の話題化　300
　　　　　(1a) 被動作主を主語に置いて話題として述べる場合　300
　　　　　(1b) 文の流れをよくしたい場合　300
　　　(2) 動作主を際立たせる場合　301
　　　　　(2a) 動作主を強調する場合　301
　　　　　(2b) 動作主が重い名詞句の場合　301

18.3 動作主の省略　302
　(1) 動作主を示す必要がない場合　302
　(2) 動作主が不明の場合　303
　(3) 動作主を明らかにしたくない場合　303
18.4 種々の構文による受身表現　304
　(1) Oが（〜によって）…される──「S+V+O」の受身　304
　　(1a)「S+V+O」の受身　304
　　(1b)「S+V（＝自動詞＋前置詞）+O」の受身　305
　　(1c)「S+V（＝自動詞＋前置詞副詞＋前置詞）+O」の受身　306
　　(1d)「S+V（＝他動詞＋名詞＋前置詞）+O」の受身　307
　　(1e)「S+V+O（＝that節）」の受身　308
　(2) $O_1$は（〜によって）$O_2$を…される；$O_2$が（〜によって）$O_1$に…される
　　　──「S+V+$O_1$+$O_2$」の受身　309
　(3) Oは（〜によって）Cにされる──「S+V+O+C（補語）」の受身　310
　　(3a)「S+V+O+C（＝形容詞，現在分詞，過去分詞，名詞）」の受身　310
　　(3b)「S+V+O+C（＝to不定詞）」の受身　311
　　(3c)「S+V+O+C（＝toなし不定詞）」の受身　312
　(4) その他の受身表現　313
18.5 受身の動作と状態　314
　(1) 動作受動と状態受動　314
　(2)「get＋過去分詞」　315
18.6 能動受動態　316
B 「have [get]＋O＋過去分詞」による表現　317
　（自分の物が）…される　317

# 19章　文と文のつなぎ方(1)──関係詞　318

A 関係代名詞　319
19.1 関係代名詞の種類と働き　319
19.2 関係代名詞の先行詞　320
　(1) …するところの人──先行詞が人の場合　320
　　(1a) 関係代名詞が主格の場合　320
　　(1b) 関係代名詞が目的格の場合　321
　　(1c) 関係代名詞が従節の補語の場合　323
　　(1d) 関係代名詞が所有格の場合　323
　(2) …するところのもの［こと］──先行詞が物・事の場合　323
　　(2a) 関係代名詞が主格の場合　323
　　(2b) 関係代名詞が目的格の場合　324
　　(2c) 関係代名詞が所有格の場合　325

　　　　(3) …のうち最も〜な；…した最初の；…のすべて；…する「人と物」；…
　　　　　　する誰——先行詞が形容詞の最上級や the first, all などを伴う場合，
　　　　　　everything などの場合，「人と物」の場合，疑問代名詞 who の場合　326
　　　　　　(3a) 先行詞が形容詞の最上級や the first, all などを伴ったり，everything な
　　　　　　　　どの場合　326
　　　　　　(3b) 先行詞が「人と物」，疑問代名詞 who の場合　328
　　　　(4) …するもの［こと］——what　328
　　　　(5) …するような；…以上に；…しないところの
　　　　　　——関係代名詞としての as, than, but　330
　　　　(6) そしてその人は［それは］——先行詞について付加的・挿入的に説明を加え
　　　　　　る場合（非制限的用法）　331
　　　　(7) そしてそのことは——先行詞が文全体の場合　333
　19.3　関係代名詞の省略　334
　Ｂ　　関係副詞　334
　19.4　関係副詞の種類と働き　334
　19.5　関係副詞の先行詞　335
　　　　(1) …する時——先行詞が時を表す名詞の場合　335
　　　　(2) …するところ——先行詞が場所を表す名詞の場合　336
　　　　(3) …する理由——先行詞が理由を表す名詞 reason の場合　337
　　　　(4) …する方法——先行詞なしで how を用いる　338
　19.6　関係副詞の非制限的用法　339
　　　　そしてその時；そしてそこで——「, when」；「, where」　339

## 20章　文と文のつなぎ方(2)——つなぎ語(1) ……………… 340

　20.1　並置・追加してつなぐ　341
　　　　(1) そして——and　341
　　　　(2) …だけでなく…もまた——not only ... but (also) ...; ... as well as ...　343
　　　　(3) …もまた——also; too; as well　345
　　　　(4) …もまたそうである；…もまた…でない——so; neither, nor　348
　20.2　付加してつなぐ　349
　　　　(1) そのうえ，さらに
　　　　　　——besides; in addition; what's more; moreover; furthermore　350
　　　　　　(1a) さらにまた，その他に——besides　350
　　　　　　(1b) さらに加えて——in addition　350
　　　　　　(1c) そのうえ——what's more　351
　　　　　　(1d) そのうえ，さらに——moreover; furthermore　352
　　　　(2) …など，その他——and so on [forth]; etc.　352
　　　　　　(2a) …など——and so on [forth]　352

(2b) …など——etc.; etc　353
20.3　列挙してつなぐ　354
  (1) はじめに——first(ly); in the first place; to begin with; to start with　354
  (2) 最後に——lastly; finally　355
20.4　結論づけてつなぐ　356
  終わりに——finally; lastly; last of all; to conclude; in conclusion　356

## 21章　文と文のつなぎ方(3)——つなぎ語(2) ……… 357

21.1　換言・例示してつなぐ　358
  (1) すなわち——that is (to say); namely; i.e.　358
  (2) 換言すれば——in other words　359
  (3) つまり——I mean　359
  (4) たとえば——for example, for instance; e.g.　361
  (5) (たとえば)…のような——such as; like　362
21.2　要約・概括してつなぐ　363
  (1) 要約すると——to sum up　363
  (2) ひと言で言えば——in a word　363
  (3) 手短に言えば——in short; in brief　364
  (4) 全体的に見て——on the whole; all in all　365
21.3　話題を変えたり導入したりしてつなぐ　366
  (1) ところで——by the way; incidentally　366
  (2) …と言えば——speaking of …; talking of …　367
  (3) …はどうかと言うと——as for …　367
  (4) ええと，さて，そうだけど——well　368
21.4　反対・反論してつなぐ　370
  (1) でも，しかし——but; however　370
  (2) (しかし)本当のところは——actually　371
  (3) (しかし)実際は——in fact; as a matter of fact　372

## 22章　文のちぢめ方 ……………………………………… 374

A　代用　375
22.1　one [名詞(句)の代用]　375
  (1) (同類のものの)1つ，1人——単独で用いて　375
  (2) (…な)もの，人——修飾語句と用いて　376
22.2　do [動詞(群)の代用]　377
22.3　so [that節の代用]　379
B　省略　380

22.4　反復を避けるための省略　381
　(1) 質問などに答える場合　381
　(2) 名詞句の省略　381
　　(2a) 名詞の所有格の後での省略　381
　　(2b) 決定詞の後での省略　382
　　(2c) 「形容詞＋名詞」の名詞の省略　382
　(3) 動詞句の省略　382
　　(3a) 助動詞の後での省略　382
　　(3b) to 不定詞の to に続く部分の省略　383
　(4) 節全体・節の部分の省略　384
　　(4a) that 節全体の省略　384
　　(4b) wh-節における省略　384
　　(4c) 比較の than 節, as 節における省略　385
　(5) 等位接続における省略　385
22.5　場面・状況による省略　386
　(1) 文頭での省略　386
　(2) 慣用表現・ことわざ・掲示などにおける省略　387
22.6　文構造上の省略　388
　(1) 副詞節における「主語＋be 動詞」の省略　388
　(2) その他の省略　389
C　分詞構文　390
22.7　分詞構文　391
　(1) …すると(き)[して，している間]——時を表す場合　391
　(2) …なので——原因・理由を表す場合　392
　(3) …しながら…する——付帯状況を表す場合　393
　(4) もし…ならば——条件を表す場合　394
　(5) …であるけれども——譲歩を表す場合　394

# 23 章　否定の表し方 ……… 397

23.1　not, no による否定　398
　(1) …でない——not　398
　　(1a) 文否定　398
　　(1b) 語・句・節の否定　401
　(2) 少しの[1つの，1人の]…もない——no　402
　(3) …というわけではない——部分否定　404
　　(3a) いつも[必ずしも]…というわけではない
　　　　——not always; not necessarily　404
　　(3b) すべてが…というわけではない——not all; not every　405

23.2　not, no 以外による否定　406
　　(1)　決して［一度も］…ない——never　406
　　(2)　ほとんど…ない——hardly any; few, little　408
　　(3)　めったに…ない——rarely; seldom　409
　　(4)　どちらの…も［(…の) どちらも］…ない——neither　410
　　(5)　何も［誰も, どこにも］…ない——nothing; nobody; nowhere　411
　　　　(5a)　何も…ない——nothing　412
　　　　(5b)　誰も…ない——nobody; no one　412
　　　　(5c)　どこにも…ない——nowhere　413
23.3　その他の否定表現　413
　　(1)　not, no, un- などの否定語を含む表現　413
　　(2)　not, no などの否定語を含まない表現　415

# 24章　疑問の表し方 …………………………………………… 417

24.1　yes-no 疑問文　418
　　(1)　…ですか——一般疑問文　418
　　　　(1a)　「主語＋be 動詞」の疑問文　418
　　　　(1b)　「主語＋一般動詞」の疑問文　418
　　　　(1c)　「主語＋助動詞」の疑問文　419
　　(2)　…ないのですか——否定疑問文　420
　　(3)　…ですね——付加疑問文　421
24.2　選択疑問文　423
　　　　A ですかそれとも B ですか——A or B　423
24.3　wh-疑問文　424
　　(1)　who, whose, whom, what, which ——疑問代名詞　424
　　　　(1a)　誰が；誰を, 誰に——who; who(m)　424
　　　　(1b)　誰の, 誰のもの——whose　425
　　　　(1c)　何が, 何を, 何に, 何の, どんな——what　426
　　　　(1d)　どちら, どれ——which　428
　　(2)　when, where, how, why ——疑問副詞　429
　　　　(2a)　いつ——when　429
　　　　(2b)　どこで——where　430
　　　　(2c)　どのように, どんな具合で——how　431
　　　　(2d)　なぜ——why　432
24.4　その他の疑問文　433
　　(1)　…であろうか (いや, そんなことはない), …でないのか (いや, そうである)——修辞疑問文　433
　　(2)　…じゃないか——感嘆疑問文　434

(3) そうですか──応答疑問文　435
(4) 間接疑問文　436
　　(4a) …かどうか──yes-no 疑問文の間接疑問文　436
　　(4b) 誰が［誰の，何が，何を，どちら，いつ，どこで，どんなふうに，なぜ］
　　　　…か──wh-語を含む間接疑問文　437

# 25章　感情の表し方　438

## 25.1　喜び・楽しさの表現　439
(1) 喜び　439
　　(1a) （喜びや満足の気持ちで）うれしい──happy　439
　　(1b) （よいことがあって）うれしい──glad　440
　　(1c) （喜んで，気に入って）うれしい──pleased　441
　　(1d) 大いにうれしい──delighted　442
(2) 楽しさ　444
　　(2a) 楽しむ──enjoy; have a good time; have fun　444
　　(2b) 楽しい──enjoyable; pleasant; cheerful; happy; amusing　445

## 25.2　怒り・いら立ちの表現　446
(1) 怒り　446
　　(1a) 怒る──get angry; get mad; be offended; lose one's temper　446
　　(1b) 激怒する──get very angry; get furious; rage　447
(2) いら立ち　448
　　いら立つ──get irritated; get on one's nerves; get impatient　448

## 25.3　心配・不安・悲しみの表現　449
(1) 心配・不安　449
　　(1a) 心配である
　　　　──worry, be worried; be concerned; be anxious; feel uneasy　449
　　(1b) 悲しむ──be [feel] sad; feel sorrow; grieve　451

## 25.4　好き・嫌い　452
(1) 好き　452
　　(1a) （…が，…するのが）好きである──like; be fond of; love　452
　　(1b) （…のほうが）好きである──prefer; like ... better　454
(2) 嫌い　455
　　(…が，…するのが) 嫌いである──don't like; dislike; hate　455

参考書目　456
索　　引　459

総合コミュニケーション英語文法

# 1章　現在の表し方

現在時のことを表す文法形式には，単純現在時制，現在進行形，現在完了形，現在完了進行形がある。

■基本文例■

1. "He's quiet and gentle." "I *think* so too."
   (「彼は物静かで優しい人ですね」「そうですね」)
2. "So, what *do* you *do*?" "I'm a teacher."（「それで，お仕事は何をしていらっしゃいますか」「教師をしております」）
3. We normally *go* to bed before midnight.
   (私たちはたいてい夜の12時前には寝る)
4. Here *comes* your train!（ほら，列車が来たよ！）
5. I *promise* I will never forget.（二度と忘れないと約束します）
6. Somebody *is knocking* at the door. Please go and see who it is.
   (誰かがドアをノックしているわ。誰なのか見てきてくださらない)
7. They *are* always *arguing* over money.
   (彼らはいつもお金のことで言い争っている)
8. She *is being* kind today.（彼女は今日は親切にふるまっている）
9. He *has* fully *recovered* from his illness.
   (彼は病気から完全に回復した)
10. I*'ve seen* him before, but I can't remember where.
    (以前彼と会ったことがあるが，どこか思い出せない)
11. Bill and I *have known* each other since we were in high school.
    (ビルと私は高校からの知り合いです)
12. She *has been studying* medicine at university for six years.
    (彼女は大学で6年間医学を勉強している)

## 1.1 単純現在時制 (simple present tense)

「現在の状態」「現在の習慣的動作」「現在の瞬間的動作」を表す場合に単純現在時制が用いられる。その他，単純現在時制が現在完了形や過去時制の代用として用いられることもある。

## (1) …である——現在の状態

### (1a) 現在の状態

現在の状態・関係・感情などを表す。

He *likes* his new job. （彼は今度の仕事が気に入っている）

"Where *are* you from?" "Canada."（「どこのご出身ですか」「カナダです」）
　　　◇後ろのほうは (I'm from) Canada. が省略されたもの。

*Don't* you *think* it's a good idea? （それはいい考えだと思いませんか）

I *hope* I haven't kept you waiting.
　（お待たせしたのでなければいいのですが）

"Long time no see." "You *look* good."
　（「お久しぶりですね」「あなたはお元気そうですね」）◇前のほうはくだけた言い方。普通には，I haven't seen you for a long time. などと言う。

She *seems* to be enjoying herself at the party.
　（彼女はパーティーを楽しんでいるようだ）

"You're late." "I *know*."
　（「君は遅刻だよ」「わかってるよ」）◇ ×I know *it*. とは言わない。

*Do* you *believe* what he says? （彼の話を信じていますか）

Quality *is* what *counts* most. （質が最も大事だ）

It *doesn't matter* whether we start now or later.
　（今出発しようがあとで出発しようがかまわない）◇ matter は通例否定文・疑問文で用いる。主語は通例 it。

He *doesn't resemble* either of his parents.
　（彼は両親のどちらにも似ていない）

I *see* what you *mean*, but I still *think* he *is* wrong. （あなたがおっしゃることはわかるが，それでもやはり彼は間違っていると思う）

"How much do I *owe* you?" "That will be ten dollars."

(「いくらですか」「10ドルです」)
We *live* in a time of great change.
(私たちは大きな変化の時代に生きている)
I *doubt* whether their living standards are improving.
(彼らの生活水準が改善しているかどうか疑わしいと思う)

## (1b) 永遠の真理

現在の状態は，そのまま過去・未来に通じていることがあるため，しばしば「永遠の真理 (eternal truths)」を表す。

The earth *turns* on its axis once every 24 hours.
（地球は24時間で1回自転する）
The sun *rises* in the east and *sets* in the west.
（太陽は東から昇り西に沈む）
Ice *melts* at zero degrees Centigrade. （氷は摂氏0度で解ける）
The Nile *is* the longest river in Africa.
（ナイル川はアフリカで一番長い川だ）
A rolling stone *gathers* no moss.
（転がる石にはコケは生えない）（ことわざ）
5 and 10 *make(s)* 15. （5足す10は15）
Paris *lies* on the River Seine. （パリはセーヌ川沿いにある）
Trees *grow* more quickly in summer than in winter.
（木は夏には冬よりも早く生長する）
Paper *burns* easily. （紙は燃えやすい）
White blood cells *help* defend the body against infection.
（白血球は体を感染から守ってくれる）

**NOTE 1**
状態を表す動詞には次のようなものがある (cf. Quirk *et al.* (1985)；Leech (1987))：
(1) 知覚動詞 (verbs of perception)：feel, hear, see, smell, taste, etc.
(2) 認識を表す動詞 (verbs of cognition)：believe, forget, hope, imagine, impress, know, mean, realize, recognize, remember, suppose, think,

trust, understand, wonder, etc.
- (3) 感情や態度を表す動詞 (verbs of emotion or attitude)：adore, desire, detest, dislike, fear, hate, intend, like, love, mind, prefer, value, want, wish, etc.
- (4) 所有や存在を表す動詞 (verbs of having and being)：be, belong to, consist of, contain, cost, depend on, deserve, exist, have, hold, include, matter, owe, own, possess, remain, resemble, etc.

状態を表す動詞はそれ自体状態的・継続的意味を持つため，原則として進行形では用いられない（例外については→1.2(1) NOTE 3；8.3(4) NOTE）：

×I *am belonging to* the tennis club.
×I *am understanding* that his offer has been accepted.
×This jar *is containing* honey.
×It *is depending on* the circumstances.
　cf. I'*m depending on* you.
　　　（あなたを頼りにしています）◇この意味では進行形可能．
×The farmer *is owning* the land.

## NOTE 2

(1) hear, see, smell などの知覚動詞は，単純現在時制または can と用いて継続的な意味を表す (cf. Hornby (1975))：

*Do* [*Can*] you *hear* a strange noise upstairs?
　（2階で変な物音が聞こえますか）
×*Are* you *hearing* a strange noise upstairs?

ただし，過程 (process) を強調する場合は進行形が用いられることがある：

I *am hearing* you clearly.
　（おっしゃっていることがはっきり聞こえます）
I have had too much whiskey: I'*m seeing* double!
　（ウイスキーを飲みすぎた。物が二重に見える！）

(2) 知覚動詞を単純過去時制で用いると出来事 (event)，「could＋知覚動詞」は状態 (state) を表す．したがって次の(a)は1回限りの瞬時の音を表すが，(b)は継続的で反復的な音を表す (cf. Leech (1987))：

- (a) I *heard* a door *slam*.（戸がバタンという音が聞こえた）
- (b) I *could hear* a door *slamming*.
　　　（戸がバタン，バタンという音が聞こえていた）

次の例では could hear の継続性と slam の瞬時性が衝突するので不自然な文となる：

? I *could hear* a door *slam*.

## NOTE 3

hang, lie, sit, stand のような位置を表す動詞（position verbs）は，主語が移動可能で，位置する場所が一時的な場合，進行形が可能である（Ek & Robat (1984)）：

Your raincoat *is hanging* over the chair.
（君のレインコートはいすに掛かっているよ）
cf. The lamp *hangs* over the table.
（ランプはテーブルの上に掛かっている）
A policeman *is standing* at the corner of the street.
（1人の警官が通りの角に立っている）
cf. The church *stands* on a hill.（教会は丘の上に立っている）

## (2) (繰り返し) …する——現在の習慣的動作

### (2a) 現在の習慣的動作

一連の繰り返される動作や行為を表す。この習慣的な概念は，しばしば always, often, generally, usually, never, every day, once a week などの頻度を表す副詞（語句）によって与えられる。

I usually *go* to work by car but sometimes I *walk*.
（私は普段は車で仕事に行くが，時々歩いて行く）
In the summer I *go* to the beach every day.（私は夏には毎日海へ行く）
Father stopped drinking, but still *smokes* a lot.
（お父さんは酒はやめたが，タバコはまだたくさん吸う）
He always *makes* silly mistakes in exams.
（彼はいつも試験でつまらぬ間違いをする）
"*Do* you always *take* sugar in your tea?" "Yes, I do."
（「いつも紅茶に砂糖を入れるのですか」「ええ，そうです」）
Chris *speaks* Japanese well.（クリスは日本語を上手に話す）
I'm bad at tennis. I always *lose*.
（ぼくはテニスが下手だ。いつも負けてばかりだ）
"What *does* your father *do*?" "He *works* for an insurance company."
（「お父さんのお仕事は？」「保険会社に勤めています」）
It *rains* a lot in this part of the world.（世界のこの地域では雨が多い）

I *cycle* to school on fine days.（私は晴れた日は自転車で学校へ行く）
I *play* tennis most weekends.（私は週末にはたいていテニスをする）
"How often *do* you *go* to the dentist?" "I *go* every two weeks."
（「どのくらいの頻度で歯医者に行きますか」「隔週に行きます」）

**NOTE**
(1) 習慣に関して尋ねる場合，ever を伴うことがある（Alexander (1988)）：
"*Do* you *ever eat* meat?" "No, I never eat meat."
（「肉を食べますか」「いいえ，肉は決して食べません」）
(2) 状態を表す動詞でも頻度を示す副詞（語句）を伴うと，習慣的意味で用いられることがある（Quirk *et al.* (1985)）：
She *is seldom* alone.（彼女は1人でいることはめったにない）
(3) 名詞の複数形によって習慣的動作が暗示されることがある（Leech (1987)）：
He scores *goals*.（彼はよく得点する）
cf. He scores *a goal*!（彼は1点得点しました！）

## (2b) 習性

主語の習性や習慣を表す。
The dog always *barks* at strangers.
（その犬は知らない人には必ずほえる）
What *do* frogs *eat*?（カエルは何を食べますか）
Cats *catch* mice.（ネコはネズミを捕まえる）
Birds *fly*.（鳥は飛ぶ）
In May the females *build* a nest to lay their eggs.
（5月にはその雌鳥は巣を作って産卵する）

# (3) (今)…します，…する——現在の瞬間的動作

## (3a) 発話時と同時の動作

料理の実演，化学の実験，サッカー・テニスなどのスポーツの実況放送などで，話し手が完結した一連の動作を順を追って述べる場合，通例単純現在時制が用いられる。

First I *break* two eggs into a cup. Then I *put* them into the mixture in the bowl, like this.［料理の実演］（まず卵を2個割ってカップに入れます。次にそれをボールの中の混ぜ物にこのように入れます）

The champion *serves*. It's another double fault!［テニスの実況放送］（チャンピオンがサーブ。またダブルフォールト！）

Harry *passes* the ball to Green. Green *passes* it to Oliver. Oliver *heads* it—and it's a goal!［サッカーの実況放送］（ハリーがグリーンにパス。グリーン，オリバーにパス。オリバー，ヘディング。ゴール！）

Look, I *take* three cards from the pack and *put* them in the box.［手品師の言葉］（はい，3枚のカードを包みから取り出します。次に箱の中に入れます）

**NOTE 1**

戯曲のト書きにも単純現在時制がよく用いられる：

He *gives* his hat to one footman and his cane to another, and *mounts* the great staircase unassisted and undirected.—J.M. Barrie, *The Admirable Crichton* （彼は1人の従僕に帽子，別の従僕には杖を渡し，誰の手も借りずまた何の指図も受けず，大きな階段を上がって行く）

**NOTE 2**

ボートレース・ゴルフなどの実況放送のように，動作と発話との間に時間的な間隔がある場合は，通例現在進行形が用いられる：

Oxford *are rowing* extremely well and they *are gaining* on Cambridge. They are only two lengths behind.（オックスフォードは見事に漕いでケンブリッジに迫っています。わずか2挺身の差になりました）

(3b) **眼前の動作**

目の前で不意に起こった出来事を感嘆して表す。

Here *comes* the train!（さあ，列車が来たよ！）

cf. The train *is coming*.（列車が来ている）

Here *comes* our teacher!（ほら，先生が来た！）

Here *come* the police! Let's get out of here!

（警察だ！　ここから逃げろ！）

Here she *comes*! (ほら，彼女が来たわ！)
There *goes* the last bus—we'll have to take a taxi home.
　　（あっ，最終バスが出てしまった！　タクシーで家に帰らなくちゃだめだ）
There *goes* the bell! (ほら，ベルが鳴ってる！)
The child *falls* down! (あっ，子供が倒れる！)
The bus *stops*! (バスが止まった！)

**NOTE**
(1) Here comes the train! は The train is coming. の有標な (marked) 表現で，文全体が新しい情報を伝える。強勢は主語に置かれる。主語が代名詞の場合，語順は「Here［There］＋主語＋動詞」になることに注意（第4範例参照）。
(2) あまり一般的ではないが，次のように言うことも可能 (Christophersen & Sandved (1974))：
　　Here the bus is coming. (ほら，バスが来るわ)

## (3c) 発話と同時の行為の成立

主語は1人称で，accept, advise, apologize, assume, beg, declare, deny, guarantee, inform, name, promise, pronounce, recommend, request, say, sentence, suggest, warn などの遂行動詞 (performative verbs) と用いて発話すると，発話と同時に行為そのものが成立したことを，あるいはこれから成立することを表す。これらの動詞を過去時制で用いると，遂行動詞ではなくなる。

I *accept* your offer. (お申し出をお受けします)
I *advise* you to see a doctor. (医者に診てもらうことをお勧めします)
I *apologize*. (おわびします)
It's all right. I *forgive* you. (いいんです。許してあげます)
I *give* up. (まいった)
I *say* that you are wrong. (あなたは間違っています)
I *promise* I'll write to you. (君に手紙を書くと約束するよ)
I *swear* that I will never tell anyone. (絶対に誰にも言わないと誓います)
I *suggest* we go for a walk in the park. (公園へ散歩に行きましょう)
Yes, I *agree*. (はい，賛成です)

I *deny* a charge against me.（私に対する容疑を否認します）
I *wish* you a Merry Christmas.
　（クリスマスおめでとう；よいクリスマスをお迎えください）

　以下は正式な宣言行為。動詞の前に hereby（ここに）を入れて言うことがよくある。
I hereby *declare* the meeting closed.（ここに会議の閉会を宣言します）
I *name* this ship "the Queen Elizabeth."
　（この船を「クイーン・エリザベス号」と命名する）
I *sentence* you to ten years in prison.（あなたを10年の禁固刑に処す）
I now *pronounce* you man and wife.
　（今ここにあなた方を夫婦と宣言します）

(4) …した──現在完了形，過去時制の代用

　hear, inform, learn, say, tell, write などの伝達動詞（verbs of communication）と用いて，その表す動作そのものよりも伝達された結果を伝えるのに単純現在時制がよく用いられる。また伝達動詞だけでなく，gather, see, understand などの認識動詞も同様に用いられる。
She *tells* me you're getting married soon.
　（彼女から聞きましたが，近々結婚されるそうですね）
I *hear* you're going to buy a new car.（新車を買われるそうですね）
The seven o'clock news *says* that there's going to be a bad storm.
　（7時のニュースによると，ひどい暴風雨になるそうだ）
She *writes* to say that she can't visit us this week.
　（彼女の便りでは，今週は訪問できないとのことです）
The notice *warns* all passengers to take care.
　（その掲示はすべての乗客に注意を呼びかけている）
I *see* there's been another big earthquake in Japan.
　（日本でまた大きな地震があったということだ）
I *understand* he is in trouble with the police.
　（聞くところでは，彼は警察と面倒なことになっているそうだ）
　すでに故人となった人が著作物の中で述べた内容を伝えるのに単純現在時

制がよく用いられる。

> Chaucer *writes* somewhere that love is blind.
> （恋は盲目とチョーサーはどこかに書いている）
> It *says* in the Bible, "Thou shalt not steal."
> （「汝，盗むことなかれ」と聖書に書かれている）

**NOTE 1**

物語の中などで過去の出来事を単純現在時制で表すことがある。これは歴史的現在（historic present）または劇的現在（dramatic present）と言われ，過去の出来事をあたかも現在行われているかのように叙述することによって，眼前に光景を彷彿させる効果を狙ったものである：

> Just as we *arrive*, a man *comes* up to me and *grabs* hold of my arm.
> （私たちが到着したちょうどそのとき，1人の男が私に近づき，ぐいと私の腕をつかむ）
> At that moment in *comes* a secretary, telling me the office manager *wants* to see me at once. （その時，秘書が入って来て，支店長がすぐに私に用件があると告げる）

**NOTE 2**

(1) 新聞の見出し（headline）では，過去の出来事や最近の出来事は，過去時制，現在完了形ではなく通例単純現在時制で表される。これも一種の歴史的現在である：

> TRAIN FARES *GO* UP （鉄道運賃値上げ）
> POWERFUL EARTHQUAKE *HITS* TOKYO （強い地震，東京を襲う）
> EX-CHAMP *DIES* （前チャンピオン死す）
> DISARMAMENT TALKS *BEGIN* IN VIENNA
> 　（軍縮会議，ウィーンで始まる）
> KEY WITNESS *DISAPPEARS* （重要証人失踪）
> MATSUI *HITS* 400TH HOME RUN （松井選手，400号本塁打を放つ）

(2) 写真説明，歴史的要約，年表などにおいても通例単純現在時制が用いられる：

> Prime Minister Junichiro Koizumi *talks* to reporters after meeting with U.S. President George W. Bush. （小泉純一郎首相，ジョージ・W・ブッシュ米大統領と会見後，記者に語る）
> May 1940—Hitler *invades* Belgium and the Netherlands.
> （1940年5月——ヒトラー，ベルギーとオランダを侵略）

## 1.2 現在進行形 (present progressive form)

現在進行している動作や状態を表す場合に現在進行形が用いられる。「is [am; are] ＋現在分詞」の形で表す。

## (1) (今) …している──現在進行中の動作・状態

現在進行している動作や状態を表す。しばしば just, now, at the moment, at present, still などの副詞（語句）とともに用いられる。

The telephone *is ringing*. Answer it at once.
（電話が鳴っている。すぐに出てください）
"Where's Sue?" "She*'s cooking* in the kitchen."
（「スーはどこにいるの？」「台所で料理をしているわ」）
We *are living* in the computer age.
（我々はコンピュータ時代に生きている）
The gap between rich and poor *is getting* wider.
（貧富の格差は拡大しつつある）
The weather *is changing* for the better. （天気は回復に向かっている）
His eyesight *is* gradually *getting* worse.
（彼の視力は徐々に悪化している）
"May I help you?" "No, thank you. I*'m* just *looking*."
（「(店で) 何かお探しですか」「いいえ，ちょっと見ているだけです」）
Don't switch off the TV. I*'m watching* it.
（テレビを切らないでください。見ているのですよ）
Look! It*'s snowing*. （ごらん！ 雪だわ）
"What *are* you *doing*?" "I'm just *tying* up my shoelaces."
（「何をしているの」「靴のひもを結んでいるところなの」）
"How *are* you *getting* along with your work?" "Very well indeed, thank you." （「どう，仕事はうまく行っていますか」「おかげさまで順調に行っています」）
More women *are getting* jobs, and housework has become both men's and women's work. （さらに多くの女性が仕事を持ち始め，家事は男女の仕事になった）

The universe *is expanding*, and has been since its beginning.
　（宇宙は膨張しているし，誕生以来ずっとそうだ）

### NOTE 1
　現在進行中の動作・状態は比較的短いこともあればそうでないこともある。いずれにせよ，現在進行形は「限られた時間の枠内での一時的な動作・状態」の進行を表す。これに対し，単純現在時制は永続的な意味を表す：
　　(1) a. I *am living* with my father.［一時的な居住］
　　　　　（私は今父親と住んでいる）
　　　　b. I *live* with my father.［恒常的または長期の居住］
　　　　　（私は父親と同居している）
　　(2) a. He *is writing* a novel now.［一時的な行為］
　　　　　（彼は今小説を書いている）
　　　　b. He *writes* novels.［恒常的な仕事，作家］
　　　　　（彼は小説書きだ）

### NOTE 2
(1) 例外的に，進行形が一時的な意味を表さないことがある。この場合，継続的・持続的意味が強調される（cf. Leech (1987)）：
　　Day by day we *are getting* nearer to death.
　　　（日一日と我々は死に近づいている）
(2) 進行中の動作は必ずしも発話時とは限らない：
　　I don't like to be disturbed when I'*m studying*.
　　　（勉強しているときに邪魔されるのはいやだ）
　　Don't take that ladder away. Your father'*s using* it.
　　　（あのはしごを持って行ってはだめよ。お父さんが使っているのですからね）
(3) 一部の動詞は進行形で「…されている」という受身の意味を表す：
　　"Macbeth" *is playing* at the national theater.
　　　（『マクベス』が国立劇場で公演されている）
　　The book *is reprinting*. （その本は増刷中だ）
　　Where *is* the movie *showing*? （＝Where is the movie on?）
　　　（その映画はどこで上映されていますか）

### NOTE 3
(1) 通例進行形で用いられない動詞も心的な活動や推移的な意味を表す場合，進行形で用いられることがある：

"Well—yes or no?" "Just a moment. I'*m thinking*."（「ところでイエスかノーかどちらだい」「ちょっと待ってくれ。今考えているところだ」）
Surely you'*re imagining* things.
　（きっと君はありもしないことばかり考えているんだね）
We *are considering* their proposal.（我々は彼らの提案を現在検討中だ）
I'*m remembering* how it used to be.
　（以前はどんなふうだったか今思い出しているところだ）
My daughter *is resembling* her mother more and more as the years go by.（娘は年がたつにつれてますます母親に似てきた）
We'*re understanding* these complex phenomena better now.
　（今ではこれらの複雑な現象がもっとよくわかってきた）

(2) like, love, hate などの好悪を表す動詞，feel などの感情を表す動詞を進行形で用いると，一時の気持ちや感情を表す：
　"*Are* you *liking* your new job?" "I'*m hating* it."
　（「今度の仕事は気に入っていますか」「とても嫌なの」）
　"How *are* you *feeling* today?" "I'*m feeling* quite well."
　（「今日はご気分いかがですか」「かなりいいです」）

(3) hope, wonder などの動詞を進行形で用いると，ためらいがちな気持ちを含み，いっそう丁寧な意味を表す（→ 8.3 (4) NOTE）：
　I'*m hoping* you'll give me some advice about it.
　（そのことでご忠告をいただければうれしいのですが）
　I'*m wondering* if you could help me.
　（手伝ってくださらないかしら）◇主に女性表現。

(4) 進行形は叙述に生彩を与え，主観的な表現になることがある：
　Don't *be staring* at me like that.
　（そんなふうにぼくをじろじろ見ないでくれよ）
　You'*re telling* me.（おっしゃるとおりです）

## ⑵ （反復しながら）…している，（絶えず）…してばかりいる
　　──現在の一時的な反復的動作・習慣的動作

### (2a) 現在の一時的な反復的動作・習慣的動作

　通例 now, at present, these days, every day, for two weeks, usually などの期間や頻度を示す副詞（語句）を伴って現在の一時的な反復的動作・習慣的動作を表す。

He *is going* to the office by train now.
　（彼は今は電車で会社へ行っている）
She *is taking* dancing lessons this term.
　（彼女は今学期はダンスのレッスンを受けている）
People *are eating* less meat these days.
　（人々は最近あまり肉を食べなくなってきている）
He*'s doing* a part-time job at a sports shop for two months.
　（彼は2か月間スポーツ店でアルバイトをしている）
We *are having* very hot weather this summer.
　（今年はずいぶん暑い夏が続いている）
I*'m seeing* a lot of John these days.
　（ぼくはこのごろジョンによく出会う）
He*'s getting* up at four o'clock every day this week to prepare for his exam. （彼は試験の準備のため，今週は毎日4時に起きている）
Whenever I see him, he*'s chewing* gum.
　（いつ会っても彼はガムをかんでいる）

**NOTE**
(1) この意味では不定の頻度を表す副詞とは用いない（Leech (1987)）：
　×I *am sometimes walking* to work until my car is repaired.
(2) hit, jump, kick, knock, nod などの瞬間動詞（momentary verbs）は進行形で用いると，反復的な動作を表す：
　　He *is jumping* up and down with joy. （彼はうれしくて小躍りしている）
　　Henry *is kicking* the soccer ball on the ground.
　　　（ヘンリーはグラウンドでサッカーボールをけっている）

(2b) 現在の動作の不断の継続
　通例 always, all the time, continually, constantly, perpetually, forever などの副詞（語句）を伴って，現在動作が絶え間なく継続していることを表す。この場合，通例話し手の不快・いら立ち・当惑などの感情的な意味合いを伴い，非難の意を表すことが多い。
　Our teacher *is* always *giving* us tests.
　　（ぼくたちの先生はテストばかりするんだ）

He *is* always *borrowing* my books and *forgetting* that he has borrowed them. (彼は, ぼくの本を借りては, 借りたことをいつも忘れてばかりいるんだ)

We can't trust him. He*'s* always *telling* lies.
(やつは信用できないよ。いつもうそばかりつくんだから)

"I think I'll stay at home after all." "You*'re* continually *changing* your mind." (「やっぱり家にいるよ」「君といったら絶えず気が変わるんだから」)

Why *are* you perpetually *getting* into debt?
(どうしていつも借金ばかりしているの?)

He *is* constantly *asking* silly questions and it really gets on my nerves. (彼はいつもつまらぬ質問ばかりするので本当に頭にくるよ)

Our burglar alarm *is* forever *going* off for no reason.
(どういうわけかうちの盗難警報器はしょっちゅう鳴っている)

**NOTE**
是認される行為について用いられることもある:
She*'s* always *helping* people. (彼女はいつも人を助けてあげている)
A child *is* always *learning*. (子供というのは常に学んでいる)

## (3) (一時的に) …のようにふるまっている
――現在の一時的なふるまい

「be being+形容詞[名詞]」の形で用いて, 主語の一時的な行為やふるまいを表す。

My daughter *is being* very helpful this morning.
(娘は今朝はよく手伝ってくれる)

Stop doing that. You*'re being* childish.
(そんなことをするのはやめなさい。行いが子供っぽいよ)

The children *are being* very polite today.
(子供たちは今日はたいへん礼儀正しくしている)

He *isn't being* very cooperative today.

（彼は今日はあまり協力的ではない）
I don't think you*'re being* quite fair.
（君は公平にふるまっていないように思う）
She*'s being* an angel.（彼女は天使のようにふるまっている）
The baby *is being* a nuisance.（赤ん坊がうるさくしている）
次の例のように比喩的にも用いられる。
The car *is being* difficult.（車がどうしても動いてくれない）

**NOTE 1**
(1) 次の2文を比較してみよう：
　(a) He *is* a fool.［本来的な性質］
　　（彼はばかである）
　(b) He *is being* a fool.［一時的なふるまい］
　　（彼はばかなふるまいをしている）
(2) 次の例では「ふりをしている（be pretending）」の意味でのみ進行形が可能（cf. Quirk *et al.* (1985)）：
　He *is being* tired.（彼は疲れたふりをしている）

**NOTE 2**
　この用法で用いられる形容詞・名詞は自制可能（self-controllable）で動的なものに限る。したがって次のようには言えない：
　×He *is being* tall.
　×She *is being* pretty.
　×The leaves *are being* yellow.
　×Tom *is being* a Canadian.

**NOTE 3**
　進行形で用いられる主な形容詞・名詞を下にあげておく：
　absurd（ばかげた）, an angel（天使のような人）, annoying（いらいらさせる）, awkward（ぎこちない）, brave（勇敢な）, calm（穏やかな）, careful（慎重な）, clever（賢い）, considerate（思いやりのある）, cooperative（協力的な）, cruel（残忍な）, energetic（精力的な）, extravagant（贅沢な）, fair（公平な）, a fool（ばか者）, foolish（ばかな）, funny（こっけいな）, good（正しい）, greedy（貪欲な）, haughty（傲慢な）, helpful（役に立つ）, a hero（英雄）, an idiot（おおばか）, impudent（厚かましい）, inconsiderate（思いやり

のない), irritable (怒りっぽい), jealous (しっと深い), kind (親切な), lazy (怠惰な), a martyr (殉教者), a nuisance (迷惑なこと), patient (忍耐強い), polite (礼儀正しい), quiet (静かな), rude (無礼な), sociable (社交的な), stupid (ばかな), timid (臆病な), unpleasant (不愉快な), useful (役に立つ)

## 1.3 現在完了形 (present perfect form)

過去の出来事や状態が現在と何らかのつながりを持つ場合に現在完了形が用いられる。そして現在とどのような関係を持つかによって完了・結果, 経験, 継続を表す場合に分けられる。「have [has] + 過去分詞」の形で表す。

**NOTE**
現在完了形の本質的な意味は, 過去のある出来事を現在に結びつける点にあり, 完了・結果, 経験, 継続という意味は, 動詞の持つ性質とそれに伴う副詞 (語句) から引き出される意味にすぎない点に注意。

## (1) (ちょうど) …した, …してしまった──完了・結果

過去における動作が現在時において完了したか, あるいはその結果が現在に及んでいることを表す。完了の意味はしばしば just, now, already, recently, yet などの副詞 (語句) によって明確にされる。

The department store *has* just *opened*. (百貨店が開いたところだ)

He *has had* a bad car crash on his way to work.
　(彼は車で仕事に行く途中, ひどい衝突事故にあった)

"Is Tom here?" "No, I'm afraid he*'s* just *gone*."
　(「トムさんはおられますか」「いいえ, たった今出かけたばかりです」)

He*'s* recently *come* back from his trip to the U.S.
　(彼は最近アメリカ旅行から帰国した)

"*Have* you *told* your brother about it?" "Yes, I*'ve* just *called* him."
　(「そのことを弟さんに話しましたか」「ええ, いま電話したところです」)

I*'ve lost* my key. Have you seen it anywhere?
　(鍵をなくしたの。どこかで見なかった?)

The rainy season *has set* in earlier than usual.

(例年よりも早く雨季に入った)

Crimes against elderly people *have risen* sharply in the last few years.
(高齢者に対する犯罪がここ数年で急増に増加した)

I *haven't decided* yet whether to take part in the competition.
(私はあの競技会に参加するかどうかまだ決めていない)

"Lunch?" "No, thanks, I*'ve* already *eaten*."
(「昼食はどう？」「もう食べたので結構です」)

It's ten o'clock and she *hasn't finished* breakfast yet.
(10時だというのに彼女はまだ朝食を食べ終えていない)

## NOTE 1
(1) 第1範例では，「現在開店している (It is open now.)」，第2範例では，「現在おそらくまだ入院している (He is probably still in the hospital.)」ということを表す。
(2) この完了・結果の意味では完結的な意味の動詞と結びつき，状態を表す動詞とは結びつかない：
　　×They *have* just *hated* each other.

## NOTE 2
(1) 主に《米》では，just, already, yet は過去時制とともに用いられることがある：
　　She *just called*.（彼女がちょうど電話をしてきた）
　　He *already mailed* the letter to his friend.
　　　（彼はすでに友達にその手紙を出した）
　　*Did* the children *come* home *yet*?（子供たちはもう帰りましたか）
(2) just now は過去時制とともに用い，通例現在完了形とは用いられない：
　　He *arrived* from New York *just now*.
　　　（彼はたった今ニューヨークから到着したところだ）
　　I *heard just now* that he's off today.
　　　（彼は今日休んでいると今聞いたところだ）

## NOTE 3
談話では，まず現在完了形で始めて，その後は過去時制で表すことがよく行われる：
　　She *has received* a proposal of marriage; it *took* us completely by

surprise. (彼女はプロポーズを受けた。そのことで私たちはすごくびっくりした)

"*Have* you *sent* in your application?" "Yes, I *sent* it in ages ago."
(「願書を出しましたか」「ええ,とっくに出しました」)

## (2) (今までに)…したことがある——経験

過去の不定時の出来事や状態が現在時において経験として生きていることを表す。経験の意味はしばしば ever, never, before, once, often, several times などの副詞(語句)によって明確にされる。

I'm sure we *'ve met* somewhere before.
(私たちはたしか以前どこかで会ったことがあると思います)

"*Have* you ever *ridden* a horse?" "Yes, twice."
(「馬に乗ったことがありますか」「ええ,二度ばかり」)

In twenty years of driving I *'ve* never *had* an accident.
(私は 20 年間車を運転しているが,一度も事故を起こしたことがない)

"*Have* you *traveled* a lot?" "Yes, I *'ve been* to 50 different countries."
(「今までよく旅行されましたか」「ええ,50か国訪れたことがあります」)

I *'ve* never *known* her to lose her temper.
(私は彼女がかんしゃくをおこすのを見たことがない)

"How many times *have* you *been* to the United States?" "I*'ve been* there only once." (「何回アメリカへ行ったことがありますか」「一度だけ行ったことがあります」) ◇「一度もありません」は, I*'ve never been* there. / *Never have* I *been* there. と言う。後者のほうが強意的。

I *haven't been* to the movies for ages.
(私は長い間映画を見に行ったことがない)

"*Have* you ever *read* 'War and Peace'?" "No, I *haven't read* it."
(「『戦争と平和』を読んだことがありますか」「いいえ,ありません」)

It is one of the best novels I *'ve* ever *read*.
(それは私が今まで読んだ中で最高の小説の一つだ)

This is the first time I *'ve been* in the hospital.
(私が入院したのはこれが初めてです)

### NOTE 1　have been to と have gone to

have been to と have gone to の意味の違いに注意 (cf. Quirk et al. (1985))：

(1) My sister *has been to* Rome. ('She was there, but now she has come back.')

(2) My sister *has gone to* Rome. ('She is there now or she is on her way there.')

(1)は，「(少なくとも) 一度はローマへ行ったことがある ［経験］」「ローマへ行って来た (ところだ) ［完了］」の意味であるのに対し，(2)は，「ローマへ行ってしまった (したがって現在ローマにいるまたはローマへ行く途中である) ［結果］」の意味である。ただし，《米話》では have gone to が have been to の経験の意味で用いられることがある：

We *have* sometimes *gone to* the beach, but we have never enjoyed the trip.（私たちは時々海へ行ったことがあるが，その旅行が楽しかったためしがない）

### NOTE 2

くだけた言い方では，ever, never は過去時制とともに用いられることがある (Swan (2005))：

*Did* you *ever see* anything like that before?
　（今までにあのようなものを見たことがありますか）

I *never saw* such a terrible accident before.
　（私はあんな恐ろしい事故を一度も見たことがなかった）

### NOTE 3

this morning, this week, this year, today などの副詞 (語句) と用いた場合，発話時によって現在完了形か過去時制が選択される。次の例では，(1)は午前中に，(2)は午後になされた発話と解せられる：

(1) He *has called* me up this morning.（彼から今朝電話があった）

(2) He *called* me up this morning.（同上）

### NOTE 4

現在完了は現在と結びついているので，その主語は現存するものでなければならない：

Some people think that Shakespeare *traveled* [×*has traveled*] a lot in Germany.（シェイクスピアはドイツをたびたび旅行したと考える人がある）

## (3) (今まで) …している，…してきた——継続

### (3a) 現在までの状態の継続
過去の状態が現在まで継続していることを表す。通例期間を示す副詞（語句）を伴う。

Linda is a good friend of mine. I *have known* her for a long time.
（リンダは私の親友の1人です。彼女とは長い知り合いです）
That house *has been* empty for ages. （あの家はずっと前から空家だ）
I *have* always *lived* with my parents in Italy.
（私は両親とずっとイタリアに住んでいる）
I *have had* a headache since I got up this morning.
（私は今朝起きてから頭痛がしている）
There *has been* a steady increase in the number of students going to university. （大学へ進学する学生は着実に増えている）
We *have been married* for fifteen years. （私たちは結婚して15年になる）
"How long *have* you *been* a teacher?" "Thirty years."
（「先生になられてどのくらいですか」「30年です」）
Jane *has had* a bad cold for the last few days.
（ジェーンはここ数日ひどい風邪をひいている）
I*'ve been* on a diet for a month, but so far I haven't lost any weight.
（私は1か月ダイエットをしているが，これまでのところ体重は減っていない）
"How long *has* it *been* since you took a vacation?" "It*'s been* two months since I took a vacation." （「休暇を取ってどのくらいになるの？」「休暇を取ってから2か月よ」）

完結的な意味の動詞であっても否定文で用いると動作の欠如を表し，継続的な意味を表す。

I *haven't smoked* for years. （私は何年もタバコを吸っていない）
He *hasn't written* to me for nearly a month.
（彼は1か月近く手紙をよこさない）
I *haven't played* rugby since I left university.
（私は大学を卒業してからラグビーをしていない）

He insulted me last year and I *haven't spoken* to him since.
　（私は昨年彼に侮辱されてからというもの，彼とは一言も口をきいていない）

**NOTE 1**
　通例期間を示す副詞（語句）を伴う。そうでないと継続の意味か経験の意味かあいまいなことがある。次の文では2通りの解釈が可能である：
　　He *has lived* in Kyoto.
　　　（彼は京都に住んでいる［継続］；彼は京都に住んだことがある［経験］）
　ただし，文脈などから継続の意味が明らかな場合，期間を示す語句は表されないことがある（cf. Leech (1987))：
　　He*'s lived* a good life.（彼はいい人生を送ってきた）

**NOTE 2**
(1) くだけた言い方では，always は過去時制とともに用いられることがある（Swan (2005))：
　　I *always knew* I could trust him.
　　　（私は彼が信用できる人だと常々わかっていた）
(2) so far, until now は過去時制とともに用いられることがある：
　　We *had* a small car *so far* [*until now*].（今まで小型車を所有していた）

**NOTE 3**
　一時的な状態を表す sit, lie, wait, stay, sleep などの動詞は，特にくだけた言い方では，現在完了形ではなく現在完了進行形で用いられる傾向にある（→1.4）(cf. Leech (1987))：
　　He*'s been sitting* on the bench in the park all afternoon.
　　　（彼は午後ずっと公園のベンチにすわっている）
　　I*'ve been waiting* here for an hour.（私は1時間ずっとここで待っている）
　　He *has been staying* at the hotel close to the beach for a week.
　　　（彼は1週間海岸近くのホテルに滞在している）

(3b) **現在までの反復的・習慣的動作**
　過去のある動作が現在まで反復的・習慣的に行われていることを表す。通例期間や頻度を示す副詞（語句）を伴う。
　　I*'ve written* six letters since lunchtime.
　　　（私は昼食時から手紙を6通書いた）

He *has* always *driven* to work.（彼はいつも車で通勤している）
He *has attended* lectures regularly this term.
　（彼は今学期はきちんと講義に出席している）
I *have collected* stamps since I was a child.
　（私は子供のころから切手の収集をしている）
Plenty of rain *has fallen* in this region lately.
　（最近この地域では大量の雨が降っている）
For generations, Britain *has produced* the world's greatest scientists.
　（イギリスは幾世代にもわたって世界で最も偉大な科学者を生み出してきた）

**NOTE**
　期間や頻度を示す副詞（語句）を伴わないと通例継続の意は表されない。次例では，完了・結果または経験の意味になる：
　　He *has taught* in this school.（彼はこの学校で教えた［完了・結果］；彼はこの学校で教えたことがある［経験］）

## 1.4　現在完了進行形 (present perfect progressive form)

現在までの動作や状態の一時的な継続を表す場合に現在完了進行形が用いられる。「have［has］been＋現在分詞」の形で表す。

### (1) (今まで一時的にずっと) …している，…していた
　　——現在までの一時的な動作・状態の継続

過去のある動作や状態が現在まで一時的に継続していることを表す。通例その動作や状態が未来に及ぶかもしれないことを含意する。
　He *has been writing* a book, but he hasn't finished it.
　　（彼は本を書いているが，まだ書き終えていない）
　"How long *have* you *been studying* English?" "Ten years now."
　　（「どのくらい英語を勉強しているのですか」「今で10年です」）
　I *have been writing* my report since this morning. I have written ten
　　pages.（私は今朝からレポートを書いている。今まで10ページ書いた）

She *has been looking* for a job for nearly six months.
（彼女は6か月近く仕事を探している）

She *has been watching* television all day without doing anything.
（彼女は何もしないで1日中テレビを見ている）

I*'ve been waiting* since nine o'clock and still my turn hasn't come.
（私は9時から待っているが，まだ順番がこない）

I*'ve been working* on this problem since this morning and I still haven't solved it.（今朝からこの問題に取り組んでいるがまだ解けない）

The committee *has been discussing* the pros and cons of the new plans.（委員会はその新たな計画の賛否を議論している）

また，現在完了進行形はいま終了した動作について用いられる。この場合，動作が今まで継続していたことが強調される。

The ground is wet. It *has been raining*.
（地面がぬれている。つい今し方まで雨が降っていた）

"I'm sorry to be late." "It's okay. I *haven't been waiting* long."
（「遅れてごめんね」「いいよ。長く待ってたわけじゃないから」）

"I*'ve been swimming* in the pool." "That's why your hair is wet."
（「ついさっきまでプールで泳いでいたんだ」「それで髪がぬれてるんだね」）

"Why is she out of breath?" "Perhaps she *has been running*."
（「どうして彼女，息を切らしているの？」「たぶん今走って来たからだわ」）

**NOTE 1**

現在完了進行形は「過去の不定時の出来事が現在時に至る限られた時間の枠内で一時的に進行している」ことを表す（cf. 1.2 (1) NOTE 1）。次の(1)と(2)はほとんど意味の違いはないが，(2)では特に一時的な継続の概念が強調される：

(1) We *have lived* in Kobe since 2003.
（私たちは2003年から神戸に住んでいる）

(2) We *have been living* in Kobe since 2003.
（私たちは2003年からしばらく神戸に住んでいる）

**NOTE 2**

心的な状態を表す動詞が現在完了進行形で用いられることがある（→ 1.2

(1) NOTE 3）：
　　I *haven't been feeling* very well lately.（最近あまり体の具合がよくない）
　　I *have been expecting* a reply from you for a long time.
　　　（長い間あなたからの返事をお待ちしております）
　　I*'ve been wanting* to see you about several important matters.
　　　（いくつかの重要な件であなたとお会いしたいと思っております）

## (2)（今まで反復しながら一時的に）…している
―――現在までの一時的な反復的動作・習慣的動作

　過去のある動作が現在まで一時的に反復的・習慣的に行われていることを表す。通例期間や頻度を示す副詞（語句）を伴う。
　　She *has been playing* the violin since she was five.
　　　（彼女は5歳の時からバイオリンを弾いている）
　　I*'ve been playing* a lot of tennis recently.（最近私はよくテニスをする）
　　He *has been going* to evening classes in English for beginners this year.（彼は今年，初心者向けの英語の夜間クラスに通っている）
　　Recently we *have been seeing* each other every day.
　　　（最近私たちは毎日顔を合わせている）

### NOTE
　完了進行形の受身はきわめてまれ。次の文はぎこちなく感じられる（cf. Swan (2005)；Quirk *et al.* (1985))：
　　The road *has been being repaired* for months.（道路は何か月も工事中だ）

# 2章　過去の表し方

過去のことを表す文法形式には，単純過去時制，過去進行形，過去完了形，過去完了進行形がある。

■基本文例■

1　The traffic accident *happened* last weekend.
　　（その交通事故は先週末に起こった）
2　The snow *was* very deep and it almost *reached* my knees.
　　（雪は非常に深くてほぼひざまで達した）
3　I *felt* very tired, so I *went* to bed early.
　　（私はひどく疲れていたので早く寝た）
4　He *used to like* meat, but he never eats it now.
　　（彼は以前は肉が好きだったが，今はまったく食べない）
5　"What *were* you *doing* around eight last night?" "I *was talking* on the phone."（「昨夜8時ごろ何をしていたの？」「電話で話をしていたよ」）
6　They *were watching* the soccer matches on TV all afternoon.
　　（彼らは午後ずっとサッカーの試合をテレビで観戦していた）
7　John *was being* very careful.
　　（ジョンは非常に慎重にふるまっていた）
8　I didn't recognize him. He *had changed* a lot.
　　（彼だとはわからなかった。ずいぶん変わってしまっていたので）
9　He asked me where I *had been* and what I *had been doing*.
　　（彼は私がどこで何をしていたのか尋ねた）
10　I called him at the office, but he *had* already *gone* home.
　　（私は彼の会社へ電話したが，すでに帰宅していた）
11　It *had been raining*, and the ground was still wet.

(雨がずっと降っていたので地面はまだぬれていた)

## 2.1 単純過去時制 (simple past tense)

話し手が発話時より以前に生じた動作や状態を表す場合に単純過去時制が用いられる。

### (1) …した——過去の動作

過去に行われた動作や行為を表す。過去を示す副詞（語句）を伴う場合と伴わない場合とがある。

I *reserved* a room for three nights in the hotel.
 (私はホテルに部屋を3泊予約した)
He *started* working at the post office last Monday.
 (彼は先週の月曜日から郵便局で働き始めた)
"*Did* it *rain* yesterday?" "No, it was a nice day."
 (「昨日雨だった？」「いいえ，いい天気だったよ」)
I *went* to Spain for three weeks this summer.
 (私は今年の夏3週間スペインへ行ってきた)
"*Did* you *do* the shopping on Sunday?" "No, I didn't have time."
 (「日曜日に買い物したの？」「いえ，時間がなくてできなかったわ」)
The train *didn't arrive* on time because of dense fog.
 (列車は濃霧のため定刻に到着しなかった)
I *got* caught in the rain on my way home. (私は帰宅途中雨にあった)
The police eventually *gave* up the search for the missing boy.
 (警察は結局その行方不明の少年の捜索を中止した)
"When *did* you *buy* the digital camera?" "About three years ago."
 (「そのデジカメはいつ買ったの？」「3年ほど前だよ」)
"This is how you do it," my sister *explained* to me.
 (「こんなふうにやるのよ」と姉は私に説明してくれた)
She *switched* off all the lights in the rooms downstairs.
 (彼女は下の部屋の照明を全部消した)

I *bought* a new computer because the old one was broken.
（私は古いコンピュータが壊れたので新しいのを買った）

"How *did* the accident *happen*?" "The driver *didn't notice* the traffic lights."（「どうして事故が起こったのですか」「運転手の信号の見落としです」）

The ship *hit* an iceberg and *sank*. There were no survivors.
（その船は氷山に衝突し沈没した。生存者はなかった）

**NOTE 1**
(1) 日本語で「…した」と言う場合，英語では通例過去時制または現在完了形で表されるが，過去時制は現在と切り離された過去の動作や状態を表すのに対し，現在完了形は過去の動作や状態を現在と結びつけることに注意（→ 1.3 NOTE）。
(2) 次のような場合，日本語の「した」に引かれて過去時制では用いないこと：

I *see* [×*saw*]. / I *understand* [×*understood*]. （わかりました）
I *forget* [*have forgotten*] his name. （彼の名前を忘れた）
Oh, that *reminds* me, I saw Mike in town today.
　（ああ，それで思い出したが，今日町でマイクを見かけたよ）

**NOTE 2**
(1) 現在に結果が残っていても時間的にはっきりした過去の出来事を表すには，単純過去時制が用いられる：

This picture *was* painted by Claude Monet.
　（これはクロード・モネが描いた絵だ）
(2) 過去の完結した動作を順を追って述べる場合，単純過去時制が用いられる：

He *got* up at seven, *washed*, *shaved*, *went* downstairs, *had* breakfast, *hurried* to the station, and *caught* the train for Tokyo.
　（彼は7時に起き，顔を洗い，ひげをそり，下に降りて朝食を取り，それから急いで駅へ行き，東京行きの列車に乗った）

**NOTE 3**
過去時を示す副詞（語句）を伴わないでも，言語外のコンテクストから過去の時が明らかなことがある。その場合は過去時制で表される。次の例では，

郵便物がいつ配達されるかがお互いの間の了解事項と考えられる (Leech (2002))：
 *Did* you *get* any letters?（手紙は来ましたか）

## (2) …であった——過去の状態

過去における状態を表す。
 When I *was* a child, I *wanted* to be an astronomer.
  （子供のころ，ぼくは天文学者になりたかった）
 "What *was* the weather like?" "It *was* lovely. The sun *shone* bright every day."（「天気はどうでしたか」「すばらしい天気で，毎日太陽がさんさんと照ってましたよ」）
 I *was* in a difficult position. I *didn't know* what to do.
  （私は難しい立場にあった。どうしていいかわからなかった）
 The weather *seemed* to be improving.（天気は回復しているようだった）
 Most of the people who *lived* around here *were* students.
  （この辺りに住んでいた人はほとんど学生だった）
 "How much *did* the dictionary *cost*?" "It *cost* three thousand yen."
  （「その辞書はいくらしましたか」「3000円です」）
 The child behaved badly, just as I *thought* he would.
  （私が思っていたとおり，その子は行儀が悪かった）
 "Why *did* you *sit* there?" "There *was* nowhere else to sit."（「どうしてそこにすわっていたの？」「他にすわるところがなかったからよ」）
 The investigating team *consisted* of five Americans and two Europeans.（その調査団は5人のアメリカ人と2人のヨーロッパ人から構成されていた）
 I *didn't have* any experience of teaching.（私は教えた経験がなかった）
 She *looked* as if she hadn't slept all night.
  （彼女は一睡もしていない様子だった）
 The snowy weather *lasted* the whole time we *were* there.
  （雪模様の天気は私たちがそこに滞在中ずっと続いた）

**NOTE 1**

現在と対比して過去の状態を強調する場合は used to do が用いられる。do は状態動詞。この状態を表す用法では used to の代わりに would は用いられない (→ 2.1(3) NOTE 2)。発音は子音の前で used to /júːstə/, 母音の前で /júːstu/ となる。used to の否定文・疑問文については→ 2.1(3) NOTE 3:

 There *used to be* a large parking lot on this site.
  (以前この敷地には大きな駐車場があった)
 People *used to believe* that the earth was flat.
  (昔，人々は地球は平らだと信じていた)
 He *used to have* long hair, but he cut it some time ago.
  (彼は以前長髪をしていたが，少し前に切った)
 I always *used to* [*used* always *to*] be afraid of heights.
  (私はずっと高所恐怖症だった) ◇後のほうは堅い言い方。

**NOTE 2**

固有名詞も過去時制の条件を備えることができる：
 Mozart *was* one of the greatest composers.
  (モーツァルトは最も偉大な作曲家の1人だった)
ただし，彼の作曲した曲を通して現在なお生きている人としてとらえた場合は現在時制で表すことができる：
 Mozart *is* one of the greatest composers.
  (モーツァルトは最も偉大な作曲家の1人だ)

## (3) よく…した──過去の習慣

過去の反復的・習慣的な動作を表す。通例 always, often, usually, all morning, once a week, in those days などの頻度や期間を示す副詞（語句）を伴う。

 In those days we *played* baseball every Saturday.
  (当時ぼくたちは土曜日には決まって野球をした)
 It *rained* almost every weekend this July.
  (今年の7月は週末はほとんど雨だった)
 I *smoked* about forty cigarettes a day till I gave up.
  (私はタバコをやめるまで1日40本ほど吸っていた)
 When I was a child, my parents often *took* me to the seaside in

summer. (ぼくは子供のころ，夏には親に連れられてよく海へ行った)

In ancient times, the Olympic Games *were held* at Olympia in Southern Greece. (古代には，オリンピックは南ギリシアのオリンピアで開かれた)

**NOTE 1**

上の諸例からもうかがえるように，過去の習慣的動作を示すのは動詞自体ではなく，主として副詞的修飾語句によってである。最後の範例では，were held という語彙的な要因から習慣的意味が暗示される (Quirk *et al*. (1985))。

**NOTE 2**

(1) 現在と対比して過去において規則的に繰り返された動作は used to do で表すことができる (cf. 2.1(2) NOTE 1)。do は動作動詞：

 I don't smoke anymore, but I *used to smoke* 30 cigarettes a day.
  (私は今はもうタバコを吸わないが，以前は1日30本吸っていた)

 I *used to collect* fossils when I was a high school student.
  (ぼくは高校生のとき，よく化石を集めていた)

 She *used to travel* a lot. These days she doesn't go away very often.
  (以前は彼女はよく旅行したが，最近は遠出をすることもあまりない)

これに対し，would は独特な行動や習慣など主語に特徴的な行為を含意し，過去によく行われた行為を表す (cf. Leech *et al*. (2001); Hornby (1975))：

 We *would* play cards, just to relieve the boredom.
  (ぼくたちはただ退屈を紛らすためによくトランプをしたものだ) ◇主語が1人称の場合，過去を懐かしんで言うときによく用いられる。

 I *would* walk to school on fine days and *would* take the bus only when the weather was bad. (私は晴れた日は歩いて学校へ行き，天気がよくないときだけバスに乗ったものです)

 As he grew older, he *would* often talk about his war experiences.
  (彼は年を取るにつれてよく戦争体験について話をした)

(2) used to は過去の時，期間，回数を表す副詞語句とは通例共起しない (cf. Swan (2005))：

 I *worked* [×*used to work*] very hard last week.
  (私は先週一生懸命働いた)

 I *lived* [×*used to live*] in London for two years.
  (私は2年間ロンドンに住んでいた)

 I *went* [×*used to go*] to Canada five times last year.

　　　　（私は昨年5回カナダへ行った）
　　また，used to は完了相とは共起しない（Leech (1987))：
　　　ˣI *used to have been working* all afternoon.
　(3) used to の否定文，疑問文は一般に次のようになる：
　　　I *didn't use to* play volleyball at school.
　　　　（私は学校ではバレーボールをしなかった）
　　　*Did* you *use to* drink a lot?
　　　　（あなたは以前たくさんお酒を飲んでいましたか）
　　次のように用いるのは今では堅い言い方：
　　　I *used not* [*usedn't*] *to* play volleyball at school.
　　　*Used* you *to* drink a lot?
　　ただし，never を用いると，I *never used to* play volleyball at school. （私は学校では一度もバレーボールをしなかった）のようになる。

## 2.2　過去進行形 (past progressive form)

　過去のある時に進行していた動作や状態を表す場合に過去進行形が用いられる。「was [were]＋現在分詞」の形で表す。

### (1) …していた——過去の進行中の動作・状態

　過去の進行中の動作や状態を表す。
　　When I was your age, I *was* already *working*.
　　　（君の年齢のころには，ぼくはすでに働いていたよ）
　　The children *were helping* to paint the walls.
　　　（子供たちは壁のペンキ塗りを手伝っていた）
　　"Where's Mike?" "He *was playing* outside five minutes ago."
　　　（「マイクはどこにいる？」「5分前は外で遊んでいたんですがね」）
　　It was a very clear night. The stars *were twinkling* overhead.
　　　（非常に澄みきった夜だった。星が頭上できらきら輝いていた）
　　"What *were* you *doing* at about ten last night?" "I *was watching* TV."
　　　（「昨夜10時ごろ何をしていたの？」「テレビを見ていたわ」）
　　This time last year I *was living* in Sapporo.
　　　（昨年の今ごろは札幌に住んでいた）

His children *were waiting* at the airport to meet him.
（子供たちがお父さんを出迎えようと空港で待っていた）
He *was standing* in a bookstore browsing through a magazine.
（彼は書店で雑誌を立ち読みしていた）
I *was thinking* of quitting my job.（私は仕事を辞めようかと考えていた）
I saw Emma in the park. She *was sitting* on the grass and *reading* a book.（エマを公園で見かけた。彼女は芝生にすわって本を読んでいた）
It *was raining* heavily when I left my house this morning.
（今朝家を出るとき雨が激しく降っていた）
The old man was knocked down by a dump truck while he *was crossing* the street.（その老人は，道を横断中にダンプカーにひかれた）
He drove right past me when I *was waiting* for the taxi.
（私がタクシーを待っていたとき，彼がすぐそばを車で通り過ぎた）

過去進行形は1つの背景を作りだすため，物語の語りなどに応用される。

We *were driving* down the steep hill into town. The stars *were twinkling* in the clear night sky. Just suddenly a strange object appeared in front of us.
（私たちは車で険しい丘を下って町に向かっていた。星が澄みきった夜空にきらきらと輝いていた。ちょうどその時奇妙な物体が私たちの前に現れた）

**NOTE**

(1) 過去進行形を while [when, as] 節と主節の両方で，または等位節で用いると，過去の2つの動作が同時に進行していたことを表す：

They *were crossing* the road while the traffic lights *were changing*.
（彼らは信号が変わっているときに道路を横断していた）
While I *was working* in the garden, my wife *was fixing* dinner.
（私が庭で仕事をしている間，家内は夕食の支度をしていた）
Alice *was doing* the dishes and Eric *was cleaning* the windows.
（アリスは食器洗いをしており，エリックは窓拭きをしていた）

(2) 過去のある動作が別の動作とほぼ同時に起こったことを表すには単純過去時制が用いられる：

When John *returned* from the office, his wife *started* to cook supper.
（ジョンが会社から帰ると奥さんが夕食を作り始めた）

Peter *got* up when the doorbell *rang*.
（ドアのベルが鳴るとピーターは起き上がった）

## (2) （反復しながら）…していた，（絶えず）…ばかりしていた
――過去の一時的な反復的動作・習慣的動作

### (2a) 過去の一時的な反復的動作・習慣的動作

過去のある時に動作が一時的に反復的・習慣的に行われたことを表す。通例 all night, in those days, at that time, every day, usually などの期間や頻度を示す副詞（語句）を伴う。

At that time she *was having* regular singing lessons.
（当時彼女は定期的に歌のレッスンを受けていた）

The old man *was coughing* all through the night.
（その老人は夜通しせきをしていた）

I *was cycling* to school when I was a high school student.
（私は高校生のとき，自転車通学をしていた）

He *was taking* his children out for a walk much oftener then.
（彼は当時もっと頻繁に子供たちを散歩に連れて行っていた）

By sunrise they *were* normally *making* their way to work.
（日の出前には彼らはいつも仕事に向かっていた）

**NOTE**

次のように「時々していた」と言う場合は過去進行形は用いられない (Quirk & Greenbaum (1974))：

×We *were sometimes walking* to the office.

### (2b) 過去の動作の不断の継続

通例 always, constantly, continually, forever, all the time などの副詞（語句）を伴って，過去のある時に動作が絶え間なく行われていたことを表す。この場合，通例話し手の不快・いら立ち・当惑などの感情的な意味合いを伴い，非難の意味を表すことが多い（→ 1.2(2)(2b)）。

He *was* always *grumbling* to me about his job.

(彼ときたらしじゅう仕事のことでぼくにぶつぶつ不満をこぼしていた)
She *was* always *poking* her nose into everybody's affairs.
(彼女は誰にでもおせっかいばかりしていた)
They *were* continually *squabbling* over trifles.
(彼らは絶えずささいなことで言い争いをしていた)
He *was* forever *asking* his father for money to buy toys with.
(彼はお父さんにおもちゃを買うお金をせがんでばかりいた)

## (3) (一時的に)…のようにふるまっていた
―― 過去の一時的なふるまい

「be being＋形容詞［名詞］」の形で用いて，過去の主語の一時的な行為やふるまいを表す (→ 1.2 (3))。

Jane *was being* so nice to us.
(ジェーンは私たちにとても親切にしてくれた)
She was puzzled by Bill's attitude—why *was* he *being* so unfriendly?
(彼女はビルの態度に戸惑った――どうして彼はあんなに他人行儀なのだろうか)
He *wasn't being* very cooperative yesterday.
(彼は昨日はあまり協力的ではなかった)
He is normally a sensible man, but he *was being* very stupid this morning. (彼はいつもは分別のある人だが，今朝は行動がとてもおかしかった)
What a fool I *was being*! (私は何てばかなふるまいをしたのだろう！)

## 2.3 過去完了形 (past perfect form)

過去のある時から見てそれより以前に起こった動作や状態を表す場合に過去完了形が用いられる。「had＋過去分詞」の形で表す。過去完了形には過去の時点から見た過去，時制の一致によるもの，過去の時点から見た現在完了形の3つがある。最後の場合，現在完了形の用法がそのまま過去の時点に移ったと考えればよい。

## (1) (過去のある時よりも前に) …した，…していた
——過去時制の後方転移による過去完了形

過去のある時よりも以前に起こった動作や状態を表す。
 She was a widow. Her husband *had died* in 2000.
  (彼女は未亡人だった。夫は2000年に亡くなっていた)
 It was ten o'clock. All the shops *had closed*.
  (10時だった。店はみなすでに閉まっていた)
 I *had broken* my leg the previous day, so I couldn't go to school.
  (私はその前日に脚を折ったので，学校に行けなかった)
 I was really tired last night. I *had had* a hard day.
  (私は昨夜はひどく疲れていた。きつい1日だった)
 The weather was far worse than any of us *had anticipated*.
  (天気は誰もが予想していたよりもはるかに悪かった)
 He returned me the book I *had lent* him.
  (彼は，ぼくが前に貸していた本を返してくれた)
 "*Had* anyone *touched* the body before the police arrived?" "No, nobody *had touched* it."(「警察が来る前に誰か死体に触れましたか」「いいえ，誰も」)
 By the time the singer arrived, a large crowd *had gathered*.
  (その歌手が到着するころまでに大群衆が集まっていた)
 After I *had spoken*, I realized my mistake.
  (話した後私は違いに気づいた)
 When I *had finished* reading the book, I did some gardening.
  (私はその本を読み終えた後ガーデニングをした)

過去の2つ(またはそれ以上)の出来事をafter, before, when, as soonなどの接続詞を用いて表す場合，時間の前後関係が明らかな場合は過去より前の出来事でも単純過去時制で表すことができる。
 I ate dinner *after* my wife *came* back from her shopping.
  (私は家内が買物から帰ってから夕食を食べた)
 I *thought* carefully about the matter *before* I made an important decision. (私は重大な決定をする前に，その問題について慎重に考えた)

## 2.3 過去完了形

*When* the play *finished*, the audience left the theater quietly.
（芝居が終わると観客は静かに劇場を出た）

*As soon as* I *put* the phone down, it rang again.
（受話器を置くとすぐにまた電話が鳴った）

I didn't want to stop *until* I *finished* the job.
（私は仕事を終えてしまうまで途中でやめたくなかった）

**NOTE 1**

(1) くだけた言い方では，しばしば過去完了形の代わりに単純過去時制が用いられる（cf. Frank（1993））：

> The man who *stole*（＝had stolen）the car three months ago confessed yesterday.（3か月前に車を盗んだ男が昨日犯行を自白した）
>
> The meeting was shorter than I *expected*（＝had expected）．
> （その会議は私が思っていたよりも短かった）

(2) 過去完了形または単純過去時制のいずれを用いるかによって意味に違いが生じる場合がある（cf. Alexander（1988））：

> (1) a. The patient *died* when the doctor arrived.
>     b. The patient *had died* when the doctor arrived.
> (2) a. When Ken *spoke*, she put the phone down.
>     b. When Ken *had spoken*, she put the phone down.

(1a) は「医者が着いたときまたはその直後にその患者は死んだ（The patient died at the time or just after the doctor arrived.）」，(1b) は「医者が着いたときにはその患者はすでに死んでいた（The patient was already dead when the doctor arrived.）」ことを表す。また (2a) は「ケンが話し始めたときに彼女は受話器を置いた（When Ken started speaking, she put the phone down.）」，(2b) は「ケンが話し終えたときに彼女は受話器を置いた（When Ken finished speaking, she put the phone down.）」ことを表す。

**NOTE 2**

一連の出来事を表す場合，初めと終わりを過去完了形にし，残りは過去時制ですますことがある。これは過去完了形では重い感じを与えるからである（cf. Long（1961））：

> They *had seen* him once in the morning. As usual he was walking the deck for his daily exercise. He passed them several times and looked at them with interest, but without speaking. Margaret said she thought he wanted to speak but was too timid. Then he *had*

*disappeared* suddenly.
(彼らは午前中に一度彼を見かけた。いつものとおり，彼は日課の運動のためにデッキを歩いていた。彼は数回彼らのそばを通り過ぎ，興味ありげに彼らを見たが，話しかけることはなかった。マーガレットは，あの人はひどく臆病なので，私たちに話しかけたくても話しかけられなかったのかもしれないわ，と言った。それから彼は忽然と姿を消した)

## (2) (その時より前に) …した，…であった
―― 時制の一致による過去完了形

　主節の動詞が過去時制のとき，時制の一致 (sequence of tenses) によって従節の動詞が過去完了形になる。

I told him that I *had finished* my homework.
(私は宿題をすませたと彼に言った)
She said she *had seen* Laura three weeks before.
(彼女は3週間前にローラに会ったと言った)
I realized I*'d left* the keys inside.
(私は鍵を中に忘れてきたことに気づいた)
I found that somebody *had broken* into the office during the night.
(私は誰かが夜中に事務所に侵入したのに気づいた)
I looked at my watch, and realized that I *had missed* the train.
(時計を見ると，もう列車に乗り遅れたことがわかった)
I wondered who *had left* the front door open.
(私は誰が玄関のドアを開けっ放しにしたのかなと思った)
I thought I *had sent* the package a week before.
(私は1週間前に荷物を送ったと思った)
He explained that he *had been delayed* by the bad weather.
(彼は悪天候によって遅れたと説明した)
I knew that this *had been* a terrible shock to him.
(私は，このことが彼には大変ショックだったことを知っていた)
I believed that she *had missed* Tom terribly.
(彼女はきっとトムがいなくてひどく寂しかったのだろうと思った)

## 2.3 過去完了形

**NOTE**

(1) 十分な文脈が与えられないと，時制の一致によって過去時制が過去完了形になったのか，現在完了形が過去完了形になったのか，明確でないことがある。たとえば最初の範例において，I *had finished* my homework. は，I *finished* my homework. または I *have finished* my homework. のいずれに対応して過去完了形になったのかは判断できない。

(2) くだけた言い方では，しばしば過去完了形の代わりに単純過去時制が用いられる：

  He said that he *left* (=had left) his bag on the bus.
  （彼はバッグをバスに忘れてきたと言った）

## (3) …してしまっていた，…したことがあった，…していた
  ——現在完了形の後方転移による過去完了形

### (3a)（その時）…してしまっていた，…した——完了・結果

過去のある時における動作の完了・結果を表す。

  I wasn't hungry. I*'d* just *had* lunch.
  （おなかはすいていなかった。ちょうど昼食を食べたところだった）

  "Was Bill at the party when you got there?" "No, he *had* already *gone* home."（「パーティーに行かれたときビルはいましたか？」「いいえ，すでに家に帰っていました」）

  I saw Daniel before noon. He *hadn't gone* back to the office yet.
  （昼前にダニエルを見かけたが，まだ事務所に戻っていなかった）

  I *had* just *helped* myself to another drink when he came in.
  （もう1杯飲んだちょうどその時彼が入ってきた）

  He *had* recently *bought* a new car, and seemed very happy with it.
  （彼は最近新車を買い，とても満足気な様子だった）

  By the time his friends arrived, he *had* already *finished* dinner.
  （友達が来る前に，彼はすでに夕食をすませていた）

### (3b)（その時までに）…したことがあった——経験

過去のある時までの経験を表す。

  She wasn't exactly a stranger—I *had met* her once before.

(彼女をまったく知らないというわけではなかった。以前一度出会ったことがあったから)

"I hear you went to Canada last month. *Had* you ever *been* there before?" "Yes, I'*d been* there five years before."
(「先月カナダへ行かれたそうですね。それまでにカナダへ行かれたことがありましたか」「ええ，5年前に行ったことがありました」)

Their father *had* occasionally *taken* them to the zoo when they were young.（お父さんは子供たちがまだ小さかったころ，時々彼らを動物園へ連れて行ったことがあった）

He *had* never *hosted* a party, and didn't know how to go about it.
(彼はそれまで一度もパーティーのホスト役を務めたことがなかったので，どうしていいかわからなかった)

(3c)（その時まで）…していた——継続

(i) 過去のある時までの状態の継続を表す。通例期間を示す副詞（語句）を伴う。

I *had waited* for more than two hours before the party arrived.
(私はその一行が到着するまで2時間以上待っていた)

I *had* not *had* a chance to see the president up to that moment.
(その時まで私は社長に会う機会がなかった)

By Christmas 2003, they *had lived* in that expensive hotel for over two years.（2003年のクリスマスまで，彼らは2年以上あの高いホテルで生活していた）

I met her at the last meeting, but I'*d known* her by sight since 1990.
(この前の会合で彼女と会ったが，すでに1990年から彼女のことは見て知っていた)

(ii) 過去のある時までの反復的・習慣的動作を表す。通例期間や頻度を示す副詞（語句）を伴う。

We *had collected* money for charity all morning.
(私たちは午前中ずっと慈善のお金を集めていた)

The minister *had preached* in that church for more than twenty years. (その牧師はあの教会で20年以上説教をしていた)

It was foolish to fire Mike because he *had scored* more goals than any other player that season. (マイクはそのシーズンは他のどの選手よりも多く得点をあげていたので，彼を解雇するのは愚かなことだった)

## 2.4 過去完了進行形 (past perfect progressive form)

過去のある時までの動作や状態の一時的な継続を表す場合に過去完了進行形が用いられる。「had been＋現在分詞」の形で表す。

### (1) (過去のある時まで一時的にずっと) …していた
──過去のある時までの一時的な動作・状態の継続

過去のある時まで動作や状態が一時的に継続していたことを表す。

When I found the streets wet, I supposed it *had been raining*. (街路がぬれているのに気づいたとき，私はそれまで雨が降っていたのだと思った)

Everything *had been going* so well up to then.
(その時まですべてが非常にうまく行っていた)

"I had a terrible backache yesterday." "Oh dear. What on earth *had you been doing*" (「昨日はひどい腰痛だったの」「まあ，一体何をしていたの？」) ◇ on earth は what を強める。

She was on her hands and knees on the floor. She *had been looking* for her contact lens. (彼女は床の上で四つんばいになっていた。コンタクトレンズを探していたのだ)

When I found Mary, I could see that she *had been crying*. (私はメアリーを見つけたとき，彼女はそれまで泣いていたのだとわかった)

He *had been working* seven days a week; the doctor told him to take a vacation. (彼は毎日働いていた。それで医者は彼に休暇を取るように言った)

At that time we *had been living* in the trailer for about six months. (当時我々は半年ほどトレーラーハウスで生活をしていた)

## ⑵ (過去のある時まで反復しながら一時的に) …していた
―― 過去のある時までの一時的な反復的動作・習慣的動作

過去のある時まで動作が一時的に反復的・習慣的に行われていたことを表す。

The writer *had been writing* short stories just before he died.
(その作家は死ぬ直前まで短編小説を書いていた)

"*Had* it *been raining* before the accident happened?" "Yes, it *had been raining* heavily." (「事故が起こる前に雨が降っていましたか」「ええ,激しく降っていました」)

Ken *had been smoking* for 30 years when he finally gave it up.
(ケンは30年間タバコを吸い続けていたがついにやめた)

By the time he came to Egypt, he *had been studying* Arabic for two years. (彼はエジプトへ来るまで2年間アラビア語を勉強していた)

**NOTE 1**　過去完了進行形と過去進行形

過去完了進行形と過去進行形との意味の違いに注意。(1)では「窓の外を見たとき雨が降っていなかった(=やんでいた)」,(2)では「窓の外を見たとき雨が降っていた」ことが含意される (Murphy (1989)):

(1) When I looked out of the window, it *had been raining*.
(2) When I looked out of the window, it *was raining*.

**NOTE 2**

心的な状態を表す動詞が過去完了進行形で用いられることがある (→ 1.2 ⑴ NOTE 3):

He failed the exam. He *had been feeling* very depressed.
(彼はその試験に落ちた。ひどく落ち込んでいた)

He was delighted with a new car. He *had been wanting* one for a long time. (彼は新車をとても喜んでいた。長いことほしいと思っていたのだ)

# 3章　未来の表し方

　未来の動作や状態には，主語の意志や話し手の意図とは関係なく起こる場合とそうでない場合がある。前者は主に，「will [shall] ＋動詞の原形」，「be going＋to 不定詞」，現在進行形，未来進行形，単純現在時制，「be＋to 不定詞」の形で表される。後者の意志や意図を表す場合は，「will [shall] ＋動詞の原形」，「be going＋to 不定詞」などの形が用いられる。この意志や意図を表す場合については章を改めて述べる（→10章）。また，未来のある時までの動作の完了・結果，経験，継続を表すには未来完了形，未来のある時までの動作や状態の継続を表すには未来完了進行形が用いられる。

■基本文例■

1　According to the weather forecast, it *will* rain tomorrow.
　　（天気予報によれば明日は雨だ）
2　I'm not feeling well. I think I*'m going to* be sick.
　　（気分がよくない。今にも吐きそうだ）
3　The Prime Minister *is flying* to London tomorrow.
　　（首相は明日ロンドンへ発つことになっている）
4　This time next year I*'ll be studying* in England.
　　（私は来年の今ごろイギリスで勉強しているだろう）
5　It's a holiday tomorrow. They *will be going* to the mountains.
　　（明日は休日だ。彼らは山へ行くだろう）
6　"What time *does* the match *begin*?" "It *begins* at seven."
　　（「試合は何時に始まりますか」「7時です」）
7　I'll phone you when I *get* to the airport.
　　（空港に着いたら電話します）
8　Taxes *are to* go up from next April.
　　（来年の4月から税金が上がることになっている）

9 This book isn't very long. I*'ll have read* it by midnight.（この本はあまり長くない。夜中の12時までには読み終えているだろう）

10 I *will have been living* in this apartment for three years by the end of this month.（今月末で私はこのアパートに3年間住んでいることになる）

## 3.1 「will［shall］＋動詞の原形」

## （たぶん）…だろう

　「（たぶん）…だろう」という話し手の未来についての予測（prediction）を表すには「will［shall］＋動詞の原形」の形が用いられる。通例未来を示す副詞（語句）を伴う。近い未来にも遠い未来にも用いられる。話し言葉では，I'll, We'll のように縮約形を用いることが多い。否定は will not またはその縮約形の won't /wóunt/ で表す。

　"I*'ll* be twenty next Sunday." "Oh, really? Are you going to have a birthday party?"（「ぼく，今度の日曜日で20歳になるんだ」「本当？誕生パーティーは開くの？」）

　Two weeks from now the exams *will* be over.
　　（試験は2週間後に終わります）

　"*Will* flight 105 leave on time?" "I'm sorry, it*'ll* be delayed an hour."
　　（「105便は定刻に出発しますか」「申し訳ございません。1時間遅れる見込みです」）

　The summer vacation *will* soon be here.（まもなく夏休みになる）

　"Your car needs to be fixed." "How much do you think it*'ll* cost?"
　　（「あなたのお車は修理の必要があります」「費用はどのくらいかかるでしょうか」）

　"Where *will* you be this time next year?" "I*'ll* be in London."
　　（「来年の今ごろあなたはどこにいますか」「ロンドンにいます」）

　My father *will* probably be in the hospital for at least two weeks.
　　（たぶん父は少なくとも2週間は入院することになるでしょう）

He *won't* pass his exam. He hasn't done any work for it.
（彼は試験に通らないだろう。試験勉強を全然していないんだから）
Don't drink coffee before you go to bed. You *won't* sleep.
（寝る前にコーヒーを飲んだらだめですよ。眠れませんよ）
"How far is it?" "It *won't* take too long. It's about a 30-minute drive."
（「どのくらいありますか」「大したことはありませんよ。車で30分くらいです」）

　副詞（語句）や文脈・場面などから近い未来であることが明らかな場合、will は be going to としばしば交換して用いられるが、特に近い未来を表す場合は be going to のほうが好まれる。文体的には、be going to は主にくだけた言い方で用いられ、正式なスタイルでは will が好まれる（cf. Leech (1987)；Quirk *et al.* (1985)）。

What *will* happen now?（＝What *is going to* happen now?）
（さて何が起こるんだろう）
Do you think the car *will* start?（＝Do you think the car *is going to* start?）（車は動くと思いますか）
Smith *will* beat Mike with a knockout in the fifth round.（＝Smith *is going to* beat Mike with a knockout in the fifth round.）（スミスは第5ラウンドでマイクにノックアウト勝ちするだろう）
I don't think it *will* rain today, but I'm going to take my umbrella.
（＝I don't think it*'s going to* rain today, but I'm going to take my umbrella.）（今日雨は降らないと思うが、かさを持って行こう）

**NOTE 1**
(1) shall は《米》では通例用いられない（→ 10.1 (3a) NOTE (1)）。《英》では堅い言い方では shall も用いられるが、くだけた言い方では will が普通（Thomson & Martinet (1986)）：
　　We *shall* be away next week.（私たちは来週は留守にしているだろう）
　　This time next month I *shall* be in Tokyo.
　　　（私は来月の今ごろは東京にいるだろう）
(2) will, shall は未来を示す副詞（語句）を伴う。したがって副詞（語句）を伴わない以下の文は容認されない（cf. Leech (1987)）：
　　×It *will* rain.

×The room *will* be cleaned.

**NOTE 2**

will は現在の予測 (present prediction) についても用いられる：
 You shouldn't call him up now. He *will* be in the middle of dinner.
  （彼に今電話をしないほうがいいよ。食事の最中だろうから）

**NOTE 3**

will は主語の意志も表すため，次の文では2つの解釈が可能で，あいまいである：
 I *will* see Jane at the station this evening.
  （私は今日の夕方駅でジェーンと会うだろう［未来の予測］；私は今日の夕方駅でジェーンと会うつもりだ［意志］）
未来進行形を用いると意志は含まれず，このようなあいまい性はなくなる（→ 3.4(2)）：
 I *will be seeing* Jane at the station this evening.
  （私は今日の夕方駅でジェーンと会うことになるだろう）

**NOTE 4**

will の表す予測性は習慣的な意味と結びつき，2人称主語，3人称主語と用いて主語に特徴的な行動を表す：
 A lion *will* attack a man only when hungry.
  （ライオンは空腹のときだけ人間を襲う）
 Accidents *will* happen.（事故は起こるものだ）
 He *will* ask silly questions.（彼はいつもくだらない質問をする）

## 3.2　「be going＋to 不定詞」

### （現在の兆候に基づいて）…しそうだ

現在すでに何らかの兆候があり，それに基づいて「…しそうである」と話し手の近い未来の予測を表すには「be going＋to 不定詞」の形が用いられる。人間主語にも無生物主語にも用いられる（→ 10.1(2)）。
 It's *going to* rain soon. Look at those black clouds.
  （もうすぐ雨になりそうだ。あの黒い雲を見てごらん）

She's *going to* have another baby.
　（彼女にまた赤ちゃんが生まれる予定だ）
Something is wrong with this machine. It's *going to* break down.
　（この機械の調子がどうも変だ。故障しそうだ）
We're *going to* crash!（うわー，ぶつかる！）
I think I'm *going to* faint.（ふらふらして気を失いそうだ）
It's eight already. We're *going to* be late for work.
　（もうすでに8時だ。仕事に遅れそうだ）
Help! I'm *going to* fall!（助けて！　落ちるよ！）

第1範例では「黒い雲が出てきた」，第2範例では「妊娠している」，第3範例では「機械の調子がおかしい」，第4範例では「すでに衝突への過程が始まっている」という何らかの兆候が見られる。このように，現在すでに何かが起こりそうだという兆候があり，それに基づいて「今にも…しそうだ」という近い未来に確実に起こると思われる出来事を表す場合に be going to が用いられる。くだけた言い方では going to は gonna /gɔ́ːnə, gənə/ と縮約される。

**NOTE 1**
(1) 未来を示す副詞（語句）を伴っても伴わなくてもよいが，伴わないと通例きわめて近い未来 (immediate future) を表す。just を伴うとさらに近接の意味が加わる：
　　Look! He's *going to* score a goal!（見て！　彼がゴールを決めるぞ！）
　　He's *just going to* cry.（彼は今にも泣きそうだ）
(2) be just going to とほぼ同じ意味は，be about to, be on the point of でも表すことができる。いずれも通例未来を示す副詞（語句）を伴わない。be on the point of のほうが be about to よりも近接の度合いが高い：
　　He *is about to* start on his trip.（彼は旅行に出かけるところだ）
　　Look! They're *on the point of* starting!
　　　（見て！　彼らは今ちょうど出発するところだ）
　　The country's economy *is on the point of* collapse.
　　　（あの国の経済は崩壊寸前だ）

**NOTE 2**
(1) be going to は状態動詞と用いることはまれ (Declerck (1991))：

×We*'re going to* see the finish soon.
?The boy *is going to* be taller next year.
(その少年は来年もっと背が高くなりそうだ)

(2) be going to go, be going to come は，通例 be going, be coming で表される (cf. Declerck (1991))：

He*'s going* out later.（彼は後で出かけます）
She*'s coming* the day after tomorrow.（彼女は明後日来ます）

(3) 条件文の主節では通例 be going to は用いず，will が用いられる (cf. Quirk *et al.* (1985))：

If you leave now, you*'ll* never regret it.
（今立ち去ってもあなたは決して後悔することはないでしょう）
?If you leave now, you *are* never *going to* regret it.（同上）

## 3.3 現在進行形 (present progressive form)

## （取り決めて）…することになっている

何らかの形で計画・予定され，「…することになっている，…することにしている」という現在すでに取り決めている未来 (arranged future) の出来事を表すには現在進行形が用いられる。「is [am; are]＋現在分詞」の形で表す。

He *is flying* from Narita Airport to Chicago on a business trip tomorrow.（彼は仕事で明日成田空港からシカゴに発つことになっている）
My parents *are going* on a world tour when they retire.
（両親は退職すると世界一周旅行に出かけることにしている）
"When *are* you *leaving*?" "On Sunday."
(「いつ出発の予定ですか」「日曜日です」)
"*Is* Laura *coming* to the party?" "I hope so."
(「ローラはパーティーに来ますか」「そう思います」)
He *is returning* to Japan tomorrow after six months in Europe.
（彼は半年のヨーロッパ滞在を終え，明日日本に帰国の予定である）
We*'re moving* tomorrow. Why don't you come round for a drink this

## 3.3 現在進行形

evening? (明日引っ越しなんだ。今晩一杯やりに来ませんか)

"*Are* you *doing* anything this weekend?" "Yes, I'*m going* climbing."
(「この週末は何か予定はありますか」「ええ、登山に行くことにしています」)

"What time *is* the plane *taking* off?" "At 7:00."
(「飛行機は何時に離陸しますか」「7時です」)

　上の諸例に見られるように，移動・往来を表す動詞とともに用いられることが多いが，その他単一の出来事を表す動詞とも用いられる。

She*'s getting* married to Ben this spring.
(彼女は今年の春ベンと結婚することにしている)

"Can you come for lunch?" "Sorry, but I*'m seeing* Phil." (「昼食に来ませんか」「すみません。フィルと会うことになっているのです」)

Where *are* you *spending* your holidays this summer?
(今年の夏はどこで休暇を過ごす予定ですか)

She *is inviting* ten people for dinner this weekend.
(彼女はこの週末、夕食に10人招待することにしている)

"How *are* you *paying*?" "I*'m paying* by credit card."
(「お支払いはどのようになさいますか」「クレジットカードで支払います」)

**NOTE 1**
　この現在進行形の基本的な意味は「既定の取り決め・計画・予定 (fixed arrangement, plan, or program)」である。したがって後から変更される可能性もある。次の例は約束したことを現在後悔している人によって述べられた発話とも考えられる (cf. Leech (1987)):
　　I*'m taking* Mary out for dinner this evening.
　　　(今夜メアリーを夕食に誘うことになっているんだが)

**NOTE 2**
(1) 未来を示す副詞（語句）を伴う場合と伴わない場合とがあるが，伴わないと通例近い未来を表す。前もって決めている場合，次のように遠い未来を指すこともできる (cf. Leech (1987)):
　　When I grow up, I*'m joining* the police force.
　　　(大人になったらぼくは警察に入るんだ)
(2) 未来を示す副詞（語句）を伴わないと，進行の読みと未来の読みの2つが

あり，あいまいなことがある（cf. Quirk et al.（1985））。次の例では2つの解釈が可能である：
> I'm taking my children out for a meal.
> （子供を食事に連れていくところだ［進行中］；子供を食事に連れていくことにしている［取り決めている未来］）

**NOTE 3**
(1) 取り決めは人為的なので，人為的でないことには用いられない（cf. Leech (1987)）：
> ˣThs sun is rising at six o'clock tomorrow.
> ˣIt's raining tomorrow.
> ˣThe trees are losing their leaves soon.

(2) 進行形で用いられない状態動詞は，この取り決めている未来を表す用法でも用いられない（cf. Quirk et al.（1985））：
> ˣVegetables are being more expensive next week.
> ˣWe are knowing the answer next week.

## 3.4　未来進行形 (future progressive form)

「will be＋現在分詞」の形で表し，次の2つの用法がある。

### (1)（未来のある時に）…しているだろう

「…しているだろう」という未来のある時点で進行している動作や状態を表す。
> This time tomorrow I'll be strolling along the beach.
> （私は明日の今ごろは海岸を散歩しているだろう）
> Don't phone me between 7 and 8—I'll be eating supper.
> （7時と8時の間は電話しないでください。食事をしているでしょうから）
> A spaceship will be circling Jupiter in ten years' time.
> （10年後には宇宙船が木星の周りを回っていることだろう）
> "How will I recognize you?" "I'm short and fat, and I'll be wearing a hat."（「どうしたらあなただとわかりますか」「私は小太りで，帽子をかぶっています」）
> School starts in April, and until then I'll be staying at my uncle's

house.（学校は4月に始まる。それまで私はおじの家に滞在しているだろう）

**NOTE**
「今…しているところだろう」という現在進行中の動作や状態の推量についても用いられる：
　It *will be snowing* heavily in the *Hokuriku* region now.
　　（北陸地方では今ごろ大雪が降っているだろう）

## ⑵ （成り行きとして）…することになっている

「…することになっている，…することになるだろう」という関係者の意志とはかかわりなく，未来の出来事が自然の成り行きとして（as a matter of course）起こることを表す。未来を示す副詞（語句）を伴っても伴わなくてもよい。進行しているという意味合いはない。

　The mailman *will be coming* soon.（郵便屋さんはもうすぐ来るだろう）
　"When *will* you *be meeting* Ben?" "I *'ll be meeting* him at 10 o'clock tomorrow."（「いつベンと会うことになっているのですか」「明日10時です」）
　Tomorrow is Sunday, so she *will be going* to church after breakfast.
　　（明日は日曜日なので，彼女は朝食の後教会へ行くだろう）
　When *will* you *be moving* to your new house?
　　（いつ新居へお引っ越しになるのですか）
　She *'ll be phoning* her mother tonight. She always phones her on Sundays.（彼女は今晩お母さんに電話するだろう。日曜日には必ず電話をするんだ）
　"Are you likely to see Susan in the near future?" "I *'ll be seeing* her next week."（「近いうちにスーザンと会うことがある？」「来週会うことになっているの」）
　I hate to disturb you, but the library *will be closing* in a few minutes.
　　（お邪魔して申し訳ありませんが，図書館はあと数分で閉館になります）
　Professor Tanaka *will be giving* a lecture on Jane Austen next week.

(田中教授は来週ジェーン・オースティンに関する講義を行うことになっている)

The next express train for Osaka *will be arriving* at platform five.
(次の大阪行急行は5番ホームに到着いたします)

**NOTE 1**
　未来進行形のこの用法は，未来の出来事が「すでに決められているまたは確定されている（be decided or fixed）」という含みがある。したがって，Will you be doing? の形で用いて，相手の予定や計画を丁寧に尋ねる場合によく用いられる。語用論的には依頼・要求などを表す（第2範例，第4範例参照；→ 8.1(1))：

*Will* you *be using* your car this afternoon? If not, could I borrow it?
（今日の午後，車をお使いになりますか。もし使われないようでしたら貸していただけませんか）［予定・計画］

*Will* you *be visiting* us next week when you are free? （もしお時間がありましたら来週私たちの家にいらっしゃいませんか）［依頼・勧誘］

When *will* you *be paying* back the money?
（いつお金を返していただけることになっているのでしょうか）［要求］

　最後の例において，When *will* you pay back the money?（いつお金を返してくれますか）のように言うと，直接に相手の意志を尋ね，金の返還を強く要求した言い方になる。

**NOTE 2**
(1) 最後の範例のように人為的な関与がない場合，次のように will を用いて表現してもほとんど意味の違いはない。ただし，スピーチレベルは未来進行形のほうがくだけた言い方になる（Quirk *et al.* (1985))：

The next express train for Osaka *will* arrive at platform five.
（次の大阪行急行は5番ホームに到着いたします）

(2) 通例進行形で用いられない状態動詞もこの未来を表す用法では可能となる（Quirk *et al.* (1985))：

He*'ll be owning* his own house next week.
（彼は来週マイホームを持つことになるだろう）

## 3.5 単純現在時制 (simple present tense)

確実な未来の出来事を表す場合，または時・条件を表す副詞節では単純現在時制が用いられる。

### (1) (確実に) …する，…である——確実な未来の出来事

「…する，…である」という確実な未来の出来事，たとえば暦や時刻表などによってすでに確定している事柄やすでに決められていて変更不可能なことを表すには単純現在時制が用いられる。このように単純現在時制が用いられるのは，未来の出来事が現在の事実として把握されるからである。通例未来の時を示す副詞（語句）を伴う。

 Yesterday was Monday, today is Tuesday, and tomorrow *is* Wednesday.（昨日は月曜日，今日は火曜日，明日は水曜日だ）
 cf. If today is Monday, tomorrow *will* be Tuesday and the day after tomorrow *will* be Wednesday.（今日が月曜日なら，明日は火曜日，明後日は水曜日ということになる）◇ will は推量を表す。
 The new term *starts* at the beginning of April.
  （新学期は 4 月初めに始まる）
 The movie *begins* in ten minutes—we'll have to hurry.
  （10 分したら映画が始まる。急がなくちゃ）
 BA flight 105 *takes* off at 5:30 p.m.
  （BA 105 便は午後 5 時 30 分に離陸する）
 We *leave* for New York at seven tomorrow morning.
  （私たちは明日の朝 7 時にニューヨークに向け出発する）
 "What time *does* your train *leave* tomorrow?" "Ten twenty."
  （「明日何時の列車で行かれるのですか」「10 時 20 分です」）
 He *retires* from the political world next year.
  （彼は来年政界から引退する）
 Christmas Day *falls* on a Saturday next year.
  （来年のクリスマスは土曜日と重なる）

**NOTE** 単純現在時制と現在進行形
次の2つの文を比較してみよう：
(1) I *start* this afternoon.（今日の午後出発します）
(2) I *am starting* this afternoon.（今日の午後出発することにしています）

単純現在時制で表された(1)では，取り決めは主語以外の第三者によって行われ，変更は不可能であるという含みがあるのに対し，現在進行形で表された(2)では，取り決めは主語の意志によって行われ，変更は可能であるという含みがある（cf. Declerck (1991) ; Leech (1987)）。

## (2) …するときに [する前に，した後で，するまで]，もし…なら
―― 時・条件を表す副詞節で

when, as soon as, before, after, until などの時を表す副詞節や if, unless, in case などの条件を表す副詞節では，未来の出来事は単純現在時制で表される。ただし，主語の意志を表す場合は will が用いられる（→ 10.1(1)）。

Say hello to Motoko *when* you *see* her.
（元子さんに会われたらよろしくお伝えください）

"What are you going to do *when* you *finish* college?" "I'm starting a job in advertising."（「大学を卒業したら何をされますか」「広告の仕事を始めます」）

I'll call you up *as soon as* he *comes* back.
（彼が戻ってきたらすぐにお電話いたします）

Give her this note, please, *the moment* she *arrives*.
（彼女が来たらすぐにこのメモを渡してください）

I must get to the bank *before* it *closes*.
（閉まる前に銀行に着かなければならない）

She is going to work for a cosmetic company *after* she *graduates* from university.（彼女は大学卒業後は化粧品会社で働くつもりだ）

Let's wait indoors *until* the taxi *comes*.
（タクシーが来るまで中で待ちましょう）

The game will be put off *if* it *rains*.（雨だと試合は順延になる）

I can meet you tomorrow *unless* something unexpected *happens*.
（何か予期せぬことが起こらない限り，明日お会いできます）

Bring a map *in case* you *get* lost in the mountains.
(山中で道に迷うといけないので地図を持って行きなさい)

**NOTE**
　hope, bet, assume, suppose に続く that 節では、未来に言及する場合でも現在形がよく用いられる。また see (to it) that 節内では常に現在形が用いられる (Leech (1987))：
　　I *hope* the train *isn't* [*won't*] be late. (列車が遅れないといいが)
　　I *bet* (you) they *don't* [*won't*] come to the meeting this afternoon.
　　　(彼らは今日の午後の会合には絶対来ないと思う)
　　Let's *assume that* the opposition party *wins* [*will* win] the election.
　　　(野党が選挙に勝つと想定しましょう)
　　I'll *see that* nobody *disturbs* you.
　　　(誰もあなたの邪魔をしないように気をつけます)

## 3.6 「be + to 不定詞」

## (公式に)…することになっている

　「(公式に)…することになっている」という未来の公式の取り決め・計画は、「be + to 不定詞」によって表すことができる。当事者による計画にも、当事者以外による計画にも用いられる。未来を示す副詞(語句)を伴っても伴わなくてもよい (cf. Quirk *et al.* (1985))。
　　The Prime Minister *is to* visit the U.S. next month.
　　　(首相は来月アメリカを訪問の予定である)
　　We *are to* get a 5 percent wage rise in April.
　　　(4月に5パーセントの賃上げが行われる予定だ)
　　The peace talks *are to* take place later this year.
　　　(和平会談が今年後半に行われる予定である)
　　The man *is to* appear in court on a charge of murder.
　　　(その男は殺人の罪で出廷することになっている)
　「…することになっていた」という過去の取り決め・計画は、「was [were] + to 不定詞」によって表せる。「was [were] + to 不定詞」では過去

の計画が実現されたかどうかは不明なため，実現されなかったことをはっきりと示すには「was [were] to have+過去分詞」の完了不定詞 (perfect infinitive) が用いられる。

I *was to be married* last month, but I changed my mind.
（私は先月結婚する予定だったが気が変わった）

They *were to be* here at five, but they didn't arrive.
（彼らは5時にここへ来る予定だったが来なかった）

The baseball game *was to have been played* today, but it was canceled.（野球の試合は今日行われる予定だったが中止になった）

**NOTE 1**
「be+to 不定詞」の不定詞は自制可能な (self-controllable) 動詞でなければならない (cf. Alexander (1988))。したがって次のようには言えない：
　×I *am to faint*.
　×It *is to rain*.

**NOTE 2**
「be+to 不定詞」の形は新聞の見出し (headline) でよく用いられる。be は通例省略される：
　PRIME MINISTER *TO* VISIT FRANCE（首相，訪仏の予定）
　JAPAN, U.S. *TO* DISCUSS HOW TO COPE WITH EMERGENCIES
　　（日米，緊急事態対応について討議の予定）

## 3.7　未来完了形 (future perfect form)

未来のある時までの動作の完了・結果，経験，継続を表すには未来完了形が用いられる。「will have+過去分詞」の形で表す。通例未来の基準時を示す by next month, before May 10th, on June 30th などの副詞語句または by the time や before などの副詞節を伴う。現在完了形の用法がそのまま未来のある時点に移ったと考えればよい。

**NOTE**
現在完了の推量についても用いられる：
　You *will have finished* the work already.
　　（すでにその仕事を終えられたことでしょう）

## 3.7 未来完了形

### (1) (その時までに)…してしまっているだろう——完了・結果

未来のある時点における動作の完了・結果を表す。

I *will have retired* from teaching by the year 2010.
(2010年には私は教育職を退いているだろう)

The movie *will* already *have started* by the time we get to the theater.
(私たちが映画館に着くころには映画はすでに始まっているだろう)

The volcanic eruption *will have finished* before they arrive on the island. (その火山噴火は，彼らが島に到着する前におさまっているだろう)

He *will have spent* all his money before the end of his vacation.
(彼は休暇が終わる前にお金をすべて使い果たしてしまっているだろう)

In three months' time, the plant *will have taken* root.
(3か月すればその植物は根付いているだろう)

### (2) (その時までに)…したことになるだろう——経験

未来のある時までの経験を表す。

If I visit New York next week, I *will have been* there three times.
(来週ニューヨークを訪れると3回行ったことになる)

You *will have seen* much of the world before you grow up.
(君は大人になる前にずいぶん世間を見ていることだろう)

I *will have read* "War and Peace" ten times if I read it again.
(私は『戦争と平和』をもう一度読むと10回読んだことになる)

### (3) (その時までずっと)…していたことになるだろう——継続

未来のある時までの状態の継続を表す。動作の継続は通例未来完了進行形で表す（→ 3.7 (2)）。

By next Christmas we *'ll have lived* here for five years.
(今度のクリスマスで私たちはここに5年住んでいたことになる)

They *will have been married* for fifteen years on June 30th.
(6月30日が来ると彼らは結婚15年になる)

Our next-door neighbors are moving soon. They '*ll* only *have been* here a year.（隣の人たちはもうすぐ引っ越しをする。彼らはここに1年いただけだ）

## 3.8 未来完了進行形（future perfect progressive form）

# （その時までずっと）…していたことになるだろう

　未来のある時までの動作や状態の継続を表すには通例未来完了進行形が用いられる。「will have been＋現在分詞」の形で表す。通例未来の基準時を示す by next year などの副詞語句と期間を示す for などを伴う。

　　By next month I'*ll have been writing* this book for just over two years.（来月で私はこの本を2年あまり書いていることになる）

　　I'*ll have been teaching* English for twenty years this spring.（今年の春で私は20年間英語の教師をしていることになる）

　　By this time next week, I *will have been working* for this company for 30 years.（来週の今日で私はこの会社に30年間勤めたことになる）

　　He *will have been living* here for 20 years by the end of this year.（今年の年末で彼はここに20年住んでいることになる）

# 4章　仮定・条件の表し方

　仮定・条件を表すには，話し手が取る態度によって次の2つの場合がある。(1) 陳述内容の真偽・実現に関して判断を交えずに純然たる条件を表す場合（開放条件 open condition）。(2) 陳述内容に関して事実に反するあるいは実現不可能な条件を表す場合（却下条件 rejected condition）。条件節には(1)では直説法の動詞が，(2)では仮定法の動詞（過去形または過去完了形）が用いられる。

■基本文例■
1　*If* I *were* you, I *would* do things differently.
　　（私だったら違ったやり方をするでしょう）
2　They treat me *as if* I *were* one of their family.
　　（彼らは私をまるで家族の一員のように扱ってくれる）
3　*If* I *had caught* the first train, I *would have got* there by ten o'clock.（もし始発電車に乗っていたら，10時までにそこに着いていただろう）
4　*If* it *hadn't been for* the accident, I *'d have been* here much earlier.
　　（もしあの事故がなかったら，もっと早くここに来られたのですが）
5　*If* you *should* change your mind, they *wouldn't* cooperate with you.（もし万一あなたが考えを変えるようなことがあれば，彼らはあなたに協力しないだろう）
6　*Suppose* the plan goes wrong, what will we do then?
　　（もし計画がうまく行かなかったら，一体どうしたらいいのだろうか）
7　Write down his name and address *in case* you forget.
　　（忘れるといけないので，彼の名前と住所を書き留めなさい）
8　You won't pass the exam *unless* you study more.
　　（もっと勉強しない限り試験に合格しないよ）

## NOTE 1　直説法と仮定法

次の2つの文を比較してみよう：
  (1) *If* it *rains* tomorrow, the game *will* have to be canceled.
  (2) *If* it *rained* tomorrow, the game *would* have to be canceled.

(1),(2)の違いは，直説法が用いられた(1)では，「明日雨が降るかもしれない」あるいは「明日雨は降らないかもしれない」という可能性が提示されただけで，それが実際に起こるか否かについては断定されていないが，仮定法が用いられた(2)は，「明日雨は降らないであろう」という前提に立って述べられたものである。

## NOTE 2　直説法

直説法（indicative mood）では，話し手が陳述内容の真偽・実現に関して判断を交えず，「Xが真ならYが真である」という純然たる条件を表し，条件が言及する時間にもその条件を表す時制にも特別な制限はなく，条件節には will, shall を除いてどの時制も用いられる。以下に条件節と主節の主な組み合わせをあげておく（範例は if 節＋主節の順に示されている）：

(1)「現在時制＋現在時制」
  *If* you *are* right, I *am* wrong.（あなたが正しいなら私が間違っている）
  *If* you *eat* too much, you *get* fat.（食べ過ぎると太る）

(2)「現在時制＋未来」
  *If* you *hurry*, you*'ll* catch the train.（急ぐと列車に間に合うだろう）
  *If* it *rains* this evening, the road *will* be frozen hard.
    （今晩雨が降ると道路はカチカチに凍るだろう）

(3)「現在完了形＋未来」
  *If* he *has lost* his keys, he *will* be in trouble.
    （鍵をなくしてしまったら，彼は困るだろう）
  *If* she *has finished* her work by five o'clock, we *will* be able to take her shopping.（彼女が5時までに仕事をすますと，買い物に連れて行けるだろう）

(4)「過去時制＋過去時制」
  *If* he *was* working, he always *chewed* gum.
    （彼は仕事をしているときはいつもガムをかんでいた）
  *If* that *was* what she told the police, she *was* telling lies.
    （それが彼女が警察に話したことなら，彼女はうそをついていたんだ）

(5)「過去時制＋未来」
  *If* you *enjoyed* his latest novel, you*'ll* love this one.
    （彼の最新作の小説が面白かったのであれば，この小説も気に入るでしょう）

*If* they *arrived* the day before yesterday, they *will* probably not leave before Friday. (彼らが一昨日着いたのだったら，たぶん金曜日より前に発つことはないだろう)

その他，「現在時制＋未来完了形」，「現在完了形＋現在時制」，「過去時制＋現在時制」，「過去完了形＋未来」，「過去完了形＋現在時制」などの組み合わせが可能である。

## 4.1 仮定法過去

現在の事実に反対の仮定または未来において実現の可能性が少ないことを表すには仮定法過去が用いられる。

**NOTE**

仮定法過去，仮定法過去完了という名称は，それぞれ if 節の動詞の過去形，過去完了形に基づいたもので，前者は現在ありえないこと (unreality) あるいは将来起こりそうもないこと (improbability) に対する仮定，後者は過去の事実に反する仮定を表す。

## (1) (現在，未来に) もし…なら (…だろう)

if 節は動詞または助動詞の過去形，主節は「助動詞の過去形＋動詞の原形」の形で表す。

*If* I *had* longer legs, I'*d* be able to run much faster.
(もし脚がもっと長かったら，今よりずっと速く走ることができるのに)

*If* I *were* you, I'*d* call an ambulance immediately.
(私ならすぐに救急車を呼ぶのですが) ◇ If I were you, I'd ... は助言を表す丁寧な言い方 (→ 9.2)。

*If* I *were* in your position, I *would* give them the best education.
(私があなたの立場なら，彼らに最高の教育を与えてやるのに)

*If* she *took* her doctor's advice, she *might* soon be well again.
(もし彼女が医者の忠告を聞けば，すぐにまたよくなるかもしれないのに)

*If* we *had* a boat, we *could* row across to the island.
(もしボートがあれば，こいであの島へ渡れるのだが)

*If* I *had* a calculator, I *could* work out the answer a lot quicker.

（計算機を持っていたらもっと速く答えが出せるんだが）◇a lot は比較級を強める。

If I *could* help you, I *would*, but I'm afraid I can't.
（できることなら手伝ってあげたいのですが、でも残念ながらできません）

I *could* do the work much more efficiently *if* I *had* a computer.
（コンピュータがあればもっと効率よく仕事ができるのだが）

What *would* you do *if* you *lost* your job?
（もし職を失ったらあなたはどうされますか）

If I *won* the lottery, I *would* give up working.
（もし宝くじに当たったら仕事を辞めるでしょう）

未来において実現の可能性が少ないことは、「were＋to 不定詞」の形を用いて表すこともできる。ただしやや堅い言い方。

*If* you *were to* try harder next time, you *would* pass the examination.
（もし次回一生懸命頑張ったら試験に合格するでしょう）

*If* it *were to* rain tomorrow, the match *would* be postponed.
（もし明日雨なら試合は順延になるだろう）

"*If* you *were to* win the first prize, what *would* you do?" "I would travel around the world." （「もし1等賞が当たったらどうされますか」「世界一周旅行をするでしょう」）

「were＋to 不定詞」は実現の可能性がきわめて少ないまたはほとんどないことについても用いられる。

*If* you *were to* pull down this beam, the roof *would* collapse.
（もし万が一この梁を引き倒すと、屋根はくずれ落ちるだろう）

What *would* you do *if* a nuclear war *were to* break out?
（もし万が一核戦争が起こったらあなたはどうされますか）

*If* the sun *were to* come nearer to us, we *would* be scorched to death.
（もし万が一太陽が地球に接近するようなことがあれば、我々は焼け焦げて死ぬだろう）

**NOTE 1**

(1) if 節内では be 動詞は主語が1人称・3人称でも were が用いられるが、くだけた言い方では was も用いられる：

*If* I *was* Japanese, I wouldn't say such a thing.
（もし私が日本人だったらそんなことは言わないでしょう）
He said he wouldn't go with us *if* Bill *was* going too.
（彼はビルも行くんだったらいっしょに行かないと言った）

ただし，if I were you は慣用的な言い方で，くだけた言い方でも通例 if I were you が用いられる (Leech *et al.* (2001))：

*If I were you,* I'd probably go.（私ならおそらく行くでしょう）

(2) 否定では，wasn't は weren't よりも強意的であるため，好んでよく用いられる (Hornby (1975))：

*If* it *wasn't* that you have been ill, I should consider your work unsatisfactory.（もしあなたが病気だったということがなかったなら，私はあなたの仕事は不十分なものだと思う）

(3) were to は be, know のような状態動詞とは通例共起しない (Swan (2005))：

ˣIf I *were to be* in your place, I would study more.
ˣIf you *were to know* English, you might get a good job.

**NOTE 2**

(1) if を省略し，主語と be 動詞・助動詞を倒置して次のように言うのは文語的：

*Were* the picture genuine (=*If* the picture *were* genuine), it would be worth thousands of pounds.（もしその絵が本物なら，数千ポンドの価値があるだろう）
*Were* this to happen (=*If* this *were* to happen), it would cause a great deal of harm.（万一こんなことが起こったら，大きな被害を引き起こすだろう）

(2) 倒置の場合は was は用いられない (Hornby (1975))：

*Were* [ˣ*Was*] he rich (=*If* he *were* [《話》*was*] rich), she might propose to him.（彼が金持ちなら，彼女は彼にプロポーズするかもしれない）

## (2) もし…がなければ（…だろう）

実際はそうであるのに，「もし…がなければ」という仮定は if it were not [weren't] for … または but for … の形を用いて表す。前者は，くだけた言い方では，if it was not [wasn't] for … の形でも用いられる。

*If it weren't for* you, I *wouldn't* be alive now.

（もしあなたがいなければ，私は今ごろ生きていないだろう）
　*If it were not for* his help, I *would* not finish my article by the appointed day.（彼の手助けがなければ，私は約束の期日までに記事を書き上げられないだろう）
　He *could* take part in the spring games *if it wasn't for* his injury.
　　　（もしけがをしていなければ，彼は春の競技大会に参加できるのだが）
　*But for* Henry, I*'d* have no friends at all.
　　　（もしヘンリーがいなければ，ぼくには友達が1人もいないことになる）

**NOTE**
　ifを省略した倒置構文も可能だが文語的：
　　*Were it not for* his knee injury, he could run the marathon.
　　　（ひざのけががなければ，彼はマラソンに出場できるのだが）

## (3) まるで…であるかのように

　実際はそうでないのに，「まるで…であるかのように」という仮定は「as if [as though]＋主語＋動詞の過去形」の形を用いて表す。
　She treats me *as if* she *hated* me.
　　　（彼女は私のことをまるで嫌っているかのように扱う）
　Kathy acts *as if* she *were* his wife.
　　　（キャシーはまるで彼の奥さんのようにふるまう）
　He spoke *as though* he *knew* all about our plans when in fact he knew nothing about them.（彼は私たちの計画を実は何も知らないのに，まるですべて知っているような口ぶりだった）
　It was very hot inside the car, and I felt *as if* I *was* suffocating.
　　　（車の中は非常に暑くて窒息しそうだった）
　I couldn't move my legs. It was *as if* they *were* stuck to the ground.
　　　（私は両脚を動かすことができなかった。まるで地面に張り付いているかのようだった）
　Why ask? It's not *as if* you *didn't* know.（どうして尋ねるの？　あなたが知らないというわけじゃあるまいし；知ってるくせに）

as if はしばしば to 不定詞を導く。
　She shook her head *as if to* say "don't trust the man."
　（彼女は，その男を信用してはだめ，と言わんばかりに首を振った）
　He opened his mouth *as if to* speak.（彼は何か言いたげに口を開いた）
　She winked at the child *as if to* say that he shouldn't say anything.
　（彼女は，何も言ってはだめとでも言わんばかりにその子に目くばせした）
　as if [as though] 節の内容が実際にありうるかもしれないと話し手が考えている場合は直説法が用いられる。
　It looks *as if* the weather *is* getting better.
　（天気が回復してきそうだ）
　He is moving his knee *as though* it *is* painful.
　（彼は痛そうにひざを動かしている）
　くだけた言い方では，as if の代わりに like が用いられることがある。主に《米》用法であるが，今では《英》でも一般的（Swan (2005)）。
　It seems *like* it's going to rain.（今にも雨が降りそうな気配だ）
　This milk smells *like* it has gone bad.
　（この牛乳は腐ったような臭いがする）
　The child sat at the table smiling *like* it was his birthday.
　（その子はまるで自分の誕生日であるかのように，にこにこしてテーブルについていた）

**NOTE**
(1) くだけた言い方では，as if 節内で were の代わりに was が用いられることがある：
　　She looks *as if* she *was* drunk.（彼女は酔っ払っている様子だ）
(2) as if 節内では「主語＋be 動詞」は省略されることがある：
　　She bent down *as if* tightening her shoe laces.（彼女は靴のひもを締めているかのようにかがみこんだ）◇ she were の省略。
　　He leant forward *as if* about to say something.
　　　（彼は今にも何か言わんばかりに身を乗り出した）◇ he were の省略。

## (4) その他の慣用表現

*It's time* I *got* up and *did* some work.
　(そろそろ起きて仕事をする時間だ) ◇that 節内の動詞は仮定法過去形。
　It's time (that) ... の that は通例省略される。
I*'d rather* you *didn't* tell her the truth. (((どちらかというと) 彼女にありのままを話してほしくない) ◇that 節内の動詞は仮定法過去形。
I*'d sooner* you *kept* this secret for the time being. (((むしろ) このことは当分秘密にしておいてほしい) ◇that 節内の動詞は仮定法過去形。
*If only* the weather *weren't* so terrible.
　(天気がこんなに悪くさえなければいいのに) → 17.2 (2)
I *wish* it *were* a bit warmer. (もう少し暖かいといいのに) → 17.2 (1)
*Oh that* I *were* with her now!
　(ああ，彼女が今ここにいてくれたらなあ！)
I wouldn't sell you this house *even if* you *gave* me fifty million yen!
　(君が5000万円出したってこの家は売らないよ) → 14.1 (6)
She felt, *as it were*, a stranger in her own house.
　(彼女は自分の家にいながら，いわばよそ者のように感じた)

**NOTE**
(1)「It is time＋主語＋動詞の過去形」は，通例「(ある事がすでになされている時なのに) まだなされていない」という含みがある。to 不定詞ではそのような含みはない：
　　*It's time* you *went* to bed. (もう寝る時間だのに) ◇就寝時間を過ぎているのにまだ寝ていないという含みがある。*It's time* (for you) *to* go to bed. は，「さあ，寝る時間だよ」の意。
　　cf. He glanced at his watch. "*It's time* for us *to* go."
　　　(彼はチラッと腕時計を見て言った。「ぼくたち帰る時間だ」)
(2) くだけた言い方では It is は省略されることがある：
　　*Time* you *went*. (もう出かける時間だよ)
(3)「It is time＋主語＋動詞の過去形」の形は，しばしば提案や助言を表すのに用いられる (→ 9章)：
　　*It's* about *time* you *bought* a new car. (そろそろ新車に買い換えるころだよ；そろそろ新車に買い換えたらどうですか)

## 4.2 仮定法過去完了

過去の事実に反対の仮定を表すには仮定法過去完了が用いられる。

## (1)（過去に）もし…していたら（…であっただろう）

if 節は過去完了形，主節は「助動詞の過去形＋have＋過去分詞」の形で表す。

*If* you *had taken* a taxi, you *would have got* here just in time.（もしタクシーに乗っていたら，あなたは間に合ってここに着いていただろう）

I *wouldn't have taken* the exam *if* I *had known* that it would be so difficult.（そんなに難しいとわかっていたら，ぼくはその試験を受けなかっただろうに）

We *could have gone* out *if* the weather *hadn't been* so bad.
（天気があんなに悪くなかったら，私たちは外出できていたでしょう）

*If* she *hadn't told* the police, everything *would have been* all right.
（もし彼女が警察に話さなかったら，すべてうまく行っていただろう）

*If* your phone *hadn't been* out of order, I *could have got* through to you.（もし君の電話が故障していなかったら，君に連絡できていただろうに）

*If* I *'d been* you, I *'d have given* up my seat to the old lady.
（私だったら座席をあの老婦人に譲っていたでしょう）

*If* you *hadn't reacted* quickly, we *might* well *have had* an accident.
（もしあなたがとっさに反応していなかったら，ぼくたちが事故にあっていた可能性は十分あるだろう）

主節の内容が現在時または未来時に言及している場合，主節は「助動詞の過去形＋動詞の原形」となる。

*If* I *had gone* to the party last night, I *would be* exhausted now.
（昨夜パーティーに行っていたら，今ごろくたくたに疲れているだろう）

*If* you *had planned* it properly, we *wouldn't be* in this mess now.
（君が計画をきちんと立てていたら，今ごろこんな面倒なことにはなっていないんだがな）

*If* John *had left* Hong Kong on the earlier ship, he *would be* arriving tomorrow.（ジョンはもっと早い船で香港を出発していたら、明日到着するのに）

I *wouldn't be* alive now *if* you *hadn't leaped* into the river to save me.（もし君が川に飛び込んで助けてくれていなかったら、ぼくは今ごろ生きていないだろう）

**NOTE**
　if を省略し、主語と助動詞を倒置して次のように言うのは文語的：
　　*Had* you *rung* (=*If* you *had rung*), I could have arranged to meet you.（もし君が電話をしてくれていたら、会う手はずを整えておけたのに）
　　*Had* I not *seen* it with my own eyes (=*If* I *had* not *seen* it with my own eyes), I would not have believed it.（私自身の目で見ていなかったら、そんなことは信じなかっただろう）
　上例のように否定の場合、縮約形を用いて次のようには言えない (cf. Quirk *et al.* (1985))：
　　×*Hadn't* I *seen* it with my own eyes, I would not have believed it.

## (2) もし…がなかったら（…だっただろう）

実際はそうであったのに、「もし…がなかったら」という仮定は if it had not [hadn't] been for ... または but for ... の形を用いて表す。

*If it had not been for* their advice, I *couldn't have dealt* with this situation.（もし彼らの助言がなかったら、私はこの状況に対処できなかっただろう）

*If it hadn't been for* the war, he *would have taken* over his father's business.（もし戦争がなかったら、彼は父親の商売を継いでいただろう）

*But for* the typhoon, the start of the game *wouldn't have been* delayed.（もし台風がなかったら、試合の開始は遅れなかっただろう）

*But for* Fred, we *would have lost* the game.
（フレッドがいなかったら、我々は試合に負けていただろう）

**NOTE**
　if を省略した倒置構文も可能だが文語的：

*Had it not been for* his warning, I wouldn't have been aware of the danger. (彼の警告がなかったら，私はその危険に気づいていなかっただろう)

## (3) まるで…であったかのように

実際はそうでなかったのに，「まるで…であったかのように」という仮定は「as if [as though]＋主語＋had＋過去分詞」の形を用いて表す。

He kept calm *as if* nothing *had happened*.
(彼はまるで何事もなかったかのように冷静にしていた)
She looked *as if* she *had seen* a ghost.
(彼女はまるで幽霊でも見たかのような様子をしていた)
He walked very slowly *as if* he *had hurt* his leg.
(彼はまるで足をけがしていたかのように非常にゆっくりと歩いた)
They treated me *as if* they *had* never *met* me.
(彼らはまるで私を今まで一度も会ったことのない人のように扱った)

## 4.3 仮定法未来

## もし万一…なら

「もし万一…なら（…だろう）」という不確実性の強い未来は「if＋主語＋should＋動詞の原形」の形を用いて表すことができる。

*If* it *should* rain, I'll stay at home.
(ひょっとして雨だったら私は家におります)
*If* an economic crisis *should* arise, the government will [would] take immediate action. (もし万が一経済危機が起こるようなことがあったら，政府は直ちに行動を起こすだろう) ◇will のほうが普通。
It seems very unlikely to happen, but *if* it *should*, what shall we do?
(そんなことまず起こらないと思うが，もし万が一起こったら私たちはどうしたらいいのだろうか)

この if ... should の形は，命令・助言・提案・依頼などを表す場合に特に

よく用いられる。

*If* anyone *should* call, please say that I'll be back at five.（もし万一誰かから電話があったら5時に帰ると伝えてください）

*If* you *should* see Daniel, tell him that I will be away on business for a few weeks.（ひょっとしてダニエルに会うようなことがあったら，仕事で数週間留守にすると伝えてください）

*If* you *should* be passing my house, you might pay the money back you borrowed from me.（もし万一ぼくの家のそばを通るようなことがあれば，貸したお金を返してください）

*If* you *should* have any difficulty in getting spare parts, phone this number.（もし万一予備の部品が入手困難な場合には，こちらの番号にお電話ください）

**NOTE 1**

should を happen to, should happen to と置き換えて，第1範例は次のように言ってもほぼ同じ意味を表す (Celce-Murcia & Larsen-Freeman (1983))：

*If* it *happens to* [*should happen to*] rain, I'll stay at home.
（ひょっとして雨だったら私は家におります）

**NOTE 2**

if を省略し，主語と助動詞を倒置して次のように言うのは文語的：

*Should* you see her (=*If* you *should* see her), what will [would] you do?（もし万一彼女に会うようなことがあれば，あなたはどうされますか）

*Should* he be interested to learn more (=*If* he *should* be interested to learn more), I'll phone him.（万一彼がもっと知りたいということなら，私が電話します）

## 4.4　if 節に代わる表現

「もし…ならば」という仮定・条件の意味は，if 節以外に，suppose [supposing] (that) ..., provided [providing] (that) ..., on condition (that) ..., as [so] long as ..., in case ..., unless ... などによっても表すことができる。

## (1) もし…としたら── suppose [supposing] (that) ...

「もし…としたら，仮に…と想定したら」という想定内容は suppose [supposing] (that) ... によって表すことができる。内容の確実性が高い場合は直説法の動詞が，そうでない場合は仮定法の動詞が用いられる。主節はしばしば省略される。

*Suppose* we're late? (=What if we're late?)
（もし私たちが遅れたら（どうしましょうか）？）
*Suppose* there's nowhere to park?
（もし駐車する場所がどこにもなかったら（どうされますか）？）
*Supposing* he does not come, shall we go without him?
（もし彼が来ないと彼抜きで行きましょうか）
Just *suppose* someone had seen us on the way.
（もし途中で誰かに見られていたら？）
Look, *suppose* you were fired tomorrow, what would you do?
（ねえ，もしあなたが明日解雇されたらどうされますか）
*Supposing* your parents knew how you're behaving here, what would they think? （もし君のここでのふるまいを両親が知ったらどう思うでしょうか）

**NOTE**

suppose [supposing] (that) ... は「…したらどうですか」という提案や助言を表すのにも用いられる（→ 9.4 (1)）：
　*Supposing* you have another try? （もう一度やってみたらどうですか）

## (2) …の場合に限って── provided [providing] (that) ...

「…の場合に限って，…する限り」という強い制限・限定は provided [providing] (that) ... によって表すことができる。堅い表現。

You can go out to play, *provided* you have finished your homework.
（宿題をすませてしまったら外に遊びに行っていいよ）
You can borrow my bicycle *providing* you bring it back today.

(今日中に返してくれるなら自転車を貸してあげよう)

Traveling by car is convenient *provided that* you have somewhere to park. (駐車する場所さえあれば車で移動するのは便利だ)

He agreed to work abroad *provided that* his family could go with him. (彼は家族同伴という条件で海外勤務に同意した)

## (3) …という条件で──on condition (that) ...

「…という条件で，もし…ならば」という規定された条件は on condition (that) ... によって表すことができる。堅い表現。

You may take a day off *on condition that* you work on Saturday morning. (土曜日の午前中勤務するという条件なら，1日休みを取ってもかまいません)

The loan is offered *on condition that* it is repaid within 12 months. (12 か月以内返済という条件でローンが降りる)

I'll lend you the money *on condition* you return it within three months. (3 か月以内に返済するという条件なら金を貸してあげよう)

The management will agree to arbitration *on condition that* the strike is called off at once. (経営者側は直ちにストライキを中止するという条件で裁定に同意するだろう)

## (4) …する限りは──as [so] long as ...

「…する限りは，…さえすれば」という制限・条件は as [so] long as ... によって表すことができる。

You can use my car *as long as* you drive carefully.
(慎重に運転するならぼくの車を使っていいよ)

"Have dinner with me." "OK, *so long as* you let me pay for the meal."
(「いっしょに夕食でもどうですか」「いいよ。ただし食事代はぼくが払うよ」)

You can work upstairs, *as long as* you don't make a noise.
(騒音を立てないなら，2階で仕事をしてもかまいません)

His age is irrelevant, *as long as* he can do the job.
(彼がその仕事ができる限り，年齢は関係ない)

*As long as* no problems arise, we would get the job finished by Friday.
(特に問題が生じない限り，私たちは金曜日までにその仕事をやってしまうつもりです)

## (5) もし…の場合には── in case …

「もし…の場合には，もし…ならば」という実際に起こるか起こらないかわからない未来の仮定，または「…だといけないから，…の場合に備えて」という用心・備えを表す場合，in case … を用いて表すことができる。前者は意味的には if とほぼ同じで，主に《米》で用いられる。

*In case* I'm late, start without me.（もし私が遅れたら，待たずに出発してください）◇ ×*In case* I'*ll* be late, … は不可。

Let me know *in case* you're not coming.
(もし来られないならご連絡ください)

I think I'll take an umbrella *in case* it rains.
(雨が降るかもしれないのでかさを持って行きます)

You should insure your belongings *in case* they get stolen.
(盗難にあうといけないので，持ち物には保険をかけておきなさい)

You'd better call and reserve a table for four *in case* the restaurant is full.（レストランが満席だといけないので，電話して4人用テーブルを予約しておいてね）

I always prepare my argument carefully, *in case* there should be opposition.（万一の反論に備えて私はいつも慎重に討議の準備をする）

I drew a map for him *in case* he couldn't find our house.
(私は，彼が私たちの家がわからないといけないので地図を描いてやった)

**NOTE 1** in case と if

《英》では in case と if では含意に違いがみられる (Swan (2005)；Murphy (2004)) :

(1) We'll buy some more food *in case* he comes.

(2) We'll buy some more food *if* he comes.

(1)は，「彼が来る来ないにかかわらず，もう少し食料を買う」の意であるのに対し，(2)は，「彼が来るならもう少し食料を買うし，もし来ないなら買わない」という含みがある。

**NOTE 2**

in case 節内に should を用いると不確実性が高くなる（Long (1961)）：

(1) I'll get some beer *in case* he comes.

(2) I'll get some beer *in case* he *should* come.

(1)の in case 節には，He may come.（彼が来るかもしれない），(2)の in case 節には，He might come.（ひょっとしたら彼が来るかもしれない）という含意がある。

**NOTE 3**

(1) 文脈から明らかな場合，in case 節以下は表されないことがある。通例前に just が置かれる：

Take your credit card *just in case*.
（もしもの時のためにクレジットカードを持って行きなさい）

You should put aside a little money *just in case*.
（いざという時に備えて少しお金を蓄えておきなさい）

(2) in case は否定を含意するので in case 節内には any が用いられる（Quirk *et al.* (1985)）：

The old woman always takes a stick with her *in case* she has *any* trouble on the way.（その老婦人は途中で何か困ったことがあるといけないので，いつも杖を持って出かける）

**NOTE 4**

in case は，in case of ...（…の場合には）という前置詞句としても用いられる：

*In case of* fire, call the fire department.
（火災の場合は消防署に電話してください）

*In case of* emergency, press the alarm button.
（緊急の場合は警報ボタンを押してください）◇ in an emergency とも言う。

*In case of* difficulty, ring this number.
（困った場合はこの番号に電話してください）

## (6) …でない限り —— unless ...

「…でない限り，…する場合を除いて（except if）」という強い否定の制限は unless によって表すことができる。unless 節内には通例直説法の動詞がくる。

You won't win the game *unless* you try harder.
  （今以上に頑張らないと試合には勝てないよ）
Don't call him *unless* it's urgent.（緊急時以外は彼に電話しないように）
I can't see *unless* I wear glasses.（私はめがねをかけないと見えない）
You cannot receive unemployment benefit *unless* you are looking for a job.（職を探していない限り，失業手当をもらうことはできない）
The burglar said he would kill me *unless* I told him where the money was.（強盗は，金のありかを教えないと殺すぞ，と言った）
*Unless* anyone has any questions, the meeting is adjourned until next week.（誰かから何か質問がない限り，会議は来週まで延期になる）
*Unless* the strike has been called off, all flights will be canceled tomorrow.（ストライキが中止されない限り，明日の飛行機の運航はすべて中止になるだろう）

**NOTE 1**
(1) unless は if ... not としばしば交換して用いられるが，unless は除外 (exception) に意味の重点があるため，次のような場合には用いられない (Quirk *et al.* (1985))：
  ×I'll feel much happier *unless* he comes with us.［Quirk *et al.* (1985)］
  ×My wife will be angry *unless* I get home by 7.00.［Swan (2005)］
(2) unless 節では「主語＋be 動詞」は省略されることがある：
  It has very little taste *unless* hot.
    （それは熱くないとほとんど味がない）◇ it is の省略。

**NOTE 2**
  仮定の概念は次のようなものによっても表される：
  (1) to 不定詞
    You'd be stupid not *to accept* that offer.（＝ You'd be stupid if you didn't accept that offer.）（その申し出を受けないなら君はばかだよ）

I wouldn't be surprised *to see* him. (=I wouldn't be surprised if I saw him.)（彼に会っても私は驚かないだろう）

(2) 関係詞節

*People who want security* shouldn't buy shares. (=If people want security, they shouldn't buy shares.)（安全を求めるなら，人は株を買うべきではない）

(3) 名詞句

*Careless drivers* cause accidents. (=If drivers are careless, they cause accidents.)（不注意だと運転手は事故を起こす）

(4) 前置詞句

*With a bit more time*, I could do a proper job. (=If I had a bit more time, I could do a proper job.)（もう少し時間があれば，きちんとした仕事ができるのだが）

*Without oil*, modern life would come to a halt. (=If it were not for oil, modern life would come to a halt.)（石油がなければ，現代の生活は立ち行かなくなってしまうだろう）

*Without your financial backing*, he couldn't do it. (=If it were not for your financial backing, he couldn't do it.)（あなたの経済的支援がないと，彼はそれをすることはできないだろう）

*In your place*, I would have taken the subway. (=If I had been in your place, I would have taken the subway.)（私があなたの立場だったら地下鉄に乗っていただろう）

(5) 副詞

I used a calculator; *otherwise* I'd have taken much longer. (=If I hadn't used a calculator, I'd have taken much longer.)（私は計算機を使った。そうでないともっと時間がかかっただろう）

## NOTE 3

and, or は命令文の後で用いて条件を表す：

Hurry up, *and* you'll be in time. (=If you hurry up, you'll be in time.)（急ぎなさい，そうすれば間に合うでしょう）

Be careful, *or* you'll fall. (=If you are not careful, you'll fall.)（注意しなさい，さもないと転びますよ）

# 5章　使役の表し方

　使役とは誰かに何かをさせることで，使役の意味は make, let, get, have のいわゆる使役動詞（causative verbs）や「…するよう強いる」という意味の force, compel, oblige などの動詞を用いて表すことができる。

■基本文例■

1　I *made* the children clean up their own rooms.
　　（私は子供たちに自分の部屋の掃除をさせた）
2　I *was made to* wait two hours before I was examined.
　　（私は診察まで2時間待たされた）
3　My mother wouldn't *let* me go to the movies.
　　（お母さんはどうしても映画を見に行かせてくれなかった）
4　I*'m allowed to* stay out later on weekends.
　　（私は週末はいつもより遅くまで外出が許されています）
5　He *got* his brother *to* walk the dog.（彼は弟に犬の散歩をさせた）
6　The repairman finally *got* the machine *working* again.
　　（修理工がようやくその機械を再び動くようにした）
7　I *had* my secretary photocopy the papers.
　　（私は秘書に書類をコピーさせた）
8　The comedian *had* us *laughing* within seconds.
　　（そのコメディアンはたちまち私たちを笑わせた）
9　The thief *forced* him *to* open the safe.
　　（その泥棒は彼に金庫を開けさせた）
10　He *compelled* me *to* come with him.
　　（彼は私を無理やりいっしょに行かせた）
11　She *was obliged to* go out to work when her husband died.（彼女は夫が亡くなったあと，やむなく働きに出なければならなくなった）

**NOTE**

 *walk* a dog（犬を散歩させる）, *gallop* a horse（馬をギャロップで駆けさせる）, *work* a servant（召使いを働かす）, *fly* a kite（たこを揚げる）, *grow* vegetables（野菜を栽培する）のように元来自動詞であったものを他動詞に転用して使役を表す語がある：

  They *walk* their dogs every morning.（彼らは毎朝犬を散歩させる）
  I didn't know they *grow* rice in France.
   （私はフランスで米を栽培するとは知らなかった）

## 5.1 （強制的に，無理に）…させる —— make

「Aの意志にかかわらず強制してAに…させる」という強制的な使役はmake A do の形を用いて表すことができる。

 He *made* me promise never to mention it again.
  （彼は私に二度とそのことを口にしないように約束させた）
 My mother always tried to *make* us go to bed early on weekdays.
  （お母さんは平日はいつもぼくたちを早く寝させようとした）
 Parents sometimes *make* their children do things against their will.
  （親というのは時に子供の意に反し，物事を無理やりさせるものだ）
 The burglar tied us up and *made* us lie face-down on the floor.
  （強盗は我々をしばりつけ，床にうつ伏せにさせた）
 We can't *make* him come with us if he doesn't want to.
  （彼が行きたくなかったら無理やりいっしょに行かせることはできない）
 No one can *make* you stay in a job that you hate.
  （誰もあなたが嫌いな仕事にとどまらせておくことはできない）

主語は主に人間だが，次のように無生物のことも多い。

 What *makes* you think so?（どうしてそう思うのですか）
 The film *made* me cry.（その映画を見て私は泣いた）
 The sudden noise *made* me jump.（その突然の物音に私は跳び上がった）
 Hot and humid weather *makes* me feel very uncomfortable.
  （天気が暑くてじめじめしていると実に不快な気持ちになる）
 The earthquake *made* all the furniture shake.
  （その地震であらゆる家具が揺れた）

「（無理に）…させられる」という受身の意味は be made to do によって表

## 5.1 (強制的に, 無理に) …させる —— make

せる。do は to 不定詞に変わることに注意。

They *were made to* wait outside the gates for hours.
 (彼らは門の外で何時間も待たされた)

He *was made to* pay back the debt.
 (彼は借金の返済を無理やりさせられた)

She *was made to* apologize to him for being late.
 (彼女は遅れたことで彼に謝罪をさせられた)

「Aが…されるようにする」の意味は make A done の形で表す。A は通例再帰代名詞。

I'm not fluent, but I can *make* myself *understood* in English.
 (私は流暢ではないが, 英語で用を足せる)

He couldn't *make* himself *heard* above the noise of the traffic.
 (彼の声は交通の騒音でかき消されて聞こえなかった)

**NOTE 1**
 make のとる構文を X makes Y do Z という形で表示すると, make は「X が Y に直接力を及ぼして do Z という事態を発生させる」ことを表し, Y は do Z という事態を自ら律せるものでなければならない。したがって die のような動詞は通例不可:
 ×The Mafia *made* him *die*.
 また事態の発生にポイントがあることから do は通例動作動詞。ただし状態の変化を表す動詞と用いると, 起動面に重きが置かれる:
 He *made* me *become* very cautious. (彼は私を非常に用心深くさせた)

**NOTE 2**
 文脈から明らかな場合, make A do の do は省略されることがある:
 He didn't want to study, but the teacher *made* him.
  (彼は勉強をしたくなかったが, 先生は無理にさせた) ◇ study の省略。
 Betty never cleans her room and her mother never tries to *make* her.
  (ベティーはいつも自分の部屋を掃除しないし, またお母さんも決して無理強いしない) ◇ clean her room の省略。

**NOTE 3**
 cause は因果関係を表し, cause A to do の形で用いて, 「(主語が原因で)

Aに…するようさせる」という意味を表す。堅い語：
>　What *caused* the tree *to* die?（どうしてその木は枯れたのですか）
>　The dazzling light *caused* her *to* blink.
>　（まばゆい光に彼女はまばたきした）

## 5.2　（望みどおり）…させる── let

「Aの希望に添うように許可してAに…させる」という消極的［許容的］な使役は let A do の形を用いて表すことができる。Aは主に人間だが，無生物のこともある。

>　Some parents seem to *let* their children do whatever they like.
>　（子供の好きなことは何でもさせる親もいるようだ）
>　Will your father *let* you study literature at university?
>　（お父さんはあなたが大学で文学を勉強するのを許してくれますか）
>　Her father would not *let* his daughter travel alone.
>　（その父親は，娘が1人で旅行することをどうしても許さなかった）
>　Don't *let* the children play with matches.
>　（子供に火遊びをさせてはいけません）
>　I love sweets but Mum doesn't *let* me eat it very often.
>　（私は甘いものが好きなのに，お母さんはあまり食べさせてくれない）
>　I have a family to take care of─I can't *let* them starve.
>　（私には養う家族がある。飢え死にさせるわけにはいかない）
>　Make a hole in the bottom of each plant pot to *let* the water drain out.（水がはけるようにそれぞれの植木鉢の底に穴をあけなさい）
>　She decided to *let* her hair grow long.
>　（彼女は髪を長く伸ばすことにした）
>　Don't *let* yourself be hurt by their attitude.
>　（彼らの態度に気分を害してはいけません）
>　I will not *let* my son be treated in that way.
>　（私は自分の息子があんなふうに扱われるのを許すわけにはいかない）

let は受身で用いられることはまれで，代わりに通例 allow, permit が用いられる。permit は allow よりも堅い語で主に書き言葉で用いられる（→7.3 (1)(2)）。

He *was allowed to* come in.（彼は入ることを許された）
You *are* not *allowed to* take any photographs in here.
（ここでの写真撮影は許可されていません）
After he was questioned by the police he *was permitted to* go home.
（警察の尋問の後，彼は帰宅を許された）

**NOTE 1**
　let のとる構文を X lets Y do Z という形で表示すると，let は「X が許可を与えて Y に do Z という行為をさせる［させておく］」ことを表す。make とは違って行為の結果としての状態を表すため，状態を表す動詞とも容易に結合する：
　　*Let* his life *be* an example to us who are left behind.—P.S. Buck, *The Sacred Skull*（彼の生き方を後に残された私たちは手本にしよう）

**NOTE 2**
　let は受身で用いられることもあるが（特に目的語の後の動詞が単音節の語），そのさい to は出没したりしなかったりする：
　　They *were let* (*to*) *go*.（彼らは行くことを許された）
　　The grass *has been let* (*to*) *grow*.（草は伸びほうだいだった）◇ The grass has been left to grow. のほうが普通の言い方。

**NOTE 3**
　文脈から明らかな場合，let A do の do は省略されることがある：
　　I'm sorry I can't come out tonight—my father won't *let* me.（すまないが今晩外出できないんだ。父が行かせてくれないんだ）◇ come out が省略。
　　We wanted to play inside but our teacher wouldn't *let* us.
　　（ぼくたちは中で遊びたかったが，先生はどうしても許してくれなかった）
　　◇ play inside が省略。

## 5.3　（説得などして）…させる── get

　「A をなんとか説得するなどして A に…させる」という使役は get A to do の形を用いて表すことができる。抵抗や困難を伴う文脈で用いられることが多い。get に強勢が置かれる。

　　They tried to *get* me *to* sign the contract, but I refused.
　　（彼らは私にその契約書にサインさせようとしたが，私は拒否した）

*Get* John *to* help us, if you can.
(できればジョンに私たちの手伝いをさせてください)

You'll never *get* me *to* agree to the plan.
(ぼくにその計画に同意させようとしたってそれは無理だよ)

The teacher *got* the students *to* study subjects that they are not interested in. (その先生は生徒が興味のない科目をなんとか勉強させた)

"Is Mr. Smith in?" "I'm sorry, he's tied up at the moment. Shall I *get* him *to* call you back later?" (「スミスさんはおられますか」「あいにく今忙しくて手が離せません。後で折り返し電話させましょうか」)

We tried hard to *get* her *to* stop smoking.
(私たちは彼女にタバコをやめさせようと懸命に努力した)

I spent all my pocket money, so I'll *get* my father *to* give me some more. (ぼくは小遣いを全部使ってしまったので，なんとかお父さんを説得してもう少しもらうつもりだ)

What *got* them *to* change their minds?
(どうして彼らの気が変わったのだろうか)

I finally *got* the car *to* start by asking everyone to push it.
(みんなに頼んで車を押してもらって，私はようやく車を動かせた)

**NOTE 1**

get のとる構文を X gets Y to do Z という形で表示すると，get は「X が直接または間接に Y を説得して do Z という行為をさせる」ことを表す。したがって以下の例からもうかがえるように，do Z という行為に対して通例何らかの抵抗や困難が存在する文脈で用いられる：

  I tried to *get* him *to* learn to drive, but he said it was out of the question.—W. Saroyan, *Locomotive 38, the Ojibway* (私は彼に車の運転のしかたを覚えるように言ったが，彼はそれは不可能だと言った)

  It wasn't easy, he said, to *get* the horse *to* behave so nicely.—W. Saroyan, *The Summer of the Beautiful White Horse* (その馬を行儀よくさせることは簡単なことではないと彼は言った)

**NOTE 2**

get A doing の形でも用いられるが，これは「A が…する状態にもっていく，A に…し始めさせる」の意味で，get A to do と比べると，抵抗や困難が

少ないことが含意される (cf. Christophersen & Sandved (1974))：
 It's not hard to *get* her *talking*—the problem is stopping her!（彼女をしゃべらせることは難しいことではない。問題は話をやめさせることだ）
 Haven't you *got* the photocopier *working* yet?
 （まだコピー機を動かせないのですか）

## 5.4 （自分に有利なように）…させる——have

「A がすることを自分に有利なように保持する」という意味での使役は have A do の形を用いて表すことができる。have をこの使役の意味で用いるのは主に《米》。have に強勢が置かれる。

 *Have* him come in, please.（どうぞ彼に中に入ってもらってください）
 I'll *have* my daughter show you to your room.
  （娘にあなたの部屋に案内させましょう）
 We *had* everybody fill out a form.（全員に用紙に必要事項を記入させた）
 If you wait for a while, I'll *have* someone collect it for you.
  （しばらく待っていただければ，誰かにそれを取りに行かせます）
 I can't go myself, so I must *have* someone go for me.
  （私は行けないので，代わりに誰かに行ってもらわなければならない）
 "Hello. May I speak to Mr. Tanaka?" "He's in a meeting now. Shall I *have* him call you back?"（「もしもし。田中さんをお願いできますか」「ただ今会議中です。後でお電話させましょうか」）
 We'd like to *have* you come to dinner one day.
  （あなたをいつか夕食にお招きしたいと思っております）
 I'll *have* you know who I am!（おれを誰だと思ってるんだ！）
 Should we *have* them install a burglar alarm in the house?
  （家に盗難警報器を取り付けてもらいましょうか）

**NOTE 1**

(1) make, get とは違って have 自体には使役性は希薄で，文脈上または音声上から使役的な意味が付与される。つまり X has Y do Z という構造において，「X は Y do Z という行為を保持する」ことを表し，この Y do Z という行為を X に有利に保持しようとしたときに使役（Y do Z という行為が X に不利な場合は被害）の意味が生じる (cf. Declerck (1991))：

> I *had* him *cut* my hair short.
> （私は彼に髪を短く切らせた［切ってもらった］［使役］）

また have は，次の例のように主体が直接にも間接にも関与しない文脈でも用いられる：

> ..., where I took a furnished room, the most dismal I have ever seen, in the house of Mrs. Ratz. I might have looked farther, but the idea of *having* my mail *come* in care of Mrs. Ratz decided me.—J. Steinbeck, *Johnny Bear*
> （それはこれまで見たことのないような陰気な部屋だったが，私はラッツ夫人宅の家具付きの部屋を借りた。もっと探そうと思えば探せたのだが，ラッツ夫人気付で郵便物が来ることを考えてその部屋に決めたのだった）

(2) have A do は意味上，ask［order］A to do（A に…するように頼む［命じる］）または arrange for A to do（A が…するように取り計らう）と置き換えて言えることが多い（cf. Declerck (1991)）：

> *Have* him bring the book to me. (=*Ask*［*Tell*］him *to* bring the book to me.)（彼にその本を私のところに持って来るように言ってください）

(3) have, get の受身は不可：

> ˣI *was had* (*to*) repeat the message.［Quirk *et al.* (1985)］
> ˣI *was gotten to* eat my spinach.

### NOTE 2

have A doing は，「A に…するようにさせる」の意味を表す（cf. Declerck (1991)）：

> My dad *had* us *laughing* all through the meal.
> （お父さんは食事中ずっとぼくたちを笑わせた）
> Will you really *have* me *driving* in a week?
> （本当に1週間で運転できるようにしてくれるのですか）
> My mother *had* me *doing* all kinds of jobs for her.
> （お母さんは私にあらゆる仕事をさせた）

have A doing の受身は不可：

> ˣWe *were had working* day after day.［Quirk *et al.* (1985)］

### NOTE 3

I won't have A do［doing; done］は，「A が…する［される］のを許さない(I don't allow)」の意味を表す。この形では主語は1人称。have に強勢が置かれる：

> *I won't have* you *talk* to me like that.

(君にそんな口のきき方をさせるものか)
*I won't have* you *telling* me what to do.
(私は何をすべきか君に指図されるのはごめんだ)
*I will not have* you *wearing* clothes like that.
(あなたにそんな服装はさせませんよ)
*We won't have* the church *turned* into a hotel.
(我々はその教会をホテルに改造するようなことはさせないぞ)

**NOTE 4**
have it coming は「当然の報いだ，自業自得だ」の意の口語的慣用表現。it は通例先行のよくないことを指す：
I do feel sorry for him, but I'm afraid he *had it coming*.
(彼のことは本当に気の毒に思うが，残念ながらそれは彼自ら招いたことだ)
The plan failed, but he *had it coming* to him.
(その計画は失敗したが，彼自身のせいだから仕方がない)

## 5.5 その他の動詞による使役

### (1) (強制して) …させる —— force

force は，force A to do または force A into doing の形で用いて，「ある力を加えて無理やり A に…させる」という強い使役を表す。この力は物理的な力から精神的な力まであらゆる力を含む。make より堅い語。

They *forced* him *to* sign his name on a check.
(彼らは彼に無理やり小切手に名前をサインさせた)
The police *forced* the suspect *to* confess his crime.
(警察は容疑者に強要して犯行を自白させた)
You can't *force* the child *to* take medicine.
(無理やりその子に薬を飲ませてはいけません)
She *forced* herself *to* speak to the man.
(彼女は意を決してその男に話しかけた)
Her parents were trying to *force* her *into* marrying a man she didn't know. (彼女の両親は彼女を，知らない人と無理やり結婚させようとしていた)

比喩的に用いられることも多い。
> Hunger *forced* him *to* steal.（空腹のため彼はやむなく泥棒を働いた）
> The typhoon *forced* him *to* change his plans.
> （その台風のために彼は計画を変更せざるをえなかった）
> Bad health *forced* him *into* (*taking*) early retirement.
> （健康が思わしくないので彼はやむなく早期に退職した）

be forced to do または be forced into doing という受身の形で用いて、「やむをえず…する，…せざるをえない」の意味を表す。
> He *was forced to* admit his mistake.
> （彼はやむなく自分の間違いを認めた）
> I *was forced to* take a taxi home because the last train had left.
> （最終列車が出てしまった後だったので，私は家までタクシーで帰らなければならなかった）
> The President *was forced into resigning*.（大統領は辞職に追い込まれた）

**NOTE 1**
(1) 文脈から明らかな場合，to 以下はしばしば省略される：
> She won't do the work unless you *force* her (*to*). （無理にやらせない限り，彼女はその仕事をしないだろう）◇ (to) do the work が省略。

(2) to 不定詞は状態動詞はとらない：
> ˣHe *forced* us *to own* the house.

**NOTE 2**
force は表す意味によっては種々の前置詞をとる。
> He forced the key into the lock.（彼は鍵を錠に押し込んだ）
> The police forced a confession out of [from] him.
> （警察は彼から自白を引き出した）
> He forced the idea on us.（彼はその考えを私たちに無理やり押し付けた）
> The soldiers forced their way into the house.
> （兵士たちはその家に押し入った）
> We forced our way through a crowd.
> （私たちは強引に群衆をかき分けて進んだ）

## (2) (やむをえず) …させる ── compel

compel は force よりも強制する力は弱く，compel A to do の形で用いて，「A が欲しないことを A に強制して，しばしば不本意にさせる」ことを意味し，行為を及ぼすものの権威・権力を暗示することがある。堅い語。

She *compelled* me *to* tell her what I really thought of her.
(彼女は私に，彼女に対する私の本当の気持ちを話させた)

I can't *compel* you *to* sell me your car.
(無理に君の車をぼくに売らせるなんてできっこないじゃないか)

He *compelled* the witness *to* appear in court. (彼は目撃者を出廷させた)

比喩的に用いられることも多い。

Such losses *compelled* the company *to* go out of business.
(その損失で会社は廃業に追いやられた)

The bad weather *compelled* us *to* turn back.
(悪天候のため，私たちはやむなく引き返さなければならなかった)

The strike *compelled* many people *to* drive to work.
(ストライキのため，多くの人は車で出勤しなければならなかった)

Heavy rain *compelled* us *to* cancel the picnic.
(大雨のため，私たちはピクニックを中止せざるをえなかった)

be compelled to do という受身の形で用いて，「やむをえず…する，…せざるをえない」の意味を表す。

He *was compelled to* resign because of the scandal.
(彼はそのスキャンダルのために不本意ながら辞職せざるをえなかった)

All children *are compelled to* attend school.
(子供はみんな学校へ行かなければならない)

She *felt compelled to* accept his offer of help.
(彼女は彼の援助の申し出を受けざるをえない気持ちになった) ◇ feel compelled to do は「…しなければならない気持ちになる」の意。

## (3) (義務を負わせて) …させる ── oblige

oblige は compel よりも意味は弱く，oblige A to do の形で用いて，「法

律上・道徳上に限らず，A に義務を負わせて余儀なく…させる」という意味を表す。be obliged to do という受身の形で使われることが多い。

 The law *obliges* parents *to* send their children to school. （法律で親は子供を学校にやらなければならないことが義務付けられている）

 Circumstances *obliged* me *to* sell my house.
  （事情で私はどうしても自宅を売らざるをえなかった）

 Employers *are obliged to* treat all employees equally.
  （雇用者はすべての従業員を平等に扱う義務がある）

 The minister will *be obliged to* resign from the Cabinet.
  （その大臣は辞任せざるをえないだろう）

 I *felt obliged to* support the proposal. （私はその提案を支持せざるをえないと思った）◇ feel obliged to do は「…する義務を感じる」の意。

### NOTE 1
(1) oblige は受身で用いられることが多い。第1範例は受身では次のようになる：

 Parents *are obliged* by law *to* send their children to school.
  （親は法律で子供を学校にやらなければならないことが義務付けられている）

(2) be obliged to do は名詞 obligation を用いて，次のように言い換えることが可能：

 Students *have an obligation to* attend classes.
  （学生は授業に出席する義務がある）

 Students *are under an obligation to* attend classes. （同上）
類例：

 We *are under a legal obligation to* pay taxes.
  （我々は税金を払う法的義務がある）

 I didn't *feel under any obligation to* tell him the truth.
  （私は彼に真実を話す義務は感じなかった）

### NOTE 2
 I'm (much) obliged (to you). は「ありがたく思う，感謝する」の意で，丁寧な堅い言い方：

 *I'm much obliged to you* for all your help.
  （ご援助をいただきありがたく感謝申し上げます）

# 6章　命令・指示の表し方

　命令文には2種類あり，一つは2人称に対する命令文，もう一つは1人称，3人称に対する命令文である。命令とは誰かに何かを言いつけることで，その対象は通例2人称（＝聞き手）であるため，自明な you を省略して動詞の原形を文頭に置いて表す。1人称・3人称の命令は通例「let＋目的語＋動詞の原形」の形を用いて表す。その他，助動詞 must, have to, should, ought to, had better などによって命令の意を表すことができる。

■基本文例■

1　"*Tell* me your e-mail address, please." "Oh, sure."
　　（「メールアドレスを教えてよ」「ああ，いいとも」）
2　*Don't* forget to leave the key on the desk.
　　（机の上に鍵を置いておくのを忘れないように）
3　*Speak* louder, please. I can't hear you well.
　　（もう少し大きな声でお願いします。よく聞こえません）
4　*Do* sit down, and make yourself at home.
　　（どうぞおすわりになっておくつろぎください）
5　You *must* phone and apologize to her for what you said yesterday.
　　（彼女に電話してあなたの昨日の発言を謝りなさい）
6　I think you *should* get in touch with your lawyer.
　　（弁護士と連絡を取るべきだと思う）
7　It's cold outside, so you'*d better* wear your coat.
　　（外は寒いのでコートを着て行ったほうがいい）
8　You *will* do exactly as I say.（私の言うとおりにしなさい）
9　All staff *are to* wear uniforms.（スタッフは全員制服着用のこと）

**NOTE**

命令文は語用論的に以下のような意味を表す (Quirk *et al.* (1985)):

(1) 命令 (order, command)
　　Make your bed at once.
　　　（すぐにベッドを整えなさい；すぐに床を敷きなさい）
(2) 禁止 (prohibition)
　　Don't touch. （触るな）
(3) 要求・依頼 (request)
　　Shut the door, please. （ドアを閉めてください）
(4) 嘆願 (plea)
　　Help! （助けて！）
(5) 忠告・推奨 (advice, recommendation)
　　Take an aspirin for your headache. （頭痛にアスピリンを飲みなさい）
　　Lock the door before you go to bed. （寝る前にドアをロックしなさい）
(6) 警告 (warning)
　　Look out! （危ない！）
　　Be careful! （注意しなさい！）
　　Mind your head! （頭上に注意しなさい！）
(7) 提案 (suggestion)
　　Ask me about it again next month.
　　　（そのことで来月もう一度お尋ねください）
　　Let's have a party. （パーティーを開こう）
(8) 指示 (instruction)
　　Take the first street on the left. （最初の通りを左に曲がりなさい）
(9) 勧誘 (invitation)
　　Make yourself at home. （楽にしてください）
　　Come in and sit down. （入っておすわりください）
(10) 申し出 (offer)
　　Have a cigarette. （タバコをどうぞ）
(11) 許諾 (granting permission)
　　Help yourself. （自由にお取りください）
(12) 好意 (good wishes)
　　Enjoy your meal. （召し上がりください）
　　Have a good time. （楽しくお過ごしください）
(13) 呪い (imprecation)
　　Go to hell! （うせろ！）
(14) 懐疑的拒否 (incredulous rejection)

Oh, come now. (まあ，これ)
(15) 思案 (self-deliberation)
Let me see now. (ええと)

## 6.1　2人称命令文

### (1) …しなさい——主語を明示せず文頭に動詞の原形を置いて

「…しなさい」という命令の最も一般的な形は，主語を明示せず文頭に動詞の原形を置いて表す．

*Wait* here for a while. (ここでしばらく待ちなさい)

*Open* a window and *let* some fresh air in.
　(窓を開けて新鮮な空気を入れてください)

"*Drive* carefully. The roads are icy." "Yes, I will."(「運転には注意しなさい．道路が凍結していますから」「ええ，そうします」)

*Drink* up your milk, Sally!
　(サリーちゃん，牛乳を全部飲んでしまいなさい)

*Get* off at the next station. (次の駅で下車しなさい)

Always *answer* when you're spoken to!
　(話しかけられたら必ず返事をしなさい)

*Shut* up or I'll lose my temper. (黙りなさい，でないと怒るよ)

"What do you think I should do?" "I don't care. *Do* what you want."
　(「私はどうしたらいいと思いますか」「私は気にしないからあなたの好きなことをしなさい」)

Here you are. *Enjoy* your meal.
　(はいどうぞ．ごゆっくりお召し上がりください)

*Pull* up a chair, and *have* some coffee.
　(いすを引いて，それからコーヒーを飲みなさい)

"*Watch* your step!" "Oh, yes? Why?" "The path is wet and slippery."
　(「足元に気をつけて！」「え，どうして？」「道がぬれててすべりますからね」)

*Be* quick! We're late already. (急いで！　もうぼくたち遅刻だ)

Always *remember* to smile.（いつも笑みを忘れてはいけません）

「…するな」という否定の命令は文頭に don't, do not を置いて表す。強い否定命令では never を用いることもある。

*Don't* worry about it.（そのことは心配しないでください）

*Don't* panic.（うろたえるな）

"*Don't* take any risks." "No, I won't."
　（「危険を冒してはいけません」「はい，そうします」）

*Don't* do that again.（二度とそんなことをしてはだめですよ）

*Don't* be so fussy.（そんなに騒ぎ立てないでください）

"What time should we be back?" "By eleven. *Don't* be late."
　（「ぼくたち何時に帰ればいいの？」「11時までに帰りなさい。遅れてはいけませんよ」）

*Do not* lean out of the window.（窓から身を乗り出してはいけません）

*Do not* cross the road yet.（まだ道路を横断してはだめです）

*Never* speak to the teacher like that again.
　（二度と先生にそんな口のきき方をしてはいけません）◇ never は通例, 今だけではなくこれから先もするなという意味を含む。

**NOTE 1**

命令文で2人称代名詞 you が根底にあることは次のことからわかる (Quirk *et al.* (1985))：

(1) Behave *yourself* [*yourselves*].（行儀よくしなさい）のように再帰代名詞 yourself, yourselves が用いられる。

(2) Help me with this baggage, will *you*?（この荷物を運ぶのを手伝ってくれませんか）のように付加疑問文の主語に you が用いられる。

(3) Use *your own* comb.（自分のくしを使いなさい）のように your own が用いられる。

**NOTE 2**

(1) 命令文に用いられるのは，自制可能な (self-controllable) 動詞・形容詞でなければならない：

　ˣ*Know* the answer.

　ˣ*Resemble* your father.

　ˣ*Be* young.　cf. Be careful.（注意しなさい）

ただし特別な文脈で動作を表すと解せられる場合は命令文も可能 (Quirk & Greenbaum (1974)) :
 *Know* (=Get to know) the answer by tomorrow.
 （明日までに答えを考えておきなさい）
(2) 次のように未来時を示す副詞語句がある場合を除いて進行形の命令はまれ。完了形の命令はさらにまれである (Quirk *et al.* (1985)) :
 *Be doing* your homework when your parents arrive home.
 （両親が家に帰るときには宿題をしていなさい）
 Start the book and *have finished* it before you go to bed.
 （その本を読み始めて，寝る前には読み終えてしまいなさい）
(3) 受身の命令文は次のような表現以外はあまり用いられない：
 *Be prepared*.（常に備えをしておきなさい）
 *Be seated*.（ご着席ください）
 *Be reassured* by me.（私がついているので安心しなさい）
否定命令文は受身可能：
 *Don't be deceived* by his looks.（彼の見かけにだまされてはいけません）

**NOTE 3**

否定命令で will you? を文尾に添えて下降調で言うと，有無を言わさない強い命令調になり，一般的に失礼な言い方 (cf. Quirk *et al.* (1985)) :
 Don't make a noise, *will you*?（音を立てないようにしてくれないか）
 Don't tell anyone about it, *will you*?（そのことは誰にも言うなよ）

## (2) …してください——命令を和らげて

命令文は下降調で言うと強い命令調になるので，実際には上昇調で言って命令を和らげたり，丁寧さを示す please を文頭・文尾，時に文中に置いたりする。くだけた言い方では付加疑問の will you?, would you?, can you?, could you? などを付加して用いることも多い。また if you don't [wouldn't] mind（さしつかえなければ），if you like（よかったら）などを添えて，命令の意を和らげることができる。
 *Please* sit down. / Sit down, *please*.
  （どうぞおすわりください）◇文尾に置く場合，通例前にコンマを置く。
 *Please* come in. / Come in, *please*.（どうぞお入りください）
 "*Please* call an ambulance!" "What happened?"（「救急車を呼んでくだ

さい」「どうかなさいましたか」）◇語用論的に依頼を表す（→ 8 章）。
*Please* be quiet.（静かにしてください）
*Please* give my best wishes to Motoko.
（元子さんにどうかよろしくお伝えください）
*Please* don't be angry.（どうか怒らないでください）
*Kindly* move to the next seat.
（隣の席へ移動していただけませんか）◇kindly を用いると時に皮肉を含意することがあるので，使用にあたっては注意。
Give me a hand, *will you*?（手伝ってくれませんか）
Please open the door, *would you*?（ドアを開けていただけませんか）
Get me something to drink, *can you*?
（何か飲み物を取ってくれませんか）
Post this letter for me, *could you*?（この手紙を出していただけませんか）
Wait over there, *if you wouldn't mind*.
（よろしかったらあちらでお待ちください）
Stay overnight, *if you like*.（よかったら一晩お泊まりください）

**NOTE 1**
(1) 否定命令文での please の位置は，通例文頭または文尾。Quirk *et al.* (1985) は文中の位置は人によっては可能としている：
　　*Please* don't make a noise.（音を立てないでください）
　　Don't make a noise, *please*.（同上）
　　?Don't *please* make a noise.（同上）
(2) kindly の位置は命令文では文頭に限られる（Quirk *et al.* (1985))：
　　×Leave the room, *kindly*.
　　×Don't *kindly* make a noise.

**NOTE 2**
命令文の付加疑問には will you?, would you?, can you?, could you? の他に，won't you?, wouldn't you?, can't you?, couldn't you?, why don't you? などが用いられる (cf. Quirk *et al.* (1985)；Swan (2005))：
　　Sit down, *won't you*?
　　　（おすわりください）◇丁寧な依頼を表す。次例も同様。
　　Look after the children, *won't you*?

(子供たちの面倒を見ていただけませんか)
Be quiet, *can't you*? (お静かに願います) ◇いら立ちを含意。
Take a rest, *why don't you*?
(一服されたらいいじゃないですか) ◇親しい間柄で用いる。

## (3) ぜひ…してください——命令を強めて

肯定命令文を強めて,「ぜひ…してください」と説得・懇請などの気持ちを表すには動詞の前に助動詞の do を置いて表す。この場合, do /dúː/ と強く発音する。please を添えると丁寧な懇請を表す。

*Do* come in. (さあ, お入りください)
*Do* have another cup of coffee. (コーヒーをもう 1 杯ぜひどうぞ)
*Do* write to us and tell us how you are.
　(必ず私たちに手紙を書いてご様子をお知らせください)
Oh, please. *Do* shut up!
　(お願いだからどうか黙ってくれ) ◇この場所, いら立ちを含意する。
*Do* help me, please. (どうか助けてください)
*Do* be a bit more careful. (もう少し慎重にしなさい)
*Do* forgive me—I didn't mean to interrupt.
　(どうかお許しください, 邪魔するつもりはなかったのです)
*Do* stop fighting! (けんかをやめろったら!)
Be seated. Please *do* be seated and relax.
　(お掛けください, どうぞお掛けになっておくつろぎください)

**NOTE**
(1) 最後の範例において, *Do* be seated. というのは, 相手がすわるのをためらっているような場面において適切で, いきなり言うのは不自然。これは do は対比的な強調を表し, 先行の否定の文脈に対して肯定的な陳述を強調するからである (→ 16.2 (1))。
(2) 強調を表す助動詞の do は男性よりも女性によく用いられる (Quirk *et al.* (1985))。

## (4) あなた…しなさい
――命令の対象を示し，いら立ちなどの感情を表して

命令文は通例2人称（＝聞き手）に呼びかけるので主語を必要としないが，「あなた…しなさい」と特に you を明示して，いら立ち・もどかしさなどの感情を表すことがある。この場合，you に強勢が置かれる。勧告的な調子があり，一般に失礼な言い方になる。

*You* be quiet!（君，静かにしろったら！）
*You* mind your own business.
　（おまえは人のおせっかいはやめろ；君の知ったことか）
*You* just sit down there and pay attention to what he's saying.
　（あなたはそこにすわって彼の言っていることをよく聞きなさい）
*You* go right ahead with your work.
　（あなたはそのまま仕事を続けなさい）
*You* just listen to me.（君，私の話を聞きなさい）
*You* leave her alone.（あなた，彼女を1人にしておきなさい）

**NOTE**
　you を明示するこの用法では，丁寧さを表す please とは共起しない (Quirk & Greenbaum (1974))：
　˟*Please, you* be quiet!

## (5) …は…しなさい――命令の対象を明確にして

2人以上の人がいる時に，命令が向けられている対象を明確にする場合に主語が用いられることがある。2人称主語の場合，you の前または後に名前で呼びかけることも多い。

*You* take this book, and *you* take that one.
　（あなたはこの本を，そしてあなたはあの本を持って行きなさい）
*You* wait here, Mike, and Nick, *you* wait there.（マイク，あなたはここで待ちなさい，それからニック，あなたはあそこよ）
Jim, *you* carry the table into the garden.

(ジム，おまえはテーブルを庭に運びなさい)

*You* come here, Jack, and *you* go over there, Mary. (ジャック，あなたはここへ来なさい，そしてメアリー，あなたはあそこへ行きなさい)

命令文の主語が3人称の（代）名詞のこともある。

*Mary* come here. (メアリーはここへ来なさい)

*Somebody* answer the phone, please. (誰か電話に出てください)

Quick! *Everybody* hide! (急いで！　全員隠れて！)

*Jack and Betty* stand over there.

(ジャックとベティーはそこに立っていてください)

*Men* in the front row sit here. (最前列の人はここにおすわりください)

否定の命令の場合は主語の前に don't を置く。この場合，通例主語に強勢が置かれる。

*Don't you* speak to me like that.

(君，ぼくにそんな口のきき方をしないでくれ)

*Don't you* make so much noise. (そんな大きな音を立てないでくれ，君)

And *don't you* forget my birthday.

(それからあなた，私の誕生日を忘れないでね)

Please *don't anybody* leave. (誰も帰らないでください)


**NOTE 1**

(1) 次のようには言えない (Celce-Murcia & Larsen-Freeman (1999))：

×*Do not you* be late!　◇Don't you be late! は可能。

×*Do you not* be late!

(2) 3人称主語に対する付加疑問文には，2人称または3人称代名詞が用いられる (Quirk et al. (1985))：

*Somebody* open this door, will *you* [*they*]?

(誰かこのドアを開けてくれませんか)


**NOTE 2**

呼びかけ語（vocative）と命令文の主語との相違は，主語は動詞の前に置かれるが，呼びかけ語は文頭・文中・文尾いずれも可能で，文頭では下降・上昇調となる。命令文の主語は単に通常の語強勢を受けるにすぎない (Quirk et al. (1985))：

呼びかけ語：
  Mary (↗), play on my side (↘).
    (メアリー，私の側に立ってプレーしなさい)
  Play on my side, Mary (↗). (同上)
主語：
  Máry play on my side (↘). (メアリーは私の側に立ってプレーしなさい)

## 6.2　1人称・3人称命令文

1人称，3人称に対する命令は通例「let＋目的語＋動詞の原形」の形を用いて表せる。

# (1) (私 [我々] に) …させてほしい──1人称命令文

「私 [我々] に…させる，…させてほしい」という1人称に対する命令は let me [us] do で表す。
  *Let* me have a look at it.（私にそれを見せてください）
  *Let* me see now. Do I have any money on me?
    (ええと，お金あったかな？)
  "I'm afraid you gave me the wrong change." "*Let* me check."
    (「おつりを間違っておられるようですが」「確認させてください」)
  *Let* us both have a try!（ぼくたち2人にやらせてください）
  *Let* us leave right away!（すぐに帰らせてください）
  Please *let* us buy you a drink!（私たちに1杯おごらせてください）

「…させないでほしい」という否定の命令は，let us not do または let's not do で表す。ただし，くだけた言い方では，《米》では let's don't do, 《英》では don't let's do が用いられる (→ 9.1(2))。
  *Let us not* despair.（我々を失望させないでくれ）
  *Let's don't* say anything about it.
    (そのことについて我々にとやかく言わせないでくれ)
  *Don't let's* wait outside any longer.
    (これ以上ぼくたちを外で待たせないでくれ)

### NOTE

(1) let us ... は提案や勧誘を表すことが多い。この場合，us は /əs, s/ と弱く発音し，let's ... と縮約して用いることが多い（→9.1(2)）：

*Let's* go to the movies this evening.（今晩映画を見に行こう）

(2) 1人称否定命令の let me not ... の形は堅くてまれ。《英》では don't let me ... を用いる（Quirk *et al.*（1985））。

## (2) (彼[彼女；彼ら]に)…させよう，…させておけ
      ── 3人称命令文

3人称に対する命令は，文頭に3人称主語を置いて表す他（→6.1(5)），let him [her; them] do を用いて表すことができる。

*Let* him do what he likes.（彼に好きなことをやらせておこう）

*Let* each man decide for himself.（めいめい自分で決めさせなさい）

*Let* Tom wait outside. I don't want to see him now.
（トムは外で待たせておけ。今は会いたくないんだ）

*Let* the children splash around in the pool for a while.
（子供たちをしばらくプールの中でぴちゃぴちゃ水浴びさせておこう）

### NOTE

(1) let を使った3人称に対する命令は今ではまれ。たとえば，Let them go by train.（彼らを列車で行かせなさい）は must または「be+to 不定詞」を用いて次のように言うほうが普通（cf. Thomson & Martinet（1986））：

They *must* go by train.（→6.3(1)）

They *are to* go by train.（→6.3(6)）

(2) let を使った3人称に対する否定命令の let him [her; them] not do の形は堅くてまれ。Don't let him [her; them] do は用いられるが，もっと一般的には次のように must not または「be not+to 不定詞」を用いて表す（cf. Quirk *et al.*（1985）; Thomson & Martinet（1986））：

They *must not* go by train.（→6.3(1)）

They *are not to* go by train.（→6.3(6)）

## 6.3 助動詞による命令文

### (1)（話し手が強制して）…しなければならない── must

「…しなければならない，…すべきである」という話し手の主観に基づく強い強制または義務は must で表すことができる。must には話し手の権威 (speaker's authority) が含意される。must /mΛst/ と強く発音する。

You are in danger. You *must* leave at once.
（危険だ。すぐに立ち去りなさい）
You *must* do as you're told.（言われたとおりにしなさい）
You *must* be careful with these dishes.
（これらのお皿の取り扱いには注意しなさい）
"You *must* be back at 10 o'clock at the latest." "Must I?"
（「遅くても10時には帰ってきなさい」「絶対に？」）
If you want to get high grades in math, you *must* study very hard.
（数学でよい成績を取りたいなら，必死に勉強しなさい）
You *must* lock the door when you go out. There've been a lot of break-ins in this neighborhood recently.（出かけるときには必ず鍵をしなさい。最近この近所で泥棒の侵入が非常に多いからね）
All passengers *must* wear seat belts.
（乗客は全員シートベルトを着用しなければならない）
Students *must* pass the exam to continue on this course.
（このコースを続けるには，学生は試験に合格しなければならない）

1人称主語の場合，話し手が自分自身に対して強い強制または義務を課すことを表す。

I really *must* do something about the weeds in the garden.
（庭の雑草を本当になんとかしなくてはならない）
I *must* cut down on my smoking.（タバコを減らさなくてはならない）
It's getting late. We *must* be going now.
（遅くなってきました。そろそろおいとまします）

疑問文の場合，聞き手の意図・願望・意見などを尋ね，強制の権限は聞き手にある。

"*Must* I get up early tomorrow?" "Yes, you must."
　(「明日早く起きなければいけませんか」「そう，絶対にね」)
"*Must* you leave so soon?" "Yes, I must." (「こんなに早くお帰りにならなければいけないのですか」「はい，どうしても」)
"*Must* they exercise daily?" "No, they needn't." (「彼らは毎日練習しなければならないのですか」「いいえ，その必要はありません」)

「…してはいけない」という強い禁止は must not, mustn't で表す。

You *mustn't* tell anyone what I said.
　(私の言ったことを誰にも話してはいけません)
You *mustn't* talk during the lessons. (授業中私語をしてはいけません)
You needn't go on a diet, but you *mustn't* overeat.
　(ダイエットをする必要はありませんが，食べ過ぎてはいけません)
I *mustn't* forget my keys or I won't get in.
　(鍵を忘れてはいけない，でないと中に入れない)
We *must not* be late for the meeting. (我々は会議に遅れてはならない)
Cars *must not* be parked in front of the entrance.
　(入り口正面につき駐車禁止)

**NOTE 1**
(1) must には行為がなされるという含みがある。したがって次のようには言えない。ought to では可能 (Palmer (1987)):
　ˣHe *must* do it, but he won't.
(2) 文脈によっては must の義務の観念が弱まり，強い忠告・提案・要請などを表す (Ek & Robat (1984)):
　You really *must* come and see us sometime.
　　(ぜひいつか遊びにお越しください)
　You simply *must* see the movie; it's great.
　　(必ずあの映画を見なさい。とにかくすばらしいから)
(3) 2人称主語と用いて皮肉の意を表すことがある (Quirk *et al.* (1985)):
　If you *must* smoke, at least you could use an ashtray. (どうしてもタバコを吸わなきゃいけないなら，少なくとも灰皿ぐらいは使ったらどうですか)
(4) must は否定を期待する疑問文で用いられることがある (Leech & Svartvik (2002)):
　*Must* you leave already? ('Surely you don't have to!')

(もうお帰りにならなくてはいけないのですか(そんなはずはないでしょう))

**NOTE 2**
(1) must には過去形，未来形，完了形がないので，それぞれ had to, will have to, have had to で代用される：
 I ran out of money and *had to* borrow from him.
  (私はお金がなくなったので彼から借りなければならなかった)
 I *will have to* renew my passport soon.
  (もうすぐパスポートを更新しなくてはならない)
 We*'ve had to* put up with that for weeks.
  (私たちはそのことを何週間も我慢しなければならなかった)
(2) 従節内の must は主節が過去でも時制の一致はうけない：
 I said I *must* leave but I stayed for a while.
  (私はおいとましなければと言ったものの，しばらくいた)

## ⑵ (客観的な事情から) …しなければならない —— have to

　客観的な事情によって主語が「…しなければならない，…する必要がある」という義務または必要性は have to,《話》have got to によって表すことができる。have to は話し手以外の権威 (outside authority) を含意する。have to の発音は，母音の前で /hæftu/，子音の前で /hæftə/ (has to は母音の前で /hæstu/，子音の前で /hæstə/；had to は母音の前で /hættu/，子音の前で /hættə/) となる。

 In Britain you *have to* drive on the left.
  (イギリスでは道路の左側を運転しなければならない)
 He *has to* get the car repaired. There is something wrong with the brakes. (彼は車を修理してもらわなければならない。ブレーキが故障している)
 He *has to* work much more accurately.
  (彼はもっと正確に仕事をしなければならない)
 "What time *have* you *got to* be there?" "At seven."
  (「何時にそこへ行かなければならないのですか」「7時です」)
 First, you *have to* think logically about it.

## 6.3 助動詞による命令文

(君はまずそのことを論理的に考えなくてはいけません)

She *had to* be in the office by nine o'clock.
(彼女は9時までに会社に行かなくてはいけなかった)

"*Did* you *have to* pay in cash?" "No, I didn't."
(「現金で払わなければいけなかったのですか」「いいえ」)

They *had to* stop at the next gas station to fill up.(彼らは満タンにするために次のガソリンスタンドに寄らなければならなかった)

1人称主語の場合，客観的事情による話し手自身に対する義務を表す。

I can't meet you tomorrow. I *have to* work.
(明日お会いできません。仕事をしなければいけないんです)

I *have to* look after the children on Sundays.
(私は日曜日は子供たちの世話をしなければならない)

"Can you help me?" "Sorry, I*'ve got to* go now."
(「手伝ってくれない？」「すまないが，今出かけなくてはいけないんだ」)

I *have to* take two of these pills a day.
(私はこの薬を1日2錠飲まなくてはならない)

"Do I *have to* finish my work by five?" "No, you don't have to."
(「5時までに仕事をすませてしまわないといけませんか」「いいえ，そんなことはありません」)

「…する必要がない，…しなくてもよい」という義務・必要のないことは don't have to, ((話)) haven't got to, don't need to, need not, needn't で表せる。

You *don't have to* knock—just walk in.
(ノックしなくて結構です。そのまま入ってください)

We *don't have to* go to his lecture. Attendance is optional.
(彼の授業に出なくてもいいんだ。出席は任意だから)

You can come if you want, but you *don't have to*.
(来たければ来てもいいが，来なくてもよいんだよ)

We *don't need to* rush. There's plenty of time.
(ぼくたち急ぐことはないよ。時間はたっぷりあるから)

You *needn't* take me to the station. I can walk.
(駅へ連れて行ってくれなくてもいいよ。ぼくは歩けるから)

「…する必要はなかった，…しなくてよかった」という過去において義務・必要のなかったことは didn't have to, didn't need to で表す。「…しなくてもよかったが，実際にはした」という意味では，通例「need not have＋過去分詞」で表す。

 He *didn't have to* see a doctor about it.
  (彼はそのことで医者に診てもらう必要はなかった) ◇彼が医者に診てもらったか否かについては触れられていない。
 Service was included in the check, so I *didn't need to* tip the waiter.
  (サービス料金は勘定書に含まれていたので，ウエイターにチップをやる必要はなかった) ◇チップをやったか否かは文脈による。
 He *needn't have hurried*. He arrived at his destination an hour early.
  (彼は急ぐ必要はなかったのに。1時間早く目的地に着いてしまった) ◇急ぐ必要がなかったのに急いだことを含意する。
 I *need not have worried*. Everyhing was fine.（心配する必要はなかった。すべてうまく行った）◇心配する必要はないのに心配したことを含意する。

**NOTE 1** must と have to

 must と have to では次のような違いが含意される：
  (1) You *must* be back by ten.
  (2) You *have to* be back by ten.
 (1)では，話し手が権威を持って強い義務として「10時までに帰りなさい」と述べたものであるのに対し，(2)では，ただ一般的な義務として（たとえば規則などによって）「10時までに帰らなければならないことになっている」ことを述べたものである。

**NOTE 2**

(1) have to と違って，have got to は習慣的行為については通例用いられない (Swan (2005))：
 I usually *have to* [×*have got to*] get to work at eight.
  （私はいつも8時に出勤しなければならない）
(2) 非常にくだけた言い方では have got to の have が省略されることがある：
 Sorry, I(*'ve*) *got to* go now.（すみません，もう行かなくちゃ）

## (3) …すべきだ── should; ought to

「(当然)…すべきだ，…するのがよい」という話し手の側における義務の弱まった望ましさ・忠告などを表すには should, ought to が用いられる。ともに must のような絶対的な調子はなく，聞き手の側における否定の余地が残されている。should, ought to にはほとんど意味の違いはないが，should は主観的，ought to は客観的な意味合いを含む。should のほうが ought to よりもよく用いられる。発音は should /ʃúd, ʃəd/, ought to /ɔ́ːttu, ɔ́ːtə/ となる。

　It's really a good movie. You *should* go and see it.
　　(本当にいい映画よ。あなたも見に行くといいわ)
　"Could you tell me how to get to the beach?" "You *should* take a bus."
　　(「ビーチにはどう行けばいいか教えていただけますか」「バスに乗られたらいいですよ」)
　"*Should* I write him a letter of thanks?" "Yes, I think you *should*."
　　(「彼に礼状を書いたほうがよいでしょうか」「ええ，そうされたらいいと思うわ」)
　You *should* be kind to older people, but, above all, to those who cannot look after themselves. (お年寄り，とりわけ自分の身の回りのことができない人には親切にしてあげなさい)
　I'm in a very difficult situation. What *should* I do? (私はとても難しい立場にある。どうしたらいいのだろうか) ◇助言を求める言い方。
　"Do you think I *should* apply for the scholarship?" "Yes, I think you *should*." (「私は奨学金を申し込んだほうがよいと思われますか」「ええ，そうされたらよいのじゃないかしら」)
　You *ought to* do as he says. (あなたは彼の言うとおりにしたほうがよい)
　We really *ought to* quit smoking. (我々は本当にタバコをやめるべきだ)
　"*Ought* I *to* write to say thank you?" "Yes, I think you *ought* (*to*)."
　　(「手紙を書いて礼を言うべきですか」「うん，それがいいと思うね」) ◇最後の to は任意。
　I think she *ought to* get her eyes tested.
　　(彼女は目の検査を受けるべきだと思う)

「…してはいけない，…しないほうがよい」という弱い禁止は should not, shouldn't, ought not to, oughtn't to で表すことができる。

 You *shouldn't* do things like that. (そんなやり方ではいけません)

 You've been coughing a lot lately. You *shouldn't* smoke so much.
  (君は最近よくせきをしているね。そんなにたくさんタバコを吸わないほうがいいよ)

 We *shouldn't* go ahead with the plan because of the risk of failure.
  (失敗のリスクがあるので我々はその計画を進めるべきではない)

 You *oughtn't to* park so near the crossing.
  (交差点のすぐ近くに駐車してはならない)

 Such things *ought not to* be allowed.
  (そんなことが許されていいはずがない)

「…すべきであった（のにしなかった），…したほうがよかった」という現在から見て果たされなかった過去の義務は「should [ought to] have＋過去分詞」で表す。通例非難・後悔などの意が含まれる。

 You *should have been* more careful. (君はもっと注意すべきだった) ◇実際には注意しなかったことを含意する。

 The party was great. You *should have come*.
  (パーティーはすごくよかったよ。あなたも来ればよかったのに)

 "I feel ill." "It serves you right—you *shouldn't have eaten* so much."
  (「気分が悪い」「当たり前だよ。あんなにたくさん食べるべきじゃなかったんだよ」)

 You *ought to have phoned* home at once. It was urgent.
  (すぐ家に電話をすべきだった。緊急の用事だったんだから)

 You *ought to have told* him that the paint on that bench was still wet.
  (君は，あのベンチのペンキがまだ乾いていないことを彼に言うべきだった)

**NOTE 1** should と ought to

 should, ought to には次のような含意の差が認められる：

  (1) You *should* show him more respect.
   (私は，あなたは彼にもっと敬意を示すべきだと思う)

(2) You *ought to* show more respect for your elders.
　　　(あなたは年上の人にもっと敬意を示すべきだ)

(1)では，I think a more respectful attitude is called for. という個人的な意見が，(2)では，Your conduct is socially unacceptable. という世間一般の通念が含意されている (cf. Ek & Robat (1984))。

**NOTE 2**

　ought to の to は否定文・疑問文では時に脱落する (cf. Quirk *et al.* (1985))：
　　You *oughtn't do* that sort of thing. (そんなことをしてはいけない)
　　*Ought* you *smoke* so much?
　　(そんなにたくさんタバコを吸わなくてはいけないのですか)

## (4) …したほうがよい──had better

「…したほうがよい，…しなさい」という話し手の忠告または (通例軽い) 命令は「had better+動詞の原形」によって表すことができる。had better は 'd better のように縮約して用いられることが多い。had better は should, ought to よりもいくぶん意味が強い。

　You *had better* check that the doors are locked.
　　(ドアがロックされていることを確認しなさい)
　You *had better* say you're sorry to your dad.
　　(お父さんにごめんなさいと言いなさい)
　You*'d better* take off your wet overcoat and those muddy shoes.
　　(ぬれたオーバーとその泥だらけの靴を脱ぎなさい)
　You*'d better* cut down on smoking and drinking.
　　(タバコと酒を減らしたほうがいいよ)
　"Shall I put my clothes away in the closet?" "You*'d better*!"
　　(「衣服をたんすにしまいましょうか」「そうしなさい」)
　I'm not feeling well today. I*'d better* have an early night.
　　(私は今日は具合がよくない。早く寝なくては)

「…しないほうがよい」という弱い禁止は「had better not+動詞の原形」で表す。had not better は可能だが，通例用いない (Swan (2005))。

You don't look very well. You'*d better not* go to work today.
（顔色があまりよくないよ。今日は仕事に行かないほうがいい）
You'*d better not* go this evening—I think they'll be busy.
（今晩行かないほうがいいよ。彼らは忙しいと思うよ）
"Should we take out a loan to buy a house?" "No, we'*d better not.*"
（「家を買うのにローンを借りたほうがいいだろうか」「いや，よしたほうがいいよ」）
We'*d better not* tell him about our plans just yet.
（ぼくたちの計画について彼にはまだ言わないでおこう）

「…したほうがよくないですか」という否定疑問文は「hadn't＋主語＋better＋動詞の原形」で表す。

*Hadn't* you *better* see a doctor at once?（すぐに医者に診てもらったほうがいいのではありませんか）◇忠告を表す。
"*Hadn't* we *better* hurry up? It's late." "Yes, we should."
（「急いだほうがよくないかい。遅いから」「うん，そのほうがいいよ」）

## NOTE 1
(1) 非常にくだけた言い方では'd better の'd はしばしば脱落する：
　　You *better* try again later.（あとでもう一度やってみたらいいよ）
　　"I *better* go back and see George," Nick said.
　　　（「戻ってジョージに会ったほうがいいだろうな」とニックは言った）
(2) 非常にくだけた言い方では「主語＋had」を省略して用いることも多い：
　　*Better* check he's okay.（彼は都合がいいのか確かめたほうがいいよ）

## NOTE 2
(1) had better はしばしば脅迫や警告などを含意することがある：
　　You'*d better* help me. If you don't, there'll be trouble.
　　　（手を貸してくれ。でないと面倒なことになるぞ）
したがって目上の人には用いないほうが無難。次のような言い方は一般に避けられる (cf. Heaton & Stocks (1966))：
　　You *had better* sign this for me, sir.
たとえば次のように言うとよい：
　　*Please* sign this for me, sir.（これにサインをお願いします）
　　*Would you mind* signing this for me, sir?

(これにサインをしていただけないでしょうか) → 8.3(3)
*It would be a good idea for* you *to* sign this for me, sir.
(これにサインしていただければうれしいのですが)

(2) I think, I guess, I suppose, maybe, perhaps などと用いると表現を和らげ，丁寧な言い方になる：

*I think* you'*d better* ask Ken first.
(まずケンに尋ねられたらいいと思います)
*I guess* you'*d better* phone the doctor at once.
(すぐに医者に電話をされたほうがいいと思う)
*Perhaps* you'*d better* try again.
(もう一度やってみられたほうがいいでしょう)

**NOTE 3**

had better には比較の概念はなく，通例2つの行為を比較してどちらかを推奨するという意味では用いない (Swan (2005))。2つの行為を比較推奨する場合は，It would be better to do ..., You'd be better to do ... などを用いる：

"Do you think I should fly directly to Australia or break my journey in Hong Kong?" "*It would be better to* [*You'd be better to*; *Your best plan would be to*] spend a few days in Hong Kong. There are so many things to see there." [*LDCE*²]
(「まっすぐオーストラリアへ飛んだほうがいいですか，それとも途中香港に立ち寄ったほうがいいですか」「香港で数日過ごされるのがいいでしょう [一番よい計画は香港で数日過ごされることでしょう]。香港には見物するものがたくさんありますから」)

## (5) …しなさい── will

相手の意志とは関係なく，「(当然) …しなさい，…してもらいます」と実行を迫る強い命令は will によって表すことができる。

You *will* deliver this package at once.
(この荷物をすぐに配達してもらいたい)
You *will* not mention this to anyone.
(このことは誰にも言ってはいけません)
You *will* do exactly as I say, do you understand?

（言うとおりにするのですよ，わかりましたか）◇親が子供に命令する場合などによく用いられる。次の例も同じ。

You *will* go straight to bed like your mother told you!
（お母さんが言ったようにまっすぐ寝床に行きなさい）

Every employee *will* carry an identity card at all times.
（すべての従業員は常時 ID カードを携帯するように）

**NOTE**

Celce-Murcia & Larsen-Freeman (1983) によれば，話し手の権威または事の緊急性は次の順に増すという。will は must よりも意味が強いことに注意：

    You *might* [*could*] see a doctor.
      （医者に診てもらったほうがいいのではありませんか）
    You *should* see a doctor.（医者に診てもらったらどうですか）
    You *had better* see a doctor.（医者に診てもらうのがいいよ）
    You *must* see a doctor.（医者に診てもらいなさい）
    You *will* see a doctor!（医者にかかるんだぞ！）

## (6) …しなければならないことになっている
### ——「be＋to 不定詞」

「…しなければならないことになっている，…すべきである」という第三者による公式の命令は「be＋to 不定詞」の形を用いて表すことができる。また（通例権威のある）話し手による命令も表すことができる。

All candidates *are to* bring a photograph of themselves.（受験者は全員自分の写真を1枚持参のこと）◇掲示・指示などでよく用いられる。

The form *is to* be filled in and returned within a month.
（申込用紙に必要事項を記入して1か月以内に返送のこと）

You *are to* do your homework before you watch TV.（テレビを見る前に宿題をするんですよ）◇親が子供に指図する場合などによく用いられる。

You *are to* stay here until I return.
（私が戻って来るまでここにいなさい）

You *are* always *to* knock before you enter my room.

（私の部屋に入る前には必ずノックをしなさい）

「…してはいけない（ことになっている）」という否定の命令はbeの後にnotを置いて表す：

You *are not to* use the emergency exit.（非常口を使ってはいけません）
"You*'re not to* do that." "All right, I won't."
　（「そんなことをするもんじゃありません」「わかった。しないよ」）
They can go out tonight, but they*'re not to* be back late.
　（彼らは今晩出かけてもよいが，帰りは遅くなってはならない）
You*'re not to* enter this building without permission.
　（許可なくこの建物に入ってはならぬ）

**NOTE 1**
(1) 使用説明書などでは「主語＋be」は通例省略される：
　　*To be* taken three times a day before meals.
　　　（1日3回食前に服用のこと）◇薬袋などの注意書き。
(2) 「be＋to 不定詞」は will とは共起しない：
　　×You *will be to* be here by two o'clock.
(3) 実現しなかった命令は「was [were] to have＋過去分詞」によって表す：
　　You *were to have informed* the police of the accident.
　　　（あなたは警察にその事故を通報すべきだった）

**NOTE 2**　関連表現
　be supposed to /-səpóustə/ は2人称主語と用いて，「（法律・規則などによって当然のこととして）…することになっている，…してください」というふうに穏やかな命令としてよく用いられる：

You*'re supposed to* start work at 8:30 every morning.
　（あなたは毎朝8時半に仕事を始めることになっています）
You*'re not supposed to* talk to the driver while he is driving.
　（運転中は運転手に話しかけないでください）
You*'re not supposed to* leave your motorcycle outside.
　（オートバイを外に放置してはいけません）

## 6.4 節形式によらない命令文

性急でそっけない命令を表すのに，命令動詞を伴わない形がしばしば用いられる。

 This way, please.
  (こちらへどうぞ) ◇(Come) this way, please. の略。
 Two coffees, please. (コーヒーを2杯お願いします) ◇Could I [we] have two cups of coffee, please? のくだけた言い方。
 All aboard! (みなさんお乗りください！)
 Tom, quick! (トム，急いで！)
 Careful! (注意して！)
 Away! (立ち去れ！)
 Over here! (こっちだ！)
 Right back! (下がるんだ！) ◇right は back を強調する。
 Hats off! (帽子を脱ぎなさい！)
 Hands up! (両手を挙げろ！)
 To bed! (寝なさい！)
 On your feet! (立って！)
 Not so fast! (そんなに急がないで！)
 Off you go! (あっちへ行け！)
 Down with the Government! (政府打倒！)

**NOTE 1**

最後の「down [up, away, out, etc.] + with」の形は慣用的な表現として用いられる。with は対象・関連を示し，「…に対して［関して］down [up, away, out, etc.] の状態にさせる」の意味：

 *Up with* the anchor! (いかりを揚げろ！)
 *Away with* it! (それを取り去れ！)
 *Away with* the old ideas and *in with* the new!
  (古い考えを捨て，新しい考えを取り入れよ！)
 *Off with* the lid! (ふたを取って！)
 *Out with* you! (出て行け！)

**NOTE 2**

「No+(動)名詞」は掲示などで禁止を表す：
　　*No* entry.（立ち入り禁止）
　　*No* parking.（駐車禁止）
　　*No* waiting.（一時停車禁止）
　　*No* smoking.（禁煙）
　　*No* photography.（写真撮影禁止）
　　*No* dumping.（ごみの投棄禁止）
　　*No* litter.（ごみを捨てるな）
　　*No* pets allowed.（ペット持ち込み禁止）

# 7章　許可・禁止の表し方

　許可には相手の願っていることを許す場合と相手に許しを請う場合の2つがあり，許可を与える場合には助動詞 may, can が用いられ，許可を求める場合には助動詞 can, could, may, might が使用される。また動詞 mind を Would [Do] you mind if I ...?, Would [Do] you mind my [me] doing? の形で用いて丁寧に許可を求めることができる。さらに I wonder を用いて間接疑問文にして，I wonder if [whether] I ... の形で用いて丁寧に許可を求めることができる。その他，動詞 allow, let, permit も許可を表す表現に用いることができる。不許可・禁止は助動詞 may not, can't, mustn't で表すことができる。また動詞 allow, permit の否定形や prohibit, forbid を用いて禁止の意を表せる。

■基本文例■

1　*"Can I* park my car here?" "Yes, *you can*."
　　（「ここに駐車していい？」「うん，いいよ」）

2　*"You can* use my computer." "Thank you. That's very kind of you."（「ぼくのパソコンを貸してあげるよ」「ご親切にどうもありがとう」）

3　*Could I* ask you what your opinion is?
　　（あなたのご意見をおうかがいしてもいいでしょうか）

4　"*May I* come in?" "Yes, please do."
　　（「入ってもよろしいでしょうか」「ええ，どうぞ」）

5　*Might I* just interrupt you for a moment?
　　（お話し中おそれいりますが，ちょっとよろしいでしょうか）

6　"*Would you mind if I* took a rest here?" "No, please do."
　　（「ここで休憩してもかまわないでしょうか」「ええ，どうぞ」）

7　*I wonder if I* could talk to you for a minute.

(ちょっとお話があるのですがよろしいでしょうか)
8 *Let* me go home an hour early—I'm exhausted.
(1時間早く家に帰らせてください。とても疲れていますので)
9 Will you *permit* me *to* offer you some advice?
(ちょっと助言をさせていただいていいですか)
10 *Is it all right if I* bring a friend tomorrow?
(明日友達を連れて来ていいですか)

## 7.1 助動詞を用いた表現

**NOTE**

助動詞を用いて許可を求める場合，次の順に丁寧な言い方になる：
*Can I* smoke in here?
（ここでタバコを吸ってもいい？）
*Could I* smoke in here?
（ここでタバコを吸ってもいいでしょうか）
*May I* smoke in here?
（ここでタバコを吸ってもよろしいでしょうか）
*Might I* smoke in here?
（ここでタバコを吸わせていただいてもよろしいでしょうか）

## (1) (くだけた言い方で) …してもいいですか；…してもよい
―― Can I ...?; You can ...

くだけた言い方で用いて，「…してもいい（ですか）」と許可を求める場合は Can I ...?,「…してもよい」と許可を与える場合は You can ... で表すことができる。「…してはいけない」という不許可は You can't [cannot] ... で表す。

*Can I* borrow your Beatles CD?（ビートルズの CD を借りてもいい？）
"*Can I* use your phone?" "Yes, of course *you can*."
（「電話を借りてもいい？」「うん，もちろん」）◇ Sure, go ahead.（はい，どうぞ）などとも答えられる。

"*Can we* stay out late?" "Yes, *you can*."
(「ぼくたち遅くまで外出してていい？」「ええ，いいわ」)

"*Can I* go camping with my boyfriend?" "No, *you can't*."
(「ボーイフレンドとキャンプに行っていい？」「いえ，だめよ」)

"*Can I* have some more cake, Mom?" "No, I'm afraid *you can't*."
(「お母さん，もう少しケーキを食べていい？」「いえ，だめだわ」)

"*Can I* borrow your camera?" "No, sorry. I need it."
(「カメラ借りていい？」「ごめんなさい，だめなの。使うので」)

*You can* always come and stay with us if you want to.
(いつでも好きな時にぼくたちの家に泊まりに来ていいよ)

*You can* come for a meal tomorrow if you like.
(よかったら明日食事に来たってかまわないよ)

*You can't* play baseball in this park on Sundays, though *you can* do so on weekdays. (平日はかまわないけど，日曜日はこの公園で野球をしちゃだめだよ)

*You can't* park here unless you have a permit.
(許可書がない限りここで駐車はできません)

## NOTE 1

(1) Can I ...? は通例親しい間柄で用いられるので，目上の人に許可を求める場合は失礼になることがある。それを避けるには Could I ...?, May I ...? を用いるとよい。ただし，その返答として，「…してもよい［よろしい］」と許可を与える場合は，You can [may] ... が用いられる：

"*Could I* have some more, please?" "Yes, *you can* [*may*]."
(「もう少しいただいていいでしょうか」「ええ，どうぞ」)

(2) can の表す許可の意味が強められて次のように強い勧告 (strong recommendation) を表すことがある：

*You can* forget about your vacation.
(休暇のことなど忘れてしまいなさい)

## NOTE 2

can は may よりも使用範囲は広く，話し手の許可 (may のように必ずしも話し手の権威を含意しない)，または第三者による許可を表す。したがって次の場合，私が許可する場合と，規則などによって許可されている場合の 2 つ

がある：
> You *can* smoke in here. （ここでタバコを吸って結構です［話し手の許可］；ここでの喫煙は許されています［第三者による許可］)

**NOTE 3**
(1) 過去における一般的な許可（general permission）は could または was [were] allowed to で表す：
> When I was a child, I *could* always stay [I *was* always *allowed to* stay] up late on weekends. （私が子供のころ、週末はいつも遅くまで起きていてよかった）
> When I was a student, I *could* travel at half-price.
> （ぼくが学生のときは半額で旅行できた）

(2) ただし，could は 1 回限りの特定の行為（one particular action）については用いられない。代わりに was [were] allowed to が用いられる (cf. Swan (2005))：
> We *were allowed to* [×*could*] interview the Prime Minister yesterday evening. （昨晩我々は首相へのインタビューが許された）

否定文では could not, was [were] not allowed to のいずれも可能：
> We *couldn't* [*were not allowed to*] leave until we'd finished our work. （我々は仕事を終えるまで帰宅を許されなかった）

**NOTE 4**
許可を表す can は現在時，未来時いずれにも用いることができるが，能力を表す can は通例未来時では不可。この場合, will be able to が用いられる (cf. Quirk *et al.* (1985))：
> You *can* borrow my electronic dictionary tomorrow. ［許可］
> （明日ぼくの電子辞書を貸してあげよう）
> You *will be able to* pass your driving test next time you take it. ［能力］
> （あなたは次に受験するときは運転免許試験に合格できるでしょう）

## (2) （丁寧に）…してもいいでしょうか── Could I ...?

丁寧に，「…してもいいでしょうか」と許可を求める場合に Could I ...? を用いて表すことができる。Can I ...? よりも控え目で丁寧な言い方としてよく用いられる。

> *Could I* speak to you for a moment in private, please?

(2人だけでちょっとお話があるのですがいいでしょうか)

"*Could I* ask you to help me with my work if you've got time?" "Yes, you can."(「もしお時間があれば，仕事の手伝いをお願いしてもかまいませんか」「ええ，どうぞ」)

"*Could I* make a telephone call tonight?" "Of course."
（「今晩お電話をしてもいいでしょうか」「もちろんいいですよ」）

"*Could I* have a word with you?" "OK."
（「ちょっとお話があるのですが」「いいよ」）

"*Could I* see the doctor just for a few minutes?" "No, I'm sorry, you can't. He's very busy now."（「先生にちょっとお会いできますでしょうか」「すみません，だめなのです。今はとても忙しいので」）

"*Could we* borrow your vacuum cleaner, please?" "Well, I'm using it at the moment."（「掃除機を貸していただけるかしら？」「困ったわ，今ちょうど使っているところなの」）

### NOTE 1
許可を与える場合は Yes, you can [may]. のように can, may を，不許可の場合は No, you can't [may not]. のように can't, may not を用い，通例 could, couldn't は用いられない (→ 7.1(1) NOTE 1(1))。

### NOTE 2
Do you think I could ...? の形で用いて，丁寧に許可を求めることができる：

*Do you think I could* use the fax machine?
　　（ファックスを使わせていただいてもよろしいでしょうか）
Excuse me, *do you think I could* try this suit on?
　　（すみません。このスーツを試着してもよろしいでしょうか）

### NOTE 3
Couldn't I ...?, Can't I ...? のように否定疑問文にすると肯定の返事を強く求めることができる。×Mayn't [Mightn't] I ...? という言い方はないことに注意 (Sinclair(ed.)(1992)) (→ 24.1(2))：

*Couldn't we* chat here?
　　（私たちここでおしゃべりしたらいけないのですか？）

*Can't I* go out? (出かけてはいけないの？)

*Can't I* stay out till midnight? (夜中まで外出していてはだめなの？)

## (3) (非常に丁寧に)…してもよろしいでしょうか；…してもよろしい —— May I ...?; You may ...

非常に丁寧に，「…してもよろしいでしょうか」と許可を求める場合はMay I ...? を用いて表すことができる。文尾にpleaseを添えるとさらに丁寧な言い方になる。「…してもよろしい」と許可を与える場合はYou may ... を用いて表せるが，目上の者がそうでない者に許可を与える感じを伴うので，一般にはYou can ... がよく用いられる（→ 7.1(1)）。

"Pardon me. *May I* borrow your pen?" "Yes, *you may.*"
　（「すみません。ペンをお借りできますでしょうか」「はい，どうぞ」）

"*May I* have a look at it for a minute, please?" "Yes, of course *you can.*" （「ちょっとそれを見せていただいてよろしいでしょうか」「ええ，もちろんいいですよ」）

"*May I* bring a friend to your party?" "Yes, of course. Bring anyone you like." （「あなたのパーティーに友達を連れて行ってもよろしいでしょうか」「ええ，もちろんですとも。お好きな方どなたでもお連れください」）

"*May I* see your passport, sir?" "Here you are."
　（「パスポートを拝見させていただけますか」「はいどうぞ」）

"*May I* see the letter?" "Certainly."
　（「その手紙を見せていただいてよろしいか」「結構ですよ」）

"*May I* come too?" "By all means."
　（「いっしょに行ってもよろしいでしょうか」「ぜひどうぞ」） ◇ by all means は承諾・許可の意を強く表現する。

*You may* come any time you like. （来たいときはいつ来てもよろしい）

*You may* use my wardrobe if you like.
　（よろしかったら私の洋服ダンスを使ってもかまいませんよ）

「…してはいけません」という不許可は may not, can't, cannot を用いて表すことができる。You may not ... は尊大な感じを与えるので，普通は can't, cannot を用いる（→ 7.1(1)）。あるいは遠回しに I'd rather you didn't., I'm afraid not. などの表現を用いても表せる。may not は not に強勢が置かれる。

"*May I* turn the TV up?" "No, *you can't*."
(「テレビの音量を上げてもよろしいでしょうか」「いいえ，だめです」)

"*May I* go home now, please? I have an appointment with my lawyer at five." "No, I'm afraid *you can't*." (「もう帰ってもよろしいでしょうか。5時に弁護士と会う約束があるのですが」「いいえ，困ります」)

"Excuse me. You *may not* eat here." "Oh?" "Yes, there is the sign."
(「申し訳ありませんが，ここでは食事はできません」「え，本当ですか」「はい，掲示にあるとおりです」)

"*May we* leave now, Mr. Austin?" "No, you *may not*. You haven't finished your work yet." (「オースチンさん，私たちもう帰ってもよろしいでしょうか」「いいえ，いけません。まだ仕事が終わってないでしょう」)

"*May I* clear the table?" "No, we're still eating."
(「テーブルを片付けてもよろしいでしょうか」「いいえ，まだ食べています」)◇ No. だけでは失礼になるので，このように後に理由を述べるとよい。

*You may not* take photographs in the museum.
(博物館内では写真撮影禁止)

### NOTE 1

may は話し手（疑問文では聞き手）による許可を表し，話し手（疑問文では聞き手）は権威を有しているものとみなされる。したがって，may not は当局による不許可を表すのによく用いられる。must not よりも穏やかな言い方：

Drinks *may not* be taken into the classroom.
(教室内に飲み物持ち込み禁止)

Students *may not* use dictionaries in the examination.
(学生は試験中辞書の使用は不可)

### NOTE 2

「…してはならない」という強い禁止は must not, mustn't で表す (→ 6.3 (1))：

You *mustn't* keep us waiting.（私たちを待たせてはいけません）

You *must not* park your car in front of the house.

(家の前に車を止めてはいけません)
Reference books *must not* be removed from the Reading Room.
(閲覧室から参考書類の持ち出し禁止)

**NOTE 3**
　may は不許可の意味では《英》ではまれに mayn't と縮約されることがある (cf. Quirk & Greenbaum (1974))。ただし可能性の意味では縮約されない。

## (4) (非常に丁寧で控え目に)…させていただいてもよろしいでしょうか —— Might I ...?

　非常に丁寧にかつ控え目に，「…させていただいてもよろしいでしょうか」と許可を求める場合，Might I ...? を用いて表すことができる。最高度に控え目な気持ちを表すが，極度に丁寧な言い方のため一般にはあまり用いられない。主に《英》用法。
　"*Might I* call you by your first name?" "Yes, you may."(「ファーストネームでお呼びしてもよろしいでしょうか」「ええ，いいです」)
　*Might I* be able to leave a little earlier tonight, please?
　(今晩少し早く帰らせていただいてもよろしいでしょうか)
　"*Might I* possibly see you for a few minutes after school?" "Certainly."(「放課後ちょっとお目にかかれませんでしょうか」「わかりました」)
　◇ possibly を用いるといっそう控え目な気持ちを表す。
　*Might we* leave our bags here for a while?
　(ここにしばらくバッグを置かせていただいてもよろしいでしょうか)

**NOTE**
　might は許可を与える［与えない］場合は用いられない（代わりに may または can が使われる）。したがって，第1範例の返答としては次のようには言えない：
　　×Yes, you *might*.
　　×No, you *might not*.
　これは Yes, you might. はあいまいな可能性を表し，No, you might not. ではぶっきらぼうな拒絶になるからである (cf. Close (1977))。

## 7.2 動詞 mind, wonder を用いた表現

### (1) …してもかまわないでしょうか
—— Would [Do] you mind if I ...?

非常に丁寧に,「…してもかまわないでしょうか」と許可を求める場合,「…しても反対なさいませんか, …するのをいやだとは思いませんか」という間接的な言い方をとって, Would you mind if I ...?, Would you mind my [me] doing? で表すことができる (→ 8.3 (3))。would の代わりに do を用いるとやや丁寧さは劣る。

"*Do you mind if I* sit here?" "No, please do."
　(「ここにすわってよろしいですか」「ええ, どうぞ」)

"*Do you mind if I* skip the meeting tomorrow?" "Yes, I do mind."
　(「明日の会議を休んでもよろしいか」「いや, それは困ります」)

"*Do you mind my leaving* this payment until next year?" "I'm afraid that's not possible." (「来年までこの支払いを延ばしていただけませんか」「それはできません」)

"*Would you mind if we* played some music in the room?" "I'd rather you didn't." (「あの部屋で音楽を演奏してもかまわないでしょうか」「それはちょっとご遠慮願います」)

"*Would you mind if I* took a break at about 10:30?" "If you want to." (「10時半ごろ休憩を取ってもよろしいでしょうか」「取りたいのならどうぞ」)

"*Would you mind my bringing* some friends to the party?" "No, not at all." (「何人か友達をパーティーに連れて行ってもよろしいでしょうか」「ええ, もちろんいいです」)

**NOTE 1**

　mind は「反対する (object)」の意味なので, 承諾の返答は No, 否定の返答は Yes となる。承諾の応答文句としては, No, I don't mind. (ええ, いいです) の他に, たとえば次のような言い方がある:

　　No, not at all. / Of course not. / Certainly not. / Surely not. / Not in the least. / No, please do. / No, go (right) ahead.

ただし No と答えるところを相手の意図を汲んで，Certainly. / Of course. / With pleasure. / (話) Sure. / All right. / (話) OK. などと返答することがある。

**NOTE 2**
(1) 通例，Would you mind if ...? は仮定法過去，Do you mind if ...? は直説法をとる (cf. Leech *et al.* (2001))。
(2) くだけた言い方では，do you を省略して次のように言うことがある：
　　*Mind if I* ask you a personal question?
　　　（個人的なことを尋ねてもかまいませんか）
　　*Mind if I* join you for dinner? (食事にごいっしょしてもかまいませんか)
(3) Would [Do] you mind ...? の would, do の代わりに will は用いられない (Celce-Murcia & Larsen-Freeman (1999))：
　　×*Will you mind* my sitting here?

## (2) …してもよいかしら── I wonder if [whether] I ...

「…してもよいかしら，…してもよろしいでしょうか」と非常に丁寧に許可を求める場合，I wonder を用いて間接疑問文にして，I wonder if [whether] I ... で表すことができる (→ 8.3 (4))。従節には通例 could, might の仮定法の助動詞が用いられる。主に女性に好まれる言い方。

"*I wonder if I* could use the company car?" "Sure. Go ahead."
　（「会社の車を使ってもいいかしら」「ええ，どうぞ」）
"*I wonder if I* could have a look at the files myself." "I'm afraid that's not possible." (「ファイルを自分で見てもよろしいでしょうか」「それはちょっとだめです」)
"*I wonder whether I* could see the principal." "I'm afraid not. He is now in the meeting." (「校長先生にお目にかかれますでしょうか」「申し訳ありませんが，ただ今会議中です」)
*I wonder if I* might speak to your daughter.
　（おじょうさんとお話させていただいてもよろしいでしょうか）
*I wonder if I* might have another glass of wine.
　（ワインをもう1杯いただけないかしら）

**NOTE**
I wonder を進行形, 過去形にして, I am wondering, I wondered, I was wondering のように言うとさらに丁寧な言い方になる (→ 8.3 (4))：
*I was wondering if I* might call at your office this afternoon.
(今日の午後事務所にお伺いしてもかまわないでしょうか)

## 7.3 動詞 allow, let, permit などを用いた表現

### (1) (消極的に) …するのを許す—— allow; let

allow は allow A to do, let は let A do の形で用いて,「(消極的に, 暗黙に) A が…するのを許す」という許可を表す。不許可は don't allow A to do, don't let A do の形で表す。allow は let よりも堅い語で, くだけた言い方, 堅い言い方いずれにも用いられる。let は主にくだけた言い方で用いられる。

 Some parents *allow* their children *to* do whatever they like.
  (子供に好きなことは何でもやらせる親もいる)
 Will you *allow* me *to* use your bicycle?
  (あなたの自転車を使ってもかまいませんか)
 My parents wouldn't *allow* me *to* go to England to study.
  (私の両親はイギリス留学をどうしても許してくれなかった)
 Ken, *let* me introduce my family. (ケン, 私の家族を紹介します) ◇「自己紹介します」は, *Let* me introduce myself.
 Please *let* me carry your bag, Janet.
  (ジャネット, あなたのかばんを持たせてください) → 9.5 (1)
 Now, *let* me ask you a similar question.
  (さて, 同じような質問をあなたにさせていただきます)
 Will your father *let* you go to America alone?
  (お父さんはあなたが 1 人でアメリカへ行くのを許してくれますか)
 The police *let* no one enter the building.
  (警察は誰もそのビルに入ることを許さなかった)

allow は be allowed [be not allowed] to do の受身の形で用いて,「(第三

者から）…することが許されている［許されていない］」の意味で用いることが多い。let は通例受身では用いられない（→ 5.2）。

 *Am* I *allowed to* cross the road here?
  （ここで道路を横断してもいいですか）
 "Excuse me. *Am* I *allowed to* take photos here?" "Yes, as far as I know."（「すみません。ここでの写真撮影は許されていますか」「はい，私の知る限りでは」）
 You *are not allowed to* make a U-turn here.
  （ここではUターンは禁止です）
 You*'re not allowed to* wear earrings to school.
  （イヤリングをして学校へ来てはいけません）

## ⑵ （正式に）…するのを許す──permit

 permit は permit A to do の形で用いて，「（正式に，公に）…するのを許す」という許可を表す。反対に不許可・禁止は don't permit A to do の形で表す。permit は堅い語で，主に書き言葉で用いられる。

 The doctor *has permitted* me *to* have only two meals a day.
  （医者は私に1日2食しか許さなかった）
 The working visa *permits* you *to* stay for three months.
  （就労ビザがあればあなたは3か月滞在が可能である）
 Customers *are permitted to* use the car park.
  （客は駐車場の使用が許可されている）
 You *are not permitted to* smoke in the hospital.
  （病院での喫煙は禁じられている）
 *Permit* me *to* help you carry the suitcase.
  （スーツケースを運ぶのを手伝わせてください）◇堅い言い方。

**NOTE**
 permit は it を主語にして受身が可能だが allow は不可：
  It *is* not *permitted* [×*allowed*] *to* smoke in this room.
   （この部屋での喫煙は禁じられている）

## (3) …するのを禁止する―― prohibit; forbid

　prohibit は「(主に法的，公的に)…(するの)を禁止する」ことをいい，prohibit A from doing,「prohibit＋名詞」の形で用いる。forbid は「(主に個人的に)…(するの)を禁止する」ことをいい，forbid A to do, forbid A from doing,「forbid＋名詞」の形で用いる。

　　The law *prohibits* children *from* buying alcohol.
　　　(法律は子供が酒類を買うことを禁じている)
　　Skateboarding *is prohibited* on the street.
　　　(路上でのスケートボードは禁止されている)
　　It *is prohibited to* photocopy these papers without permission.
　　　(許可なくこれらの書類をコピーすることは禁じられている)
　　My father *forbade* me *to* see Tim again.
　　　(父は私が再びティムと会うことを禁じた)
　　We *are forbidden to* use calculators in the exam.
　　　(試験で計算機を使うことは禁じられている)
　　My mother *forbade* me *from* going out alone at night.
　　　(母は私が夜1人で出かけることを禁じた)
　　Her father *forbade* the marriage.
　　　(彼女のお父さんはその結婚を許さなかった)

**NOTE**　関連表現
　　　He *was banned from* driving for a year.
　　　　(彼は1年間車の運転を禁止された)
　　　The man *was barred from* entering the country.
　　　　(その男は入国を禁じられた)

## 7.4 その他の許可を求める表現

### …してもいいですか；…してもよろしいでしょうか
—— Is it all right [OK] if I ...?; Would it be all right [OK] if I ...?

くだけた言い方で，「…してもいいですか」と許可を求める場合，all right, OK を用いて，Is it all right [OK] if I ...?, Is it all right [OK] (for me) to do? で表すことができる。「…してもよろしいでしょうか」と丁寧に許可を求める場合は，Would it be all right [OK] if I ...?, Would it be all right [OK] (for me) to do? のように言う。

"*Is it all right if I* go home early this afternoon?" "Yes, certainly."
（「今日の午後早く帰宅してもいいですか」「ええ，結構です」）

"*Is it OK if I* take a shower?" "Sure, go ahead."
（「シャワーを浴びていい？」「いいわよ，どうぞ」）

"*Is it all right to* turn up the volume on the radio?" "Well, actually, I'd rather you didn't." （「ラジオの音量を上げてもかまいませんか」「ええと，実はちょっと困るのですがね」）

*Is it OK for me to* come too?（ぼくもいっしょに行っていい？）

*Would it be all right if I* came round at about seven?
（7時ごろにお伺いしてもよろしいでしょうか）

*Would it be all right if I* took ten days off in August?
（8月に10日間休みを取ってもよろしいでしょうか）

"*Would it be all right to* keep this photo?" "Yes, that's fine."
（「この写真をいただいておいてよろしいでしょうか」「ええ，結構です」）

**NOTE**
(1) 通例，Would it be all right [OK] if ... は仮定法過去，Is it all right [OK] if ... は直説法をとる。
(2) 非常にくだけた言い方では，Is it を省略して次のように言うことがある：
*All right if I* come in?（入っていい？）
*OK if I* take Friday off?（金曜日は休みを取っていい？）

# 8章　依頼・勧誘の表し方

　依頼・勧誘は話し手が相手に何かを頼んだり相手を何かに誘ったりすることで，相手にその意志あるいは能力があるかを尋ねることから，意志を表す助動詞 will, would や能力を表す助動詞 can, could が依頼や勧誘を表す表現に用いられる。また相手に許可を求める Can [Could; May; Might] I ...? を依頼を表す表現に用いることができる。その他，仮定法，過去時制，進行形といった法 (mood)，時制 (tense)，相 (aspect) の使用によって依頼や勧誘の気持ちを表すことができる。また動詞 want, would like, ask, request などを用いて依頼や勧誘を表すことができる。

■基本文例■

1　"*Will you* pass the sugar, please?" "Yes, certainly."
　　（「砂糖を取っていただけますか」「はい，いいですとも」）
2　Excuse me, please. *Could you* tell me how we get to the post office?
　　（すみませんが，郵便局へはどのようにして行ったらいいでしょうか）
3　"*Can I* have the check, please?" "Sure."
　　（「お勘定をお願いできますか」「はい」）
4　*Would you be kind enough to* help me with this luggage?（すみませんがこの荷物を運ぶのを手伝っていただけませんでしょうか）
5　*If you will* just wait here, I'll be back in a minute.
　　（ここでちょっと待ってくだされば すぐに戻って来ます）
6　Perhaps it would be better *if* you *came* back tomorrow.
　　（明日帰られたほうがいいかと思います）
7　"*Do you want* a cup of coffee?" "No, thanks."
　　（「コーヒーを1杯どうですか」「いいえ，結構です」）
8　*Would you like to* show the guests into the drawing room?
　　（お客さんを応接間に案内していただけませんか）

9   *"Do you mind waiting* a moment?" "No, I'll wait."
     (「ちょっとお待ちいただけませんか」「はい，お待ちします」)
10  *I wonder if you* would open the window.
     (窓を開けていただけませんか)
11  *I'd like* you *to* come home immediately after work.
     (仕事が終わるとすぐに家に帰って来てください)
12  I *asked* John *to* load the boxes into the truck.
     (私はジョンに箱をトラックに積み込むように頼んだ)

**NOTE 1**

「明日まで1ポンド貸してください」と頼むのに，Ward (1972) は次のような依頼表現をあげている。配列順に丁寧な言い方となる：

  *Do* lend me a pound till tomorrow.
  *Will you* lend me a pound till tomorrow?
  *Can you* lend me a pound till tomorrow?
  *Could you* lend me a pound till tomorrow?
  *Would you* lend me a pound till tomorrow?
  *Would you like to* lend me a pound till tomorrow?
  *Would you mind* lending me a pound till tomorrow?
  *Would you be kind [good] enough to* lend me a pound till tomorrow?
  *Would you be so kind [good] as to* lend me a pound till tomorrow?

**NOTE 2**

please は丁寧標識 (politeness marker) で，命令文・疑問文などに用いてかなり自由に依頼表現を作ることができる (→ 6.1(2))：

  Wait a minute, *please*. (ちょっとお待ちください)
  *Please* don't make so much noise.
    (そんなに大きな音を立てないでください)
  Go and get the file, *please*. (ファイルを取って来てください)
  Scotch and water, *please*. (スコッチの水割りをお願いします)
  Just one lump of sugar, *please*. (角砂糖を1つだけお願いします)
  How much, *please*? (おいくらですか)
  Where's the office, *please*? (事務所はどこにありますか)

**NOTE 3**

It's cold in here.（ここは寒いですね）という発話は統語的（syntactically）には平叙文だが，語用論的（pragmatically）には「暖房を入れてください」「窓を閉めてください」などの依頼の意味を表す。

## 8.1 助動詞を用いた表現

### (1) (相手の意志を尋ねて) …してくれませんか；…してくださいませんか —— Will you ...?; Would you ...?

Will you ...? は相手の意志を尋ねることから，「…してくれませんか，…してもらえますか」という依頼，あるいは「…しませんか」という勧誘を表す。Would you ...? は言外に遠慮がちな気持ちを含み，「（よろしければ）…してくださいませんか」という控え目で丁寧な依頼，あるいは丁寧に「（よろしければ）…なさいませんか」という勧誘を表す。

"Excuse me. *Will you* take a picture of me?" "Sure. No problem."
（「すみません。私の写真を撮ってくれません？」「はい，いいですよ」）

"*Will you* buy me a postcard while you're out?" "Yes, sure."
（「出かけられたらはがきを買って来てくれません？」「ええ，いいです」）

"*Will you* charge it to my room?" "Certainly."
（「勘定を部屋付けにしておいてくれますか」「かしこまりました」）

"Porter, *will you* call a taxi, please?" "Yes, I will. Where to, sir?"
（「ポーター，タクシーを呼んでくれませんか」「はい，承知しました。どちらまででしょうか」）

"*Will you* join us for coffee?" "Yes, thanks."
（「いっしょにコーヒーでもどうですか」「はい，ありがとう」）

"*Would you* arrange a meeting sometime next week?" "Certainly I will." （「来週のいつか会議を開くので，その準備をしていただけないでしょうか」「わかりました。そういたします」）

"*Would you* please help me to translate this poem?" "I'd be glad to."
（「この詩の翻訳を手伝ってくださらないでしょうか」「ええ喜んで」）

"*Would you* do this for me, please?" "I'm sorry, I can't." （「これをして

いただけませんでしょうか」「申し訳ありませんができません」)

"*Would you* have lunch with me?" "I'd like to very much but I'm afraid I can't." (「ごいっしょに昼食でもいかがでしょうか」「そうしたいのですが，あいにくだめなのです」)

We're going to a jazz concert tonight. *Would you* come with us? (私たちは今晩ジャズコンサートに出かけるのですが，いっしょに行かれませんか)

そつのない丁寧な依頼を表すのに，Will you be doing? という未来進行形がよく用いられる。これは，当事者の意志とは関係なしに未来の出来事が起こることを示して，依頼の気持ちを非個人的なものにすることによるためである（→ 3.4(2)）(cf. Leech (1987))。

*Will you be visiting* us again? (またどうぞお越しくださいませんか)

*Will you be taking* our children for a walk this afternoon?
(今日の午後子供たちを散歩に連れて行ってくださいませんでしょうか)

"*Will you be bringing* the suitcase in here?" "Yes, I think I will." (「スーツケースをここに持って来ていただけませんか」「はい，お持ちします」)

「…しませんか，…なさいませんか」と相手を積極的に勧誘するには，Won't you ...? が用いられる。

*Won't you* come in and sit down?
(どうぞ入ってお掛けになってください)

*Won't you* take off your coat? (コートをお脱ぎになられませんか)

*Won't you* join us for lunch? (いっしょに昼食はいかがですか)

"*Won't you* have something to drink?" "Not right now, thank you."
(「何か飲み物はいかがですか」「今は結構です。ありがとう」)

**NOTE**

(1) 命令文の後に will you?, would you?, won't you? を付加して上昇調で言うと，命令の語調が弱まって依頼の気持ちを表す：

Shut the door, *will you*?
(戸を閉めてくれませんか) ◇下降調で言うと「閉めなさい」という命令調。

"Waiter, bring me the menu, *would you*?" "Yes, certainly." (「ボーイさん，メニューを持って来ていただけませんか」「はい，承知しました」)

Water the plants while I'm away, *won't you*?

(私の留守中植木に水をやっていただけませんか)
(2) will, would は第三者に対する依頼にも用いられる：
　　*Will someone* turn the light off?（誰か照明を消してくれませんか）
　　It's stuffy in here. *Would somebody* open the window?
　　　（ここはむっとするね。誰か窓を開けていただけませんか）
　　*Would Mr. Tanaka* please come to the information desk?
　　　（田中様，案内所までお越しください）

## ⑵（相手の能力を尋ねて）…できますか；…していただけませんか ── Can you ...?; Could you ...?

Can you ...? は相手の能力を尋ねることから，くだけた言い方で用いて，「…できますか，…してくれますか」という依頼を表す。Could you ...? は控え目に相手の能力を尋ねることから，「(できたら)…してくださいますか，…していただけませんか」という丁寧な依頼を表す。

　　"*Can you* make me a copy of that?" "Sure."
　　　（「それをコピーしてくれる？」「はい」）
　　This bag is really heavy. *Can you* give me a hand with it?
　　　（このかばんは非常に重いので，持つのを手伝ってくれませんか）
　　Someone's knocking at the door. *Can you* answer it?
　　　（誰かドアをノックしているわ。出てくれない？）
　　"*Can you* help me off the bus?" "Yes, certainly."
　　　（「バスから降りるのを手伝ってくれませんか」「はい，承知しました」）
　　"*Can you* put the child to bed?" "Yes, all right."
　　　（「子供を寝かせてくれない？」「ああ，いいよ」）
　　"*Can you* lend me two thousand yen till Friday?" "OK. Here you are."
　　　（「金曜日まで2000円貸してくれません？」「いいよ。はいどうぞ」）
　　"Excuse me. *Could you* refill my coffee?" "Sure."
　　　（「すみません，コーヒーのお代わりをお願いできますか」「はい」）
　　*Could you* tell me, please, what time the flight arrives?
　　　（何時に飛行機が到着するか教えていただけませんか）
　　"*Could you* phone me back later?" "Sorry, I'm going out in five

minutes."(「後でまたお電話いただけませんか」「悪いけど，5分すると出かけますので」)

"*Could you* come to my office at nine o'clock tomorrow?" "I'm afraid I have a full schedule tomorrow morning."
(「明日9時に私の事務所に来ていただけませんか」「あいにく明日の午前中は予定が詰まっております」)

possibly を用いるといっそう控え目で丁寧な依頼を表すことができる。Could you possibly ...? は Would you mind ...? よりも丁寧な言い方 (cf. Leech (1983))。

Excuse me, but *could you possibly* close the window?
(おそれいりますが，窓を閉めていただけませんでしょうか)

*Could you possibly* explain that point again?
(もう一度その点を説明していただけませんでしょうか)

*Could you possibly* give me a ride to the station on your way to work?
(お仕事に行かれる途中，駅まで車に乗せて行っていただけませんでしょうか)

Do you think you could ...? の形で用いて，相手の意向を伺って協力を求め，丁寧な依頼を表すことができる。

*Do you think you could* be here at nine o'clock?
(9時にここに来ていただけませんでしょうか)

*Do you think you could* give us a rough outline of your plans?
(あなたの計画の概要を教えていただけませんでしょうか)

*Do you think you could possibly* stay late to prepare these documents?
(遅くまで残ってこれらの書類を準備していただけないでしょうか) ◇ possibly を用いるといっそう丁寧な言い方になる。

"*Do you think you could* check these figures, please?" "Certainly. Just one moment."(「これらの数字をチェックしていただけませんでしょうか」「わかりました。ちょっとお待ちください」)

**NOTE**

(1) Can you ...? のほうが Will you ...? よりも丁寧な依頼を表す。これは Can you ...? では聞き手の能力が尋ねられることから，能力がないことを理由に断

れる余地が残されているためである (cf. Leech (1983))。
(2) Perhaps [Maybe] you could ... は相手の能力を推量した言い方で，丁寧な依頼を表すのに用いられる。maybe は perhaps よりもくだけた語：
 *Maybe you could* move that chair.
  （あのいすを移動させていただけませんでしょうか）
 *Perhaps you could* let me know in advance whether or not you will be coming.（出席されるかどうかあらかじめお知らせいただけませんでしょうか）
(3) Can't you ...? は「どうして…できないのか」という意を含み，いら立ち・当惑・皮肉などの気持ちを表す（→ 24.1(2)）：
 *Can't you* take me to the subway station?
  （どうして地下鉄の駅まで連れて行ってくれないの？）
 "I can't wait." "*Can't you* wait five minutes?"
  （「待てないよ」「どうして5分待てないの？」）

## (3) (許可を求めて) …できますか [できるでしょうか]；…してもよろしいですか [でしょうか] —— Can [Could] I ...?; May [Might] I ...?

 Can [Could] I ...?, May [Might] I ...? は，「…してもよろしいですか」と話し手が聞き手に許可を求めることから依頼を表す表現として用いられる。Can I ...?, Could I ...?, May I ...?, Might I ...? の順に丁寧な言い方となる（→ 7.1(1)(2)(3)(4)）。
 "*Can I* ask you a favor?" "Sure. What is it?"（「お願いがあるのですが」「ええ，何でしょうか」）◇Can you do me a favor? とも言える。
 "*Can I* borrow this magazine?" "Yes, certainly."
  （「この雑誌を貸してくれませんか」「ええ，結構です」）
 *Can I* have some more of the red wine, please?
  （赤ワインをもう少しいただけますか）
 "*Can we* have our room key, please?" "Certainly, sir."
  （「部屋のキーをお願いします」「かしこまりました」）
 *Could I* ask you to help me if you've got time?
  （もしお時間があれば手伝っていただけませんか）

"Could I borrow your ballpoint pen?" "No, sorry. I need it."
(「ボールペンを貸していただけませんか」「すみません。使いますので」)

Could I possibly have another room key? I locked myself out.
(もう1つ部屋の鍵をいただけませんでしょうか。うっかり鍵をかけて中に入れないのです) ◇ possibly を用いるといっそう丁寧な言い方になる。→ 8.1(2)

"Could we have separate checks?" "Certainly."
(「勘定書は分けていただけませんか」「かしこまりました」)

"May I have something to wipe my hands on, please?" "Yes, certainly." (「何か手を拭くものをいただけないでしょうか」「はい,承知しました」)

"May I use your phone?" "Yes, of course. Feel free." (「電話をお借りしてもよろしいでしょうか」「ええどうぞ。ご自由にお使いください」)
◇ feel free (to use my phone) の略で,「自由に…する」の意味。

Might I have a glass of water, please? I'm really hot and thirsty.
(お水を1杯いただけませんでしょうか。とても暑くてのどがからからですので)

**NOTE**
Might I ...? は最高度の控え目な気持ちを表すが,古風で用いられない傾向にある (cf. Quirk *et al.* (1985))。

## (4) (おそれいりますが) …していただけませんでしょうか
──── Would you be kind enough [so kind as] to do?

Would you be kind enough [so kind as] to do?, Would you be good enough [so good as] to do? は,「(おそれいりますが) …していただけませんでしょうか,…していただいてもよろしいでしょうか」と非常に丁寧な依頼を表す堅い表現として用いられる。

*Would you be kind enough to* turn up the stereo?
(すみませんがステレオの音量を上げていただけないでしょうか)

*Would you be kind enough to* put my bag on the rack, please?

(おそれいりますが私のかばんを網棚に置いていただけませんでしょうか)
*Would you be good enough to* let me know?
(どうか私に知らせていただけませんでしょうか)
*Would you be so kind as to* tell me all you know?
(ご存じのことをすべてお話しいただいてもよろしいでしょうか)
*Would you be so kind as to* call me at this number about nine on Sunday morning? (おそれいりますが日曜日の朝9時ごろにこちらの番号にお電話いただけませんでしょうか)

**NOTE**
(1) 非常に丁寧で改まった言い方なので，親しい間柄の人に対してはかえってよそよそしい表現ともなり，その使用にあたっては注意する必要がある。
(2) 次は perhaps を用いて相手の気持ちを推量した言い方で，非常に丁寧な依頼表現として用いられる：
 *Perhaps you would be good enough to* explain this for me?
 (おそれいりますがこれを私に説明していただけませんでしょうか)

## 8.2 if 節を用いた表現

### (1) もし…してくださるなら [することができるなら]
 —— if you will [would; could] ...

　if you will [would] ... は，「もし…してくださるなら」と仮定の形を用いて相手の気持ちを尊重して尋ねることから，丁寧な依頼や要請を表すのに用いられる。will よりも would を用いるほうが控え目で丁寧な言い方になる。また if you could ... は，「もし…することができるなら」と相手の能力を遠回しに尋ねることから丁寧な依頼を表す。
　*If you will* come this way, I'll take you to the principal's office.
　(こちらへ来てくだされば，校長室へご案内いたします)
　*If you will* give me a hand in the kitchen, I will give you an allowance. (台所仕事を手伝ってくれたら，お小遣いをあげましょう)
　*If you would* help me, I could finish this job quickly.

(手伝ってくだされば，この仕事はすぐにできるのですが)
*If you could* get that report finished by Tuesday, I'd be very grateful.
(その報告書を火曜日までに仕上げていただければ，大変ありがたいのですが)

if you will [would; could] という独立した形でもよく用いられる。
Just wait for a moment *if you will*. (ちょっとお待ちください)
Wait until the meeting is over, *if you would*.
(よろしければ会議が終わるまでお待ちいただけませんか)
Clear the table, *if you could*. (できたらテーブルを片付けてくれませんか)
*If you could*, I'd like you to help me this evening.
(できれば今日の夕方手伝っていただきたいのですが)

**NOTE**
(1) この will, would は意志を表すので，時を表す副詞節と同様に if 節内でも用いられる (→ 10.1(1))。
(2) if you would [could] ... は手紙や商業通信文などでよく用いられる：
　　We should be obliged *if you would* sign the enclosed document.
　　　(同封の書類にサインをいただければありがたく存じます)
　　We'd be grateful *if you would* fill out this form and send it back.
　　　(この用紙に必要事項を記入して返送していただければありがたく存じます)
　　I'd be so grateful *if you could* let me have your answer by May 10 at the latest. (遅くとも5月10日までにご返事をいただければ幸甚に存じます)

## (2) もし…なら —— if＋主語＋動詞の過去形

仮定法過去は，現在または未来について「そんなことはないだろうが，もし…なら」という想定内容を表すことから，「if＋主語＋動詞の過去形」の形で用いて丁寧な依頼や勧誘の他，許可，提案などを表すのに用いられる (→ 4.1(1))。
　It would be nice *if* you *helped* me a little with the housework.
　　(ちょっと家事を手伝ってくださったらうれしいのですが)
　I would appreciate it *if* you *paid* in cash.

(現金でお支払いいただければありがたいのですが)
I'd give you some money *if* you *kept* it secret.
(それを秘密にしてくれたら金をやるよ)

*If* you *exercised* more, you would feel healthier.
(もっと運動されたら体の調子がよくなるでしょうに)

*If* you *invested* your money in this way, I think you would make a good profit. (このようにお金を投資されると，相当もうかると思います)
◇提案を表す。→9章

「if you were＋to 不定詞」は未来についての仮定を表すことから，控え目で丁寧な依頼表現に用いることができる（→4.1(1)）。

*If you were to* move your chair a bit, we could all sit down.
(いすを少し動かしていただけますと，全員すわれるのですが)

*If you were to* move a little to the right, we could see the stage completely. (もう少し右へ寄ってくだされば，舞台が完全に見えるのですが)

## 8.3 動詞 want, like, mind, wonder を用いた表現

### (1) …はどうですか；…するというのはどうですか
―― Do you want ...?; Do you want to do?

Do you want ...?, Do you want to do? は相手の希望を直接に尋ねることから，くだけた言い方で，「…はどうですか」「…するというのはどうですか」と相手を誘ったり何かを勧めたりするのに用いられる。ややぶしつけな言い方。

"*Do you want* a drink after the concert?" "All right."
(「コンサートの後，一杯どうですか」「いいですね」)

"*Do you want* your coffee black or white?" "Black, please." (「コーヒーはブラックそれともミルク入りにしますか」「ブラックでお願いします」)

"*Do you want* a ride?" "No, it's all right, thanks."
(「乗りませんか」「いえ，結構です」)

"*Do you want to* join us for a game of tennis?" "Yes, OK."

(「ぼくたちといっしょにテニスをやらない？」「ええ，やりましょう」)
"We're going to see the Picasso exhibition. *Do you want to* come?"
"That sounds great! Thanks."（「私たちピカソ展へ行くんだけど，あなたも行かない？」「まあ，いいわね。ありがとう」）

**NOTE**
話し言葉では Do you をしばしば省略して，*Want* a cup of coffee?（コーヒーを1杯どう？）のように言うことがある。

⑵ （よかったら）…はいかがですか；…してくださいませんか
―― Would you like …?; Would you like to do?

　Would you like …?, Would you like to do? は相手の希望を婉曲的に尋ねることから，「（よかったら）…してくださいませんか」という丁寧な依頼をするのに用いられる。また「（よかったら）…なさいませんか，…はいかがですか」と丁寧に相手を誘ったり何かを勧めたりするのに用いられる。

"*Would you like* one of these chocolates?" "Yes, I wouldn't mind."
（「チョコレートを1ついかがですか」「はい，いただきます」）
"*Would you like* some more tea?" "No, thank you."
（「もう少しお茶をいかがですか」「いいえ，結構です」）
"*Would you like to* lay the table for me?" "Yes, of course."
（「食卓の用意をしていただけませんか」「はい，もちろん」）
"*Would you like to* dance?" "Yes, OK."（「踊りませんか」「ええ，踊りましょう」）　◇ ×Would you like dancing? とは言わない。
"*Would you like to* come with me?" "Yes, I'd like to very much."（「いっしょにいらっしゃいませんか」「はい，ぜひそうさせていただきます」）
"*Would you like to* leave a message?" "Yes. Please tell her that I called."（「伝言を伺いましょうか」「はい。私から電話があったことを彼女にお伝えください」）
"*Would you like to* have dinner now?" "No, I'd prefer to eat later."
（「今食事をなさいませんか」「いいえ，私はもう少し後がいいです」）
*Would you like to* take a seat?（おすわりくださいませんか）

Would you like ...? は，How would you like ...? の形でも用いられる。

*How would you like to* come and spend a week with us next year?
　（来年私たちのところに来て1週間過ごしませんか）

"*How would you like to* have tea at the Hilton?" "I'd love to."
　（「ヒルトンホテルでお茶でもいかがですか」「いいですね」）

*How would you like to* spend this winter in Italy?
　（今年の冬はイタリアで過ごしませんか）

**NOTE 1**

　How would you like ...? は「…はどのようにいたしましょうか，…のお好みは」と相手の好みを丁寧に尋ねることにも用いられる：
　　"*How would you like* your steak?" "Medium, please."
　　　（「ステーキの焼き加減はいかがいたしましょうか」「ほどよく焼いてください」）◇「生焼け」は rare，「よく焼いた」は well-done。

**NOTE 2**

　Would you like ...? と同様に，丁寧に勧誘する言い方に Would you care for ...?, Would you care to do? (…は [するのは] いかがですか) がある。堅い言い方：
　　"*Would you care for* some coffee?" "That would be great."
　　　（「コーヒーはいかがですか」「それはいいですね」）
　　*Would you care for* a cigarette? （タバコはいかがですか）
　　*Would you care to* join us for dinner?
　　　（私たちといっしょに食事をなさいませんか）

## (3) (いやでなかったら) …していただけませんか
―― Would [Do] you mind doing?

　Would you mind doing? は「…しても反対なさいませんか」という意味を表すことから，「…していただけませんか」という非常に丁寧な依頼，「…なさいませんか」という非常に丁寧な勧誘を表す表現として用いられる (→ 7.2(1))。would の代わりに do を用いるとやや丁寧さは劣る。
　　"*Do you mind pulling* down the blind?" "All right."
　　　（「ブラインドを降ろしてくれませんか」「はい」）

*Do you mind shutting* up for a second?
(ちょっと黙ってくれませんか)
*Do you mind* not *smoking* in here?
(ここでタバコを吸うのはやめてくれませんか) ◇ not の位置に注意。
"*Would you mind waiting* a moment?" "No, I wouldn't mind."
(「ちょっと待っていただけませんか」「ええ，いいです」)
"*Would you mind turning* up the heat a little?" "No problem."
(「ヒーターの温度を少し上げていただけませんか」「いいですよ」)
*Would you mind passing* me that newspaper from over there, please?
(おそれいりますが，あそこにある新聞を取っていただけませんでしょうか)
"*Would you mind taking* part?" "No, I'd love to."
(「参加なさいませんか」「ええ，喜んで」)

## (4) …してくださらないかしら
—— I wonder if [whether] you ...

I wonder if [whether] you ... は，「…はどうかなと思う」という疑問の気持ちを表すことから，相手に「…してくださらないかしら，…していただけませんか」と非常に丁寧な依頼を表すのに用いられる。I wonder を進行形，過去形にして，I am wondering, I wondered, I was wondering とすると，この順にさらに丁寧な言い方になる。従節には通例 could, would, might のような仮定法の助動詞が用いられる。主に女性に好まれる言い方（→ 7.2 (2)）。

*I wonder if you* could spare me five minutes.
（5分だけ時間をいただけないかしら）
"Oh, Ken, *I wonder if you* could do me a favor." "Depends what it is." (「ケン，お願いがあるんですけど」「用件によりますがね」)
*I wonder if you* would help me a little with the washing-up.
（食器洗いをちょっと手伝ってくださらないかしら）
*We were wondering if you* would look after the baby for an hour.
（1時間赤ん坊の面倒を見ていただけませんでしょうか）

*I was wondering whether you* would be able to advise us on the problem.（その問題であなたのご意見をいただくことができないでしょうか）

I wonder if 節内に could possibly, would mind または would like を用い，I wonder if you could possibly ..., I wonder if you would mind doing, I wonder if you would like to do のように言うとさらに丁寧な言い方になる。

*I was wondering if you could possibly* lend me your car tomorrow.
（もしさしつかえなかったら明日車を貸していただけませんでしょうか）

*I wonder if you'd mind giving* me his name and address.
（彼の名前と住所を教えていただけませんでしょうか）

*I wonder whether you would mind leaving* the room, please.
（どうか部屋から出て行っていただけませんでしょうか）

"*I wonder if you'd like to* take us to the art exhibition." "I'd like to very much."（「私たちを美術展に連れて行ってくださらないかしら」「ええ，そうしてあげますよ」）

**NOTE**

過去時制，進行形を用いて丁寧な依頼・要求などの気持ちを表すことがある。これは現在時制では直接的に響くので，過去時制を用いて依頼の気持ちを過去のものにしたり，進行形を用いてためらいの気持ちを含ませて，単純現在形の持つ直接性を和らげようとする用法である。類例：

There *was* something I *wanted* to ask you.
　（あなたにお尋ねしたいことがあるのですが）
*Did* you *want* to see me now?（今私にご用でしょうか）→ 8.3(1)
What *are* you *wanting*?（何がほしいのでしょうか；何のご用でしょうか）
I *thought* you said we'd have a day off this week.
　（今週1日休みを取っていいとおっしゃったと思いますが）
I *thought* perhaps we'd have lunch in the garden.
　（庭でいっしょに食事はいかがでしょうか）
I*'m hoping* you'll give us some advice.
　（アドバイスを私たちにいただきたいと思うのですが）
I *hoped* you would give me a job.（仕事をいただければうれしいのですが）
I *was hoping* we could have dinner together.
　（夕食をごいっしょできればうれしいのですが）

## 8.4 その他の依頼・勧誘表現

### (1) A に…してほしい[いただきたい]　── I want [would like] A to do

　I want [would like] A to do は，「（ぜひ）A に…してほしい，（よかったら）A に…していただきたい」という依頼や勧誘を表すのに用いられる。want はややぶしつけな感じがするので，控え目で丁寧に言うには would like を用いる。話し言葉では I'd like と縮約して用いることが多い（→ 17.1 (1)(2)）。

 *I want* you *to* stop talking and listen to me.
  （おしゃべりをやめて私の話を聞いてください）
 *I want* you *to* finish this work by the end of this month.
  （今月末までにぜひこの仕事を終えてほしい）
 *I don't want* you *to* be sitting here all day without doing anything.
  （君に1日中何もしないでここにすわっていてほしくないんだ）
 *I'd like* you *to* come and see me any time you like.
  （好きなときにいつでも私のところに遊びに来てください）
 *I'd like* you *to* be at the meeting tomorrow.
  （あなたに明日の会合に出席していただきたいのですが）
 *I'd like* you *to* forward my mail to my new address.
  （私の新しい住所に郵便物を転送してください）

### (2) A に…してくれるように頼む── ask [request] A to do

　ask [request] A to do は，「A に…してくれるように頼む」という依頼や要請を表すのに用いられる。request は ask よりも堅い語で，正式にまたは丁寧に頼むことを表す。

 I'll *ask* him *to* give us a lecture on environmental issues.
  （彼に環境問題に関する講義をしてくれるように頼んでみます）
 Let's *ask* her *to* have dinner with us sometime.
  （いつかいっしょに食事をしてくれるように彼女に頼んでみよう）

I *asked* the taxi driver *to* drop me off in front of my house.
(私はタクシーの運転手に家の前で降ろしてくれるように頼んだ)

Please *ask* them not *to* make so much noise.
(彼らにあまり大きな音を立てないように頼んでください)

I must *request* you *to* keep the matter secret.
(そのことは秘密にしておくようお願いします)

You *are requested* not *to* smoke in this restaurant.
(当レストランでは禁煙をお願いいたします)

All members *are requested to* attend the annual meeting.
(会員は全員年次例会にご出席のほどお願い申し上げます)

**NOTE**
(1) ask, request とも that 節をとるが，to 不定詞をとるよりも堅い言い方。that 節内に should を付けないのは主に (米)：
　　The student *asked that* he (*should*) be allowed to leave school early.
　　(その学生は早引きさせてほしいと頼んだ)
　　We *requested that* the next meeting (*should*) be postponed until next week. (我々は次の会合を次週まで延期するように頼んだ)
(2) ask は，ask to do の形で用いて「…させてほしいと頼む」の意を表す：
　　I *asked to* see Mr. Bell. (ベル氏に会わせてほしいと頼んだ)
　　Kate *asked to* see the doctor. (ケイトは医者に診てもらいたいと頼んだ)

# 9章　提案・申し出の表し方

　提案・申し出はこうしたらどうかと意見や考えなどを相手に言うことをいい，提案を表すには Shall I ...?, Let's ..., Why don't we ...?, How [What] about ...?, Why don't you ...?, What do you say to ...? などが用いられる。また，if I were you という仮定法を用いて提案を表すことがある。その他，助動詞 can, could, might を用いたり，動詞 suppose, suggest, propose などを用いて提案を表すことができる。申し出は，Shall I ...? の他，Let me do, Can [May] I ...?, Do you want [Would you like] me to do? などを用いて表すことができる。また動詞 offer を用いても表せる。

■基本文例■

1　"*Shall I* make some coffee for you?" "Yes, please."
　　（「コーヒーをいれてあげましょうか」「ええ，お願いします」）
2　"*Let's* go out for a walk." "Yes, let's."
　　（「散歩に出かけようよ」「うん，行こう」）
3　*Why don't we* have a rest now?（さあ休憩しませんか）
4　*Why don't you* sit down and relax?
　　（おすわりになっておくつろぎください）
5　"*What about* going out for a meal?" "That's a good idea."
　　（「食事に出かけませんか」「それはいいですね」）
6　*What do you say to* going shopping at the department store?
　　（デパートへ買い物に出かけてはどうですか）
7　*If I were you*, I wouldn't tell anyone about it.
　　（私だったらそのことは誰にも話しません）
8　*We could* invite Alice for lunch on Saturday.
　　（土曜日にアリスを昼食に招いたらどうでしょうか）
9　*Suppose* we wait a while.（しばらく待ってみたらどうでしょう）

10  *Let me* help you with the suitcase.
　　（そのスーツケースを運ぶのを手伝ってあげましょう）
11  *Would you like me to* go with you?（ごいっしょしてあげましょうか）

**NOTE**
語用論的に命令文が提案・申し出・勧誘などを表すことがある（→ 6 章 NOTE）：
　　Do come in and sit down.（さあ，入ってお掛けください）
　　Have another cup of coffee.（もう 1 杯コーヒーをどうぞ）
　　Let me get a chair for you.（いすを持ってきてあげましょう）

## A　提案の表し方

### 9.1　Shall I [we] ...?; Let's ... などの表現

### (1) …しましょうか —— Shall I [we] ...?

　Shall I [we] ...? は，相手の意志を尋ね，自分が何かをする用意があることを示して「…しましょうか」という提案や申し出を表す。Shall I [we] ...? の代わりに Should I [we] ...? と言うのは主に《米》。
　　It's very hot. *Shall I* open the window?
　　　（とても暑いね。窓を開けましょうか）
　　"*Shall we* go to the swimming pool?" "Yes, let's."（「プールへ行こうよ」「うん，行こう」）◇ Yes, all right [OK]. などとも答えられる。
　　*Shall I* deliver the goods to your home address?
　　　（品物をご自宅の住所宛にお届けしましょうか）
　　"*Shall I* wait for you?" "Oh, thanks. I won't be long."
　　　（「お待ちしましょうか」「ありがとう。すぐに戻って来ます」）
　　"*Shall I* pull the curtain?" "No, I'm fine, thank you."
　　　（「カーテンを引きましょうか」「いいえ，結構です」）
　　"*Shall we* ask him to our party tonight?" "Good idea."

(「彼を今夜のパーティーに招きましょうか」「それはいい考えだね」)
◇ (That's a) good idea. の略。
"*Shall I* post this letter for you?" "Yes, if you would."
(「この手紙を出してあげましょうか」「ええ、よかったら」)
"*Should I* call her later?" "I'd rather you didn't."
(「後で彼女に電話してみましょうか」「しないほうがいいと思いますが」)
"*Should we* take a half-hour break and start it again?" "Yes, I think we should." (「30分間休憩を取ってそれからまた始めましょうか」「ええ、そうしましょう」)
"Where *should we* eat?" "I'll leave it entirely up to you."
(「どこで食事をしましょうか」「あなたにお任せします」)

**NOTE**
(1) Shall I ...? に対する返答は通例 Yes, do., No, don't. と言う。Shall we ...? に対する返答は通例 Yes, let's., No, let's not. となる。ただし、we が聞き手を含まない「除外の we (exclusive 'we')」の場合は、Shall I ...? と同様に Yes, do., No, don't. となる。
(2) 《米》では Shall I [we] ...? の代わりに、Should I [we] ...? の他、Do you want me [us] to do?, Would you like me [us] to do? がよく用いられる (→ 9.5(3))。

## (2) …しよう── Let's ...

Let's ... は、くだけた言い方で用いて、話し手自身を含めて「…しよう、…しましょう」という提案や勧誘を表す。自分の提案・勧誘に賛成が得られるという確信を持っている場合に用いることが多い。
"*Let's* go on a first-name basis." "Yes, *let's*."
(「ファーストネームで呼び合いましょうよ」「はい、そうしましょう」)
"*Let's* spend a day on the beach." "OK."
(「海辺で1日過ごそうよ」「そうしよう」)
"*Let's* have a barbecue." "That's a great idea."
(「バーベキューをしようよ」「それはいい考えだね」)
"*Let's* eat out on Sunday." "Sorry, I can't. I'm going away for the

weekend."(「日曜日食事に行かない？」「悪いけど，週末は出かける予定があってだめなのよ」)

"*Let's* have one more drink, and then I'll take you back home." "That sounds great."(「もう1杯飲もう。それから家まで送ってあげるよ」「それはいいね」)

説得の意を強めるために，しばしば文の末尾に shall [should] we? が添えられる。

*Let's* have dinner out tonight, *shall we*? (今晩は外食にしましょうよ)

"*Let's* go to the movies, *shall we*?" "I'd like to, but I can't."
(「映画を見に行きましょうよ」「行きたいのだが，あいにくだめなんだ」)

*Let's* give him another ten minutes, *should we*?
(彼にもう10分与えてみよう)

「…するのはやめよう，…しないでおこう」という否定の提案は，通例 Let's not do だが，くだけた言い方では，しばしば《米》では Let's don't do, 《英》では Don't let's do が用いられる。

*Let's not* jump to the conclusion that he's not the right person for the job.（彼はその仕事にふさわしくない人だと性急に結論づけるのはよそう）

*Let's not* discuss it on the phone, shall we?
（電話でそのことを話すのはやめておこうよ）

*Let's don't* start work yet!（まだ仕事を始めるのはよそう）

*Don't let's* stay up too late tonight.
（今晩夜更かしするのはよしましょう）

### NOTE 1

Let's ... に対する肯定の返答は通例 Yes, let's., 否定の返答は No, let's not. だが，いかにも端的すぎるため，場面・状況によって他の返答の形が用いられる。肯定の返答として，たとえば次のようなものがある：

I'd like to very much. / I'd love to. / (That's a) good idea. / That sounds great [good]. / That'd be very nice. / That's very kind of you. / Thank you very much. / All right. /《話》OK. /《話》Sure.

### NOTE 2

Let's go. は Let us go. のように縮約しない形で用いることもある。この場

合，/let ʌ́s gou/ のように us に強勢を置けば「私たちを行かせてください」と相手に許可を求める表現になる（→ 7.3(1)）。

## (3) (話し手を含めて反語的に) …してはどうですか
—— Why don't we …?

Why don't we …? は，くだけた言い方で反語的に用いて，話し手を含めて「…してはどうですか，…しましょうよ」という提案や勧誘を表す。

 *Why don't we* meet and discuss it?
  (会ってそのことを話し合おうじゃないか)
 *Why don't we* have lunch before we go out?
  (出かける前に昼食を取りましょうよ)
 *Why don't we* go for a stroll along the beach?
  (海岸へぶらっと散歩に行きませんか)
 I can't manage Thursday. *Why don't we* meet on Friday instead?
  (木曜日はどうしてもだめなんだ。代わりに金曜日に会うことにしたらどうだろうか)
 "*Why don't we* have dinner at that Indian restaurant?" "Good idea!"
  (「夕食はあのインド料理店でしたらどうでしょうか」「それはいいですね」)
 May I make a suggestion? *Why don't we* vote now rather than continuing the discussion further? (提案があるのですが，これ以上議論を続けるよりも今投票をしたらどうでしょうか)

**NOTE**
 Why don't we …? の do と we を省略して Why not …? の形で用いることもある：
  "Where shall we meet?" "*Why not* at the hotel?"
   (「どこで会いましょうか」「あのホテルはどうだろう」)

## (4) (相手に対して反語的に)…してはどうですか
—— Why don't you ...?; Why not ...?

Why don't you ...?, Why not ...? は，くだけた言い方で反語的に用いて，相手に「…してはどうですか，…しませんか」という提案や勧誘を表す。Why not ...? は Why don't you ...? の do と you を省略した形。

*Why don't you* wait for me downstairs? I won't be long.
　　(下で待っていてくれない？　すぐに戻って来るからね)

If you like the jeans, *why don't you* try them on?
　　(そのジーンズが気に入ったら，試着してはどうですか)

You look really tired. *Why don't you* go and lie down?
　　(とても疲れてるみたいよ。横になってきたらどう？)

"*Why don't you* come to the tennis match on Saturday?" "I'd love to."
　　(「土曜日にテニスの試合を見に来ない？」「行くわ」)

"*Why don't you* come and have dinner with us one day next week?" "I'd like to, but I'm rather busy next week."
　　(「来週いつか家に来ていっしょに食事をしませんか」「行きたいのですが，来週はかなり忙しくてね」)

*Why not* let her do as she likes?
　　(彼女の好きなようにやらせたらどうですか)

*Why not* use solar energy?
　　(太陽エネルギーを利用すればいいのではないだろうか)

"My boyfriend's in a bad mood these days." "*Why not* give him a present?" (「ボーイフレンドはこのごろ機嫌がよくないのよ」「プレゼントでもあげたらどう？」)

**NOTE 1**

　Why don't you ...? はしばしば批判的でいら立った調子を表す (Quirk *et al.* (1985)):
　　*Why don't you* take sleeping tablets? ('Anyone else would take sleeping tablets.') (どうして睡眠薬を飲まないの)
　　*Why don't you* be a good boy and sit down?

(どうしていい子にしてすわらないの)

**NOTE 2**
Why not? の次の用法に注意。
(1) Whý nòt? (↗) と上昇調で発音して，相手の否定の言葉に対して「どうしてしないんですか」と理由を尋ねる：
"Don't go there any more." "*Why not?*"
(「もうあそこへ行ってはいけません」「どうしていけないの」)
"I won't be able to come to the office tomorrow." "*Why not?*"
(「明日は会社に来られません」「どうしてですか」)
(2) Whỹ nôt? (↘) と下降調で発音して，相手の提案に「いいとも」と全面的な同意を表す：
"Let's go to the baseball game." "*Why not?*"
(「野球の試合を見に行かない？」「うんいいとも」)
"We could invite Motoko." "Yes, *why not?*"
(「元子を招待したらどうだろう」「うん，それがいい」)

## (5) …しませんか，…はいかがですか
―― How [What] about ...?

How [What] about ...? はくだけた言い方で，How [What] about doing [名詞]? の形で用いて，「…しませんか，…はいかがですか」という提案や勧誘を表す。話し手を含めて提案・勧誘する場合と，そうでない場合とがある。

"*How about having* a game of table tennis?" "Yes, I'd like to."
(「卓球をやりませんか」「ええ，したいですね」)
*What about going* for a walk? It's a beautiful day.
(散歩にでも行きませんか。今日はすばらしい天気ですよ)
"*How about finding* somewhere to eat?" "Yes, I'm starving." (「どこか食べるところを探してはどうだろうか」「そうだね。ぼくは腹ペコだ」)
"*What about* a drink before the concert?" "I'd rather have something to eat." (「コンサートの前に一杯どう？」「ぼくは食べるほうがいいな」)
*What about* a glass of wine? Would you like one?
(ワインを1杯いかがですか。飲まれますか)

"Where shall we go tonight?" "*How about* the restaurant?"
(「今晩どこへ行こうか」「あのレストランはどう？」)

"I'm busy preparing for my exam on Monday." "*How about* Tuesday?" "That sounds good." (「ぼくは月曜日の試験準備で忙しいんだ」「火曜日はどう？」「それだったらいいね」)

**NOTE**
(1) How [What] about …? は，暗に「…してくれないのか」という非難の意を表すことがある：
 *What about* a little help with these dishes?
  （これらの食器を洗うのをちょっと手伝ってくれないか）
(2) How [What] about …? は文字どおり，「…についてどうですか」という意味でも用いられる：
 *How about* you in this respect?
  （この点に関しあなたのご意見はどうですか）
 Incidentally, *what about* the other senses of the word "shop"?
  （ところで，shop という語の他の意味についてはどうですか）

## (6) …しませんか，…はいかがですか
 —— What do [would] you say to …?

What do [would] you say to …? はくだけた言い方で，What do [would] you say to doing [名詞]? の形で用いて，相手に「…しませんか，…してみてはどうですか，…はいかがですか」という提案や勧誘を表す。would を用いるほうが丁寧な言い方になる。

 *What do you say to* another glass of beer?
  （ビールをもう1杯いかがですか）
 *What do you say to* a week in Tokyo?
  （東京で1週間過ごすのはどう？）
 "*What do you say to* going to Hokkaido for the weekend?" "Yes, that's fine by me!"（「週末に北海道へ行かない？」「うん，ぼくはいいよ」）◇ ˣWhat do you say to go …? とはならないことに注意。
 "*What would you say to* driving this afternoon?" "Sorry, I can't."

(「午後にドライブはどうですか」「あいにくだめなんだ」)

**NOTE**
(1) What do [would] you say ...? の後に節が続くことがある：
*What do you say* we start business together?
（いっしょに商売を始めませんか）
*What would you say* we all go sightseeing in Kyoto?
（みんなで京都観光に出かけてはどうです？）
(2) What do [would] you say? のように単独で用いると，自分の提案などに同意を求めて，「どう思いますか」という意味を表す：
Let's go skiing tomorrow. *What would you say*?
（明日スキーに行こうよ。どうですか）

## 9.2 仮定法を用いた表現

# 私なら（…するでしょう）── if I were you

if I were you（私なら）という仮定法を用いて，相手の立場に立って提案や助言を表すことができる（→ 4.1 (1)）。
The station is not very far. *If I were you*, I'd walk.
（駅はあまり遠くありません。私なら歩いて行きます）
*If I were you*, I'd resign from the company.
（私だったら会社を辞めるんだが）
"I've got a bad headache." "*If I were you*, I'd see a doctor at once."
（「ひどく頭痛がするんだ」「ぼくだったらすぐに医者に診てもらうよ」）
*If I were you*, I wouldn't borrow money from the bank.
（ぼくだったら銀行から借金などしないよ）
*If I were you*, I might look for another job.
（私があなたなら他の仕事を探すかもしれません）

if I were you はしばしば省略して，単に I would [should] ... またはその短縮形の I'd ... の形で表すことがある。この場合，I に弱い強勢が置かれる (cf. Swan (2005); Thomson & Martinet (1986))。
*I would* check those data again.

（私ならあのデータをもう一度調べるのですが）
*I'd* get the car serviced. （ぼくだったら車を点検修理してもらうよ）
"Is it worth repairing this TV set?" "No, *I'd* buy a new one."
（「このテレビは修理する価値がありますか」「いいえ，私なら新しいのを買います」）
*I shouldn't* worry about it. I'm sure everything will be all right.
（私だったらそんなことでくよくよしないわ。きっとすべてうまく行くわよ）

**NOTE**

　　if 節内の were はくだけた言い方では was になることもあるが，if I were you は慣用的な表現で，くだけた言い方でも通例 if I were you が用いられる (→ 4.1(1) NOTE 1(1))。

## 9.3　助動詞 can, could, might を用いた表現

### (1)　…するのはどう［どうですか］
　　　　── You [We] can [could] …

　You can [could] … の形で用いて，相手に「(可能なら) …するのはどう [どうですか]，…しませんか [したらいかがですか]」，We can [could] … の形で用いて，話し手を含めて「(可能なら) …するのはどう [どうですか]，…しませんか [したらいかがですか]」という提案を表すことができる。could は can と比べて表現を婉曲的にすることから，丁寧に提案するのに用いられる。

When you're in trouble, *you can* try asking Henry for help.
　（困ったときはヘンリーに助けを頼んでみてはどう？）
"*You could* watch that film." "Well, actually I've seen it before."
　（「あの映画を見てはどうですか」「いや，実は前に見たことがあるのです」）
If you like, *we can* go skiing. （よかったらスキーに行こうよ）
"*We can* invite Linda to the wedding reception." "Yes, why not?"
　（「リンダを結婚披露宴に招待するのはどうだろう」「ええ，いいわね」）

"What shall we do this afternoon?" "Well, *we could* go shopping in Sannomiya."（「今日の午後は私たち何をしましょうか」「そうね，三宮へ買い物に出かけてはどうかしら」）

## (2) …してみてはどうでしょうか── You might …

You might … の形で用いて，相手に「…してみてはどうでしょうか，…してくれませんか」と控え目な提案または依頼を表すことができる。

If you need more information about the matter, *you might* try the Internet.（その件でもっと情報が必要だったらインターネットで調べてみてはどうでしょうか）

*You might* try asking your father for a job.
（君のお父さんに就職を頼んでみてはどうでしょうか）

*You might* consider moving to a larger house in the country.
（田舎のもっと大きな家に引っ越すことを考えてはいかがでしょうか）

*You might* post this letter by registered mail.
（この手紙を書留で出してくれませんか）

*You might* drop me near the city hall?
（市役所の近くで降ろしてくれませんか）

**NOTE**
(1) 動詞に強い強勢を置くと非難の気持ちを表す（Thomson & Martinet (1986)）：

*You might* hélp me. ('Why aren't you helping me?', 'You should be helping me.')（手伝ってくれたっていいだろう）

*You might* ásk before you borrow my camera.
（ぼくのカメラを借りるときには，その前にひと言そういえばいいのに）

(2) 過去の実現しなかったことに対する非難・いら立ちの気持ちは「might have＋過去分詞」によって表される：

*You might* have told us.（ぼくたちに話してくれればよかったのに）

## 9.4 動詞 suppose, suggest, propose, advise を用いた表現

### (1) …してはどうか —— suppose [supposing] (that) you do

suppose は，suppose [supposing] (that) you do という形で用いて，相手に「…したらどうか」という提案を表す。that 節内には直説法の動詞または仮定法の動詞（過去形）が用いられる。仮定法を用いるほうが丁寧な言い方になる。that は通例省略される。suppose [supposing] we do とすれば話し手を含めた提案を表す。

 *Suppose* you just forget about the past?
  （過去のことはすっかり忘れてしまったらどうですか）
 *Supposing* you have another try?（もう一度やってみてはどう？）
 "I haven't got a pen." "*Suppose* you use a ballpoint pen?"
  （「ペンを持っていないんだ」「ボールペンを使ったらどうなの」）
 *Suppose* we stop and think a minute.
  （立ち止まってちょっと考えたらどうだろう）
 *Supposing* we carried out the survey nationwide.
  （全国的な調査を行ってみたらどうでしょうか）

**NOTE**

 Suppose [Supposing] (that) ... とほぼ同じ意味は What if ...?（…してはどうだろうか）によっても表せる。if 節内には直説法または仮定法の動詞が用いられる。仮定法のほうが丁寧な言い方になる（→ 4.1 (1)）：
 *What if* we invite our friends next week?
  （来週友人たちを招いたらどう？）
 *What if* we moved the sofa over here?
  （ソファーをこちらへ動かしてはどうでしょうか）

### (2)（控え目に）…してはどうかと提案する
  —— I suggest (that) you do

suggest は，I suggest (that) you do, I suggest (your) doing の形で用いて，相手に「…してはどうかと提案する」という控え目な提案を表す。I suggest (that) we do, I suggest doing とすれば話し手を含めた提案を表す．

 *I suggest* you phone before you go there.
 （そこへ行く前に電話をされたらどうですか）
 *I suggest that* you make a list of members.
 （会員のリストを作られてはいかがでしょうか）
 *We suggest* you sell the old house.
 （その古い家を売却されたらどうでしょうか）
 *I suggest* we leave now.（私たちそろそろおいとましたらどうでしょう）
 "*I suggest* we walk to Kyoto Station." "But couldn't we go by bus?"
 （「京都駅まで歩きませんか」「でも，バスで行きませんか」）
 *I suggest* we decline their offer of financial help.
 （我々は彼らの経済的援助の申し出を断ったらどうだろうか）
 If *I suggest going* for a picnic on Sunday, do you think they will all agree?（日曜日にピクニックに行こうと提案したら，みな賛成すると思いますか）

 **NOTE**
 suggest は次の構文はとらないことに注意：
  ˟I *suggest to* start early.
  ˟I *suggest* you *to* see the temple on foot.
  ˟I *suggest* you *that* you take a rest.

## (3) (積極的に) …してはどうかと提案する
 —— I propose that you do

 propose は，I propose that you do, I propose (your) doing の形で用いて，相手に「…してはどうかと提案する」という積極的な提案を表す．propose は suggest よりも堅い語．I propose that we do, I propose doing とすれば話し手を含めた提案を表す．

 *I propose that* you leave here on the 4:30 train.
 （4時30分の列車でここを出発されたらどうですか）
 *I propose that* you put off your marriage until next spring.

(来年の春まで結婚を延ばされたらいかがですか)
*I propose that* we discuss this problem at a later meeting.
(この問題は後の会合で議論することを提案します)
*I propose that* we have half an hour's rest from work.
(30分の仕事休みを取ることにしませんか)
*We propose starting* at noon. (正午に出発することを提案します)
*I propose delaying* our decision until the next meeting.
(次回の会合まで決定を延期することを提案します)

**NOTE**
propose は次の構文はとらないことに注意：
˟I *propose* you *to* leave at six.

## (4) …するように勧める── I (would) advise you to do

advise は，I advise you to do, I advise doing の形で用いて，相手に「…するように勧める」という提案や忠告を表す。advise は上から押しつける感じを伴うため，それを和らげた I would [I'd] advise ... の形で用いられることも多い。

*I would advise* you *to* see a doctor about that at once.
(そのことですぐに医者に診てもらうようにお勧めします)
*I'd advise* you not *to* smoke. (=*I'd advise* you against smoking.)
(タバコを吸わないように忠告いたします)
*I* strongly *advise* you *to* consult a lawyer.
(弁護士と相談するように強くお勧めします)
*I'd advise buying* your tickets in advance if you travel in summer.
(夏に旅行されるなら，あらかじめ切符を買われることをお勧めします)

**NOTE**
My advice is [would be] ... の形でも用いられる：
*My advice would be* to consult a doctor.
(医者にかかるように忠告いたしておきます)

## B 申し出の表し方

### 9.5　Let me do; Can [May] I ...? などの表現

#### (1) …してあげましょう —— Let me do

　Let me do は，相手に「私に…させてください」と許可を求めることから，くだけた言い方で用いて，「…してあげましょう」と相手に自ら進んで申し出るのに用いられる（→ 5.2）。

　*Let me* show you how to do it. （そのやり方を教えてあげましょう）

　*Let me* give you a piece of advice. （1 つアドバイスをしておきます）

　"*Let me* drive you to the station." "Oh no, please don't bother."
　　（「駅まで車で送ってあげましょう」「いえ，どうぞお構いなく」）

　"I've lost my wallet." "Oh, I'm sorry to hear that. *Let me* take you to the Lost and Found." （「財布をなくしたのですが」「まあ，お気の毒に。遺失物取扱所へ連れて行ってあげましょう」）

　"May I try this suit on?" "Sure. *Let me* help you." （「このスーツを試着してもいいですか」「どうぞ。お手伝いいたしましょう」）

　Sit on the sofa, and make yourself at home. *Let me* get you something to drink. （ソファーにすわってお楽にしてください。何か飲み物を持ってきてあげます）

　*Let me* get that box down from the shelf for you.
　　（棚からあの箱をおろしてあげましょう）

#### (2) …してあげようか；…してあげましょうか —— Can I ...?; May I ...?

　Can I ...? は，相手に「…してもいいですか」と許可を求めることから，くだけた言い方で用いて，「…してあげようか，…しましょうか」と申し出るのに用いられる。また May I ...? も相手に「…してもよろしいですか」と許可を求めることから，丁寧に「…してあげましょうか，…いたしましょうか」と申し出るのに用いられる（→ 7.1 (1)(3)）。

*Can I* get you a beer or something?
　（ビールか何かを持って来てあげようか）
*Can I* give you a ride to the railroad station?
　（駅まで乗せて行ってあげようか）
"*Can I* call him for you?" "No, thanks. I'll be seeing him tonight."
　（「彼に電話をしてあげようか」「いえ，結構です。今晩会うことになっていますから」）
*May I* give you a hand with the bag?
　（そのバッグを持ってあげましょうか）
"*May I* help?" "Sure. If you don't mind."
　（「お手伝いいたしましょうか」「はい，ご迷惑でなかったら」）
"*May I* give you some more?" "No, thank you. This is fine."
　（「もう少しいかがですか」「いいえ，これで結構です」）

**NOTE**
　I can [could] ... の形で，「…してあげよう［あげましょう］」という申し出を表すことができる。could を用いるほうが丁寧な言い方になる：
　　"*I can* give you a ride." "Oh, that would be great. Thank you."
　　　（「乗せてあげるよ」「それはありがたい。どうも」）
　　*I could* do the shopping for you, if you're busy.
　　　（お忙しいのなら，私が買い物をしてあげましょう）
　　"*I could* post it on my way home," offered Jack.
　　　（「帰る途中それを投函してあげましょう」とジャックは言った）

## (3) …しましょうか；…いたしましょうか —— Do you want me to do?; Would you like me to do?

　Do you want me to do?, Would you like me to do? は，「私に…してほしいですか」と相手に希望を尋ねることから，前者はややぶしつけに「…しましょうか」，後者は丁寧に「…いたしましょうか」と相手に申し出るのに用いられる。
　　*Do you want me to* drop you at the store?
　　　（店のところで降ろしてあげようか）

*Do you want me to* make you some coffee?
(コーヒーをいれてあげようか)

I'm just going to the supermarket. *Do you want me to* get anything?
(今ちょうどスーパーへ行くところなの。何か買ってきてほしいものはないですか)

*Would you like me to* call later? (後でお電話いたしましょうか)

"*Would you like me to* take care of the kids?" "No, but thanks for offering." (「子供さんを見ていてあげましょうか」「いえ，結構です。どうもありがとう」)

*Would you like me to* pick you up at seven tomorrow morning?
(明日の朝7時に車でお迎えに行きましょうか)

## (4) お望みなら (…しましょう) —— if you like [want]

if you like (よろしかったら), if you want (そうしてほしいのなら) を I will, I can などとともに用いて，相手の意向を尋ねて遠回しに申し出を表すことができる。

I'll come with you *if you like*. (よろしかったらごいっしょします)

I can show you to your room *if you like*.
(よろしかったらお部屋までご案内いたします)

"You can borrow my car *if you like*." "Thanks."
(「よかったら車を貸してあげるよ」「ありがとう」)

I'll drive you home *if you want*. (よかったら車で家まで送ってあげるよ)

You can come too, *if you want*. (来たかったら君も来ていいよ)

**NOTE**

if you like, if you want を用いなくても，I will ..., I can ... でも申し出を表すことができる (→ 9.5 (2) NOTE)：

"*I'll* give you a ride." "Oh, thank you."
(「乗せてあげるよ」「ありがとう」)

"*I can* carry your bag." "Oh, thanks."
(「かばんを持ってあげるわ」「ありがとう」)

## 9.6 動詞 offer を用いた表現

# (…しようと [⋯を]) 申し出る —— offer

offer は，offer to do の形で用いて「…しようと申し出る」，offer (A) B [B (to A)] の形で用いて「(A に) B を申し出る」という申し出を表す。

The children *offered to* help me clean up the house.
（子供たちは家の掃除を手伝うよと言った）

Simon *offered to* take me to the airport.
（サイモンは私を空港へ連れて行ってやろうと言った）

We decided to *offer* her a secretarial job. / We decided to *offer* a secretarial job *to* her.（我々は彼女に秘書の仕事を与えることを決めた）

I *offered* her a ride to the station.
（私は彼女に駅まで乗せて行ってあげようと申し出た）

She got up and *offered* me her seat.
（彼女は立ち上がって私に席を譲ってくれた）

Can I *offer* you something to drink?（何か飲み物をあげましょうか）

He *offered* (me) $5,000 for the car.
（彼は（私に）その車に5000ドル出そうと言った）

# 10章　意志・意図・決意の表し方

　主語の意志は，「will＋動詞の原形」や「be going＋to 不定詞」で表すことができる。話し手の意志は，堅い言い方では shall を 2 人称・3 人称主語と用いて表せる。動詞では，意図の意味は intend, mean, plan など，決心・決意の意味は decide, determine, resolve, make up one's mind, be thinking of などによって表すことができる。

■基本文例■

1　Oh, I left the front door open. I'*ll* go and shut it.
　　（あっ，玄関のドアを開けたままだ。行って閉めてくるよ）
2　I'*ll* e-mail you as soon as I arrive there.
　　（あちらに着き次第できるだけ早くメールを送ります）
3　"*Are* you *going to* study abroad?" "No, I have no plans to do so."
　　（「留学するつもりですか」「いいえ，そんな計画はありません」）
4　I *shall* have my own way.（絶対にぼくの思うようにやってみるよ）
5　We *intend to* start at dawn tomorrow.
　　（我々は明日夜が明けると出発するつもりだ）
6　I'm sorry, I didn't *mean to* hurt you.
　　（すみません，悪気はなかったのです）
7　He *is planning to* start a business of his own.
　　（彼は独立して仕事を始めるつもりだ）
8　I'*ve decided to* tell her all about it.
　　（私はそのことについてすべて彼女に話そうと決めた）
9　I'*m determined to* get this piece of work finished today.
　　（私は今日中にこの仕事をやってしまおうと決めている）
10　We *are thinking of* going to Italy for our holidays.
　　（私たちは休暇にイタリアへ行こうかと思っている）

## 10.1 助動詞による表現

### (1) …しよう── will

「…しよう，…するつもりである」という主語の意志は will によって表せる。will はその時点での意志から意図 (intention)，そしてあくまでも自分の意志を曲げないで事を行う固執 (insistence) という非常に強い意志まで表す。ただし，これらの区別は明確でないことも多い。

(1a) (今すぐ) …する──その時点での意志
「今すぐ…する」というその時点での意志を表す。
 I*'ll* do it, if you like.（もしよかったらぼくがそれをやるよ）
 "Can somebody help me?" "I *will*."
  （「誰か手伝ってくれる？」「ぼくが手伝うよ」）
 I*'ll* call the hotel and make a reservation.
  （私がホテルに電話して予約してあげましょう）
 "Did you call him?" "Oh no, I forgot. I*'ll* do it now."
  （「彼に電話した？」「まあ，忘れてたわ。今するわ」）
 "What would you like to drink?" "I*'ll* have some coffee, please."
  （「お飲み物はどうされますか」「コーヒーをいただきます」）
 "I've left my watch upstairs." "I*'ll* go and get it for you."
  （「時計を2階に忘れてきたわ」「ぼくが取って来てあげるよ」）
 "The bus has gone. What will you do now?" "Don't worry—we*'ll* take a taxi home." (「バスが出てしまったわ。あなたたちどうされますか」「大丈夫です。タクシーで家に帰りますから」)

**NOTE**
(1) will は2人称への依頼や勧誘によく用いられる (→ 8.1(1)):
 *Will* you send me the bill, please?（請求書を送っていただけませんか）
 *Will* you have some orange juice?（オレンジジュースはいかがですか）
(2) will は自発性を表すことから申し出を表すのに用いられる:
 I*'ll* carry your suitcase.（スーツケースを運んであげましょう）

(1b) …します──意図

約束・承諾・おどしなどを含意することがある。

I *will* stop smoking—I really *will*! (タバコはやめます，本当にやめます)

I'm busy right now, so I*'ll* call back later.
(今忙しいので後でお電話します)

I*'ll* be home by six, I promise. (本当に6時までに帰るよ)

Thank you for lending me the money. I*'ll* definitely pay you back tomorrow. (お金を貸してくださってありがとう。明日必ずお返しします)

The teacher says he*'ll* phone you after lunch.
(先生は昼食後にあなたに電話するとおっしゃっています)

I don't know exactly how I*'ll* manage it, but I *will*, somehow.
(どうやったらいいのかよくわかりませんが，とにかくやってみましょう)

We *will* call in the police if you do that.
(そんなことをすると警察を呼ぶぞ)

I*'ll* hit you if you don't behave yourself. (行儀よくしないとぶつわよ)

「…しません」という否定の意志は will not, won't /wóunt/ で表す。will never は強い否定を表す。

I'm sorry I'm late. I *won't* be late again.
(遅れてすみません，もう二度と遅れません)

I'll go immediately. I *won't* wait any longer.
(すぐに行きます。もうこれ以上待てません)

We *won't* take you to the restaurant if you don't behave properly.
(お行儀よくしていないとレストランへ連れて行ってあげないわよ)

I *will never* speak to that man again.
(ぼくは二度とあの人とは口をきかないからね)

**NOTE 1**

(1) won't はしばしば強い拒絶を表す。これを避けるには be going to の否定形を用いる (cf. Thomson & Martinet (1986))：

He *won't* resign. (=He refuses to resign.) (彼は辞職しようとしない)

cf. He *isn't going to* resign. (=He doesn't intend to resign.)

　　　　（彼は辞職するつもりはない）
　　類例：
　　　　She *won't* help with the housework. （彼女は家事を手伝おうとしない）
　　　　They *won't* listen to what the teacher says.
　　　　　（彼らは先生の話を聞こうとしない）
(2) won't は無生物を主語として比喩的に用いられることもある：
　　　　The car *won't* start. （車が動いてくれない）
　　　　My stomach *won't* let me sleep. （胃の調子がおかしくて眠れない）
　　　　The key went in the lock, but it *won't* turn. （鍵は錠に入ったが回らない）

**NOTE 2**
　「どうしても…しようとした［しなかった］」という過去の固執・拒絶の意味は would［wouldn't］によって表せる。この場合，'d と縮約されることはない：
　　　　She *would* keep interrupting me. （彼女はしつこく私の邪魔をした）
　　　　I tried to explain it to him, but he *wouldn't* listen. （私はそれを彼に説明
　　　　　しようとしたが，彼はどうしても聞こうとはしなかった）
　　　　This door *wouldn't* open this morning.
　　　　　（このドアは今朝はどうしても開かなかった）◇比喩的用法。

## (1c) どうしても…する──固執

　あくまでも自分の意志を曲げないで「どうしても…する」という固執を表す。will に強勢が置かれ，'ll と縮約して用いることはない。2人称主語，3人称主語では話し手のいら立ちを含意する。
　　I *will* do as I like. （私は絶対に自分の好きなようにやります）
　　I'm determined to go, and I *will* never let them stop me.
　　　（ぼくは行くと決めていて，彼らが止めたって絶対にだめだよ）
　　Why *will* you make things difficult for yourself?
　　　（どうしてあなたは自分で自分の首を絞めるようなことをするの？）
　　If you *will* play the drums all night, no wonder the neighbors com-
　　　plain. （君が一晩中ドラムをたたくなら近所の人が苦情を言うのは当然だ）
　　Why on earth *will* he insist on going there? （一体どうして彼はそこへ行
　　　くと言い張ってきかないのだろうか）　◇ on earth は why を強める。
　　He *will* go without an overcoat though it's freezing out there. （外は

凍るほど寒いのに，彼はオーバーを着ないで出て行くと言ってきかない）

## (2) …するつもりである──「be going＋to 不定詞」

「…するつもりである，すでに…しようと思っている」というあらかじめ考えられた主語の意志は「be going＋to 不定詞」によって表すことができる。くだけた言い方では going to は，gonna /gɔ́ːnə, gənə/ とつづられる。

I'm *going to* practice the piano for two hours this afternoon.
(私は今日の午後2時間ピアノの練習をしようと思っている)

I'm *going to* run for mayor at the next election.
(私は次の選挙で市長に立候補するつもりだ)

We're *going to* stay with my aunt over the weekend.
(私たちは週末はずっとおばの家に泊まるつもりです)

"Have you got a ticket for the play?" "Yes, I'm *going to* see it on Saturday."(「芝居のチケットは手に入れたの？」「ええ，土曜日に見に行くの」)

"*Are* you *going to* apply to the university?" "Well, it depends."
(「あの大学に出願するつもりなの？」「まあ，状況次第だね」) ◇疑問文で2人称主語と用いて相手の意図・計画を尋ねる。

"What *are* you *going to* do this afternoon?" "I'm *going to* visit my friend in the hospital." (「今日の午後は何をされますか」「入院している友達を見舞いに行くつもりです」)

"Where *are* you *going* (*to* go) for your holidays?" "I'm *going to* France." (「休暇はどこへ行く予定ですか」「フランスです」)

He says he *is going to* be an astronaut when he grows up.
(彼は大きくなったら宇宙飛行士になると言っている)

強い決意の意も表す。

I'm *going to* get the top of the mountain if it kills me.
(たとえ死ぬようなことがあっても必ずあの山に登頂してやるぞ)

I'm *going to* finish this exercise, even if it takes me all night.
(たとえ一晩かかってもこの問題をやり終えてしまうんだ)

「…するつもりはない」というあらかじめ決めた否定の意志は be not going to で表せる。

　　I*'m not going to* eat any more sweets until I have lost some weight.
　　（私は体重が減るまでもう甘いものは食べないつもりだ）
　　I*'m not going to* put up with his complaints any longer.
　　（私は彼の不平不満にはもうこれ以上我慢するつもりはない）
　　I*'m not going to* take responsibility for it.
　　（私はその責任を取るつもりはない）

　過去の意図は was going to で表せる。実際に意図が実現されたかどうかは不明。

　　The boys left early. They *were going to* catch the seven o'clock train.
　　（少年たちは早く発った。7時の列車に乗る予定だったのだ）◇乗ったかどうかは不明。
　　I *was going to* phone you, but I couldn't remember your number. （君に電話をしようと思っていたんだが，電話番号を思い出せなかったんだ）
　　We *were going to* invite him for Christmas, but he caught flu and had to stay at home in bed. （私たちは彼をクリスマスに招待するつもりだったが，彼はインフルエンザにかかって家で寝ていなければならなかった）

　　**NOTE 1**　be going to と will
　　　be going to と will の使い方に注意しよう。次の例では will を用いる：
　　　　"The phone's ringing." "OK, I*'ll* [×I*'m going to*] answer it."
　　　　（「電話よ」「いいわ，私が出るわ」）
　　　　"Tea or coffee?" "I*'ll* [×I*'m going to*] have tea, please."
　　　　（「紅茶かコーヒーのどちらになさいますか」「紅茶をお願いします」）
　　　この理由は，will は発話時におけるその場の意志を表すのに対し，be going to はすでに決定済みの意志を表すからである。

　　**NOTE 2**　intend to と be going to
　　　意図を表す動詞 intend to と be going to を比較してみよう：
　　　　(1) I *intend to* leave early tomorrow. （明日早く出ようと思っている）
　　　　(2) I *am going to* leave early tomorrow. （明日早く出るつもりだ）
　　　(1)は意図を表すだけで実行されるかどうかは不明だが，(2)では実行されるという含みがある（cf. Leech (1987)）。

**NOTE 3**
(1) be going to は通例主語の意図を表すが，話し手の意図を表すこともある：
　　The door's *going to* be painted red.（ドアを赤色に塗るつもりだ）
(2) be going to はしばしば脅迫の観念を表す：
　　I'*m going to* kill you, Jim.（ジム，命がないと思え）
　　You'*re going to* regret this.（おまえはこのことをきっと後悔するぞ）
(3) be going to は知覚や認識を表す非意図的な動詞とは用いられない（Ek & Robat (1984))：
　　×I don't know if I *am going to recognize* him after all these years.
　　cf. I don't know if I *will recognize* him after all these years.
　　（何年ぶりかなので，彼だとわかるかどうかわからない）

## (3) 必ず…する —— shall

(3a) 必ず…する —— 1人称主語と用いて

shall は1人称主語と用いて，「必ず…する」という話し手の熟慮の上での判断または決意を表す。通例 shall /ʃæl/ と強く発音する。一般に will よりも意味が強い。

　　I *shall* inform you if the situation changes.
　　　（状況が変われば必ずお知らせします）
　　I *shall* bring up the matter at the next meeting.
　　　（私は次の会議で必ずその問題を取り上げるつもりだ）
　　We *shall* never surrender.（我々は絶対に降伏しないぞ）
　　We *shall* defend our country whatever the cost may be.
　　　（我々はいかに犠牲を出そうとも国を守るぞ）

**NOTE**
(1)《米》では I [We] shall は，範例の第3例，第4例に見られるように演説などの非常に改まった場面に限られる (Leech (1987))。
(2) shall の否定の shan't は《英》用法だが，次第に用いられなくなる傾向にある。《米》ではまれで，通例 won't を用いる (cf. Greenbaum & Quirk (1990))：
　　I *won't* [《英》*shan't*] give in!（絶対に屈服しないぞ）

(3b) …させよう――2人称・3人称主語と用いて

shallは2人称主語，3人称主語と用いて，「…させよう」という話し手の意志を表す。堅い言い方で用いて弱い意志から強い意志まで表し，強い意志では命令・脅迫の観念を表す。今日ではこのshallの使用はまれになりつつある。

You *shall* stay with us as long as you like.
（あなたが好きなだけ家に泊めてあげよう）
You *shall* have an answer by Thursday.（木曜日までに返事をするよ）
No one *shall* stop me from doing it.（誰がなんと言ったってやめないぞ）
He *shall* suffer for this.（彼にこのお返しはしてやるぞ）

**NOTE 1**
このshallには傲慢な響きがあり，目上の者が目下の者に強い調子で命令する場合や，規則や法律書以外では一般に避けられる：

Passengers *shall* not converse with the driver while the bus is in motion.［バス内の掲示］（乗客はバスの運行中は運転手に話しかけないようお願いします）
All payments *shall* be made in cash.（支払いはすべて現金のこと）

**NOTE 2**
(1) 範例の第1例，第2例はcanを用いて，You *can* stay with us as long as you like., You *can* have an answer by Thursday. のように言い換えることができる。このほうが口語的。
(2) 最後の範例はbe going toを用いて次のように言うほうが普通（cf. Swan (1995)）：

He's *going to* suffer for this.（彼にこのお返しはしてやるぞ）

## 10.2 動詞による表現

### (1) …するつもりである――intend [mean] to do

intend, meanは，intend to do, mean to doの形で用いて，「…するつもりである，…しようと思う」という意図を表す。intendはmeanよりも目的が明確で強い意図を表す。またmeanはintendよりもくだけた語で，主に

話し言葉で用いられる。

 We *intend to* install a lift for older people.
  （高齢者のためにエレベーターを設置する予定だ）
 What do you *intend to* do with your old motorcycle?
  （古いバイクはどうするつもりですか）
 I don't *intend to* stay in my present job all my life.
  （私は今の仕事に一生とどまるつもりはない）
 I'm sorry, I didn't *mean to* interrupt you.
  （ごめんなさい，あなたの邪魔をするつもりはなかったのです）
 I*'ve been meaning to* speak with you.
  （ずっと君と話をしたいと思っていたのだ）

「A に…させるつもりである」の意味は intend [mean] A to do の形で表せる。堅い言い方では that 節もとる。

 I *intend* them *to* go there at once. (＝I *intend that* they (should) go there at once.)（私は彼らをすぐにそこに行かせるつもりだ）
 I didn't *intend* him *to* see the painting until it was finished.
  （私は完成するまでその絵を彼に見せるつもりはなかった）
 I never *meant* him *to* read this diary.
  （私はこの日記を彼に読ませるつもりなど毛頭なかった）

「…するつもりであったができなかった」という過去の実現できなかった意図は過去完了または完了不定詞で表せるが，今では過去時制で表すのが普通。

 I *had intended to* prepare for the exam, but I ran out of time. / I *intended to have prepared* for the exam, but I ran out of time.
  （私は試験の準備をするつもりだったが時間がなくなった）
 She *intended to* catch the first train, but she didn't get up in time.
  （彼女は始発列車に乗る予定だったが，起きるのが遅れた）
 I *had meant to* call on you, but was prevented from doing so.
  （あなたを訪ねるつもりだったができなかった）
 I *meant to* telephone this afternoon, but I forgot.
  （今日の午後に電話をしようと思っていたが忘れていた）

**NOTE 1**

(1) intend は動名詞をとることがある。主に《英》用法：

 I don't *intend staying* long. (私は長くとどまるつもりはない)

 I *intend retiring* early. (私は早期に退職するつもりだ)

(2) 《米》では intend [mean] for A to do (A に…させるつもりだ) の形も用いられる：

 I *intend for* him *to* be a software engineer.

  (私は彼をコンピュータソフトの技術者にさせるつもりだ)

 I didn't *mean for* her *to* go out alone at night.

  (私は彼女を夜1人で外出させるつもりなどなかった)

**NOTE 2**

名詞 intention を用いて次のように意図を表すことができる。いずれも動詞 intend を用いるよりも堅い言い方：

 I *have every intention of* resigning from the committee.

  (私は委員を辞任するつもりだ)

 *My intention is to* resign from the committee. (同上)

 *It is my intention to* resign from the committee. (同上)

## (2) …するつもり [予定] である —— plan to do; plan on doing

plan は，「plan＋名詞」，plan to do, plan on doing の形で用いて，「(入念に考えて) するつもりである，…の予定である」という慎重に考えた上での意図や計画を表す。

 I'*m planning* a trip to Hokkaido in August.

  (私は8月に北海道へ旅行する予定だ)

 I'*m planning to* take a vacation in March.

  (私は3月に休暇を取るつもりだ)

 He *is planning to* retire from teaching at 55.

  (彼は55歳で教職を退く予定である)

 She'*s planning to* return to work after she has had a baby.

  (彼女は出産後職場に復帰するつもりだ)

 We'*re planning on getting* married some time.

  (私たちはいずれ結婚する予定です)

We *are planning on going* to Australia this summer.
(私たちは今年の夏オーストラリアへ行くつもりです)

## (3) …しようと決心する ── decide [determine, resolve, make up one's mind] to do

いずれも to 不定詞または that 節を伴って,「…しようと [することを] 決心 [決意] する」の意味を表すが, decide は「即座にはっきりと決断する」, determine は「目標をはっきりさせたうえで決意する」, resolve は「やり遂げようと堅く決意する」, make up one's mind は「よく考えたうえで最終的に堅く決心する」の意味である。

I *have decided to* give up the job. (＝I *have decided that* I will give up the job.)（私はその仕事を辞めようと決心した）

I*'ve decided to* resume my studies after an interval of three years.
（私は3年のブランクの後, 再び勉強を始めようと決心した）

We *have* already *decided that* this meeting (should) be adjourned until tomorrow.（私たちはこの会議を明日まで延期することをすでに決めている）◇ should を用いるのは主に〔英〕。

I *have decided* not *to* go to university after all.
（私は結局大学へ行かないことに決めた）◇ not の位置に注意。

We *determined to* make an early start tomorrow. (＝We *determined that* we would make an early start tomorrow.)（私たちは明日早朝に出発しようと決めた）

He *resolved to* research into the causes of the disease. (＝He *resolved that* he would research into the causes of the disease.)（彼はその病気の原因を研究しようと堅く心に決めた）

He *resolved that* he would never do that again.
（彼は二度とあんなことはしないと堅く心に決めた）

After the divorce she *resolved* never *to* marry again.（彼女は離婚した後, 絶対に再婚はしないと心に堅く決めた）◇ never の位置に注意。

He *has made up his mind to* go abroad and make a fresh start.
（彼は海外へ行って新規まき直しをはかろうと心に決めた）

I *have made up my mind* never *to* take drugs.
（私は二度と麻薬をやらないと心に決めた）◇ never の位置に注意。
I *made up my mind that* I would not send my son to the hospital.
（私は息子を入院させないことに決めた）◇ that はしばしば省略される。

「…しようと決意している」という状態の意味は be determined to do, be resolved to do で表す。

I*'m determined to* devote all my energies to compiling this dictionary.（私はこの辞書の編集に全精力を注ごうと決意している）
I *am determined* never *to* speak to that man again.（私は二度とあの男とは口をきくまいと決めている）◇ never の位置に注意。
She*'s resolved to* become a ballet dancer, and practices for hours every day.（彼女はバレエのダンサーになろうと決めているので，毎日数時間練習をする）

## (4) …しようかと思っている── be thinking of doing

be thinking of doing は，まだはっきりと決めたわけではなく，思案中であることを示して，「…しようかと思っている」という意味を表す。

I*'m thinking of going* to the theater next week.
（私は来週芝居を見に行こうかと思っている）
I*'m thinking of working* on this translation.
（私はこの翻訳に取り組もうかと考えている）
If you*'re thinking of getting* a new computer, now is a good time to buy.（新しいコンピュータを買おうと思っているなら今が買い時だよ）
I*'m thinking of buying* a single-lens reflex camera. Could you give me some advice?（一眼レフカメラを買おうと思っているんですが，助言をお願いできますか）

# 11章　推量・可能性の表し方

　推量・可能性は，話し手が自分の述べる事柄に関してどの程度事実であるかあるいは可能であるかという話し手の判断・態度を表明することで，推量は助動詞 will, should, ought to, must などによって，可能性は助動詞 can, may, might, could などによって表すことができる。また推量の意味は，certainly, presumably, probably, likely, maybe, perhaps, possibly などの副詞によっても表せる。

■基本文例■
1　This *will* be the book you're looking for.
　　（これがあなたが探しておられる本でしょう）
2　The students *should* be in York now.
　　（生徒たちは今ごろヨークに着いているはずだ）
3　They *ought to* arrive at about ten o'clock.
　　（彼らは10時ごろには着くはずだ）
4　He has been driving all day, so he *must* be tired.
　　（彼は1日中運転しているので疲れているにちがいない）
5　He will *certainly* win the next election.
　　（彼は次の選挙では確実に当選するだろう）
6　I *presumably* forgot to lock the car.
　　（どうも車に鍵をかけるのを忘れたようだ）
7　I'll *probably* telephone you this evening.
　　（たぶん今日の夕方電話します）
8　I'm *likely* to be very busy tomorrow.
　　（明日は大変忙しくなりそうだ）
9　*Maybe* I'm right, and *maybe* I'm wrong.　（ひょっとしたら私は正しいのかもしれないし，間違っているのかもしれない）

10 *Perhaps* she's about your age.
 (ひょっとすると彼女はあなたと同じくらいの年かもしれない)
11 The car *can* be repaired. (その車は修理可能である)
12 That *may* or *may* not be true.
 (それは事実かもしれないし，事実でないかもしれない)

**NOTE 1**

Celce-Murcia & Larsen-Freeman (1999) によれば，Someone's knocking.（誰かがノックをしている）という発話に対し，以下の順に確信度が高くなる：

That *could* [*might*] be Peter. (ひょっとしたらピーターかもしれない)
That *may* be Peter. (ピーターかもしれない)
That *should* be Peter. (ピーターのはずだ)
That *will* be Peter. (ピーターだろう)
That *must* be Peter. (ピーターにちがいない)

**NOTE 2**

(1) 推量の意味は様々な動詞（句）を用いて表すこともできる：

I *think* she will be late as usual. (彼女はいつものように遅れると思う)
I *should* [*would*] *think* he's in his early thirties.
 (彼は30代前半のように思う) ◇断定を避けた婉曲的な言い方。
I *guess* this is the best way to do it. (これがその最上のやり方だと思う)
I *suppose* he's gone home. (彼は家に帰ったのだと思う)
I *imagine* she's stuck in a traffic jam.
 (彼女は交通渋滞で動けないのだろうと思う)
I *expect* it will rain soon. (そのうち雨になるだろうと思う)
I *infer* from his letter that he has not yet made a decision.
 (手紙から推察すると，彼はまだ決断していないようだ)
It's time to go now, I *reckon*. (そろそろ行く時間だと思う)
I *feel sure* I'll win at cards tonight. (今晩は必ずトランプで勝つ気がする)
We *suspect* that it's a trick to get our money.
 (それは我々の金を巻き上げる計略ではないかと思う)
"Is it going to rain this afternoon?" "I *doubt* it."
 (「今日の午後は雨になるでしょうか」「降らないと思うよ」)
I *dare say* you'll be late if you don't hurry.

(急がないとたぶん遅れるよ) ◇daresay と 1 語にもつづる。
(2) 次のような慣用的な言い方も推量表現に用いることができる：
*As far as I know*, he's never been abroad.
(私の知る限り，彼は一度も外国へ行ったことがない)
*To the best of my knowledge* the project will be starting next year.
(私の知る限りでは，そのプロジェクトは来年始まる) ◇単に to my knowledge とも言う。
*Ten to one* they will be late. (まず間違いなく彼らは遅刻するだろう)
They will, *in all probability*, have left before we arrive.
(彼らは我々が着く前におそらく出発しているだろう)

## A 推量の表現

## 11.1 助動詞 will, would, should, must などを用いた表現

### (1) …だろう── will; would

現在または未来のことについて，「…だろう，…でしょう」と話し手が推量する場合は will で表すことができる (→ 3.1)。
　Things *will* go well with us. (事態は私たちにうまく行くだろう)
　The meeting *will* be held next Wednesday at four p.m.
　(会議は来週水曜日の午後 4 時に開かれるだろう)
　I hope the weather *will* hold. (天気がもてばいいと思う)
　Don't phone him yet—he *will* still be having dinner.
　(彼にまだ電話してもだめだよ。まだ食事中だと思うよ)
　"There's somebody coming up the stairs." "That*'ll* be Jim."
　(「誰か階段を上がってくるわ」「ジムでしょう」)
　You*'ll* be in time for the train if you hurry. (急げば列車に間に合うよ)
　"*Will* you miss me?" "Of course, I*'ll* miss you."
　(「私がいないと寂しい？」「もちろん寂しいよ」)
would を用いると断定を避けた控え目な言い方になる。
　He *would* be about fifty now, I suppose.
　(あの人は今 50 歳ぐらいじゃないかと思う)

John *would* seem the best man for the job.
（ジョンがその仕事にはうってつけの人のようだ）
This *would* probably be a good time to raise the subject.
（おそらく今がその話題を持ち出すいい機会じゃないでしょうか）
"I heard a scream just now." "Oh, that *would* be me, tripping over the cat!"（「いまキャーという声がしたわ」「まあ，それたぶん私よ，ネコにつまずいたの」）

「…でないだろう」という否定の推量は will not, won't /wóunt/ で表す。控え目な否定の推量は would not, wouldn't で表せる。

Ken *won't* have a word with her about it.
（ケンがそのことで彼女と話をすることはないでしょう）
He *won't* be there now.（彼は今ごろそこにはいないだろう）
It's no use asking Tom; he *won't* know.
（トムに尋ねても仕方ないよ。彼は何も知らないでしょうから）
It *wouldn't* seem to be the case.（どうやらそれは事実でないらしい）
"I don't understand this article in the newspaper." "No, you *wouldn't*."
（「私は新聞のこの記事が理解できません」「ええ，そうかもしれませんね」）

**NOTE**

will と be going to の違いに注意。be going to は，現在すでに何らかの兆候があり，それに基づいて話し手が起こりそうだと感じた予測を表す（→ 3.2）:
This chair *is going to* collapse one of these days; the legs wobble.
（このいすはもうすぐ壊れそうだ。脚がぐらぐらする）

## (2) (当然) …するはずである── should; ought to

既知の事実や条件などから現在または未来のことについて，「(当然) …する［である］はずである」と話し手が推量する場合は should, ought to で表すことができる。話し手が自分の推論に確信がないことを含意し，通例そうあってほしいという話し手の期待が含まれる。

There *should* be some milk in the fridge.（冷蔵庫に牛乳があるはずだ）

"Is Jack here yet?" "Not yet, but he *should* be here soon."
（「ジャックはもう来ていますか」「まだですが，もうすぐ来るはずです」）

The author is a well-known expert, so his book *should* be reliable.
（その著者は有名な専門家なので，彼の著書は信頼できるはずだ）

The price on this label is wrong. It says ¥500, but it *should* be ¥5,000.
（このラベルの値段は間違っている。500円になっているが5000円のはずだ）

"We're spending the summer in Shinshu." "That *should* be nice."
（「ぼくたちは夏は信州で過ごすことにしているんだ」「きっと楽しいでしょうね」）

The weather *ought to* improve after the weekend.
（週明けには天気は回復するはずだ）

The mountain *ought to* be visible from the hotel window.
（その山はホテルの窓から見えるはずだ）

She *ought to* arrive on the next bus, or the one after that.
（彼女は次のバスか，その次のバスで来るはずだ）

「（当然）…する［である］はずがない」というありそうもないことは should not, shouldn't, ought not to, oughtn't to で表される。

I'll draw you a map. You *should not* have any difficulty finding our house. （地図を描いてあげましょう。私たちの家は簡単に見つかるはずです）

I have checked everything, so there *shouldn't* be any problems at the airport. （私がすべてチェックしたので，空港ではまったく問題がないはずです）

It *oughtn't to* be difficult to get spare parts.
（予備の部品の入手が困難だということはないはずです）

「（当然）…した［だった］はずである」という過去についての推量は「should［ought to］have＋過去分詞」で表される。

It was an easy test and he *should have passed*, but he didn't.
（やさしいテストだったので彼は合格できたはずなのにだめだった）

They *ought to have arrived* at ten, but they didn't show up.
（彼らは10時に着くはずだったが来なかった）

**NOTE**
(1) should のほうが ought to よりもよく用いられる (Quirk *et al.* (1985))。
(2) should は通例強勢を受けないが，ought to は通例強勢を受ける (Leech (1987))。
(3) should, ought to は must, have to と違い，否定の余地が残されている (Quirk *et al.* (1985)；Palmer (1974))：
 He *should* [*ought to*] be there, but he isn't.
  (彼はそちらに着いているはずだが，着いていない)
 ×He *must* [*have to*] be there, but he isn't.
(4) should, ought to は望ましい推量を表す (Quirk *et al.* (1985))：
 There *should* be another upturn in sales shortly.
  (そのうち販売が再び上向くはずである)
 ?There *should* be another disaster shortly.
  (そのうちまた災害があるはずである)

## (3) …にちがいない── must

　証拠に基づいて現在のことについて推量して，「…にちがいない，きっと…だろう」と話し手が強く確信する場合は must で表すことができる。動詞は通例状態動詞。

 I *must* be getting old—I keep forgetting things.
  (私は年をとってきたにちがいない。物忘ればかりしている)
 "You *must* know Hanako." "Yes, I know her well."
  (「花子を知ってるはずよね」「ええ，よく知ってるわ」)
 There *must* be something wrong with the engine.
  (エンジンのどこかが故障しているにちがいない)
 "There's somebody knocking at the door." "It *must* be the doctor."
  (「誰かドアをノックしている」「お医者さんにちがいないわ」)
 I often see him coming home in the early morning. He *must* work at nights. (私は彼が早朝に帰ってくるのをよく見かける。夜働いているのにちがいない)

　「…したにちがいない」という過去についての推量は「must have＋過去分詞」で表される。

I can't find my keys. I *must have left* them at home.
(鍵が見当たらない。家に忘れてきたにちがいない)
I *must have dozed* off for a few minutes.
(私は数分うたたねしたにちがいない)
The burglar *must have entered* through the bedroom window.
(強盗は寝室の窓から侵入したにちがいない)
"A woman phoned while you were out shopping." "It *must have been* Motoko." (「お買い物に出かけていらっしゃる間に女性の方から電話がありましたよ」「元子にちがいないわ」)

**NOTE 1**
未来についての推量には must は用いられない。その代わりに be bound to, be certain to などが用いられる (cf. Long (1961))：
　　He's *bound to* be here tomorrow. (彼は明日必ずここに来るだろう)
　　This year *is* almost *bound to* break that record, and next year will almost certainly break that one, as well.
　　(今年, その記録が破られることはほぼ間違いないだろう。また来年もその記録が破られることはほぼ確実だろう)
　　The drop in prices *is certain to* affect the manufacturing industry.
　　(価格の低下は必ず製造業に影響を与えるだろう)

**NOTE 2**
推量の意味の must は否定文・疑問文では用いられず, 代わりに can が用いられる (→ 11.3 (1) (1b))：
　　There *cannot* be a mistake. (間違いがあるはずがない)
　　*Can* she be the one he means? (彼女がはたして彼の言っている人だろうか)
ただし否定文でも, 事実でないという確実な証拠がある場合は, 特に《米》では must not が時に用いられる (Swan (2005))：
　　That restaurant *must not* be any good—it's always empty.
　　(あのレストランはいいはずがないよ。いつもがらがらなんだもの)
また疑問文でも肯定的な答えを想定する場合, まれに must が用いられる (Quirk *et al.* (1985))：
　　*Must* there be some good reason for the delay?
　　(遅れた何か正当な理由があるはずでしょう？)

**NOTE 3**
(1) 推量の must の意味で have to, have got to が用いられることがある。これは（米）用法であったが，現在では（英）でも用いられる（Quirk *et al.* (1985))：

 Someone *has to* [*has got to*] be telling lies.
  （誰かうそをついているにちがいない）
 You *have to* [You*'ve got to*] be joking.（ご冗談でしょう；まさか）

(2) 過去のことの推量についても had to が，（米）だけではなく（英）でも時に用いられる（Thomson & Martinet (1986))：

 "I wonder who stole the bag." "It *had to be* [*must have been*] Jim. He's the only one who was there."（「誰がバッグを盗んだのだろう」「ジムにちがいないよ。そこにいたのは彼だけだったから」）

## 11.2 推量を表す副詞を用いた表現

推量は見込みの程度に応じて，certainly, presumably, probably, likely, maybe, perhaps, possibly などの副詞によって表すことができる。certainly が確信度が最も高く，次に presumably，次いで probably と likely，その次に maybe と perhaps，そして確信度が最も低いのは possibly である。

### (1) 確かに（…だろう）── certainly

certainly は「確かに，確実に，必ず」という意味で，話し手の確信度が極めて高く，100％に近いことを表す。almost certainly とすると確信度はやや下がる。

 The horse will *certainly* win the race. (=It is certain that the horse will win the race. / The horse is certain to win the race.)（その馬はきっとレースに勝つだろう）

 The LDP will *certainly* lose the next election.
  （自民党は次の選挙では確実に負けるだろう）

 He was *certainly* there; there is no doubt about it.
  （彼は確かにそこにいた。そのことはまったく疑う余地がない）

 If nothing is done, there will *certainly* be an economic crisis.

（もし何もしないと確実に経済危機が起こるだろう）
That *certainly* isn't true.
（それは絶対に事実ではない）◇通例否定語の前に置く。
Your answer is almost *certainly* right.
（あなたの答えはほぼ間違いなく正しい）
Without treatment, the man will almost *certainly* die.
（治療を行わないと，その人はほぼ確実に死亡するだろう）

**NOTE 1**
次の4つの文を比較してみよう：
(1) He will *certainly* come.（彼はきっと来るだろう）
(2) *It is certain that* he will come.（同上）
(3) He *is certain to* come.（同上）
(4) He *is certain that* they will come.
　　（彼は彼らが来るものと確信している）
(1),(2),(3)では確信しているのは話し手であるが，(4)では主語の he である。

**NOTE 2**
certainly は通例助動詞の後にくるが，助動詞を強めると助動詞の前に位置する。この場合，助動詞に強勢が置かれる：
He *certainly* wíll pass the entrance exam.
（彼はきっと入学試験に合格するだろう）

## (2) （根拠に基づいて）どうも…らしい── presumably

presumably は「（根拠に基づいて推定して）どうも…らしい」という意味で，話し手の確信度がかなり高いことを表し，確信度は certainly と probably の間に位置する。
It's raining, so *presumably* the baseball game will be canceled.
（雨が降っているので，野球の試合はどうも中止になりそうだ）
*Presumably* I left my bag on the train.
（どうもかばんを列車に置き忘れたようだ）
*Presumably* this is where the traffic accident happened.

(きっとここが交通事故の現場だろう)
*Presumably* the flight has been delayed by the bad weather.
(おそらく飛行機は悪天候のために遅れたのだろう)
The burglars *presumably* knew he was out.
(強盗たちはどうも彼が出かけていることを知っていたようだ)

## (3) たぶん（…だろう）── probably

　probably は「十中八九，たぶん，おそらく」という意味で，話し手の確信度が 80 ％から 90 ％程度であることを表す。very probably, most probably とするとさらに確信度は高くなる。

The plane will *probably* be late because of dense fog. (＝It is probable that the plane will be late because of dense fog.)（飛行機はおそらく濃霧のために遅れるだろう）

We're *probably* going─it depends on the weather.
(おそらく我々は行くだろう。天候次第だが)

"Where is Mike?" "*Probably* in his room."
(「マイクはどこにいるの」「たぶん自分の部屋よ」)

*Probably* the best thing to do is to call him before you go.
(おそらく一番いいのは，あなたが行く前に彼に電話をすることだ)

"Is Paul coming tonight?" "*Probably*."（「ポールは今晩来ますか」「たぶん来るでしょう」）◇「たぶん来ないでしょう」は *Probably* not.

It's *probably* the best movie I have ever seen.
(おそらくそれは私が今まで見た中で一番いい映画だろう)

They *probably* won't clean up the mess you made.
(たぶん彼らは君が散らかした後片付けなどしないだろう) ◇ probably は否定話の前に置く。ˣThey won't *probably* ... は不可。

He will *very probably* go overseas next year.
(来年彼が外国へ行くのはほぼ間違いないだろう)

The number of applicants will *most probably* increase this year.
(今年は志願者が間違いなく増加するだろう)

**NOTE**
　形容詞 probable は highly probable, most probable と言えるが，˟very probable とは言えないことに注意：
　　Success is *highly probable*.（成功はほぼ確実だろう）
　　It seems *most probable* that the election will be held in May.
　　（選挙はほぼ間違いなく5月に行われそうだ）

## (4) しそうな —— likely

　likely には形容詞または副詞としての用法があり，形容詞としての likely は「しそうな，ありそうな」という意味で，主に be likely to do, It is likely (that) ... という形で用いられる。話し手の確信度は probable とほぼ同じで，very likely, most likely, quite likely とすると確信度はさらに高くなる。副詞の likely は「たぶん，おそらく」という意味で，《英》では通例 very, most, quite を前に置いて用い，単独では用いられない。

　　The plan *is likely to* succeed. (= *It is likely that* the plan will succeed.)
　　　（その計画はうまく行きそうだ）
　　The concert *is likely to* finish late.
　　　（コンサートが終わるのは遅くなりそうだ）
　　I'*m likely to* be late home tonight.（今晩帰宅が遅くなりそうだ）
　　He *is* not *likely to* change his mind. (= He is unlikely to change his mind.)（彼は考えを変えそうもない）
　　"*Is it likely that* he'll arrive so late?" "No, it's not very *likely*."
　　　（「彼の到着は相当遅れそうですか」「いや，そんなには遅れないでしょう」）
　　It's *most likely that* we'll be in China this time next year.
　　　（私たちは来年の今ごろはほぼ間違いなく中国にいるだろう）
　　I'd *very likely* have done the same thing in your place.
　　　（私があなたの立場にあったら，きっと同じことをしただろう）
　　They have *quite likely* lost the way home.
　　　（きっと彼らは家に帰る途中道に迷ったのだろう）

**NOTE**
(1) 副詞の likely は，くだけた言い方では《米》では単独で用いられることもある（*OALD*[7]）：

    He said that he would *likely* run for President.
        （彼は大統領に立候補するだろうと言った）

(2) likely の形容詞の比較変化は more　likely,　most　likely または likelier, likeliest の 2 つがあるが，前者のほうが普通。

(3) 形容詞 likely の反対で「しそうもない」の意は unlikely で表せる。さらに意味を強めると very unlikely, most unlikely となる：

    He is *unlikely* to arrive before 7:00 p.m.
        （彼は午後7時前には到着しそうにない）
    It is *very unlikely* that the thief will be caught.
        （その泥棒が捕まることはまずなさそうだ）

## (5) ひょっとすると（…かもしれない）
### —— maybe; perhaps; possibly

  maybe, perhaps は「ひょっとすると，ことによると，もしかすると」という意味で，話し手の確信度は 50％程度かそれ以下で，可能性があるが確実性があやふやなことを表す。perhaps は maybe よりも堅い語。通例，maybe は文頭で，perhaps は文頭・文中・文尾で用いられる。possibly は maybe, perhaps よりも確信度は低く，30％程度以下であることを示す。

    *Maybe* he'll be prime minister one day.
        （ことによると彼はいつか総理大臣になるかもしれない）
    "Why is he late?" "*Maybe* he missed the bus."
        （「どうして彼まだ来ないんだろう」「バスに乗り遅れたのかもしれないね」）
    "Do you think he'll come?" "*Maybe*."
        （「彼は来ると思いますか」「おそらくね」）
    *Perhaps* the weather will get better soon. (＝The weather will *perhaps* get better soon. / The weather will get better soon, *perhaps*.)
        （おそらく天気はすぐに回復するだろう）
    *Perhaps* I'm wrong, but I think she is about sixty years old.
        （ひょっとしたら間違っているかもしれないが，彼女は 60 歳くらいだろう）

It is *perhaps* his constant efforts that have made him such a great scholar. (彼があのような大学者になったのは，たぶんたゆまぬ努力のたまものなのだろう)

"Do you think he was murdered?" "*Perhaps*."
(「彼は殺害されたと思いますか」「ひょっとしたらね」)

This is *possibly* his finest novel.
(この小説はことによると彼の最高傑作かもしれない)

"Are you thinking of going into town to shop?" "*Possibly*, I'm not sure yet." (「町へ買い物に行かれますか」「ひょっとすると行くかもしれませんが，まだわかりません」)

We may *possibly* move next spring.
(私たちはもしかすると来年の春引っ越しするかもしれない) ◇ possibly は may と用いるとさらに実現の可能性は低くなる。

**NOTE**

possibly が can't, couldn't の直後に用いられると否定を強調し，強調詞 (intensifier) としての役割を果たす (Leech & Svartvik (2002))：
　It *can't possibly* succeed. (それが成功する見込みはほとんどない)
　That *couldn't possibly* be true. (そんなことが真実であろうはずがない)

## B 可能性の表現

### 11.3 助動詞 can, may, might, could による表現

### (1) (理論的・潜在的に)…することもできる，…でありうる
―― can

(1a) …することもできる，…でありうる――理論的または潜在的な可能性
　周囲の状況からみて一般的にまたは理論的に可能であること (general or theoretical possibility)，あるいは本来の性質からみて潜在的にまたは時々可能なこと (potential or occasional possibility) は can で表すことができる。

The road *can* be blocked.（その道路は閉鎖することができる）

I *can* get to work in about 20 minutes by bike.
（職場へは自転車で 20 分ほどで行ける）

I *can't* go out this evening. I have a lot of work to do.（今日の夕方は出かけられません。しなければならない仕事がたくさんあります）

*Can* you finish all this by the end of the week?
（あなたは週末までにこれをすべてすませてしまうことは可能ですか）

One *can* travel to the island by boat.（その島へは船で行ける）

Alcohol *can* damage our health if consumed in large quantities.
（アルコール飲料は大量に飲むと健康を害することだってある）

Even expert drivers *can* make mistakes.
（ベテランの運転手でさえミスを犯すことがある）

Modern farming methods *can* have an adverse effect on the environment.（近代の農業のやり方は環境に悪影響を及ぼすことがある）

The weather *can* be very hot and humid in summer in Tokyo.
（東京では夏は非常に暑くてじめじめすることがある）

「…することもできた」「時には…することもあった」という過去において一般的にまたは時々可能であったことは could によって表される。

At that time one *could* already fly from Tokyo to London in less than fifteen hours.（当時すでに東京・ロンドン間の飛行に 15 時間かからなかった）

At that time the situation *could* deteriorate at any moment.
（当時状況はいつ何時悪くなるかわからなかった）

My aunt *could* be unpleasant at times.
（叔母は時々人を不快にさせることもあった）

She *could* be very chatty when she was younger.
（彼女は若いころは非常におしゃべりなところがあった）

「…することが可能になるだろう」という未来において可能なことは通例 will be possible または will be able to で表される。

One day, it *will be possible to* [people *will be able to*] travel to the moon.（人間はいつか月へ旅行することができるようになるだろう）

When the new tunnel is ready, we*'ll be able to* get to the town much more easily. (新しいトンネルができると、もっと容易に町へ行けるようになるだろう)

**NOTE 1**
第1範例において、can は道路が実際に閉鎖されるか否かは別にして、理論上は閉鎖することは可能であることを示し、次のようにパラフレーズできる (cf. Leech (1987))：
　(1) *It is possible for* the road *to* be blocked.
　　　(その道路が閉鎖されることだって可能である)
　(2) *It is possible to* block the road.
　　　(その道路を閉鎖することだって可能である)
これに対し、may は実際にそういうことがありうることを表すので、The road may be blocked. は次のようにパラフレーズできる (→ 11.3 (2))：
　(3) *It is possible that* the road is blocked.
　　　(その道路が閉鎖されることはありうる)
　(4) *Perhaps* the road is blocked. (おそらくその道路は閉鎖されるだろう)
このことからも、次の (5a) は言えるが、(5b) は言えないことがわかる：
　(5) a. We *can* go on a picnic but we may not. (私たちはピクニックに行くことはできるが、実際は行かないかもしれない)
　　　b. ˣWe *may* go on a picnic but we can't.

**NOTE 2**
これから取りうる行動を提案する場合などは、未来のことであっても can を用いて表せる (Chalker (1990)) (→ 9.3 (1))：
　We *can* go to the theater next week, if you are free. (もしあなたがお暇なら、来週いっしょに芝居を見に行けます (がどうですか))
　"What shall we do?" "We *can* try asking Motoko for help."(「私たちどうしたらいいのでしょうね」「元子に援助を頼んでみたらどうでしょう」)

**(1b) …であるはずがない、…でありうるだろうか**
　　　——可能性に対する否定・疑い
can は否定文・疑問文で用いて、「…であるはずがない」「…でありうるだろうか」と可能性に対して否定や疑いを表す。
　He *can't* be working at this time of the night. (＝It is not possible that he is working at this time of the night. / He is certainly not

working at this time of the night.)（彼は夜のこんな時間に働いているはずがない）

"*Can* this be true?" "No, it *can't* be true."
（「これははたして本当ですか」「いいえ，本当のはずがありません」）

You *can't* still be sleepy. You've slept over ten hours!
（まだ眠いってことはないでしょう。10時間以上も寝たんだから）

"There's the doorbell. Who *can* it be?" "Well, it *can't* be your father. He's away on business."（「玄関のベルが鳴ってる。一体誰だろう？」「君のお父さんであるはずないよ。今，出張してるんだろう」）

過去の出来事については「can have＋過去分詞」で表し，否定文・疑問文で用いられる。

Taro *can't have come* yesterday—he's ill in bed.
（太郎は昨日来たはずないよ。病気で寝ているんだから）

He *can't have got* lost on the way.
（彼は途中で道に迷ったはずないよ）

*Can* we *have made* a mistake, I wonder?
（私たちははたして間違いをしたのだろうか）

Where is Nancy? What *can have happened* to her?（ナンシーはどこにいるのだろうか。彼女の身に一体何があったのだろうか）

**NOTE 1**
肯定文では can は用いられない。その代わりに，must が用いられる（→ 11.1(3)）：

There *must* be someone at home—the light's on in the kitchen.
（家に誰かいるにちがいない。台所に明かりがついているから）

**NOTE 2**
wh- 語，wh-ever 語で始まる文で can /kǽn/ と強く発音すると，驚き・当惑・いら立ちなどの感情を表す（Ek & Robat (1984)）：

What *can* he mean?（彼は一体どういうつもりなのだろう）
How *can* you be so heartless?（よくもまあどうしてそんなに薄情なの）
Whatever *can* they want?（彼らは一体何がほしいというのだ）

## (2) （実際に）…かもしれない；（ひょっとしたら）…かもしれない —— may; might, could

　現在または未来のことについて、「実際に…かもしれない」という実際にありうる［起こりうる］かもしれないこと（factual possibility）は may を用いて表すことができる。確率は 50 ％程度。通例 may に強勢が置かれる。これに対し、「ひょっとしたら…かもしれない」という可能性がより少ないことを表すには might, could が用いられる。might, could では確率は 30 ％程度である。

　　You *may* be right. (＝It is possible that you are right.)
　　（あなたの言うことが正しいかもしれない）

　　I *may* not pass the exam. (＝It is possible that I will not pass the exam.)（私は試験に合格しないかもしれない）◇強勢は may に置かれる。禁止を表す場合は not に置かれる（→ 7.1(3)）。

　　The car of the future *may* run on solar-powered batteries.
　　（未来の車は太陽電池で動くかもしれない）

　　"What are you doing this weekend?" "I haven't decided yet, but I *may* go to Tokyo."（「この週末はどうするつもりですか」「まだ決めていませんが、東京に行くかもしれません」）

　　"Where's Hanako?" "I don't know. She *may* be out shopping."（「花子はどこにいるの」「知らない。買い物に出かけているのかもしれないわ」）

　　He *might* come today, but it's very unlikely.（彼は今日あたりひょっとしたら来るかもしれないが、そういうことはまずないでしょう）

　　Janet *might* phone. If she does, please ask her to phone again later.
　　（もしかするとジャネットから電話があるかもしれません。もし電話があれば後でもう一度電話するように言ってください）

　　I *might* be home late tonight, so don't wait dinner for me.
　　（今晩ひょっとすると帰りが遅くなるかもしれないので、夕食は待ってくれなくて結構だよ）

　　He *might* not come to the meeting. He has a slight fever with a cold.
　　（ことによると彼は会合に来ないかもしれません。風邪をひいて微熱があるのです）

Global warming *could* become a major problem in the future.
（地球温暖化は将来大きな問題になるかもしれない）
War *could* break out any day.（戦争がいつ何時起こるかわからない）
"Where's Jack?" "I'm not sure. He *could* be in his office, I suppose, but he's not usually there at this time."
（「ジャックはどこにいますか」「知りません。もしかすると会社にいるかもしれませんが，この時間は会社にいるとは限りませんので」）

「…した［だった］かもしれない」という過去のことについて，事実はわからないがそういう可能性があったことは「may［might, could］have＋過去分詞」で表される。

He isn't back yet. He *may have had* an accident on the way. (＝It is possible that he had an accident on the way.)（彼はまだ帰っていない。途中で事故にあったのかもしれない）
"I can't find my glasses anywhere." "You *might have left* them in the house."（「めがねがどこにもない」「家に忘れてきたのかもしれないね」）
"I wonder why he didn't come to the party." "He *might not have been told* that there was a party today."
（「彼はどうしてパーティーに来なかったのだろう」「今日パーティーがあるとは聞いていなかったのかもしれないね」）
The economic situation was bad, but it *could have been* worse.
（経済の状況はよくなかったが，さらに悪くなっていたかもしれない）

過去に起こる可能性はあったが実際には生じなかったことは，通例「might［could］have＋過去分詞」で表される。

You oughtn't to have driven that car with the brakes out of order. You *might have had* a serious accident.
（ブレーキの故障したあんな車を運転すべきじゃなかったんだ。ひとつ間違えば重大な事故を起こしていたかもしれないんだよ）
It was fortunate for Roy that we found him so quickly—he *could have drowned*!（ロイがすぐ見つかってよかった。おぼれ死んでいたかもしれなかった）
Why did you throw the empty can out of the window? Somebody *could have been* hurt.（どうして空き缶を窓から投げ捨てたんだい？ 誰

かがけがをしたかもしれないじゃないか)

## NOTE 1
(1) 可能性を表す may は通例疑問文では用いない。通例 might, could を用いる。could のほうが一般的 (Sinclair(ed.) (2004))：
　　*Might* [*Could*, ˣ*May*] this be true? (これは本当なのだろうか)
　　*Might* [*Could*, ˣ*May*] he have lost his way?
　　　　(彼が道に迷ったなんてことはあるだろうか)
　上記の法助動詞の他，be likely, do you think? などが用いられる：
　　*Is* the train *likely* to be an hour late? (列車は 1 時間遅れそうですか)
　　*Do you think* he's with Henry? (彼はヘンリーといっしょだと思いますか)
(2) ただし，間接疑問文では may を用いることは可能 (Swan (2005))：
　　Do you think you *may* go camping this summer?
　　　　(今年の夏はキャンプに行けそうですか)

## NOTE 2
　「might [could] have + 過去分詞」は過去のなされなかったことに対して非難の気持ちを表すことがある：
　　You *might have asked* me to your wedding!
　　　　(ぼくを君の結婚式に呼んでくれてもよかったのに)
　　You *could have told* me you were going to be late.
　　　　(遅れそうだとひとこと言ってくれてもよかったのに)

# 12章　原因・理由の表し方

　原因・理由は，最も普通には接続詞 because, for, since, as あるいは前置詞句 because of, owing to, due to, on account of などによって表せる。その他，用法は限られるが from, out of, through, for, with, at などの前置詞（句）によっても原因・理由を表すことができる。また感情を示す形容詞・過去分詞の後で to 不定詞または that 節がその感情の原因を表す。

■基本文例■

1　The boy was scolded *because* he behaved so badly.
　　（その男の子は行儀が非常に悪かったのでしかられた）
2　I asked her to come to tea, *for* I had something to tell her.
　　（私は彼女をお茶に誘った。というのは彼女に話すことがあったから）
3　*Since* we've got thirty minutes to go, let's have a cup of coffee.
　　（まだ30分あるのでコーヒーでも飲みませんか）
4　*As* Ann was the eldest, she had to look after her sisters.
　　（アンは一番年上だったので妹たちの世話をしなければならなかった）
5　The baseball game was called off *because of* bad weather.
　　（その野球の試合は悪天候のため中止になった）
6　She was tired *from* doing the housework all morning.
　　（彼女は午前中ずっと家事をして疲れていた）
7　We were surprised *at* the news about the earthquake.
　　（私たちはその地震のニュースを聞いてびっくりした）
8　We're very *pleased to* see you here.
　　（ここでお目にかかれて大変うれしく思います）
9　You're *crazy to* go out in this stormy weather.
　　（こんな荒天に出て行くなんて君は頭がどうかしているよ）

**NOTE 1**
(1) 原因・理由は cause（名詞・動詞）によって表すことができる：
　　There is no *cause* for concern.（何ら心配する理由はない）
　　The *cause* of the accident is still not known.
　　　（その事故の原因は依然不明である）
　　The crash *was caused* by the driver's carelessness.
　　　（その衝突は運転手の不注意によって引き起こされた）
(2) 原因の意味は，bring about（…を引き起こす），lead to（…につながる），give rise to（…を生じさせる）などによっても表せる：
　　What *brought about* the change in her attitude?
　　　（どうして彼女の態度に変化が生じたのだろうか）
　　Many years of medical research *led to* the development of the new drug.（長年にわたる医学研究がその新薬の開発につながった）
　　Higher wages *give rise to* higher prices.（高賃金は高物価を招く）

**NOTE 2**
(1) 理由は名詞 reason によって表すことができる：
　　The *reason* for his absence is sickness.（彼が欠席した理由は病気である）
　　I have no *reason* to doubt his word.（彼の言葉を疑う理由はない）
　　I'd like to know the *reason* why she declined the invitation.
　　　（私は彼女がその招待を断った理由が知りたい）
　　The *reason* (why [that]) I left early was that I was feeling sick.
　　　（私が早く帰った理由は，気分がよくなかったためである）
(2) 上の最後の例で，reason の後の that, why はしばしば省略される。また The reason (why [that]) … の後の理由を表す名詞節には that がくるのが正式だが，くだけた言い方では because も用いられる（cf. Quirk *et al.* (1985)）：
　　The *reason* they didn't go to see the house is *because* they prefer to live in an apartment.（彼らがその家を見に行かなかった理由は，アパートに住むほうが好きだからである）

## 12.1　接続詞による表現

## (1) なぜなら…；というわけは… —— because; for

because と for はともに聞き手が知らない情報（つまり新情報）を導入す

るが，「なぜなら…」と明示的に直接的な原因・理由を述べる場合はbecause，「というわけは…」と前文の内容に対して補足的にその理由を付加する場合は for が用いられる。because 節は通例主節の後にくる。for 節は常に主節の後にきて，通例コンマで区切られる。for は強勢を受けることはない。

He must be exhausted *because* he walked all the way from the station.
(彼は駅からずっと歩いて来たので，とても疲れているにちがいない)

They had to move *because* their building was to be torn down. (建物が取り壊されることになったので，彼らは引っ越さなければならなかった)

He is overweight *because* he doesn't get enough exercise.
(彼が太りすぎているのは十分運動しないからです)

He was dismissed just *because* he was away from work for a week.
(彼は1週間休んだだけなのに解雇された)　◇ just 以外に，only, simply などによっても限定される。

"Look how skinny she is." "That's *because* she's on a diet."
(「ねえ，彼女なんてやせてるの」「ダイエットをしているからよ」)

*Because* she had run out of money, she had to look for a job.
(彼女はお金がなくなったので，仕事を探さなければならなかった) ◇主節の前に置く場合，コンマで区切る。

I found it increasingly difficult to read, *for* my eyesight was failing.
(私はだんだんものが読みづらくなってきた。というのは視力が衰えてきたから)

The children lost their way, *for* they had never been in the forest before. (子供たちは道に迷った。というのは今まで一度もその森へ行ったことがなかったから)

**NOTE 1**
(1) Why …? に対する返答では because を用い，for を用いることはできない：

"*Why* don't you eat *sashimi*?" "*Because* [ˣ*For*] I don't like it."
(「どうしてさしみを食べないの？」「嫌いだからよ」)

"*Why* can't I go?" "*Because* [ˣ*For*] you're too young."

(「どうしてぼくは行ってはいけないの？」「まだ小さすぎるからよ」)
(2) Why ...? に対する返答で，次のように Because を省略して答えることも可能：
"*Why* did you take a taxi?" "(*Because*) it was raining heavily."
(「どうしてタクシーに乗ったの？」「雨がひどく降っていたから」)

## NOTE 2

because 節を独立させて次のようには用いない (Leech *et al.* (2001))：
I am sorry I will not be able to attend the meeting. ˣ*Because* I have to visit a friend in hospital.

次のようにすると正しくなる：
I am sorry I will not be able to attend the meeting, *because* I have to visit a friend in hospital. (申し訳ありませんが会合には出席できません。入院している友人を見舞いに行かなくてはいけないので)

## NOTE 3

接続詞の for は古風な語で，堅い書き言葉以外ではめったに用いられない。したがって，くだけた言い方では for の代わりに because を用いるか，あるいは for は使用しないのが普通 (cf. Heaton & Stocks (1966))：
The days are short, *because* it is now December.
　(日が短い。なぜなら今は12月だから)
I'm not going out tonight. I'm too tired.
　(私は今晩は出かけない。とても疲れているから)

## NOTE 4

because 節の前に not がある場合，because が否定の作用域 (scope) にあるか否かによって2通りの読みがある。次の例を見てみよう：
President Clinton did *not* amend the law *because* he feared public opinion.

この場合，2通りの解釈が可能である。
(1) クリントン大統領は世論を恐れてその法案を修正しなかった。
(2) クリントン大統領がその法案を修正したのは世論を恐れたからではない。

(1)は because 節が否定の作用域の外，(2)は作用域の中にある解釈のし方である。否定の作用域の外にある場合は，通例話し言葉では because の前に休止 (pause)，書き言葉ではコンマ (comma) を置いて区別される。

(2) …なので── since; as; now (that); seeing (that)

　　since と as はすでに聞き手が知っている情報（すなわち旧情報）を導入し，「…なので，…だから」と理由を述べるのに用いられる。since は「時」について用いられたことから，のちに「…であるからには（…となる）」という自明の理由を表し，事実や周囲の状況などから明白な事柄について用いられる。as は軽く理由を述べる場合に用いられるが，多義なので（米）では since のほうが一般に好まれる。since 節，as 節は主節の前で用いられることが多い。

　　*Since* we live near the sea, we can often go swimming in summer.
　　　（私たちは海の近くに住んでいるので，夏にはよく泳ぎに行ける）
　　*Since* he had not paid the bill, his electricity was cut off.
　　　（彼は電気料金を支払わなかったので，電気が切られた）
　　*Since* we have plenty of time, why don't we take a little rest and have some coffee?（時間がたっぷりあるので，ちょっと休んでコーヒーでも飲みませんか）
　　I can't give you this brochure *since* it's the only one I've got.
　　　（このパンフレットは1冊しかないのであなたにはあげられない）
　　*As* I was cold and the heating was off, I decided to go to bed early.
　　　（私は寒くてそのうえ暖房が切れたので早く寝ることにした）
　　*As* he had been up since 5 o'clock in the morning, he was very sleepy.
　　　（彼は朝の5時から起きていたのでとても眠かった）
　　*As* he was their only son, his parents spoiled him.
　　　（一人息子だったので，両親は彼を甘やかした）
　　I decided not to buy that digital camera, *as* it was too expensive.
　　　（あのデジカメは非常に高価だったので買わないことにした）

　　理由は，now (that) …, seeing (that) … によっても表されるが，now (that) … は「…した今」という同時的な時間的観念を表し，seeing (that) … は「…であることからすると」という事情を表す。

　　*Now that* the kids have left home, we're going to move to a smaller house in the suburbs.（子供たちが家を出て行ったので，私たちは郊外の小さな家に引っ越すつもりだ）

*Now that* you're grown up, you must stop this childish behavior.
（大きくなったからにはそんな子供っぽいふるまいはやめなさい）
*Seeing that* I could not persuade them, I gave in to their demands.
（私は彼らを説得できなかったので，彼らの要求に屈した）
*Seeing that* it's your birthday, why don't we go out for a meal tonight?
（あなたの誕生日なので，今晩食事に出かけませんか）

**NOTE 1**
(1) since 節，as 節で表現するのは比較的堅い言い方なので，くだけた言い方では次のように so で表現する（→ 13.2(1)）：
　　It's raining again, *so* we'll have to stay at home.
　　　（また雨が降ってきたので，私たちは家にいなければならないだろう）
(2) as は多義なので，since, because の代わりに用いるのは注意深い書き言葉では一般に避けられる（cf. Copperud (1980)）。次の文では as は「理由」を表すとも「時」を表すとも考えられ，あいまいである（Quirk *et al.* (1985)）：
　　*As* he was standing near the door, he could hear the conversation in the kitchen.（彼はドアの近くに立っていたので，台所の会話が聞こえた［理由］；彼はドアの近くに立っていたとき，台所の会話が聞こえた［時］）

**NOTE 2**
　　堅い言い方では分詞構文によって原因・理由を表すことができる（→ 22.6(2)）：
　　*Feeling* tired, I went to bed early.（疲れたので，私は早く寝た）
　　Not *knowing* what to do, I phoned the police.
　　　（どうしていいかわからなかったので，私は警察に電話した）
　　The weather *having improved*, we enjoyed the game.
　　　（天候が回復したので，我々は試合を楽しんだ）

## 12.2　前置詞（句）による表現

### (1) …のために——because of; owing to; due to; on account of

「…のために，…が原因で，…のせいで」という原因・理由は前置詞句 because of, owing to, due to, on account of などによって表すことができ

る。この中で because of が最も一般的。owing to, due to, on account of はやや堅い言い方。

We were late for work *because of* the heavy rain.
（私たちは豪雨のために仕事に遅れた）

I couldn't sleep last night *because of* the terrible noise from the street.
（昨夜は通りの騒音がひどくて眠れなかった）

*Because of* the dry weather, the plants in the garden turned brown.
（乾燥した天候のために庭の植物が褐色になった）

*Because of* him, I arrived late for the interview.
（彼のせいで，私は面接に遅刻した）

The game was canceled *owing to* the train strike.
（その試合は鉄道のストライキのために中止になった）

*Owing to* the heavy snowfall, many of the roads were impassable.
（豪雪のために多くの道路が通行不能になった）

His illness was largely *due to* stress.
（彼の病気は主にストレスによるものであった）

The increase in sales of air conditioners is *due to* the unusually hot weather this summer.（エアコンの販売の増加は，今年の夏の異常な暑さのためである）

He retired early *on account of* ill health.
（彼は健康がすぐれないために定年前に退職した）

Why were you angry? Was it *on account of* what I said yesterday?
（どうして怒っていたの？　私が昨日言ったことが原因だったの？）

**NOTE 1**
(1) 第1範例は because 節を用いて次のように言い換えることができる：
We were late for work *because* it rained heavily.
（私たちは豪雨のために仕事に遅れた）
(2) owing to は次のように be 動詞の後で用いることはできない：
×His success was *owing to* his efforts.

**NOTE 2**
due は元来形容詞であるため，最後の範例のように形容詞句として用いる

ことには問題はない。前置詞句として次のように副詞的に用いることは，好ましくないとする見方もあったが，今日では一般に容認されている (cf. Sinclair(ed.) (2004))：

*Due to* the bad weather, the flight has been delayed one hour.
（悪天候のために飛行機は1時間遅れている）
He was away from work *due to* illness.（彼は病気で仕事を休んでいた）

**NOTE 3** 関連表現
(1) thanks to ... は「…のおかげで」という意味で，通例好ましい理由を表すのに用いられる：
Today *thanks to* the Internet, you can do all your shopping from home.
（今日，インターネットのおかげで家にいながらすべての買い物ができる）
しかし，しばしばよくない意味や皮肉の意味でも用いられる：
We missed our chance of winning, *thanks to* the rain.
（我々は雨のおかげで勝つチャンスを逃したよ）
We're late, *thanks to* you!（ぼくたち遅れたよ。君のおかげでね）
(2) on (the) grounds of ..., on the grounds that ... は「…（である）という理由で」という根拠・理由を表す堅い言い方：
He sued the company *on grounds of* unfair dismissal.
（彼は不当解雇を理由に会社を訴えた）
The case was dismissed *on the grounds that* there was not enough evidence.（十分な証拠がないことを理由にその訴訟は退けられた）

## ⑵ …から；…のために；…で
── from; out of; through; for; with; of

原因・理由は前置詞（句）from, out of, through, for, with, of などによって表すことができるが，その用法は比較的限られている。

The patient is suffering *from* stomach pains.
（その患者は腹痛で苦しんでいる）
They were exhausted *from* the long journey.
（彼らは長旅のせいで疲れ切っていた）
The survivors were weak *from* lack of food.
（その生存者たちは食料が不足していたので弱っていた）
She almost fainted *from* hunger.

(彼女は空腹のために卒倒しそうだった)

Some people support charities *from* a sense of guilt.
 (罪悪感から慈善事業を支援する人もいる)

She opened the letter, just *out of* curiosity.
 (彼女はただ好奇心から手紙を開けた)

She went out to work *out of* necessity. (彼女はやむをえず働きに出た)

The car crashed *through* the driver's carelessness.
 (その車は運転手の不注意から衝突した)

A lot of accidents occur *through* human error.
 (多くの事故が人間の過失から起こる)

He succeeded *through* hard work. (彼は勤勉によって成功した)

The children jumped *for* joy. (子供たちは小躍りして喜んだ)

Switzerland is famous *for* its scenic beauty.
 (スイスは風光明媚で有名である)

The teacher got very angry with us *for* being late.
 (先生は遅刻したと言って私たちにひどく怒った)

The man was arrested *for* knocking a policeman down.
 (その男は警官を殴り倒したために逮捕された)

He was dismissed *for* neglect of duty. (彼は職務怠慢で解雇された)

The boy is in bed *with* a fever. (その少年は熱を出して寝ている)

He trembled *with* fear when he saw the policeman.
 (彼は警官を見たとき怖くて震えた)

Her cheeks were wet *with* tears. (彼女のほおは涙で濡れていた)

My fingers were numb *with* cold. (私の指は寒くて感覚がなかった)

The man died *of* starvation in the snow. (その人は雪の中で餓死した)

I'm sick *of* listening to your complaints.
 (君の不満を聞くのはもううんざりだ)

**NOTE 1**

 out of は主に心理的動機を表す：
  She did it *out of* spite [jealousy; kindness; duty].
   (彼女は悪意 [しっと；親切心；義務感] からそれをした)

They helped us *out of* pity.（彼らは同情心から我々を助けた）
I did it *out of* mischief.（私はいたずら半分でそれをした）

**NOTE 2**

(1) of は die, perish などの動詞や sick, tired, weary などの形容詞と結合して，その行為や動作の原因・理由を表す：

I was dying *of* boredom on this isolated island.
（私はこの孤島では退屈で死にそうだった）
I'm sick and tired *of* looking after all these children.
（私はこの子供たちみんなの世話にはほとほとうんざりしている）◇ be sick of よりも強い言い方。

(2) die of, die from の違いについて考えてみよう：
    a. Many people *die of* heart attacks.（多くの人が心臓発作で亡くなる）
    b. He *died from* a wound.（彼は傷が原因で亡くなった）

(2a), (2b) の例からもうかがえるように，一般に die of は直接的原因，die from は間接的原因を表すと言える。ただし，die *of* wounds (Wood (1967)) と言うこともあり，上記の説明では die of と die from の違いを必ずしも十分尽くしたとは言えない。以下の例においても，shock という同じ目的語を取りながら (2c) では of, (2d) では from が用いられており，その使用が使い分けられている。その理由を考察してみよう：

    c. "I haven't made a complete examination yet, but she doesn't seem physically injured in any way. There may be some internal injury. Might be shock, I suppose." "But you can't *die of* shock," I said. "People have *died of* shock before now. If she'd had a weak heart —" —A. Christie, *Endless Night*
（「まだ十分調べたわけではないが，外傷はないようだ。ただ内部に損傷があるかもしれない。ことによるとショックかもしれないと思う」「でも，ショックで死ぬことはないでしょう」とぼくは言った。「今までショックで死んだ人は多くありますよ。もし彼女が心臓が弱かったとしたら——」)

    d. She'd start warning Ellie and frightening her, making her feel that she was in danger. I thought it might make it seem more possible then that Ellie had *died from* shock.—*ibid*.
（彼女は，エリーに警告を始め，そして脅しだし，それでエリーは自分が危険な状態にあると感じたのかもしれない。そう考えると，エリーがショックで死んだ可能性がありそうに思えてきたのだ）

ここで文脈から判断されることは，of が用いられた (2c) では，internal injury（内部の損傷），weak heart（弱い心臓）とあることから，いずれも

shock 死の原因は内部的なものと考えられていることがわかる。それに対し，from が用いられた (2d) では，shock の原因は，外部から加えられたものとしてとらえられている。このことは敷衍すれば，die of では死亡の原因は本質的・近因的なものとしてとらえられるのに対し，die from では外部的・遠因的なものとしてとらえられるということである。このことから，外傷であっても直接死に至らしめるものであれば，Wood (1967) の言うように，die *of* wounds という言い方も可能ということになる（岸野 (1982)）。

## (3) …を聞いて，…を見て，…を知って── at

「…を聞いて」「…を見て」「…を知って」「…を思うと」という驚き・怒り・喜び・当惑・期待などの原因は at で表すことができる。これは at は場所・時間の 1 点 (a point) を表すことから，目に見えないいわば空間の接点を表すことによる。

    I was very surprised *at* his resignation from the committee.
      （彼が委員を辞任したことに私は大変驚いた）
    She was delighted *at* the news of their marriage.
      （彼女は彼らの結婚の知らせを聞いてとても喜んだ）
    I was thrilled *at* the prospect of seeing them again.
      （私は彼らと再会できるかもしれないということに胸が躍った）
    Everyone marveled *at* his skill.（彼の腕前に誰もが舌を巻いた）
    She is shocked *at* what happened to her daughter.
      （母親は娘の身に起こったことにショックを受けた）
    The wife rejoiced *at* the news of her husband's safe return.
      （妻は夫が無事に帰ってきた知らせを受けてとても喜んだ）
    I was appalled *at* a heap of rubbish on the beach.
      （私は海岸にごみが山のようにあるのにぞっとした）
    Taro was annoyed *at* her remarks.（太郎は彼女の発言にいら立った）
    She felt sure that she would faint *at* the sight of blood.
      （彼女は血を見るときっと気を失うだろうと思った）
    I'm really excited *at* the prospect of seeing her.
      （彼女に会えると思うと本当に胸がわくわくする）

Motoko was filled with excitement *at* the thought of visiting Disneyland. (元子はディズニーランドへ行くことを考えると胸がわくわくした)

## 12.3 to 不定詞による表現

### (1) …して―― to 不定詞 ; that 節

to 不定詞が感情を表す形容詞・過去分詞・名詞の後で用いられ,「…して」とその感情の原因を表すことがある。

I'm *glad to* hear he's getting better after the operation.
(彼が術後快方に向かっていることを聞いてうれしい)
I was really *happy to* see her again yesterday.
(昨日彼女と再会できて本当にうれしかった)
He was *upset to* hear that his father was seriously ill.
(彼はお父さんが重病だと聞いてショックを受けた)
They were *surprised to* find that he had already moved house.
(彼らは,彼がすでに引っ越したことを知ってびっくりした)
We were *sorry to* miss your concert.
(あなたのコンサートに行けなくて申し訳ありませんでした)
I was *shocked to* see how ill my mother was.
(私は母の病気が重いことを知ってショックを受けた)
I was *alarmed to* hear that she was coming.
(彼女が来ることを聞いて私はびっくりした)
I am very *satisfied to* live in this beautiful country.
(私はこのような美しい国に住めて大変満足です)
They all *rejoiced to* hear the happy news.
(彼らはみなそのうれしいニュースを聞いて大喜びだった)
I was very *sad to* hear that he had died.
(彼が亡くなったことを聞いて私は大変悲しかった)
He was *astonished to* learn he'd won first prize in the music competition. (彼は音楽コンクールで 1 位になったことを知ってびっくりした)

We were *amazed to* find that no one was injured in the accident.
(その事故で誰一人けがもしなかったことを知って我々は驚いた)
I'm *disappointed* not *to* be chosen. (選ばれなくてがっかりだ)
It's a *pleasure to* see you again. (再びお目にかかれてうれしく思います)

感情の原因は to 不定詞以外に that 節によっても表せる。くだけた言い方では通例 that は省略される。

We're very *glad* you're leaving the hospital soon.
(もうすぐ退院されることを大変うれしく思います)
I'm so *happy that* everything is working out for you. (すべてがあなたにとって順調に行っていることをとてもうれしく思います)
I am *surprised that* you should feel lonely.
(あなたが寂しく思っておられるのには驚いています)
They are *disappointed that* you couldn't pay them a visit.
(あなたが訪問できなかったことに彼らはがっかりしている)
We are *delighted that* you could come.
(あなたが来られることをとてもうれしく思います)
Her mother was *pleased that* she chose a college close to home.
(彼女が自宅に近い大学を選んだのを母親はうれしく思った)
I'm *astonished that* you should think such a thing.
(君がそんなことを考えているとはたまげるよ)
The workers are *angry that* they haven't been paid for the month.
(労働者たちはその月の給料の支払いを受けていないことを怒っている)
I'm *sorry* I can't meet you. (お目にかかれず残念です)
I was very *sad that* she had to go back home to America. (彼女がアメリカに帰国しなければならないことが，私にはとても悲しかった)
I was *thrilled that* so many people turned up to the party.
(非常に多くの人がパーティーに来たので，私はわくわくした)

**NOTE**

that 節が推定的 (putative) な意味を表す場合，should が用いられる：
(1) I'm surprised that he *refuses* our offer.
(2) I'm surprised that he *should refuse* our offer.

両者の違いは，私が驚いたのは，(1)では「彼が我々の申し出を拒否する」という事実であるのに対し，(2)では「彼が我々の申し出を拒否するという考えである」ということで，事実ではなく想定内容が表されている (cf. Leech & Svartvik (2002))。

## (2) …するとは —— to 不定詞

to 不定詞が形容詞・過去分詞・名詞の後で用いられ，「…するとは」と判断の根拠となる理由を表すことがある。

He is *stupid to* smoke so much.
(彼はあんなにたくさんタバコを吸うなんてどうかしている)
You are *nice to* say it. (そう言ってくれるなんてありがたい)
You are *foolish to* see her. (彼女に会うとは君もばかだ)
What *a fool* I was *to* have expected him to help me!
(彼が私を助けてくれると期待したなんて愚かだった)
I think you were *wise to* seek help.
(君が援助を求めたのは賢明だったと思う)
It was *careless* of me *to* leave the car windows open.
(車の窓を開けっ放しにしていたのは私の不注意だった)
He is *wrong to* go ahead with the plan.
(その計画を進めるなんて彼は間違っている)
That's very *kind* of you *to* invite us to dinner.
(私たちを食事に招待してくださってどうもありがとう)
How *good* of you *to* say so.
(そんなふうに言っていただいて大変ありがたい)
It's very *considerate* of him *to* wait for us.
(私たちを待ってくれるなんて彼はなんて思いやりがあるのでしょう)

**NOTE**

次の2つの文はほぼ同じ意味を表す：
He was foolish [wise; wrong; kind] *to* do that. (彼がそんなことをするとは愚かだった [賢明だった；間違っていた；親切だった])
*It* was foolish [wise; wrong; kind] of him *to* do that. (同上)

# 13章　目的・結果の表し方

　目的の意味は，to 不定詞，in order to, so as to や so that 節によって表すことができる。また前置詞 for や前置詞句 for the purpose of, with the aim of, with a view to, for the sake of, for the benefit of などによっても表すことができる。結果の意味は，接続詞 so や so that 節，あるいは相関的な構文 so ［such］ ... that 節によって表すことができる。また副詞 therefore, thus, accordingly や前置詞句 as a result, in consequence などによっても表すことができる。その他，to 不定詞によっても表せる。

■基本文例■

1　I'm going to the U.S. *to* learn English.
　　　（私は英語を勉強するためにアメリカへ行くつもりだ）
2　She left home early *in order to* get a good seat.
　　　（彼女はよい席を確保するために早く家を出た）
3　Why don't you start out early *so that* you *can* catch the train?
　　　（列車に間に合うように早く出発したらどうですか）
4　We use a hammer *for* knocking in nails.
　　　（釘を打ち込むのにハンマーを使う）
5　A meeting was called *for the purpose of* appointing a chairman.
　　　（議長を指名するために会議が召集された）
6　We all felt tired, *so* we went to bed early.
　　　（我々は全員疲れていたので早く寝た）
7　It froze hard last night, *so that* there was ice everywhere.
　　　（昨夜はひどく冷えた。それで至るところ氷が張っていた）
8　He is *so* ill *that* he can't get out of bed.
　　　（彼は体の具合が非常に悪いのでベッドから起き上がれない）
9　It was *such* a wet, windy day *that* I caught a cold.

(雨降りの風の強い日だったので，私は風邪をひいてしまった)
10　These shoes are light and soft, and *therefore* comfortable to wear.
　　(この靴は軽くて柔らかいので，はき心地がいい)
11　I woke up *to* find myself in an unfamiliar place.
　　(私は目が覚めると知らないところにいた)

## 13.1　目的の表現

### (1) …するために—— to 不定詞 ; in order to; so as to

「…するために，…するように」という目的の概念は，最も一般的には to 不定詞によって表すことができる。

She left early *to* catch the 6:20 train.
　(彼女は6時20分の列車に乗るために早く出かけた)
I started jogging *to* lose a little weight.
　(私は体重を少し減らすためにジョギングを始めた)
I bought a small car *to* be able to park more easily.
　(私はもっと楽に駐車できるように小型車を買った)
In an emergency, pull this lever *to* stop the train.
　(緊急の場合，列車を停車させるにはこのレバーを引きなさい)
He shouted *to* warn everyone of the danger.
　(彼は全員に危険を知らせるために大声で叫んだ)
"Why did you phone him?" "*To* tell him I'd be late for the appointed time." (「どうして彼に電話をしたの？」「約束の時間に遅れるかもしれないと言うためにね」) ◇ Why ...? で尋ねられてもこのように目的を表す場合は，to 不定詞で答えることができる。
The doctor did everything possible *to* save her life.
　(その医者は彼女の命を救うためにできる限りのことをした)
I looked back at the house *to* make sure that the windows were all closed. (窓がすべて閉まっているか確かめるために，私は振り向いて家を見た)

目的の意味を強めて明示的に示すには in order to または so as to を用いる。in order to のほうが堅い言い方。

We left early *in order to* avoid the busy period.
（混雑する時間帯を避けるために私たちは早く出た）

He went to England *in order to* brush up on his English.
（彼は英語にみがきをかけるためにイギリスへ行った）

The committee decided to adjourn the meeting for a week *in order to* reconsider the matter. （委員会はその問題を再考するため，会議を1週間延期することを決めた）

I moved to a new condominium *so as to* be near the office.
（私は会社の近くに住むために新しいマンションに引っ越した）

Many students have to attend special courses *so as to* get into a university. （多くの学生は大学に入るために特別なコースに通わなければならない）

「…しないように」という否定の目的は in order not to, so as not to, not to で表せる。

I left home early this morning *in order not to* arrive late again.
（私は二度と遅れることのないよう今朝早く家を出た）

I walked on tiptoe up the stairs *in order not to* disturb anyone.
（私は誰にも迷惑をかけないように階段を忍び足で上がって行った）

He walked quietly *so as not to* make any noise.
（彼は音を立てないように静かに歩いた）

Turn the volume down on the stereo *so as not to* wake the baby.
（赤ん坊が起きないようにステレオの音量を下げてください）

Be careful *not to* cut your finger—the knife is very sharp.
（指を切らないように気をつけてね。そのナイフはとてもよく切れるからね）◇ not to do は，careful など限られた語とともに用いられる。

**NOTE 1**
目的の意味を強め，不定詞句が文全体を修飾することをはっきりさせるためには (in order) to 不定詞を文頭に置く：

*To* lose weight, you must eat sensibly.

(減量するにはわきまえて食べないといけない)

*In order to* celebrate the occasion, he went to the store to get some wine. (その日を祝うため，彼はワインを買いに店へ行った)

*In order not to* offend him, I did not tell him the real reason for my absence. (彼を怒らせないため，私は欠席の本当の理由を彼に言わなかった)

**NOTE 2**

不定詞の意味上の主語を示すには「for＋(代)名詞」を to 不定詞の前に置く：

I left the door unlocked *for* them *to* get in. (＝I left the door unlocked so that they could get in.) (私は彼らが中に入れるように，ドアに鍵をかけないままにしていた)

The policeman stopped the car *for* me *to* get across the street.
(警官は，私が通りを横断できるように車を止めてくれた)

I sent him the data *in order for* him *to* study it fully before the meeting.
(彼が会議の前に十分検討できるように，私はそのデータを彼に送った)

**NOTE 3**

be, know, have のような状態動詞を伴って目的の意味を表す場合，to 不定詞単独よりも in order to または so as to を用いるほうが普通 (Swan (1995))：

I watched him *in order to know* more about him.
(私は彼のことをもっとよく知るために観察をした)

**NOTE 4**

so as to は結果の意味を表すことがある：

A thin haze hung in the air, *so as to* give the mountain a veiled look.
(薄もやが垂れ込め，山はぼんやりとしか見えなかった)

(2) **A が…するように**── so that A can [will, may] ...

「A が…するように，A が…するために」というふうに主語を明示して目的を表す場合，so that 節または in order that 節によって表すことができる。in order that 節を用いるのは堅い言い方。so that 節，in order that 節には can, will, または may（主節が過去の場合は could, would, might）が

用いられる。may, might を用いるのは堅い言い方。また so [in order] that 節が未来に言及する場合でも現在時制が用いられることがある。

> She is studying very hard *so that* she *can* go to university.
> (彼女は大学へ行けるように一生懸命勉強している)
>
> She has given her daughter a key *so that* she *can* get into the house whenever she likes. (好きな時いつでも家に入れるように，彼女は娘に鍵を渡した)
>
> They're advertising the product *so that* everyone *will* know more about it. (彼らはその商品についてみんなにもっとよく知ってもらうために宣伝を行っている)
>
> They went to America *so that* the children *could* receive the best possible education. (彼らは子供たちが可能な限りいい教育が受けられるようにアメリカへ渡った)
>
> He was saving his money *so that* he *could* take a long vacation this summer. (彼は今年の夏に長い休暇を取るためにお金を貯めていた)
>
> We must work together *in order that* agreement *can* be reached on this issue. (我々はこの問題に関して合意に達するよう協力しなければならない)
>
> The chairman hurried the meeting *in order that* it *might* end before 7 o'clock. (議長は7時前に終わるよう会議を急がせた)

「Aが…しないように」という否定の目的は so [in order] that A can [will, may] not ... の形が用いられる。in order that 節は堅い言い方。

> Tie him up *so that* he *can't* escape.
> (逃げられないように彼を縛り上げろ)
>
> Leave early *so that* you *won't* get stuck in the traffic.
> (渋滞にひっかからないように早く家を出なさい)
>
> I lowered my voice *so that* they *couldn't* hear.
> (彼らに聞こえないように私は声を低くした)
>
> I wrote his telephone number down *so that* I *would not* forget it.
> (私は忘れないように彼の電話番号を書き留めた)
>
> The man wore a false beard *so that* nobody *would* recognize him.
> (その男は誰にも自分だと気づかれないようにつけひげをしていた)

## 13.1 目的の表現

You'd better get up early *so that* you *don't* miss the train.
(列車に乗り遅れないように早起きしたほうがいいよ)

くだけた言い方では so that の that が省略されることがある。これは特に《米》でよく見られる (cf. Quirk *et al.* (1985))。

I've come early *so* I *can* talk to you about it.
(私はそのことであなたと話すために早く来ました)

I took a seat in the front row *so* I *could* hear well.
(私はよく聞こえるように最前列の席にすわった)

I drew her a map *so* she *wouldn't* get lost on the way.
(私は彼女が途中で道に迷わないように地図を描いてやった)

**NOTE 1**

(1) so [in order] that A can [will, may] ... は for A to 不定詞構文に言い換えることが可能 (→ 13.1(1) NOTE 2)：

She left the door open *so that* I *could* hear the baby.
＝She left the door open *for* me *to* hear the baby.
(彼女は赤ん坊の声が私に聞こえるようにドアを開けていた)

I gave him my e-mail address *in order that* he *could* contact me.
＝I gave him my e-mail address *in order for* him *to* contact me.
(私と連絡が取れるように彼にメールアドレスを教えた)

(2) 主節の主語と従節の主語が一致する場合は，to 不定詞構文で表すことができる。このほうが普通：

He went to London *so that* he *could* brush up on his English.
＝He went to London *to* brush up on his English.
(彼は英語にみがきをかけるためにロンドンへ行った)

**NOTE 2**

主節が過去の場合，従節に could, would, might の他に should を用いるのは《英》(Swan (1995))：

They *held* a meeting on a Saturday *in order that* everybody *should* [《米》*would*] be free to attend. (彼らは誰もが自由に出席できるように土曜日に会議を行った)

**NOTE 3**

(1) 否定の目的は in case 節によって表すこともできる。in case 節内には直説

法の動詞または should がくるが，should はあまり起こりそうでないことを含意する（→ 4.4(5)）：

    Take an umbrella *in case* it *rains*.
      （雨が降るといけないのでかさを持って行きなさい）
    He left early *in case* he *should* miss the last train.
      （彼は最終列車に乗り遅れるといけないので早く出た）

(2) 否定の目的は他に，for fear (that) 節, lest 節によって表せる。lest 節を用いるのは非常に堅い言い方で，節内の should を省略して仮定法現在を用いるのは《米》：

    I kept it secret from her *for fear that* she would be upset.（彼女がショックを受けるといけないので，私はそのことを彼女に秘密にしていた）
    We must get rid of rats *lest* the disease (*should*) spread.
      （その病気が広まることのないようにネズミを駆除しなければならない）

**NOTE 4**
    so that 節は結果の意味も表すが，結果節と目的節は次の点で異なる：
    (1) 目的節は文頭にくることができるが，結果節は不可。
    (2) 目的節の動詞は can, will, may などの法助動詞をとるが，結果節には通例直説法の動詞がくる。
    (3) 結果を表す場合は通例 so that の前で休止が置かれる。したがって書き言葉ではコンマを打つことが多い。

## (3) …のために ── for; for the purpose of; with the aim of; with a view to; for the sake of; for the benefit of

「…のために，…する目的で」という目的の概念は，前置詞 for や前置詞句 for the purpose of, with the aim of,《書》with a view to, for the sake of, for the benefit of などによって表すことができる。最後の2つは「利益」を含意する。

    He'll do anything *for* money.（彼は金のためなら何でもする）
    He has gone into the hospital *for* a check-up.
      （彼は検査のため入院した）
    "What is this device *for*?" "*For* measuring the level of radiation."
      （「この装置は何をするものですか」「放射能のレベルを測るものです」）

◇ for を省略して，Measuring ... とも言える。

He went to New York *for the purpose of* doing research.
(彼は研究をするためにニューヨークへ行った)

The investigation was made *for the purpose of* finding out what really went wrong. (何が実際うまく行かなかったのかを調べるために調査が行われた)

I went to the U.S. *with the aim of* setting up my own business.
(私は自分の事業を始める目的でアメリカへ行った)

They started a fund-raising campaign *with the aim of* helping the flood victims. (彼らはその水害の被災者を援助する目的で募金運動を始めた)

We bought a house in the suburbs *with a view to* settling down there after retirement. (私たちは退職後定住するために郊外に一戸建てを買った) ◇ to は前置詞。したがって ˣ... to settle とは言わないことに注意。

He moved to the seaside *for the sake of* his health.
(彼は健康のために海辺へ引っ越した)

He is not doing it just *for the sake of* money.
(彼はただお金のためにそれをやっているのではない)

He repeated what he said *for the benefit of* people who arrived late.
(彼は遅れて来た人のために同じ話をもう一度した)

**NOTE**

通例，for は一般の目的，to 不定詞は特定の目的を表す (cf. Thomson & Martinet (1986))：

This is a case *for* keeping records in.
(これはレコードを入れておくケースだ)
cf. I want a case *to* keep my records in.
(レコードを入れておくケースがほしい)
This machine is *for* cleaning the carpet.
(この機械はカーペットの掃除用だ)
cf. We use this machine *to* clean the carpet.
(我々はカーペットを掃除するためにこの機械を使用する)

したがって次の場合，to 不定詞を用い for は用いない：

He is going to Germany *to* learn [ˣ*for* learning] German.
(彼はドイツ語を勉強しにドイツへ行く予定だ)

## 13.2 結果の表現

**NOTE**
結果の意味は次のように動詞 result によっても表せる：
The accident *resulted in* severe traffic congestion. (=Severe traffic congestion *resulted from* the accident.) (その事故で激しい交通渋滞になった)

## (1) それで —— so

「それで、その結果」という結果の意味は、最も一般的には接続詞 so を用いて表すことができる。so では前に通例コンマを置くが、時に置かないこともある。また and so の形で用いたり、文頭で文修飾のように用いることもある。

There was nothing interesting on TV, *so* I decided to go out and play.
(テレビで何も面白いものをやっていなかった。それでぼくは外に出て遊ぶことにした)
He failed to show up, *so* we went without him.
(彼が来なかったので私たちは彼を待たずに出かけた)
He speaks very little English, *so* I talked to him through an interpreter. (彼はほとんど英語が話せない。それで私は通訳を介して彼と話した)
Chris wasn't in, *so* I left a message on his answering machine.
(クリスは留守だったので、彼の留守録に伝言を入れておいた)
My back was still painful *so* I went to see a doctor.
(背中がまだ痛むので、私は医者に診てもらいに行った)
The store doesn't open until 11 a.m. *and so* it loses a lot of customers.
(その店は午前11時まで開かないので、ひどい客離れが起こっている)
"When I got home, I found that I had lost the car key." "*So* what did

you do?"(「家に帰ると車のキーがなかったんだ」「それでどうしたの？」)

**NOTE**
(1)「理由」として述べると，since, as を用いて言い換えることができる（→ 12.1(2)）。第1範例は次のようになる：
 *Since* [*As*] there was nothing interesting on TV, I decided to go out and play. (テレビで何も面白いものをやっていなかったので，ぼくは外に出て遊ぶことにした)
 くだけた言い方では，that is why（そういうわけで）を文頭に置いて言うことも多い：
 There was nothing interesting on TV. *That's why* I decided to go out and play. (テレビで何も面白いものをやっていなかった。それでぼくは外に出て遊ぶことにした)
(2)「理由」の意味を強調すると，because 節を用いて次のように言い換えることができる：
 I decided to go out and play *because* there was nothing interesting on TV. (テレビで何も面白いものをやっていなかったために，ぼくは外に出て遊ぶことにした)

## (2) その結果 ── so that 節

「その結果，それで」という結果の意味は so that 節によって表すこともできる。通例 so that 節の前にコンマを置くが，時に置かないこともある。くだけた言い方では通例 that は省略される。
 He was very drunk, *so that* he could hardly stand up.
  (彼はひどく酔っていたので，ほとんど立ち上がれなかった)
 It was too far to walk, *so that* we decided to take a taxi.
  (歩くにはあまりにも遠かったので，私たちはタクシーに乗ることにした)
 He spent his vacation at the seashore, *so that* he was quite tan.
  (彼は休暇を海で過ごした。それで真っ黒に日焼けしていた)
 I was very worried about my exam results, *so that* I hardly slept a wink last night.
  (私は試験の結果がとても心配だった。それで昨夜はほとんど一睡もできなかった) ◇ sleep a wink は，否定文で用いて「一睡もしない」の意。

A car pulled out in front to overtake me, *so that* I had to slam on the brakes.（1台の車が私の車を追い越そうと前に出てきた。それで私は急ブレーキをかけざるをえなかった）

Today is my son's birthday, *so that* I have decided to take him out and treat him to a meal.（今日は息子の誕生日なので，食事に連れて行ってご馳走してやることにした）

**NOTE**
so that 節は so よりも堅い言い方で，結果の意味を表す場合は，so that 節よりも so を用いるほうが一般的 (Quirk *et al.* (1985))。

## (3) 非常に…なので…── so ... that 節；such ... that 節

「非常に…なので…」という結果の意味は，so ... that 節, such ... that 節を用いて表すことができる。so ... that 節の間には「形容詞・副詞」または「many / few（＋可算名詞）; much / little（＋不可算名詞）」が，such ... that 節の間には「形容詞＋名詞」がくる。

I've been *so* busy *that* I've had no time to prepare.
（私は非常に忙しくて準備する時間がない）

The children were *so* absorbed in their game *that* they didn't notice us.（子供たちはゲームに夢中になっていたので，私たちには気づかなかった）

The boy was *so* excited *that* he could hardly speak.
（その少年は非常に興奮していたのでほとんどしゃべれなかった）

The twins are *so* alike *that* it's impossible to tell them apart.
（その双子はとてもよく似ているので見分けがつかない）

He spoke *so* fast *that* nobody could understand him.
（彼はとても早口で話したので誰も理解できなかった）

His speech went on for *so* long *that* the audience began to fall asleep.
（彼のスピーチは延々と続いたので聴衆は眠り始めた）

There were *so many* people in the queue *that* I gave up and went home.（非常に多くの人が列を作っていたので，私はあきらめて家に帰っ

## 13.2 結果の表現

た）

There are *so many that* I find it hard to choose.
（非常にたくさんあるので私は選ぶのが難しい）

I packed *so much* into my suitcase *that* I couldn't lift it.
（スーツケースに詰め過ぎたので持ち上げられなかった）

We had *so much* rain *that* most of our land was flooded.
（雨が大量に降ったので家の土地の大部分が水浸しになった）

There was *so much* smoke *that* they couldn't see across the street.
（煙が立ち込めていたので通りの向こうは見えなかった）

It is *such* a narrow road *that* it is difficult for two cars to pass each other.（非常に狭い道路なので，2台の車がすれ違うのは困難だ）

It was *such* a loud noise *that* it woke everybody in the house.
（あまりにも大きな音だったので家中の者が目を覚ました）

We had *such* fine weather *that* we were all tanned with the sun.
（いい天気だったので我々はみな日に焼けた）

It was *such* good milk *that* I couldn't stop drinking it.
（とてもおいしい牛乳だったので，私は飲むのをやめられなかった）

くだけた言い方では，so ... that 節，such ... that 節の that は省略されることがある。

When the day was over, he was *so* tired he fell asleep over his supper.
（1日が終わったとき，彼は非常に疲れていたので夕食をとりながら眠ってしまった）

My car is *so* big it is difficult to find a parking place for it.
（私の車は非常に大きいので駐車場所を見つけるのが難しい）

She spoke *so* quietly I could hardly hear her.
（彼女は非常に静かにしゃべったので私はほとんど聞きとれなかった）

Everything happened *so* quickly I didn't have time to think.（あらゆることがあっという間に起こったので，私は考える時間がなかった）

He is *such* a good lecturer all his courses are full.
（彼は非常にいい講師なので彼の講座はすべていっぱいである）

## NOTE 1

強調のために so が文頭に置かれることがある。この場合,倒置が起こることに注意。堅い言い方:

*So* rough was the sea *that* the ship couldn't enter harbor.
(海が非常に荒れていたので,その船は入港できなかった)

*So* ridiculous did he look *that* I couldn't help laughing. (彼はとてもこっけいなかっこうをしていたので,私は笑わずにはいられなかった)

## NOTE 2

such ... that 節で「形容詞+名詞」の名詞が程度を表す名詞 (degree noun) の場合,形容詞を用いないことも可能:

There was *such* a crowd *that* we couldn't see a thing. (=There was *such* a *large* crowd *that* we couldn't see a thing.) (大群衆だったので何も見えなかった)

The soldiers encountered *such* resistance *that* they retreated. (=The soldiers encountered *such great* resistance *that* they retreated.) (その兵士たちは非常に強い抵抗にあったので退却した)

## NOTE 3

(1)「such a+形容詞+名詞+that 節」は「so+形容詞+a+名詞+that 節」に言い換えることができる。堅い言い方:

The children had *such a good* time *that* they wouldn't leave.
=The children had *so good a* time *that* they wouldn't leave.
(子供たちはとても楽しかったので帰ろうとはしなかった)

It was *such a big* house *that* we decided to sell it.
=It was *so big a* house *that* we decided to sell it.
(非常に大きな家だったので売ることにした)

(2) so ... that 節, such ... that 節は従節が否定の場合, too ... to 構文で同等な意味を表すことができる (cf. Quirk *et al.* (1985)):

This box is *so* heavy *that* I can't lift it.
=This box is *too* heavy (for me) *to* lift.
(この箱は重過ぎて持ち上げられない)

It's *so* nice a concert *that* we mustn't miss it.
=It's *too* nice a concert (for us) *to* miss.
(とてもいいコンサートなので見逃せない) ◇不定冠詞の位置に注意。次例も同様。

It was *such* a pleasant day *that* I didn't want to go home.

＝It was *too* pleasant a day (for me) *to* go home.
（非常に楽しい1日だったので私は家に帰りたくなかった）

**NOTE 4**

such は be such that 節の形で用いて，「非常に…なので…」という結果の意味を表す。such を強調した場合は Such is ... that 節となる。such は代名詞。いずれも堅い言い方：

The force of the explosion was *such that* all the windows were blown out. （爆発力が非常に大きかったので窓がすべて吹き飛んだ）

*Such* was the experience *that* I will never forget it. （それは非常に楽しい［おそろしい］経験だったので，私はそのことを決して忘れない）

## (4) それゆえ —— therefore; thus; consequently; accordingly; hence; as a result; in consequence; with the result that

堅い言い方では，「それゆえ，したがって，その結果」という結果の意味は，副詞 therefore （それゆえ）の他，thus （かくして），consequently （その結果），accordingly （よって），hence （このゆえに）などや前置詞句 as a result (of ...) （(…の)結果として），《書》in consequence (of ...) （(…の)結果として），《書》with the result that ... （その結果…ということになる）などによって表せる。

The new cars have more powerful engines and are *therefore* faster.
（その新車はより強力なエンジンを備えており，その結果さらにスピードが出る）

He has an ulcer; *therefore* he doesn't smoke or drink.
（彼は潰瘍にかかっている。それで喫煙も飲酒もしない）

There has been no rain. *Thus*, the crops are likely to suffer.
（最近雨がまったく降らない。それで作物が被害を被りそうだ）

They are planning to reduce staff and *thus* to cut costs.
（会社は社員の数を減らして経費を削減する計画である）

We talked until the early hours, and *consequently* I overslept.
（私たちは早朝まで話し込んだ。その結果私は寝過ごしてしまった）

The price of crude oil rose sharply last year. *Accordingly*, we were forced to increase our prices.（昨年原油価格が急騰した。それに応じて当社は製品価格を上げざるをえなかった）

The company is short of money, *hence* the need to reduce spending.
（その会社は資金不足に陥っている。ゆえに支出を削減する必要がある）

The man died *as a result of* his injuries.
（その男性はけがの結果死亡した）

The traffic was very heavy and *as a result* I arrived late.
（ひどく渋滞した。それで私は遅刻した）

He was under the age limit and, *in consequence*, admission was refused.（彼は年齢制限に満たなかったので、その結果入場を拒否された）

She wasn't at school yesterday, *with the result that* she missed a test.
（彼女は昨日学校を休んだ。その結果テストを受けられなかった）

More and more people are using cars, *with the result that* towns are much more polluted.（車の利用者がますます増え、その結果町の大気汚染はさらに悪化している）

## (5) (…すると) …である —— to 不定詞

「(…すると) …である」という結果の意味は、to 不定詞によって表すことができる。この場合、驚き・失望などを含意することがあるが、この意は only を to 不定詞の前に置くことによって強められる。

He awoke *to* find himself in a strange room.
（彼は目が覚めると知らない部屋にいた）

I came home from work *to* find my room neat and tidy.
（仕事から帰ると私の部屋がきちんと整頓されていた）

I turned around, *to* find my bag gone.
（振り向くとバッグがなくなっていた）

I arrived home only *to* find that the house had been burglarized.
（私が帰宅すると家は泥棒に荒らされていた）

I tried the door, only *to* find it locked.
（ドアを開けようとしたが鍵がかかっていた）

He left, never *to* return.（彼は家を出たまま二度と戻らなかった）

## NOTE

　この結果の意味を表す不定詞は，when 節，after 節または「and＋動詞」で言い換えることができる (cf. Quirk *et al.* (1985))。最初の範例は次のように言える：

　　*When* he awoke, he found himself in a strange room.
　　　（彼は目が覚めたとき，知らない部屋にいた）

　He awoke *and* found himself in a strange room.
　　　（彼は目が覚めた，すると知らない部屋にいた）

# 14章　対照・譲歩・様態の表し方

　対照・譲歩の意味は，接続詞 but, yet によって表すことができる。また (al)though, while, even if, wh-ever 語 (whatever, whoever, whichever など) あるいは選択的条件を表す whether などの語によって導かれる副詞節を用いて表せる。さらに in spite of, despite, for all などの前置詞（句）や however, nevertheless, even so, all the same などの副詞（語句）によっても表せる。様態の意味は，as, like などによって表せる。また confidently, fluently, politely のような様態を表す副詞や with confidence, without hesitation などの前置詞句によっても表すことができる。

■基本文例■
1　The car is very fast *but* uses a lot of gasoline.
　　（その車はスピードは出るが，ガソリンをたくさん食う）
2　*Although* Grandpa is well over eighty, he is still active.
　　（おじいさんはとっくに80歳を超えているが，今なお活動的だ）
3　He kept on working *though* it was very late.
　　（夜も大変遅かったが彼は仕事を続けた）
4　*While* I am willing to help, I don't have much time now.
　　（手伝ってあげたいのはやまやまだが，今はあまり時間がない）
5　She is a shy girl. *However*, her sister is very outgoing.
　　（彼女は恥ずかしがりやだが，姉は非常に外向的だ）
6　*In spite of* his efforts he failed.
　　（彼は努力したにもかかわらず失敗した）
7　We'll go *even if* it rains.（たとえ雨が降っても私たちは行きます）
8　*Whenever* I hear that song, it makes me think of you.
　　（いつあの歌を聞いても君のことが思い出される）
9　*Whether* we go by car *or* train, it'll take at least five hours.

(車で行こうが列車で行こうが，少なくとも 5 時間はかかるだろう)
10　Do *as* you like. (あなたの好きなようにしなさい)
11　They settled the matter *in a friendly manner*.
　　(彼らはその問題を友好的に解決した)

## 14.1　対照・譲歩の表現

### (1) しかし… —— but; yet

「しかし，だが，けれども」という意味で，明確な対立関係にある 2 つの節をつなぐのに but, yet などの等位接続詞 (coordinating conjunctions) を用いて表すことができる (→ 21.4 (1))。yet は but よりも堅い語で，いくぶん意味が強い。and yet として用いることもある。

I like the color, *but* I don't really like the design.
　(私はその色は好きだが，そのデザインはあまり好きではない)
He has been learning French for six years, *but* he doesn't speak it very well. (彼は 6 年間フランス語を勉強しているがあまりうまく話せない)
Her husband is a difficult man, *but* she loves him.
　(彼女の夫は気難しい人だが彼女は夫がとても好きだ)
Her uncle is over eighty, *but* he still plays golf.
　(彼女のおじさんは 80 歳を超えているがまだゴルフをやる)
The weather was fine at first, *but* later on it started to rain.
　(最初のうちは天気はよかったが，後になって雨が降り出した)
It's not my fault, *yet* I still feel guilty.
　(それは私の過ちではないが，それでもなお責任を感じる)
The sun was shining brightly, *yet* it was quite cold.
　(太陽がさんさんと照っていたがかなり寒かった)
They haven't eaten for days, *and yet* they look healthy.
　(彼らは何日も食事をしていないが健康そうだ)

**NOTE 1**

(1) but は通例文頭では用いないが，不同意・驚きを表す応答文などでは用いる（cf. Sinclair(ed.) (1992)）（→ 21.4 (1)）：

"Somebody wants you on the phone." "*But* nobody knows I'm here."
（「君に電話だよ」「でも，ぼくがここにいることは誰も知らないはずなんだが」）

(2) but が譲歩の意味を含む場合，次のように although, though と言い換えることが可能：

It rained a lot, *but* we enjoyed our vacation.
（よく雨が降ったが，私たちは休暇を楽しんだ）
＝*Although* [*Though*] it rained a lot, we enjoyed our vacation.
（よく雨が降ったけれども，私たちは休暇を楽しんだ）

**NOTE 2**

and が対照の概念を示して，「しかし，それなのに」の意味を表すことがある。/ǽnd/ と発音し，but と交換できる：

He tried hard *and* he failed.（彼は一生懸命やったが失敗した）
She is over 95 *and* still going strong.（彼女は 95 歳を超えているがなお達者だ）◇ be going strong は（話）で，「相変わらず元気だ」の意。

## (2) …であるけれども── although; though

「…であるけれども，…にもかかわらず」という譲歩の意味は although 節，though 節で表すことができる。though は although よりもくだけた語。

*Although* he has a car, he often uses buses and trains on rainy days.
（彼は車を持っているが，雨の日はよくバスや電車を利用する）
*Although* it was dark, I could tell it was him.
（暗かったけれども彼だということがわかった）
I don't really know him very well *although* he lives next door.
（彼は隣に住んでいるのに，私はあまりよく知らない）
*Though* the restaurant was very crowded, we managed to find a table for two.（レストランは非常に混んでいたが，何とか 2 人用のテーブルを見つけることができた）
*Though* he has a responsible job, he isn't particularly well paid.

(彼は責任ある仕事についているが，特に給料がいいわけではない)
　I decided to quit my job, *though* he advised me not to.
　　(彼は仕事を辞めないように助言してくれたが，私は辞めることにした)
　though を強めた言い方に even though がある。˟even although とは言わないことに注意。
　*Even though* it was raining hard, we had to go out.
　　(雨が激しく降っていたけれども，私たちは出かけなければならなかった)
　*Even though* we were completely exhausted, we kept on walking.
　　(私たちはくたくたに疲れていたけれども歩き続けた)
　I love music, *even though* I can't play a musical instrument.
　　(私は楽器は弾けないけれども音楽が大好きだ)
　「でも，けれど」という意味で，くだけた言い方では though は副詞として文中・文尾で用いることができる。文頭は不可。although にはこの副詞の用法はない。
　I think he's Chinese. I'm not sure, *though*.
　　(あの人は中国人だと思いますが，でも確かではありません)
　"Have you ever been to Australia?" "No. I'd like to, *though*."
　　(「オーストラリアへ行ったことがありますか」「いいえ。でもできたら行きたいと思います」)
　He's an evil man. There's no reason, *though*, to punish him.
　　(彼は悪いやつだ。でも罰する理由はない)

**NOTE 1**
　although, though によって導かれた節が文頭にくるとき，対照・譲歩の意味を強めるために yet, still, nevertheless が主節に用いられることがある：
　　*Although* he did his best, *yet* he failed.
　　　(彼は最善を尽くしたが，しかし失敗した)
　　*Although* the doctor told him to rest, he *still* went on working.
　　　(医者は彼に休暇を取るように言ったが，彼はそれでもなお働き続けた)
　　*Though* it may seem incredible, it is *nevertheless* true.
　　　(信じられないと思われるかもしれないが，しかしそれは事実だ)

**NOTE 2**
(1) 主節の主語と従節の主語が同じ場合は，しばしば従節の「主語＋be 動詞」は省略される：
>Her clothes, *though* old and worn, looked clean and comfortable.
>　(彼女の服は古くて擦り切れていたが，清潔で着心地よさそうだった) ◇ they were が省略。
>Daniel, *though* not a baseball fan, enjoyed the game very much.（ダニエルは野球ファンではないが，試合を大いに楽しんだ）◇ he is が省略。

(2) かなり堅い言い方では，対照・譲歩の意味を強めるのに「形容詞・副詞・無冠詞の名詞＋as［though］＋主語＋動詞」の形が用いられることがある。この構文では although は用いられない (cf. Swan (2005))：
>*Cold as* [*though*, ×*although*] it was outside, we went out. (=*Although* it was very cold outside, we went out.)（外はとても寒かったが私たちは出かけた）
>*Much as* I'd like to help you, I have other work to do.
>　(手伝ってあげたいのはやまやまだが，私は他にする仕事がある)
>*Genius though* he is, he is quite unassuming.
>　(彼は天才だがまったく気取るところがない)

## (3) …であるのに，…だが一方── while; whereas

「…であるのに」「…だが一方」という譲歩・対照の意味は while 節で表すことができる。「…であるのに，…だけれども」という譲歩の意味では文頭，「…だが一方」という対照の意味では主節の後で用いられることが多い。whereas は通例「ところがそれに対して，…だが一方」という対照の意味で用いられる。/hweərǽz/ と発音する。堅い語。

>*While* I don't like that artist personally, I admire his work.
>　(あの画家は個人的には好きではないが，作品はすばらしいと思う)
>*While* I don't agree with you, I understand your reasons for saying it.
>　(あなたとは意見が違うが，あなたがそうおっしゃる理由はわかる)
>*While* everybody says litter is a problem, few people do anything about it. (誰もがごみは問題だと言うが，そのことで何かをしようとする人はほとんどいない)
>Some countries are rich, *while* others are extremely poor.

(豊かな国もあれば，非常に貧しい国もある)

My father teaches physics, *while* my mother teaches music.
(父は物理の教師で，一方母は音楽の教師だ)

John gambled his money away *while* Linda spent hers all on new clothes. (ジョンは賭け事でお金を使い果たした。一方リンダは有り金を全部新しい服に使った)

He is a big man, *whereas* his wife is small and thin.
(彼は大柄だが，妻は小柄でやせている)

Ann is lively and talkative, *whereas* her sister is quiet and reserved.
(アンは活発で話好きなのに対し，妹は物静かで控え目だ)

対照の意味は，on the contrary (それとは正反対に，それどころか)，by [in] contrast (それと対照的に), by [in] comparison (それと比較すると), on the other hand (他方) などによって表すこともできる。

"Does it rain a lot in the desert?" "*On the contrary*, it hardly ever rains."(「砂漠はたくさん雨が降るのですか」「その逆で，ほとんど降りません」)

"I hear you are liking your new job." "*On the contrary*, I find it rather boring."(「今度の仕事は気に入っておられるそうですね」「とんでもない，相当退屈ですよ」)

It was very cold yesterday—today is rather warm *by contrast*.
(昨日はとても寒かった，それに比べ今日はかなり暖かい)

Richard is small and slim. His father, *by contrast*, is tall and well-built.(リチャードは小柄でほっそりしている。それとは対照的に彼のお父さんは背が高くてがっしりしている)

He's stupid, I'm afraid. *By comparison*, she's a genius.
(言ってはなんだが彼は間抜けだ。それに比べ彼女は天才だ)

Tom tries to save money. Ken, *on the other hand*, spends all his money straight away. (トムはお金の節約に心がけている。一方ケンは有り金全部をすぐに使ってしまう)

**NOTE**
on the other hand は on the one hand と相関的に用いるのが本来の用法。

相関的に用いた場合，on the other hand の hand は省略されることがある：
*On the one hand*, I could help her, but *on the other* (*hand*), I don't want her to think I'm interfering. (一方では私は彼女を手伝ってあげられるのだが，他方ではお節介していると彼女に思われたくない)

## (4) しかしながら；それにもかかわらず；それにしても
 —— however; nevertheless; even so

「しかしながら，けれども」という対照・譲歩の意味は，接続副詞の however によって表すことができる。however は文頭・文中，時に文尾で用いられる。but よりも意味はいくぶん弱い。その他，対照・譲歩の意味は，《書》nevertheless (それにもかかわらず)，《書》nonetheless (それにもかかわらず)，still (それでも) などの副詞や，《話》even so (それにしても，たとえそうでも)，all [just] the same (それにもかかわらず) などの副詞語句によっても表せる。

> Sales are poor this year. There may, *however*, be an increase next year. (今年は売り上げが低調だ。でもおそらく来年は増加するだろう)
> 
> We had terrible weather on our trip; *however*, the children enjoyed themselves very much. (旅行中はひどい天気だったが，子供たちは大いに楽しんだ)
> 
> I thought the answer was correct. *However*, I have now discovered it was not. (私はその答えは正解だと思っていたが，間違いであることがわかった)
> 
> I knew a lot about it already, but his talk was interesting *nevertheless*. (私はそのことはすでによく知っていた。だが，それでも彼の話は面白かった)
> 
> This is a difficult problem. *Nonetheless*, we will get it over. (これは困難な問題だ。それでも克服してみせるつもりだ)
> 
> The hotel we stayed at was terrible. *Still*, we were lucky with the weather. (我々が滞在したホテルはひどかった。しかし天候には恵まれて幸運だった)
> 
> He didn't work very hard. *Even so*, he passed his exam.

(彼はあまり熱心に勉強しなかった。それでも試験に合格した)

The flight may be delayed, but we have to check in before 7:30 *just the same*. (飛行機は遅れるかもしれないが, それでも 7 時 30 分までにチェックインしなければならない)

**NOTE**
　譲歩の意味は anyway (いずれにせよ), anyhow (いずれにせよ), in any case (事情がどうであれ, ともかく), in any event (とにかく), at any rate (とにかく, いずれにしても) などによっても表せる:

I might not take any pictures, but I'll take the camera *anyway*.
(写真は撮らないかもしれないが, いずれにしてもカメラは持って行くよ)
*In any case*, come and see me next week.
(ともかく来週お越しください)
I hope to see you tomorrow, but *in any event* I'll phone you tonight.
(明日会いたいと思っているが, いずれにせよ今晩電話するよ)
I may be away on business next week, but *at any rate* I'll be back by Friday. (来週出張で留守にするかもしれないが, いずれにせよ金曜日までには帰って来るから)

## (5) …にもかかわらず── in spite of; despite; for all; with all

　「…にもかかわらず」という対照・譲歩の意味は, in spite of, despite, for all, with all などの前置詞 (句) によって表すことができる。in spite of, despite の後には (代) 名詞, 動名詞がくる。despite は in spite of より堅い語で意味が弱い。for all, with all は通例人称代名詞の所有格を伴い, 人や物の特徴などについて用いることが多い。

I couldn't sleep *in spite of* being tired.
(私は疲れていたが眠れなかった)
*In spite of* high unemployment, the economy is booming.
(高い失業率にもかかわらず経済は好況である)
He got the job *in spite of* having no qualifications.
(彼は資格がないにもかかわらずその職を得た)
He wasn't well, but *in spite of* this he went to work.

(彼は健康がすぐれなかったが，それでも仕事に行った)
She came to the meeting *despite* her serious illness.
(彼女は重い病気にもかかわらず会議に出た)
I really enjoyed the trip *despite* the bad weather.
(天候はよくなかったけれど，旅行はとても楽しかった)
*Despite* all the warnings, many people continue to smoke.
(あらゆる警告にもかかわらず，多くの人が喫煙を続けている)
*For all* her wealth, she is not happy.
(彼女は非常に金持ちだが幸せではない)
*For all* his seeming calmness, he is really very nervous.
(彼は見かけは冷静だが，本当は非常に神経質である)
*With all* her faults, I still love her.
(彼女にはいろいろ欠点があるけれど，やはり彼女が大好きだ)

### NOTE 1

(1) in spite of, despite は後ろに that 節を導かないので，in spite of [despite] the fact that ... とする。第1範例は次のようになる：

    I couldn't sleep *in spite of* [*despite*] *the fact that* I was tired.
    (私は疲れていたけれども眠れなかった)

(2) *In spite of* his anger, he managed to look calm. (彼は怒っていたがなんとか冷静をよそおった) は接続詞，接続副詞を用いて次のように言い換えることができる：

    (1) *Although* he was angry, he managed to look calm.
    (2) He was angry, *but* [*yet*] he managed to look calm.
    (3) He was angry; *however*, he managed to look calm.

### NOTE 2

(1)「…にもかかわらず」という意味で，非常に堅い語に notwithstanding がある。この語は in spite of, despite よりも意味が弱い (*Web Syn*²)：

    *Notwithstanding* the bad weather [The bad weather *notwithstanding*], the event was a great success. (悪天候にもかかわらずそのイベントは大成功だった) ◇言い換え例のように目的語の後に置くこともある。

(2) くだけた言い方では for all は that 節も導く (Frank (1993))：

    *For all that* she was a heavy woman, she danced with grace and ease.

(彼女は体重がかなりあるにもかかわらず,優雅にすいすいと踊った)

## (6) たとえ…でも —— even if

「たとえ…でも, …だとしても」という譲歩の意味は even if 節で表すことができる。even if は even の譲歩的な意味と if の仮定的な意味が結びついたものである。even if 節には直説法の動詞または仮定法の動詞がくる。

　　*Even if* you take a taxi, you'll still miss your train.
　　　(たとえタクシーに乗っても,やはり君は列車に乗り遅れるよ)
　　*Even if* his story is true, what can we do about it? (たとえ彼の話が本当だとしても,そのことで我々は何ができるというのか)
　　I'll probably see you tomorrow. But *even if* I don't, we're sure to see each other on Sunday. (たぶん明日お会いできると思いますが,仮に会えなくても日曜日には必ず会えるでしょう)
　　*Even if* I knew the secret, I wouldn' tell you.
　　　(たとえその秘密を知っていたとしても,君には教えてあげないよ)
　　I wouldn't sell that house *even if* you gave me fifty million yen!
　　　(君がたとえ5000万円出すと言ってもあの家は売るものか!)

even if は譲歩の意味が文脈から明らかな場合は,単に if だけで表されることがある。

　　*If* he's poor, at least he's honest.
　　　(たとえ彼は貧しくても,少なくとも正直だ)
　　*If* he is stupid, he is at any rate a pleasant young man.
　　　(たとえばかでも,彼はとにかく好感の持てる青年だ)
　　It won't make much difference *if* we're late.
　　　(私たちが遅れてもたいした問題ではないだろう)

## (7) (誰が, 何が, どちらが, どんなに, どこへ, いつ) …しようとも —— whoever; whatever; whichever; however; wherever; whenever

「誰が [を] …しようとも」「何が [を] …しようとも, どんな…が [を]

「…しようとも」「どちらが[を]…しようとも，どちらの…が[を]…しようとも」「どんなに…しようとも」「どこへ[に]…しようとも」「いつ…しようとも」という譲歩の意味は，それぞれ whoever, whatever, whichever, however, wherever, whenever の wh-ever 語に導かれる節によって表すことができる。

*Whoever* telephones, tell them I'm out.
（誰から電話があっても留守だと言ってください）
I'll take *whoever* wants to go.
（行きたい人は誰でも連れて行ってあげます）
*Whoever* it is, I don't want to see them now.
（誰であっても今は会いたくない）
She looks pretty *whatever* she wears.
（彼女は何を着てもきれいに見える）
*Whatever* decision he made, I would support it.
（彼がどんな決定をしても私はその決定を支持するだろう）
You may take *whichever* you like.（どれでも好きなのを取って結構です）
Take *whichever* seat you like.
（どこでもいいから好きなお席におすわりください）
*However* often I phone, no one will answer.
（何回電話をしても誰も出ない）
*However* hard I try, I'll never beat Bob at tennis.
（どんなに一生懸命やっても，ぼくはテニスではボブにかなわない）
Please sit down *wherever* you like.
（どこでも好きなところにおすわりください）
*Wherever* he goes, there are crowds of people waiting to see him.
（彼が行くところはどこも，彼を一目見ようと大勢の人が待ち受けている）
You seem to be out *whenever* I phone.
（いつ電話をしてもお留守のようですね）
You can use my notebook computer *whenever* you want.
（いつでも私のノートパソコンを使って結構ですよ）

譲歩の意味は，また「no matter＋wh-語」の形でも表すことができる。このほうが口語的で強調的な言い方。

*No matter who* phones, say I'm not in.
（誰から電話があってもいないと言ってくれ）
*No matter what* I said, no one paid any attention.
（私が何を言っても誰も注意を払ってくれなかった）
I'm determined to go to France to study *no matter what* it costs.
（私はいくら費用がかかっても勉強のためにフランスへ行く決意です）
I'll always love you, *no matter what*.
（どんなことがあろうともいつまでも君を愛しているよ）◇ no matter what happens の happens が省略された慣用的な言い方。
They won't hear you, *no matter how* loud you shout.
（君がどんなに大きな声で叫んでも彼らには聞こえないよ）
*No matter how* hard I tried, I couldn't manage it.
（どんなに一生懸命やってもうまくできなかった）
Please call me when you arrive, *no matter where* you are.
（どこにおられようとも着いたらお電話ください）
*No matter when* you come, you'll be more than welcome.
（あなたがいつ来られても大歓迎です）

**NOTE 1**
(1) 仮定的な意味の場合は譲歩節内で may を用いることもある（cf. Thomson & Martinet (1986)）：
　　*However* frightened you *may* be yourself, you must remain outwardly calm.（あなたがどんなにびっくりしたとしても，表面上は平静を装わなければいけません）
(2) 主語が抽象的な名詞句で whatever が be 動詞の補語の場合，be 動詞は省略可能（Swan (2005)；Quirk *et al.* (1985)）：
　　*Whatever* your problems (*are* [*may be*]), they can't be worse than mine.
　　（あなたの抱える問題が何であれ，私よりもひどいことなどありえない）

**NOTE 2**
　wh-ever 語が主語または他動詞の目的語になる場合は，「no matter＋wh-語」で言い換えることはできない（cf. Swan (2005)）：
　　*Whatever* [×*No matter what*] you do is fine with me.
　　（あなたが何をされようとも私は異存ありません）

cf. *No matter what* you do, it is fine with me.
　　　（あなたがそれをどうされても私は異存ありません）
I'll eat *whatever* [ˣ*no matter what*] you give me.
　　　（くださるものは何でも食べます）
cf. *No matter what* you give me, I'll eat it.
　　　（何をくださっても食べます）

**NOTE 3**
　以下は譲歩を表す文語的な言い方：
　　*Come what may* (=Whatever may happen), we must remain cheerful.
　　　（何が起ころうとも我々は陽気でなければならない）
　　*Try as you will*, you won't manage it.
　　　（どんなに一生懸命やっても，君にはそれはどうにもならないでしょう）
　　*Be it ever so humble*, there's no place like home.
　　　（いかに粗末であろうと，我が家にまさるところはない）

## ⑻ A であろうと B であろうと；A であろうとなかろうと
―― whether A or B; whether A or not

　「A であろうと B であろうと」という選択的な譲歩の意味は whether A or B によって，「A であろうとなかろうと」という譲歩の意味は whether A or not で表すことができる。
　　You'll have to do the work sometime, *whether* today *or* tomorrow.
　　　（今日にせよ明日にせよ，いずれその仕事をしなくてはいけません）
　　The race will take place *whether* it's raining *or* it's sunny.
　　　（そのレースは，雨が降っていようが晴れていようが行われる）
　　*Whether* we win *or* lose, the match will be enjoyable.
　　　（我々が勝っても負けても，試合は面白くなるだろう）
　　*Whether* you agree with the idea *or not*, we're going ahead with it.
　　　（君がその考えに同意しようとしまいと，我々はそれを進めて行く予定だ）
　　*Whether* she likes it *or not*, she's got to accept the fact.
　　　（否が応でも彼女はその事実を受け入れなければならない）
　　He's going to buy a house *whether* he gets married *or not*.
　　　（彼は結婚しようがしまいが一戸建てを買うつもりだ）

*Whether or not* he finds a job in Kobe, he's moving there.
（神戸で仕事が見つかろうと見つかるまいと，彼は神戸に引っ越す予定だ）

whether 節の主語が主節の主語と同じ場合，「主語＋be 動詞」はしばしば省略される。省略が進むと whether そのものが省略されることがある。

He was always intense, *whether* working *or* playing.
（働いていようが遊んでいようが，彼はいつも真剣だった）◇ ..., whether (he was) working or playing の he was の省略。

*Whether* right *or* wrong, he usually wins the argument.
（正しかろうが間違っていようが，彼はいつも議論に勝つ）◇ he is の省略。

*Whether* in London *or not*, he enjoyed himself very much.
（彼はロンドンにいようといまいと大いに楽しんだ）◇ Whether (he was) in London or not, ... の he was の省略。

Trained *or not*, she is doing an excellent job.
（訓練を受けていようがいまいが，彼女は非常にいい仕事をしている）
◇ (Whether she is) trained or not, ... の whether she is の省略。

He goes jogging every morning, *rain or shine*. （雨が降っていても晴れていても，彼は毎朝ジョギングに出かける）◇慣用的な言い方。

**NOTE** 名詞節を導く whether
(1) whether ... or not は名詞節で用いて，「…かどうか」という意味を表す。その際 or not は，whether 節が長いときは whether の直後に置かれる傾向が強い：

Tell me *whether or not* I should invite Mr. and Mrs. Matsui to dinner.
（松井夫妻を夕食に招待したらいいのかどうか教えてください）

He wasn't sure *whether or not* it was an attempt at humor.
（それがユーモアのつもりかどうかは彼にはわからなかった）

(2) or not は間接疑問文ではしばしば省略される：

I asked him *whether* he liked the job.
（私は彼にその仕事が気に入っているかどうか尋ねた）

Let me know *whether* you can attend.
（出席できるかどうかお知らせください）

## 14.2 様態の表現

### (1) …するように；…と同じように —— as; like

「…するように，…のとおりに，…のままに，…と同様に」という様態の意味は，接続詞 as を用いて表すことができる。like は「like+（代）名詞」の形で，通例前置詞として「…と同じように，…のように」という意味で用いられる。

Please do it exactly *as* I said.（私の言ったとおりにそれをしてください）
Leave things *as* they are until the police arrive.
　（警察が来るまでそのままの状態にしておくように）
When in Rome, do *as* the Romans do.
　（郷に入っては郷に従え）《ことわざ》
*As* I said in my last letter, I'm taking the exam in September.
　（この前の手紙に書いたとおり，私は9月にその試験を受ける予定です）
*As* I've said before, you need to take a rest from work.
　（前にも言ったように，君は仕事を休んで休養を取る必要があるよ）
The interview went off well just *as* planned.（インタビューは計画どおりうまく行った）◇… as (it was) planned. の省略。
Fill out the application form *as* instructed.
　（指示どおり申込用紙に記入のこと）◇fill out は《英》では fill in と言う。
*As* expected, the man was sentenced to life imprisonment.
　（予想されたとおり，その男に終身刑の判決が下った）
This year, *as* in previous years, tickets sold out in one day.
　（今年もそれまでと同様，チケットは1日で売り切れた）
Don't speak to me *like* that!（ぼくにそんな口のきき方をしないでくれ）
She's dressed just *like* me.（彼女は私とまったく同じ服装をしている）
I'm tired of being treated *like* a child.
　（私は子供のように扱われるのにはうんざりしている）
*Like* most mothers, I always feel anxious when my children come home late.（たいていの母親と同じように，私は子供の帰りが遅いといつも心配になる）

## 14.2 様態の表現

くだけた言い方では，しばしば like が接続詞として用いられる。

Do it *like* I tell you.（私の言うようにそれをしなさい）

*Like* I said, you're always welcome here.
（言ったように，いつでもいらしてください。大歓迎です）

It was just *like* I imagined.（それは私が想像したとおりだった）

### NOTE 1
(1) くだけた言い方では，the way が「…のように」という様態を表す接続詞として用いられる。(in) the way の in が省略されたもの：

My mother cooks chicken *the way* I like.
（お母さんは鶏肉を私の好みに料理する）

I walked to work every day, *the way* my father had done.
（私は，父がしていたように毎日歩いて仕事に行った）

(2) as, like は just, exactly によって強められる。範例の第1例，第6例，第11例，第16例参照。

### NOTE 2
(1) 堅い言い方では as 節が文頭にくると，相関語句の so が用いられることがある (cf. Quirk *et al.* (1985))：

(Just) *as* a moth is attracted by a light, *so* he was fascinated by her.
（ちょうど蛾が明かりに引きつけられるように，彼は彼女に魅せられた）

(2) 堅い言い方では as 節において主語と動詞の倒置がみられることがある：

He was a Christian, *as were* most of his friends.
（彼は，友達の大半がそうであるようにクリスチャンだった）

He collects old coins, *as did* his father.
（彼は，父がそうであったように古銭を収集している）

### NOTE 3
次の2つの文の意味の違いに注意。like は様態，as は実際の役割を示す (Quirk & Greenbaum (1974))：

He spoke *like* a lawyer.（＝He spoke after the manner of a lawyer.）
（彼は弁護士のように話した）

He spoke *as* a lawyer.（＝He spoke in the capacity of a lawyer.）
（彼は弁護士として話した）

## (2) …なふうに——様態を表す副詞（語句）によって

「…なふうに，…なやり方で」という様態の意味は，様態を表す副詞，あるいは「in a＋形容詞＋manner [way, style, fashion, etc.]」「with＋抽象名詞」などの前置詞句を用いて表すことができる。

　　　He spoke *confidently*.（彼は自信を持って話した）
　　　She speaks English *fluently*.（彼女は英語を流暢に話す）
　　　They greeted each other *politely*.（彼らは互いに丁重に挨拶した）
　　　He behaved very *coolly* in a dangerous situation.
　　　　（彼は危険な状況で非常に冷静に行動した）
　　　The soldiers *bravely* defended the town for three months.
　　　　（兵士たちは3か月間勇敢に町を防衛した）
　　　I *slowly* began to feel better.（私は徐々に気分がよくなってきた）
　　　The task was done *in a workmanlike manner*.
　　　　（その仕事は手際よく行われた）
　　　The man acted *in a responsible manner*.
　　　　（その人は責任ある態度で行動した）
　　　They are doing business *in a minor way*.
　　　　（彼らは細々と商売をしている）
　　　He looked at me *in a sinister way*.（彼は悪意のある様子で私を見た）
　　　"Hi," he said *in a friendly way*.（「やあ」と彼は親しげに言った）
　　　Alice and her sister do their hair *in the same way*.
　　　　（アリスと妹は同じ髪形にしている）
　　　I think you're putting it together (*in*) *the wrong way*.
　　　　（君のその組み立て方は間違っているように思う）◇ in the wrong [right]
　　　　wayのinはしばしば省略される。
　　　He always writes *in a clear and simple style*.
　　　　（彼はいつも簡潔明瞭に書く）
　　　The old man walks *in a peculiar fashion*.
　　　　（その老人はおかしな歩き方をする）
　　　She always dances *with grace* at the party.
　　　　（彼女はパーティーでいつも優雅に踊る）

He walked *with great dignity*. (彼は堂々と歩いた)
I read his book *with great interest*.
(私は彼の本を非常に興味深く読んだ)
He prepared everything *with great care*.
(彼は非常に慎重にすべての準備を整えた)
They agreed to the proposal *without hesitation*.
(彼らはちゅうちょなくその提案に同意した)
The soldiers marched (*in*) *single file*.
(兵士たちは一列になって行進した)

**NOTE**
第1範例は前置詞句を用いて次のように言い換えられる：
　He spoke *in a confident manner* [*way*]. (彼は自信を持って話した)
　He spoke *with confidence*. (同上)

# 15章　比較の表し方

　比較（comparison）には，2つの人・物・事を比較し，それらに共通する特性・性質の度合いが等しいことを示す場合（同等比較），度合いに差があることを示す場合（不等比較），また3つ以上の人・物・事について特性・性質の度合いが最も高いことを示す場合などがある。度合いが等しいことを示す場合は「as ... as」，度合いに差があることを示す場合は「比較級＋than」，度合いが最も高いことを示すには最上級（superlative）が用いられる。

---

■基本文例■

1　A boy of sixteen is sometimes *as* tall *as* his father.
　　（16歳の男の子が父親と身長が同じであることが時々ある）
2　The post isn't *as* quick *as* e-mail.（郵便はEメールほど速くはない）
3　I'm *not as* tired *as* I was yesterday.（私は昨日ほども疲れていない）
4　She looks *older than* she really is.（彼女は実際よりもふけて見える）
5　The job took *less* time *than* I thought at first.
　　（その仕事は私が最初思っていたほどは時間がかからなかった）
6　*The more* I got to know him, *the more* I liked him.
　　（彼を知れば知るほど彼が好きになった）
7　I love my wife *all the more* for her human weakness.
　　（妻には人間的な弱さがあるのでなおよけいに好きだ）
8　The man is getting *fatter and fatter*.（その人はますます太ってきた）
9　She is *the cleverest* of all the pupils in the class.
　　（彼女はクラスのすべての生徒の中で一番よくできる）
10　I enjoyed the Mozart *most* at the concert.
　　（コンサートでモーツァルトが一番よかった）

## 15.1 同等比較による表現

# A と同じくらい… ――「as ... as A」

「A と同じくらい…」というふうに 2 つのものを比較し，それらが共通に持っている特性・性質などが同じ程度であることを示すには「as ＋形容詞・副詞＋as A」の形が用いられる（同等比較 equal comparison）。前の as は副詞，後の as は接続詞。

  This diamond is *as* valuable *as* that.
   （このダイヤはあのダイヤと同じくらい価値がある）
  Peter is almost [nearly] *as* tall *as* I am.
   （ピーターは私とほぼ同じ身長だ）◇ ... as tall as *I*. という言い方は避ける。《話》では ... as tall as *me*. とも言う（→ 15.1 NOTE 1 (1)）。
  He is *as* suitable for the job *as* I am [《話》me].
   （彼は私と同じくらいあの仕事に向いている）
  Let's walk. It's just *as* quick *as* taking the bus.
   （歩いて行こう。バスで行くのとちょうど同じくらい早く行けるよ）◇前の as は just, exactly などによって強められる。
  The time passed *as* quickly *as* last year.
   （時間は昨年と同じくらい早く過ぎた）
  She wanted to see them *as* badly *as* I did.（彼女は私と同じくらい彼らと会いたがっていた）◇ badly は「ひどく，とても」の意。

「A と数 [量] が同じくらい（…の）」というふうに数 [量] が同じ程度であることを示すには「as many [much] (...) as A」の形が用いられる。

  We have got *as many* cardboard boxes *as* we need.
   （私たちは必要な数だけの段ボール箱がある）
  We wish there were *as many* women *as* there are men in parliament.
   （議会に男性と同じくらい多く女性がいるといいのに）
  Take *as many as* you want.（好きなだけ取りなさい）
  They bought *as much* food *as* they could stock up.
   （彼らはため込められるだけの量の食料を買った）
  There is plenty of food, so eat *as much as* you like.

(食べ物はたっぷりあるので，好きなだけたくさん食べなさい)

The digital camera costs *as much as* the TV set does.
(そのデジカメはテレビと同じくらい値段が高い)

「Aほど…でない」と程度が同じであることを否定するには「not as [so] ... as A」の形が用いられる。「not as ... as A」のほうが一般的。

This watch is *not as* expensive *as* that one. (=This watch is *less* expensive *than* that one.) (この時計はあの時計ほど高価ではない)

She *isn't as* old *as* she looks. (彼女は見かけほども年を取っていない)

This condominium *isn't as* spacious *as* our previous one.
(このマンションは前のマンションほど広くない)

I *didn't* do *as* well on my exam *as* I had hoped.
(私は期待していたほども試験がよくできなかった)

*No* one scored *as many* points *as* Kerry did.
(ケリーほど多く得点した者はいなかった)

He *didn't* catch *as many as* he had hoped.
(彼が期待していたほども多くは釣れなかった)

"Will it cost $200?" "No, it *won't* cost *as much as* that."
(「それは200ドルしますか」「いいえ，それほどもしません」)

I *don't* drink *as much* coffee *as* you do.
(ぼくは君ほどもコーヒーは飲まない)

The Japanese *don't* eat *as much* meat *as* the Americans.
(日本人はアメリカ人ほども肉を食べない)

「Aの半分 [2倍，3倍，4倍，…]」というふうに倍数を表すには「half [twice, three times, four times, etc.] as ... as A」の形が用いられる。

Your salary is about *three times as* high *as* mine. (=Your salary is about *three times higher than* mine.) (あなたの給料は私の約3倍ある)

The singer is about *twice as* popular with girls *as* with boys.
(その歌手は，男の子よりも女の子に倍ほど人気がある)

It took about *four times as* long *as* I had thought. (=It took about *four times longer than* I had thought.) (私が思っていたよりも約4倍長く時間がかかった)

New drivers have *twice as* many accidents *as* experienced drivers.

（新米の運転手は熟練の運転手よりも2倍多く事故を起こす）
The Gross Domestic Product is about *five times* as much [high] *as* it was twenty years ago. (= The Gross Domestic Product is about *five times more* [*higher*] *than* it was twenty years ago.) （国内総生産は20年前の約5倍だ）

## NOTE 1

(1) as ... as の後に人称代名詞がくる場合，くだけた言い方では通例目的格をとる。この場合，後の as は前置詞とも考えられる：

 He is *as* tall *as me*. （彼は私と同じ身長だ）
 I *can't* run *as* fast *as him*. （ぼくは彼ほども速く走れない）
 He *doesn't* pay *as* much tax *as us*.
  （彼は我々ほどたくさん税金を払っていない）

(2) 文脈から明らかな場合，後の as 以下は省略されることがある：

 This fish is twice *as* big (*as* that one). （この魚は（あの魚より）倍大きい）
 She has *as many* books (*as* he has).
  （彼女は（彼と）同じ数だけの本を持っている）
 I liked the old chair. This new chair *isn't as* comfortable (*as* the old one). （前のいすのほうがよかった。この新しいいすは前の（古いいす）ほどもすわり心地がよくない）

## NOTE 2

「as ... as A」は，同一の人・物・事について言う場合，「A でもあるがまた…」というふうに異なる特性・性質が同程度であることを表す：

 She is *as* intelligent *as* she is beautiful.
  （彼女は美しくもありまた頭もよい）
 The leader was *as* good *as* he was courageous.
  （その指導者は勇敢でもあり立派でもあった）

## NOTE 3

倍数は「three times [four times, etc.] ＋比較級＋than」の形でも表せるが，half, twice に関しては不可：

 The problem was *ten times more difficult than* I expected.
  （その問題は私が予想していたよりも10倍難しかった）
 cf. The problem was *ten times as* difficult *as* I expected. （同上）
 This road is *half* [*twice*] *as* wide *as* that one.

（この道路はあの道路の半分［倍］の広さだ）
cf. ×This road is *half* [*twice*] *wider than* that one.

**NOTE 4**
「as＋形容詞＋as」の形は直喩（simile）の慣用的な表現としても用いられる。最初の as はしばしば省略される：
*as* light *as* a feather（羽のように非常に軽い）, *as* white *as* snow（雪のように真っ白な）, *as* brave *as* a lion（ライオンのように勇敢な）, *as* black *as* pitch（真っ黒な）, *as* hard *as* nails（強健な、冷淡な）, *as* deaf *as* a post（耳がまったく聞こえない）
My hands were *as* cold *as* ice.（私の手は氷のように冷たかった）
The child was *as* good *as* gold.（その子は非常に行儀がよかった）

## 15.2　不等比較による表現

### (1) A よりも…である──「比較級＋than A」

「A よりも…である」というふうに 2 つのものを比較し、それらが共通に持つ特性・性質に差があることを示すには「比較級＋than A」の形が用いられる（不等比較 unequal comparison）。than は接続詞または前置詞。
You are *taller than* I am [《話》me].
　（あなたは私よりも背が高い）◇... taller than *I*. という言い方は避ける。
Gold is much *heavier than* aluminum.
　（金はアルミニウムよりもずっと重い）
"It's *harder than* I thought." "Yes, but so far, so good."
　（「それは思っていたより難しいです」「そうですねえ、でも今のところうまく行ってますよ」）
All human beings are much *more intelligent than* animals.
　（人間はみな動物よりもはるかに賢い）
You're *more stubborn than* anybody I know.
　（君は私が知っている誰よりも頑固だ）
This book is far *easier* to understand *than* the last one I read.
　（この本は一つ前に読んだ本よりもはるかに理解しやすい）

Divorce is *more common than* it was twenty years ago.
(離婚は20年前と比べるとごく普通になっている)
More expensive hotels are usually *more comfortable than* cheaper ones. (高いホテルは一般に安いホテルよりも快適だ)
Flying is a lot *quicker than* going by train.
(飛行機で行くほうが列車で行くよりもずっと速い)
He spends *more than* he earns. (彼は稼ぐ以上に使う)
The strike lasted *longer than* we expected.
(そのストライキは我々が予想していたよりも長期にわたった)
Ann speaks French much *better than* Peter does.
(アンはピーターよりもずっと上手にフランス語を話す)
He is *more* like his father *than* his mother.
(彼はお母さんよりもお父さんに似ている)

### NOTE 1
(1) than の後に人称代名詞がくる場合，くだけた言い方では通例目的格をとる：
 He is *more interested* in sport *than me*.
  (彼は私よりもスポーツに関心を持っている)
 I can speak English *better than him*. (私は彼よりも英語を上手に話せる)
 Helen goes to the movies *more than* him.
  (ヘレンは彼よりも映画をよく見に行く)
(2) than 節の（助）動詞または「主語＋be 動詞」はしばしば省略される：
 I love him more than she (*does*). (私は彼女以上に彼を愛している)
 It is hotter today than (*it was*) yesterday. (今日は昨日よりも暑い)
(3) 文脈から明らかな場合，than 節全体が省略されることがある：
 Small cars are becoming more popular (*than they were*).
  (小型車は今まで以上に人気が出てきている)
 We can get there faster by bus, but the train is more comfortable (*than the bus*). (そこへはバスのほうが早く行けるが，列車のほうが快適だ)

### NOTE 2
比較されるものは文法上同じ資格を持つものでなければならない：
 The population of New York is much larger than *that of* Chicago.

(ニューヨークの人口はシカゴよりもはるかに多い)
 cf. ˣThe population of New York is much larger than Chicago.
 Its economy has grown faster than *those of* its neighbors.
 (その国の経済は周辺の国々よりも早く成長した)

### NOTE 3

(1) 比較級は通例 much, very much, far, even によって強められる。その他, a great deal, 《話》a lot, 《話》lots などによっても強められる。very は不可：

 His illness was *much* more serious than we thought at first.
  (彼の病気は私たちが最初考えていたよりもずっと重かった)
 "Is your new house bigger than your old one?" "Oh yes, *much*."
  (「あなたの今の家は前の家よりも大きいですか」「ええ, ずっと」) ◇much (bigger than my old one) の略。
 The problem is *far* more complicated than it seems.
  (その問題は見かけよりもはるかに複雑だ)
 Things were *even* worse than we feared.
  (事態は我々が恐れていたよりもはるかに悪化していた)
 I'm feeling *a lot* better today. (今日はずっと気分がよい)

(2) more の後に複数名詞がくるときは much ではなく, 「many [far, a lot, etc.] more+複数名詞」となる：

 She had *many* [*far, a lot,* ˣ*much*] more opportunities of speaking to the singer. (彼女にはその歌手と話す機会がはるかに多くあった)
 cf. He needed *much* [*far, a lot*] *more* money.
  (彼はもっと多くのお金を必要としていた)

### NOTE 4

Alice likes me better than Laura. は以下の(1), (2)に示されるように2通りの解釈ができるため, あいまいである：

 (1) Alice loves me better than she loves Laura.
  (アリスは, ローラを愛している以上に私を愛している)
 (2) Alice loves me better than Laura loves me.
  (アリスは, ローラが私を愛している以上に私を愛している)

ただし, 話し言葉では強勢や音調によって対比の部分が明確にされるため (me と Laura に強勢を置けば(1), Alice と Laura に強勢を置けば(2)), このあいまい性は避けられる (cf. Hornby (1975))。

**NOTE 5**
同一の人・物・事の異なった特性・性質を比較する場合は「more＋原級＋than」の形が用いられる。「…よりはむしろ」という意味を表す：
  I was *more* angry *than* frightened. (＝I was *not so much* frightened *as* angry. / I was angry *rather than* frightened.)（私は驚いたというよりも腹が立った）
  This book is *more* practical *than* scholarly.
  （この本は学術的というよりは実用的だ）

## (2) A ほど…でない── 「less ... than A」

「A ほど…でない」というふうに，より程度が劣ることを表すには「less ... than A」の形を用いて言えるが，同じ意味は「not as [so] ... as A」で表すことができ，このほうが一般的である（→ 15.1）。
  Susan is *less* beautiful *than* her sister. (＝Susan is *not as* beautiful *as* her sister.)（スーザンは姉ほど美人ではない）
  This car is running *less* smoothly *than* it used to.
  （この車は以前ほど快調には走らない）
  He was *less* scared *than* his friend.（彼は友達ほど怖がらなかった）
  The Japanese restaurant which opened last week is *less* expensive *than* it looks.（先週オープンしたあの日本料理店は見かけよりも高くない）
  The company has *less* money and fewer staff *than* two years ago.
  （その会社は2年前に比べると資金も社員の数も減っている）
  I hope the next train will be *less* crowded *than* this one.
  （次の列車はこの列車ほど混雑していなければいいが）
  Jane drives *less* carefully *than* Ann.
  （ジェーンはアンほど慎重に運転しない）
  Women were often paid *less than* men.
  （女性は男性よりも賃金が安いことが多かった）

**NOTE**
(1) くだけた言い方では，less が複数可算名詞の前でも用いられることがあ

る：
> He has got *less* (=fewer) *problems* than he used to have.
> （彼は以前ほど問題を抱えていない）
> She buys *less* (=fewer) *CDs* these days than she used to.
> （彼女は最近は以前ほども CD を買わない）

(2) 文脈から明らかな場合は than 以下は省略されることがある：
> I'm too fat—I must try to eat *less*.
> （ぼくは太りすぎだ。食事を減らすようにしなくてはならない）

## 15.3 比較級を含む表現

### (1) …すればするほどますます…
―「the＋比較級, the＋比較級」

「…すればするほどますます…」というふうに互いに関連して2つのことが同時に起こることを表すには「the＋比較級, the＋比較級」の形が用いられる。この構文における the は冠詞ではなく，前の the は「どれだけ」を意味する関係副詞，後の the は「それだけ」を意味する指示副詞である。

> *The longer* I stayed there, *the more* I liked the place.
> （私はそこに長く滞在すればするほどその地が好きになった）
> *The harder* you work, *the more* you earn.
> （懸命に働けばそれだけ稼ぎが多くなる）
> *The older* you get, *the more difficult* it becomes to find a job.
> （年を取ればそれだけ仕事を見つけるのが難しくなる）
> *The earlier* you start learning a foreign language, *the better* you'll speak it.（外国語は早く学び始めるほどうまくしゃべれるようになる）
> *The sooner* you start, *the sooner* you'll be finished.
> （早く始めるとそれだけ早く終わるでしょう）
> *The more* money he makes, *the more* useless things he buys.
> （彼はお金をもうければもうけるほどその分無駄なものを買う）
> "How do you like your coffee?" "*The stronger the better*."
> （「コーヒーはどのようにいたしましょうか」「濃いほどいいです」）◇このように省略して用いることも多い。以下の例も参照。

*The more the merrier.* (多ければ多いほど楽しい)
"What size box do you want?" "*The bigger the better.*"
(「どのサイズの箱がいいですか」「大きければ大きいほどいいです」)

**NOTE**
第1範例は比例を表す接続詞 as (…するにつれて) を用いて次のように言い換えることができる：
　　*As* I stayed there *longer*, I liked the place *more*.
　　　(私はそこに長く滞在するにつれてその地がいっそう好きになった)
類例：
　　*As* I get *older*, time seems to go by *more* quickly.
　　　(年を取るにつれて時間がいっそう早くたつように思われる)
　　*As* cellphones get *cheaper*, people are using *more*.
　　　(携帯電話が安くなるにつれて利用者がさらに増えている)

## (2) (…のために) それだけますます ――「(all) the＋比較級」

「(…のために) それだけますます，それでかえって」の意味は「(all) the＋比較級」で，また「(…のために) それだけ…というわけではない」の意味は「none the＋比較級」で表すことができる。理由は because 節または for 句で示される。all は「非常に (much)」の意の強意語で，つけないこともある。

　The patient got *the worse for* taking that medicine.
　　(その患者はあの薬を飲んだためにかえって悪くなった)
　He has had a week's holiday and looks *the better for* it.
　　(彼は1週間の休みを取ったのでそのためいっそう元気そうだ)
　I feel *all the better for* a good night's sleep.
　　(一晩ぐっすり眠ったのでいっそう気分がいい)
　He began to work *all the harder because* his salary was raised.
　　(彼は給料が上がったのでそれだけいっそう懸命に働き始めた)
　She became *all the more depressed because* I broke the bad news to her. (その悪い知らせを知らせたために彼女はいっそう落ち込んでしまった)

He's had a good rest, but he's *none the better for* it.
(彼は十分休養を取ったが，そのためによくなったということはない)

## (3) だんだん…，ますます…──「比較級＋and＋比較級」

「だんだん…，ますます…」という漸次的な変化を表すには「比較級＋and＋比較級」の形が用いられる。

He grew *weaker and weaker*, until at last he died.
(彼は次第に衰弱してついに亡くなった)

The situation is becoming *worse and worse*.
(事態はますます悪化してきた)

Foreign cars are becoming *more and more popular* in China.
(中国ではますます外国車の人気が出てきた)

As the years go by, he has got *more and more interested* in science.
(年がたつにつれて，彼はますます科学に興味を抱くようになった)

The waves were getting *higher and higher* as the wind grew stronger. (風が強まるにつれ，波がますます高くなってきた)

These days *more and more* people are learning English.
(最近英語を勉強する人がますます増えている)

*Fewer and fewer* people are attending church these days.
(このごろ教会へ行く人がだんだん減っている)

They began spending *less and less* time together.
(彼らはいっしょに過ごす時間がますます少なくなり始めた)

**NOTE**

more and more は動詞を修飾する副詞句としても用いられる。この場合，通例進行形で用いられない状態動詞でも進行形になりうる（→1.2(1) NOTE 3(1)）：

The boy *is resembling* his father *more and more* as the years go by.
(その少年は年がたつにつれてますます父親に似てきた)

## (4) 慣用表現

英語には比較級を用いた慣用表現が多くある。以下にその主なものをあげておく。

*No more than* five people applied for the job. （5人しかその職に応募しなかった）◇ only の意で，少ないことが意外であることを強調する。

There were *not more than* a hundred people at the rally.
（せいぜい100人しかその大会に出席しなかった）◇ at most の意で，それ以下であることをいう。

*No less than* a thousand people came. （1000人もの人がやって来た）◇ as many [much] as の意で，数 [量] が意外に多いことを強調する。

There were *not less than* a thousand people there. （少なくとも1000人の人がそこにいた）◇ at least の意で，それ以下でないことをいう。

*No fewer than* ten people got sick because of the heat.
（10人もの人が暑さのために病気になった）◇ as many as の意で，数が意外に多いことを強調。量については用いない。くだけた言い方では No less than ... と言うこともある。

He seems quite mature, but he's really *little more than* a child.
（彼は大人のように見えるけれども，実際はほんの子供だ）◇「わずか…しかない，…にすぎない」の意。

Things are *no better than* before. （事態は以前と比べて少しもよくなっていない）◇「…よりよくはない，…と同然で」の意。

He is *no more* fit to be a priest *than* I am.
（彼は私と同様聖職者にはまったく向いていない）◇「no more A than B」は「(A でないことを強調して) B でないように A ではない」の意。

He is *no less* intelligent *than* his brother. （彼は兄に劣らず賢い）◇「no less A than B」は「(A であることを前提として) B に劣らず A で」の意。

I was *more than* pleased with my pay rise.
（私は言い足りないほど昇給がうれしかった）

This is *worse than* useless.
（これは役に立たないよりひどい；有害無益である）

He *knew better than* to mention the subject to her.

(彼はその問題を彼女に話すほどばかではなかった) ◇ know better は「もっと分別がある」の意。
They are *more or less* the same age. (彼らの年齢はほとんど同じだ)
*Sooner or later* we will need more staff.
　　(遅かれ早かれもっと社員が必要になるだろう)
*More often than not* he works late. (彼はたいてい遅くまで働いている)
He is interested in mathematics, *much* [*still*] *more* in physics. (彼は数学に興味を持っている。物理学はなおさらだ) ◇肯定文の後に用いる。
He is not good at speaking English, *much* [*still*] *less* at writing it.
　　(彼は英語をしゃべるのは得意でない，ましてや書くことなどなおさらだ)
　　◇否定文の後に用いる。
*No sooner* had we got home *than* it began to rain.
　　(家に帰るとすぐに雨が降り始めた)

## 15.4　最上級による表現

### (1) (…のうちで) 一番…である

　「(…のうちで) 一番…である」というふうに3つ以上のものを比較し，問題となっている特性・性質の程度が最も高いことを示すには最上級が用いられる。限定的に用いた形容詞の最上級には the またはそれに代わる this, that, one's などの決定詞 (determiner) がつく。
　　Everest is *the highest* mountain in the world.
　　　　(エベレストは世界最高峰である)
　　John is *the tallest* boy in the class.
　　　　(ジョンはクラスの中で一番背の高い少年だ)
　　Harry is *the shortest* of the three children.
　　　　(ハリーは3人の子供の中で一番背が低い)
　　This is *the oldest* building in the town. (これは町で一番古い建物だ)
　　He is undoubtedly one of *the greatest* living actors.
　　　　(彼は間違いなく現在生きている最も偉大な俳優の1人である)
　　He's probably *my least* favorite person.

(彼はおそらく私が最も嫌いな人であろう)
Yesterday was *the hottest* day of the year.
(昨日は今年一番の暑さだった)
Bob is *my best* friend. (ボブはぼくの最上の友だ)
Osaka is Japan's third *largest* city, with a population of 2.5 million.
(大阪は日本で3番目の大都市で,人口250万を擁する)
The world's *largest* ocean is the Pacific.
(世界で最も大きな海洋は太平洋である)
That was *the most boring* speech I've ever heard.
(あれは私が今まで聞いた中で最も退屈な演説だった)
This is *the least exciting* movie that I've ever seen.
(これは私がこれまで見た中で一番面白くない映画だ)
The building was *the worst* I had seen.
(その建物は私が今まで見た中で最悪だった)

形容詞が叙述的に用いられた場合は the の選択は随意で,くだけた言い方では the をつけないことも多い (cf. Quirk *et al.* (1985);Swan (2005))。

Jane is (*the*) *youngest*. (ジェーンが一番若い)
Which mountain is (*the*) *highest*? (どの山が一番高いですか)
This dictionary is (*the*) *best*. (これが一番いい辞書だ)
This question is (*the*) *most difficult* of all. (この問題は難題中の難題だ)
Of all of the films, this is (*the*) *best*. (すべての映画の中でこれが最高だ)
I've got a lot of friends, but he's (*the*) *most intelligent*.
(私は多くの友人を持っているが,彼が最も聡明だ)

副詞の最上級も the の選択は随意だが,くだけた言い方では the をつけないことも多い。

Jack runs (*the*) *fastest* in the class.
(ジャックはクラスの中で一番足が速い)
Which book did you enjoy (*the*) *most*? (どの本が一番面白かったですか)
He is one of the teachers I like (*the*) *best*.
(彼は私が一番好きな先生の1人だ)
Older people suffer (*the*) *worst* when subsidies are cut.
(補助金が削られると高齢者が一番ひどく影響を受ける)

Let's see who can shoot (*the*) *straightest*.
(誰が射撃が一番上手か見てみよう)

Of the three boys, John behaves *the most* politely.
(3人の少年の中でジョンが一番礼儀正しくふるまう)

**NOTE 1**

最上級の代わりに比較級または原級を用いて最上級と同等な意味を表すことができる：

Mary is *the cleverest student* in the school.
(メアリーは学校で最もよくできる生徒だ)

(1) Mary is *cleverer than all the other students* in the school.
(メアリーは学校で他のすべての生徒よりもよくできる)

Mary is *cleverer than any other student* in the school.
(メアリーは学校で他のどの生徒よりもよくできる)

(2) *No other student* in the school is *as* [*so*] *clever as* Mary.
(学校でメアリーほどよくできる生徒は他にいない)

**NOTE 2**

同一の人・物・事の違った部分や状態を比較する場合はtheは用いない (cf. Declerck (1991); Swan (2005))：

Here the river is *broadest*. (その川はここが一番広い)

He's *nicest* when he's had a few drinks.
(彼は少々お酒を飲んだときが一番素敵だ)

**NOTE 3**

最上級は次のように2つのものの比較について用いられることがあるが，注意深い使い方では避けられる (Quirk *et al.* (1985))：

He is *the youngest* of the two brothers.
(彼は2人の兄弟のうちで弟のほうだ)

cf. He is *the younger* of the two brothers. (同上)

Which of these two photos is *best*?
(この2枚の写真のうちどちらがいいですか)

Who's *the most* reliable, Frank or Owen?
(フランクとオーエンのどちらがより信頼できますか)

### NOTE 4

(1) 最上級を強めるには much, very much, by far, easily, quite などが用いられる。また very は，用法は限られるが -est 型の最上級, best, worst などを強めることができる：

He's *much the best* [*the very best*] person for the job.
(彼はその仕事にまさに打ってつけの人だ)
He's *by far the best* student [*the best* student *by far*] in the school.
(彼は学校で飛び抜けて優秀な学生だ) ◇ by far は前置，後置いずれも可能。
This is *easily the most popular* style at the moment.
(これが現在断然人気のあるスタイルだ)
That was *quite the worst* meal I have ever had.
(それは私が今まで食べたうちで一番ひどい食事だった)
Our products are of *the very highest* quality.
(我が社の製品の品質は最高だ)

(2) 「今までに」という意味で，ever を肯定文で最上級の直後に置いて最上級を強めることができる：

This book was his *best ever*. (= This was *the best* book that he had *ever* written.) (この本は彼の生涯の著作の中で一番すぐれた本だった)
He is *the youngest* person *ever* to swim the Channel. (= He is *the youngest* person who has *ever* swum the Channel.) (彼は今までに英国海峡を泳いで渡った人の中で最年少だ)

### NOTE 5

most が比較の意味ではなく，単に強意的に「非常に (very)」の意味で用いられることがある。この絶対最上級 (absolute superlative) としての most は通例強勢を受けないが，受けたとしても弱い (Christophersen & Sandved (1969))：

It was a *most* beautiful morning. (とてもすばらしい朝だった)
We heard a *most* interesting talk about Egypt.
(私たちはエジプトについて非常に面白い話を聞いた)

## (2) 慣用表現

英語には，比較級ほどではないが最上級を用いた慣用表現がある。以下にその主なものをあげておく。

It will take about fifty minutes *at (the) most*. (かかってもせいぜい 50 分

くらいだろう）◇「数・量が多くてもせいぜい」の意味。

It will take you *at least* thirty minutes to get to the nearest hospital.
（最寄の病院へ行くのに少なくとも30分はかかるだろう）

*At best*, they will get only a small increase in salary.
（どうよく見ても，彼らの給料はほんのわずかしか上がらないだろう）
◇「どんなによくてもせいぜい」の意味。

*At (the) worst*, he'll have to pay a fine.
（最悪の場合，彼は罰金を払わなければならないだろう）

This was what she wanted *most of all*.
（これは彼女が最もほしがっていたものだった）

She hardly ever lost her temper—*least of all* with Tom.
（彼女はめったに怒ったことがなかった，とりわけトムには）

You *had best* forget all about the whole thing.
（君はすべてのことをすっかり忘れるのが一番いい）

He wasn't *at* his *best* yesterday.
（彼は昨日は最高の調子ではなかった）◇「最高の状態で」の意味。

John is *the last* person to tell a lie.（ジョンはうそをつくような人ではない）◇「the last person [thing] ＋to do ［関係詞節］」は「最も…しそうにない人［物］」の意味。次の範例も参照。

He is *the last* person I expected to see here.
（ここで彼に会うとは夢にも思わなかった）

*The next best* thing would be to replace the tire with another.
（次善の策はそのタイヤを別のタイヤと交換することだろう）

He *tried* his *best* but he still didn't pass the exam.
（彼は最善を尽くしたが，それでもその試験に合格しなかった）

It's a lovely day, so we'd better *make the most of* it.
（今日はすばらしい天気なので思いっきり楽しもう）

Our customers are, *for the most part*, young people interested in fashion.（当店の顧客の大半は，ファッションに関心のある若い人だ）

It was a nuisance, *to say the least*.
（それは控え目に言ってもはた迷惑だった）

# 16章　強調の表し方

　強調 (emphasis) は，話し言葉では強調したい語に強勢をつけることによって，あるいは表情・身振りなどによってその効果を出すことができる。書き言葉では強意語や再帰代名詞の使用または同一語句の反復など語彙的な手段によって特定の語句を強調したり，あるいは助動詞 do の使用によって陳述内容の肯定性を強めたり，「It is ... that ...」構文や「what ... is ...」構文を用いることによって文中の任意の語句を強調したりするなど，文法的な手段による強調の方法などがある。

■基本文例■

1　I'm a *perfect* stranger around here.
　　（私はこの辺りの地理はまったく知らない）
2　I *entirely* agree with you.（まったく君と同意見だ）
3　What *ever* do you mean?（それは一体どういう意味ですか）
4　I *didn't* understand anything *at all*.
　　（私はまったく何も理解できなかった）
5　This car is *far, far* too expensive.（この車はあまりにも高すぎる）
6　I'll do it *myself*.（ぼく自身がそれをやるよ）
7　You've gone mad, *you have*.（本当にどうかしているよ，君は）
8　I know the smaller one is cheaper, but I *do* prefer this one.（その小さなほうが安いことはわかっているが，ぼくはこちらのほうがいい）
9　*It is* Mr. Powell *that* owns the big house by the river.
　　（川沿いのあの大きな家の持ち主はパウエルさんだ）
10　*What* that child needs most is love and affection.
　　（あの子が最も必要としているのは愛情と慈愛である）

**NOTE**

強調の目的のために倒置や話題化が行われることがある。

(1) 倒置 (inversion)

文法上または文体上の理由のために強調される語句が前置され，「主語＋動詞」の語順が変わることがある：

*Only once has he done* such a thing.
　（ただ一度だけ彼はそんなことをしたことがある）
*Not a single book had she read* that month.
　（その月はたった1冊の本も彼女は読んでいなかった）
*Under no circumstances should you lend* him any money.
　（どんなことがあっても彼にお金を貸してはいけません）
*Little did he realize* the danger he faced.
　（彼は直面している危険にまったく気づいていなかった）
*So ridiculous was his manner* that everyone stared at him.
　（態度が非常にこっけいだったのでみな彼をじろじろ見た）

(2) 話題化 (topicalization)

「主語＋動詞」の語順の変更を伴わずに何らかの際立ちを与えるために文中の語句が文頭に置かれることがある。これには，(a)目的語や補語が前置されて主強勢が与えられる場合，(b)対比的な理由による場合，(c)先行文脈とのつながりをよくする場合などがある：

(a) *Excellent fóod* they serve at that hotel. ［目的語］
　　（最高の食事をあのホテルは出してくれる）
　　*Very dírty* the room looked. ［補語］
　　（非常にきたなくその部屋は見えた）
(b) *His fáce* I'm not fond of but *his cháracter* I despise.（彼の顔が嫌なのではなく，彼の人柄が嫌なのだ）◇通例対照強勢を受ける。
(c) *To this list* his name was added.
　　（このリストに彼の名前が付け加えられた）

## 16.1　語彙的な強調

### (1) まったくの——強意の形容詞

「まったくの，完全な，最高の」の意味の形容詞が限定的に用いられて修飾する名詞を強めたり，また叙述的に用いられて強意の意味を表すことがあ

る。そのような形容詞に absolute, complete, extreme, fantastic, grand, great, perfect, sheer, terrific, thorough, utter などがある。

He is a *perfect* [a *complete*, a *total*, an *utter*] stranger to me.
(彼は私のまったく知らない人だ)

That's *absolute* [*complete*, *sheer*, *utter*] nonsense.
(それはまったくナンセンスだ)

It was a *complete* surprise to see you on the bus yesterday.
(昨日バスの中であなたに会ってまったくびっくりしました)

The victory was *complete*. (勝利は完璧だった)

It was an *outright* lie. (それはまったくのうそだった)

He is a *true* scholar. (彼は本当の学者だ)

She is a *real* beauty. (彼女は本物の美人だ)

It was a *great* show. (それは最高のショーだった)

The destruction was *great*. (破壊はすさまじいものだった)

The weather was absolutely *fantastic*. (天気はまったくすばらしかった)

We had a *terrific* time. (私たちはとても楽しかった)

Suddenly there was a *tremendous* explosion.
(突然すさまじい爆発が起こった)

We didn't realize we were in *extreme* danger.
(我々は非常に危険な状態にあることに気づいていなかった)

The performance was a *thorough* success. (その公演は大成功だった)

He found the old book by *pure* chance.
(彼はまったく偶然にその古書を見つけた)

I had a *grand* day out at the seaside.
(私は海辺ですばらしい1日を過ごした)

It was *such* a lovely party. (=(書) It was so lovely a party.)
(それはとっても素敵なパーティーだった)　◇ such, so は主に女性に好んで用いられる。→ 16.1(2) NOTE 2

形容詞の very は，the, this, that, one's などの決定詞を伴って「まさに」という強調的な意味を表す。

This is the *very* thing I want. (これこそ私がほしいものだ)

I enjoyed my job at the *very* beginning, but I'm bored with it now.

(仕事が楽しかったのはごく最初だけで，今はもううんざりしている)
You must come home this *very* minute. (すぐに家に帰ってきなさい)
He died in that *very* room last night.
(彼は昨夜まさにあの部屋で死亡した)
The accident happened before my *very* eyes.
(その事故はちょうど私の目の前で起こった)

**NOTE**
「good [nice, etc.]＋and」が後にくる形容詞を強調して，「非常に」という意味で用いられることがある。この場合，前にくる形容詞が副詞的に次の形容詞を強める働きをする。この形はくだけた言い方で用いられる：

I was *good and* tired.
(私はくたくたに疲れていた) ◇強勢・発音は gòod and /gùdn/ tíred となる。
I won't go until I'm *good and* ready. (私は準備が十分整うまで行かない)
It's *nice and* warm today.
(今日はとても暖かい) ◇強勢・発音は nìce and /nàisn/ wárm となる。
The work was *nice and* easy. (その仕事は非常に簡単だった)

## (2) まったく，完全に——強意の副詞

副詞が「まったく，完全に，すっかり，非常に，とても」などという意味で動詞，副詞，形容詞を修飾してそれらの意味を強めることがある。それらの副詞に absolutely, completely, entirely, fully, quite, thoroughly, utterly や，その他 actually, awfully, certainly, definitely, extremely, really, surely, so, terribly などがある。前置詞を強めるのに just, right, well などの副詞が用いられる。

"How far do you agree with me?" "I agree with you *absolutely*."
(「どの程度同意されますか」「まったく同意見です」)
I have *completely* forgotten his name.
(彼の名前をすっかり忘れてしまった)
They have *entirely* different tastes in music.
(彼らは音楽の趣味が全然違う)
We are *fully* aware of the danger. (我々は危険を十分認識している)

This is *quite* a different problem.（これはまったく別の問題だ）
We were *utterly* powerless.（私たちはまったく無力だった）
The town was *totally* destroyed by the bombing.
　（その町は爆撃で完全に破壊された）
I can *perfectly* see why you are anxious about it.（君がどうしてそれが
　心配なのか，ぼくにはその理由がまったくよくわかる）
The patient was *wholly* cured.（その患者は完治した）
I *clean* forgot!
　（すっかり忘れてた！）◇ clean は《話》で，completely の意。
You're *dead* right!
　（まったく君の言うとおりだ）◇ dead は《話》で，completely の意。
We are very happy *indeed*.（私たちはとても幸せだ）◇ indeed は very を
　強める。×We are happy indeed. とは言わない。
I *just* love the way she talks.
　（私は彼女の話し方がまったく気に入っている）
We *really* enjoyed the party.（パーティーは実に楽しかった）
I *actually* saw the accident happen.（私はその事故の瞬間を実際に見た）
It's *extremely* good of you.（大変ご親切にありがとうございます）
It's *awfully* cold in here. Is the heater on?（ここはとても寒いわ。暖房は
　ついているのかしら）◇ awfully は主に女性に好まれる強意語。
I'm *terribly* pleased to hear that you've got a job.
　（あなたがお仕事につかれたとのこと，大変うれしく思います）
I'm *so* glad to see you.（あなたにお目にかかれてとてもうれしいです）
I'll see you at the station *just* before six o'clock.
　（ちょうど6時前に駅で会いましょう）
He was driving at *well* over the speed limit.
　（彼は制限速度をかなり超えて運転していた）
It's *right* on top of the cupboard.（それは食器棚の真上にある）
It's *altogether* out of the question.（それはまったく問題外だ［不可能だ］）
Her parents are *dead* against the trip.
　（彼女の両親はその旅行にまったく反対だ）
He is living *far* beyond his means.

(彼はまったく収入に不相応な暮らしをしている)

### NOTE 1
副詞によっては限られた動詞・形容詞と共起する場合がある。
(1) badly は need, want と共起する：
 He *badly needs* his eyesight tested.
  (彼はぜひ視力を検査してもらう必要がある)
 They *wanted* to win so *badly*. (彼らはどうしても勝ちたかった)
(2) greatly は admire, appreciate, enjoy, respect などの好ましい意味合いの動詞と共起する：
 Any help will *be greatly appreciated*.
  (どんな援助もありがたく感謝いたします)
 I *was greatly impressed* by the nursing at the hospital.
  (私はあの病院の看護に非常に感銘を受けた)
(3) utterly は通例好ましくない意味合いの動詞・形容詞と共起するが, utterly reliable (まったく信頼できる), utterly delightful (実に楽しい) という言い方もよく行われる (Quirk & Greenbaum (1974))：
 I *utterly detest* him. (私は彼がまったく嫌いだ)
 I *utterly failed* to convince him.
  (私は彼を納得させることがまったくできなかった)
 She looks *utterly miserable*. (彼女はまったくみじめそうだ)

### NOTE 2
so, such は主に女性に好んでよく用いられる：
(1) a. I'm *very* pleased to see you here.
  (ここであなたに会えて大変うれしい)
 b. I'm *so* pleased to see you here.
  (ここであなたに会えてとってもうれしいわ)
(2) a. I had a *very* enjoyable time at the party.
  (パーティーは大変楽しかった)
 b. I had *such* an enjoyable time at the party.
  (パーティーはとっても楽しかったわ)

それぞれ a. と b. は知的意味 (cognitive meaning) は同じだが, 情的意味 (emotive meaning) が異なる。つまり, b. の so, such を用いた言い方には情緒的な意味が伴っており, その表現を主観的・感情的なものにしている。そのため, so, such は一般に男性よりも女性に好まれる (岸野 (1980))。

## (3) 一体全体 —— wh- 語を強調して

who, what, when, where, why, how の wh- 語を「一体誰が［を］；一体何が［を］；一体いつ；一体どこで；一体なぜ；一体どのようにして」などと強調するには，wh- 語の直後に副詞の ever を置いて表す。ever に強い強勢が置かれ，驚き・怒り・いら立ちなどの感情を表す。くだけた言い方では，ever の代わりに on earth, in the world などが用いられる。

Who *ever* told you that?（一体誰があなたにそのことを話したの？）
Who *in the world* are you talking about?
（一体君は誰のことを言ってるのだ）
What *ever* happened to her?（一体彼女の身に何があったのだろう）
What *ever* are you doing here?（一体君はここで何をしているのだ）
What *on earth* do you mean by that?（一体それはどういう意味ですか）
When *ever* will I have time to cook and clean?
（一体いつ料理と掃除をする時間が私にあるというのですか）
Where *ever* did she hide it?（彼女はそれを一体どこに隠したのだろうか）
Where *on earth* did you get that?
（それを一体どこで手に入れたのですか）
Why *ever* didn't you tell me you were coming?
（一体どうして来ることを私に言ってくれなかったの？）
How *ever* can I manage on a small pension?
（一体どうやってわずかの年金でやっていけるというのだ）
How *on earth* did you find out my telephone number?
（一体どうして私の電話番号がわかったのですか）

**NOTE 1**

on earth, in the world の他に，特にくだけた言い方では，the hell, the devil, the heck, the dickens, the fuck などを wh- 語の直後に置いて意味を強めることができるが，いずれも激しい感情を表すことがあるので，その使用には注意する必要がある：

Where *the hell* have you been?（一体今までどこにいたのか）
What *the devil* are you doing here?（一体君はここで何をしているのだ）
Where *the heck* are we?（一体ここはどこなんだ）

What *the dickens* is the matter with him?（一体彼はどうしたのだ）

**NOTE 2**
(1) ever の位置は wh- 語の直後でないこともある (cf. Alexander (1988))：
   Why did you *ever* go there?
      （君はそもそもどうしてそんなところへ行ったのだ）
(2) 時に 1 語につづって whatever, whoever などとすることもあるが，why は必ず why ever と 2 語につづる：
   *Why ever* [×*Whyever*] didn't you stop him?
      （一体どうして彼を止めなかったのですか）

## (4) 少しも…でない——否定を強めて

「少しも…でない」と否定の意味を強めるには at all, in the least を文尾または否定語の直後に置いて表す。また no を伴った名詞や nothing, none を強めるには whatever または whatsoever を（代）名詞の直後に置いて表すこともできる。

I *don't* agree with you *at all*.
   （あなたの意見にはまったく同意できません）
I *haven't* seen him *at all* this month.（今月彼とは一度も会っていない）
"Do you mind waiting for a while?" "*Not at all*."（「しばらく待っていただけませんか」「かまいませんよ」）◇ I do*n't* mind *at all*. の略。
In *no* time *at all*, the interview was over.
   （あっという間にインタビューは終わった）
There was *nowhere at all* to park.
   （どこにもまったく駐車するところがなかった）
The doctor found *nothing at all* the matter with him.
   （医者に診てもらったが，彼に悪いところはどこにも見つからなかった）
I'm *not in the least* afraid of snakes any more.
   （私はへびはもう少しも怖くない）
*Nobody* would worry about it *in the least*.
   （誰一人そのことについて心配しないだろう）
There were *no* tickets *whatever* left for the match.

（その試合のチケットは1枚も残っていなかった）
There is *no* evidence *whatever* to show that it was murder.
（それが殺人だったという証拠はまったくない）
"Any questions?" "*None whatsoever*."
（「何か質問は？」「何もありません」）

この他に否定を強める言い方に次のようなものがある。

She *wasn't a bit* worried about her exams.（彼女は試験のことは少しも心配していなかった）◇「少しも［まったく］…ない」の意味。

They *didn't* give me *a thing*.（彼らは私に何一つくれなかった）

I *didn't* sleep *a wink* last night.（私は昨晩一睡もできなかった）◇ not sleep a wink は慣用表現で「一睡もできない」の意味。

He's *not* the best person for the job *by any means*.（＝He's *by no means* the best person for the job.）（彼はその仕事に最適というわけでは決してない）◇「決して…ない」の意味。

I've *never in my life* seen such a crowd.
（私はあんな大群衆を生まれてこのかた見たことがない）◇ *Never in my life* have I seen such a crowd. のように倒置にするとさらに意味が強まる。

They *aren't nearly* ready for the investigation.
（彼らはその調査の準備がまだまったくできていない）◇「まだまだ…とは言いがたい、とても…でない」の意味。

It is *far from* clear what he intends to do.（彼が何をするつもりなのかまったくはっきりしない）◇「…にはほど遠い、決して…でない」の意味。

**NOTE 1**
(1) 話し言葉では not に強勢を置くと否定の意味を強めることができる：
　　He did *nót* study politics at university.
　　　（彼は大学で政治学をまったく勉強しなかった）
(2) 文頭の位置で、名詞の前に not a を置いて否定の意味を強めることができる。さらに single を添えるといっそう強い否定の意味となる：
　　*Not a* man was killed and only three wounded.（死亡者は1人もなく、負傷者も3人だけだった）◇ *No* man was killed ... よりも意味が強い。
　　*Not a single* word did he utter.（ひと言も彼は言わなかった）

**NOTE 2**
(1) just, simply, really は否定語の前に置いて否定を強める：
　　I *just* [*simply, really*] *can't* believe a word he says!
　　　　(彼の言うことはまったくひと言も信用できない)
(2) absolutely は no, nobody, nowhere などの否定語の前に置いて否定を強める：
　　There was *absolutely nowhere* to park.
　　　　(どこにもまったく駐車するところがなかった)
(3) possibly は can't, couldn't の直後に置いて否定を強める：
　　I *can't possibly* get there before noon.
　　　　(正午前にはとてもそこへは着けない)

## (5) どんどん，何度も何度も——同一語句の反復

　形容詞，副詞，名詞，動詞などの同一語（句）を繰り返すことによって修飾する語（句）を強めたり，その語そのものの意味を強めることができる。
　You *bad, bad* boy! (このいたずらっ子ったら！)
　You've grown *very very* much! (何て大きくなったこと！)
　He talked *on and on and on*. (彼はどんどんしゃべり続けた)
　They hit the boy *again and again*.
　　　(彼らは何度も何度もその少年を打った)
　She looks *much, much* older than she used to.
　　　(彼女は以前よりもずっとずっとふけて見える)
　We *waited and waited,* then all of a sudden we saw a ship on the horizon. (我々はずっと待った。すると突然水平線上に船が見えた)
　He will *cry and cry* and we must let him cry.—P.S. Buck, *The Big Wave* (彼は泣きに泣くだろう、そして泣くだけ泣かしておこう)
　I agree with *every word* you've said—*every* single *word*.
　　　(私はあなたが言ったことすべてに，一字一句に至るまで賛成だ) ◇ single を添えることによってさらに意味が強められている。
　*Why*, (oh) *why* did you do it?
　　　(どうして、どうしてそんなことをしたの！)

**NOTE**

同一複数名詞を反復した次のような言い方に注意しよう：
There are *teachers and teachers*. (＝There are good and bad teachers.)
（先生にもいろいろある；よい先生もいればよくない先生もいる）

## (6) …自身——再帰代名詞を用いて主語，目的語，補語を強めて

再帰代名詞（reflexive pronoun）を主語，目的語，補語と同格に用いて，「…自身，…自体」というふうにそれらの語を強めることができる。この場合，再帰代名詞に強勢が置かれる。

### (6a) 主語と同格の場合

再帰代名詞は文末または主語の直後に置かれるが，情報構造上相対的に重要なものは後ろに回されるという英語の原則から文末に置かれることが多い。

He gave it to me *himself*. （彼自らがそれを私にくれた）
The President gave the order *himself*. （大統領自身が命令を出した）
"How did you hear?" "She told me *herself*."
（「どうやって聞いたの？」「彼女自ら話してくれたわ」）
They have never been to Greece *themselves*.
（彼ら自身は一度もギリシアへ行ったことがない）
"Could you tell me what time the shops close here?" "I'm sorry, but I'm a stranger here *myself*." （「ここでは何時に店が閉まるのかご存じですか」「すみません，私もこの辺りはよく知りません」）
Democracy *itself* was in danger in those days.
（当時民主主義それ自体があやうかった）
The building *itself* is beautiful, but the surroundings are rather unpleasant. （建物そのものは美しいが，周囲の環境はかなり悪い）
I *myself* have never read that detective story.
（私自身はあの探偵小説は一度も読んだことがない）

**NOTE**
(1) I did it *myself*. には2つの意味がある。1つは，ここで扱った強調用法で，「他の人ではなく私自身がそれをした」という意味である。もう1つは，「他の人の助けを借りないで私が単独でそれをした」という意味で，この意味では次のように by oneself で表すことができる (cf. Sinclair(ed.) (2005))：
  I did various jobs around the house *by myself*.
   （私1人で家のいろんな仕事をやった）
(2) 再帰代名詞は文頭に置かれて，「…に関しては」という意味で用いられることがある。この場合，通例コンマで区切られる：
  *Myself*, I don't go in for golf much. （私自身はゴルフをあまりやらない）

### (6b) 目的語，補語と同格の場合

再帰代名詞は目的語，補語の直後に置かれる。
 Do you mean that you spoke to the prime minister *himself*?
  （あなたが総理本人と話をされたということですか）
 She likes the ring but not the diamond *itself*.
  （彼女はその指輪は好きだが，ダイヤそのものは好きではない）
 I want the man *himself*, not his secretary.
  （私はその人自身に会いたいのであって，秘書に会いたいのではない）
 I got the letter from the editor *himself*.
  （私は編集者からじきじきに手紙をもらった）
 She was honesty *itself*. （彼女は正直そのものだった）
 You have been kindness *itself*. （あなたは親切そのものですね）

## (7) …だよ，まったく——主文を強調して

くだけた言い方では，肯定文の後で主文の主語と助動詞またはbe動詞を反復して，主文の意味を強めることがある。これをSwan (1995) は「強意の付加文 (reinforcement tags)」と名付けている。この用法は（英）でよく見られる。
 You're really mad, *you are*. （君って本当にどうかしているよ，まったく）
 I'm getting fed up, *I am*.
  （もういいかげんうんざりしてきたよ，ぼくはね）

That was a lark, *that was*!（あれはたしかにひばりだったんだ）
He likes a drink now and then, *Jim does*!
（ときどき一杯やるのが好きなんだ，ジムはね）◇代名詞で文を始めて，付加疑問文に具体的な主語を置くことがある。

**NOTE**

次のように述部を強調して主語を後ろに回すこともある（Swan (1995)）：
Getting in my way, *you are*.（邪魔だよ，君）
Likes sweets, *Taro does*.（大の甘党でしてね，太郎は）

## 16.2　文法的な強調

### (1) 本当に——助動詞 do による強調

　対比的な文脈において，「本当に，ぜひ」というふうに文の陳述内容の真実性を強調する場合に，助動詞の do を動詞の前に置いて表す。この場合，必ず do に強勢を置き，/dúː/ と強く発音して言う（does, did はそれぞれ /dʌ́z/, /díd/ となる）。

"Drive carefully." "I *do* drive carefully."
（「慎重に運転しなさい」「十分慎重に運転しているよ」）
You're quite wrong—she *does* love you!
（君はまったく誤解しているよ。彼女は君のことを本当に愛しているとも）
We don't need advice, but we *do* need money.
（我々には忠告なんていらない，金が絶対に必要なんだ）
"I hope I'm not disturbing you." "Not at all. *Do* come in."
（「お邪魔じゃないでしょうか」「全然。さあ，お入りなさいよ」）
"Why didn't you tell me?" "I *did* tell you."
（「どうして言ってくれなかったのだい」「ちゃんと言ったじゃないか」）
I don't take much exercise now, but I *did* take a lot of exercise when I was younger.（私は今はあまり運動しないが，もっと若いころは実によく運動したものだ）

対比的な意味が弱まり単なる強調，特に感情的な強調を表すことがある。

I *do* hope you have enjoyed the party.
（パーティーはきっとお楽しみいただけたことと思います）
I *do* feel sorry for her.（彼女のことは本当に気の毒に思います）
I *do* think you should let him know where you are.
（あなたの居場所をぜひ彼に知らせるべきだと思うよ）
I *do* want it to be done as quickly as possible.
（できるだけ早くなんとかそれをやっていただきたい）
I *do* wish I could remember her name.
（なんとか彼女の名前を思い出せたらなあ）
A little knowledge *does* seem to be a dangerous thing.
（少しばかりの学識はたしかに危険なようだ）
I *did* enjoy that meal last night!
（昨晩のあの食事は本当においしかったよ）
That's exactly what he *did* say.（それがまさに彼が言ったことだよ）
I never *did* like my new teacher.（私は今度の先生はぜんぜん好きではなかった）◇否定を強める。 ×I *did never* like my new teacher. は不可。

**NOTE**
(1) do 以外の助動詞が使われている場合は，その助動詞に強勢を置いて意味を強めることができる：
   I *am* /ǽm/ telling the truth. You must believe me.
   （ぼくは本当のことを言っているのだ。信じてくれ）
   I *have* /hǽv/ enjoyed myself at the party.（パーティーは実に楽しかった）
   That *will* /wíl/ be nice!（それは本当に素敵なことでしょう）
(2) be 動詞の場合は，be 動詞に強勢を置いて意味を強めることができる：
   "Why weren't you at the meeting?" "I *was* /wʌ́z/ at the meeting."
   （「どうして会議に出なかったの？」「会議に出たよ」）

## ⑵ …なのは…である──特定の要素を強調して

### (2a)「It is A that ...」の構文
文中の A という特定の要素を取り出して，「…なのは A である」というふうに A を強調する場合，「It is A that ...」の構文が用いられる。このいわ

## 16.2 文法的な強調

ゆる分裂文（cleft sentence）では，it is の直後に強調する要素を置き，そこが強勢を受け，that 節以下の残りの部分は旧情報を表す。強調される要素 A が人または物・事で，that が that 節の主語の場合，that の代わりにそれぞれ who, which が用いられることもある。くだけた言い方では「It is A that ...」の that は省略されることがある。

> *It was* speed *that* caused the accident, not the bad road.
> （その事故の原因は悪路ではなくスピードの出しすぎだった）
> *It was* his doctor *who* advised that he change his job.
> （彼に転職を勧めたのはかかりつけの医者だった）
> *It was* her husband *that* used to ride a bicycle to the shops on Sundays.（日曜日にいつも自転車で店に買物に行ったのは彼女の夫だった）
> *It was* Peter *who* told the police.（警察に告げたのはピーターだった）
> *It is* first impressions *which* count most.（一番大事なのは第一印象だ）
> *It's* the other book *that* I want to read.
> （私が読みたい本はもう1冊のほうだ）
> *It is* your health *that* I'm worried about, not the cost.
> （私が心配しているのは費用ではなくて君の健康だ）
> *It is* for the sake of modesty *that* the Japanese don't say 'I.'
> （日本人が「私」と言わないのは謙遜のためである）
> *It was* in 1948 *that* he achieved fame as a writer.
> （彼が作家として名を成したのは 1948 年だった）
> *It was* only recently *that* I noticed the leak in the roof.
> （私が屋根の雨漏りに気づいたのはつい最近だった）
> *It's* because I was in such a hurry *that* I forgot my passport.
> （私がパスポートを忘れたのはとても急いでいたためだった）
> *It was* because the guide was sick *that* we had to give up climbing.
> （我々が登攀(とうはん)を断念しなければならなかったのは，ガイドの病気のためであった）

分裂文は wh- 疑問文，感嘆文，従節でも用いられる。

> What *is it that* you want to say?
> （君が言いたいのはどういうことですか）

Who *was it who* interviewed you about it?
(そのことであなたにインタビューしたのは誰でしたか)

What a glorious bonfire *it was* you made!
(君が焚いたのは、なんと見事なかがり火だったことか！)

He said that *it was* because he got sick *that* they decided to return.
(我々が引き返す決意をしたのは自分が病気になったからだ、と彼は言った)

**NOTE 1**

(1) 強調される要素は主として文の主語，目的語，副詞句である。下の文は強調される要素によって4通りの派生文ができる (cf. Quirk *et al.* (1985))：

Ann wore a white dress at the dance last night.
（アンは昨夜ダンスパーティーで白いドレスを着ていた）

*It was Ann that [who]* wore a white dress at the dance last night.［主語］（昨夜ダンスパーティーで白いドレスを着ていたのはアンだった）

*It was a white dress (that)* Ann wore at the dance last night.［目的語］（アンが昨夜ダンスパーティーで着ていたのは白いドレスだった）

*It was last night (that)* Ann wore a white dress at the dance.［時の副詞句］（アンがダンスパーティーで白いドレスを着ていたのは昨夜であった）

*It was at the dance that* Ann wore a white dress last night.［場所の副詞句］（アンが昨夜白いドレスを着ていたのはダンスパーティーであった）

(2) 一般に動詞，補語，様態副詞および文副詞は強調の位置にはこない：

×*It was wore that* Ann a white dress at the dance last night.［動詞］

?*It's a genius that* he is.［Quirk *et al.* (1985)］［補語（名詞）］

×*It was nice that* she seemed.［Bolinger (1972)］［補語（形容詞）］

×*It was happily that* she spoke.［*ibid.*］［様態副詞］

(3) 間接目的語を強める場合は次の(a), (b)の形が普通 (Quirk *et al.* (1985))：

(a) It's *me* he gave the present to.
（彼がプレゼントをくれたのは私であった）

(b) It's *to me* that he gave the present. (同上)

(c) ?It's *me* that he gave the present. (同上)

ここから，分裂文が He gave me the present. からではなく，He gave the present to me. から派生されるものと考えられる。

## NOTE 2

強調される要素が代名詞で that 節内の主語の場合，スピーチレベルに応じて次のような言い方がある（Swan (2005)）：

*It is I who* am responsible. (堅い言い方)（責任があるのは私だ）
*It's me that's* [*who's*] responsible. (くだけた言い方)（同上）
*It is you who* are in the wrong. (堅い言い方)（間違っているのはあなただ）
*It's you that's* in the wrong. (くだけた言い方)（同上）

## NOTE 3

(1) 分裂文において導入部は it is または it was だが，法助動詞を伴って用いられることもある（Quirk *et al.* (1985)）：

*It may be* his father *that* you're thinking of.
（あなたが今考えているのは彼のお父さんのことかもしれない）

(2) 分裂文において it 以外の代名詞が用いられることもある（Quirk *et al.* (1985)）：

No, *that* was the doctor I was speaking to.
（いいえ，私が話していた相手はあのお医者さんでした）
*Those* are my feet you're treading on.
（あなたが踏んでいるのは私の足です）
*He* was a real genius *that* invented this.
（これを発明したのは彼で，本当の天才だった）

## NOTE 4

分裂文において，通例主節と従節は時制が一致し，従節が現在なら主節も現在，従節が過去なら主節も過去になる。ただし，過去の事柄であっても焦点となる当該の人や物が何らかの形で現存しているものと解されると現在時制が用いられる（cf. Quirk *et al.* (1985)）：

*It is* novels *that* Miss Williams *enjoys* reading.
（ウィリアムズさんが好きなのは小説です）
*It was* novels *that* Miss Williams *enjoyed* reading as a pastime.
（ウィリアムズさんが気晴らしに読んだのは小説でした）
*It is* these very novels *that* Miss Williams *enjoyed* reading as a pastime. （ウィリアムズさんが気晴らしに読んだのはまさにこれらの小説です）

(2b)「What ... is A」の構文

文中の A という特定の要素を強調して，「…なのは A である」というふ

うにAを強めて言う場合に，「What ... is A」の構文を用いて表すこともできる。このいわゆる疑似分裂文（pseudo-cleft sentence）では，is の直後に強調する要素を置き，そこが強勢を受けて新情報を表す。

  *What* hurts is my left leg. (＝It is my left leg that hurts.)
   （痛むのは私の左足だ）
  *What* I like is his gentleness and honesty. (＝It is his gentleness and honesty that I like.)（私が好きなのは彼の優しさと誠実さだ）
  *What* you need most is a good rest. (＝It is a good rest that you need most.)（あなたに最も必要なことは十分な休養だ）
  *What* he wanted was exercise. (＝It was exercise that he wanted.)
   （彼がしたかったのは運動だった）
  *What* he is is a science-fiction writer.（彼は何かといえば，SF作家だ）
   ◇ ˣIt is a science-fiction writer that he is. とは言えない。
  *What* happened was (that) the car broke down on the way.
   （起こったことといえば，車が途中で故障したことだ）
  *What* really counts is whether he has management skills.
   （非常に重要なことは，彼に経営手腕があるかどうかである）

 強調される位置には，動詞（to なし不定詞，to つき不定詞）がくることができる (cf. Leech & Svartvik (2002))：

  *What* she does is *write* [*to write*] science fiction.
   （彼女の職業はSF作家だ）◇くだけた言い方では，What she does is, she writes science fiction. とも言う。
  *What* she did was *scream* [*to scream*] to us for help.（彼女がしたことといえば，金切り声を上げて我々に助けを求めることだった）
  *What* he's done is *spoil* [*to spoil*] everything.
   （彼がしたことといえば，すべてを台無しにしたことだ）
  *What* they are doing is *playing* minigolf.
   （彼らが今しているのはミニゴルフです）

**NOTE**

(1) 「what ...」は，is [was] の主語の位置にくるのが普通だが，次の(b)のように補語の位置も可能 (Leech & Svartvik (2002))：

(a) *What we need* is more time.（私たちに必要なのはもっと多くの時間だ）
(b) More time is *what we need*.（もっと多くの時間が私たちに必要だ）
(2) who 節は通例疑似分裂文で用いられない（Leech & Svartvik (2002))：
  ×*Who* met us was the president.
 次のようにすると容認可能な文になる：
  *The person* [*one*] *who* met us was the president.
   （私たちと会った人は社長だった）

# 17章　欲求・願望の表し方

　欲求とは，何かを強くほしがったり，したがったりすることをいい，動詞 want, would like, desire, feel like などによって表現できる。願望は，あることが実現するように望むことをいい，動詞 wish, hope などによって表すことができる。その他，欲求・願望の気持ちは can't wait, be anxious, be eager などによって表すことができる。

■基本文例■
1　I *want* a cup of coffee. （コーヒーを1杯飲みたい）
2　Where *would* you *like to* go tonight?
　　（今晩あなたはどこへ行きたいですか）
3　I *wish to* become an astronaut. （私は宇宙飛行士になりたい）
4　He *desires* only your happiness. （彼はあなたの幸せだけを望んでいる）
5　It's very hot today. I *feel like* an ice cream.
　　（今日は非常に暑い。アイスクリームを食べたい気がする）
6　I *wish* we had more money.
　　（私たちにもっとお金があればいいのになあ）
7　*If only* I could remember his address.
　　（彼の住所を思い出せさえすればなあ）
8　We *hope to* see you again. （またお会いしましょう）
9　We *can't wait for* Christmas. （クリスマスが待ち遠しい）
10　I*'m anxious to* finish school and get a job.
　　（私は学校を卒業して仕事につきたい）
11　He *is eager to* go overseas and work as a journalist.
　　（彼は海外へ行ってジャーナリストとして働くことを熱望している）

## 17.1 want, would like などを用いた欲求の表現

### (1) (ぜひ)…がほしい；(ぜひ)…したい —— want; want to do

　want は，欠如しているものを欲するという強い意味から，「want＋名詞」の形で用いて，「(ぜひ) …がほしい」，want to do の形で用いて，「(ぜひ)…したい」という意味を表す。would like のほうが控え目で丁寧な言い方になる。want to はくだけた言い方では /wʌnə/ とも発音され，wanna ともつづられる。

　I *want* that book, not this one.
　　(この本じゃなくて，あの本がほしいのですが)
　I just *want* someone to talk to. (私はぜひ話し相手がほしい)
　What I *want* most is a holiday. (私が一番ほしいのは休日だ)
　Thanks for the present—it's just what I *wanted*.
　　(プレゼントありがとう。私がほしいと思っていたものです)
　Do you *want* a beer, or would you prefer an orange juice?
　　(ビールがいいですか，それともオレンジジュースになさいますか)
　I *want to* go to university to study biology.
　　(私は生物学を勉強するために大学へ行きたい)
　I *want to* ask a favor of you, Laura.
　　(ローラ，あなたにお願いがあるのですが)
　I *want* very much *to* go to Australia next winter.
　　(来年の冬はぜひオーストラリアへ行きたい)
　I don't *want to* come back here again.
　　(ぼくはここへは二度と戻ってきたくない)
　I was asked to make a speech, but I didn't *want to*.
　　(私はスピーチをするように頼まれたが，したくなかった)
　You can come too, if *you want*. (来たければあなたも来ていいよ)

　want A to do の形で用いて，「(ぜひ) A に…してほしい，A に…してもらいたい」という意味を表す。直接的で強い言い方。would like A to do のほうが控え目で丁寧な言い方 (→ 8.4(1))。

　I *want* Tom *to* come to my birthday party.

(私はトムに誕生パーティーに来てほしいと思っている)
I *want* you *to* clean up this room. (君にこの部屋をきれいに掃除してもらいたい) ◇「掃除しなさい」という命令の意にもなる。
I don't *want* you *to* be sitting here all day without doing anything. (ぼくは君に一日中何もしないでここにすわっていてほしくないんだ)
"Why didn't you tell me you were sick?" "I didn't *want* you *to* worry." (「どうして病気だということを言ってくれなかったの？」「君を心配させたくなかったからだよ」)
Do you *want* me *to* make you some coffee? (=Shall I make you some coffee?) (コーヒーをいれてあげましょうか) ◇申し出を表す言い方。→ 9.5(3)

**NOTE 1**
I want ... は通例依頼表現には用いられない。たとえば、「コーヒーを1杯ください」と頼む場合、I *want* a cup of coffee, please. とは言わずに、I'd *like* a cup of coffee, please. あるいは A cup of coffee, please. などのように言う。またその他、Could I have a cup of coffee, please? などの依頼の表現を用いても表せる (→ 8.1(3))。

**NOTE 2**
「want＋A＋形容詞 (過去分詞, 現在分詞, 前置詞句など)」の形で用いて、「Aに…であって [して] ほしいと思う」の意味を表す：
  Do you *want* your coffee *black* or *white*?
    (コーヒーはブラックかミルク入りのどちらにしましょうか)
  I *want* this work *done* by the weekend.
    (この仕事を週末までに仕上げてもらいたい)
  They don't *want* him *back*.
    (彼らは彼に戻ってきてほしくないと思っている)
  I don't *want* you *wasting* your time. (君に時間を無駄に使ってほしくない)
いずれも want A (to be) ... の to be が省略されていると考えるとよい。名詞の場合は to be または as を付ける：
  I *want* you *to be* [*as*] my friend.
    (君に友達になってほしい) ◇ ×I want you my friend. とは言わない。

## (2) （よければ）…がほしいのですが；（よければ）…したいのですが —— would like; would like to do

would like は,「もしそうしてよいならば (if I might be allowed to do so)」という意味を言外に含み,「would like＋名詞」の形で用いて,「(よければ)…がほしいのですが」, would like to do の形で用いて,「(よければ)…したいのですが」という意味を表す。want の直接的な言い方を避けた控え目で丁寧な言い方。話し言葉では 'd like のように縮約形で用いることが多い。

> I'd like a wake-up call, please.（モーニングコールをお願いいたします）
> "May I take your order?" "Yes. I'd like roast beef, please."（「ご注文はよろしいでしょうか」「はい。ローストビーフをお願いいたします」）
> "I'd like a ticket to Osaka, please." "That'll be two thousand yen."（「大阪行きの切符を1枚お願いします」「2000円になります」）
> I'd like to reserve a table for four for six o'clock.（6時に4人用テーブルを予約したいのですが） ◇ ×I'd like reserving ... とは言わない。
> I'd like to apologize for my rudeness last night.
> （昨晩の無礼をお詫び申し上げます）
> I'd like to go for a walk, if that's all right.
> （もしよろしければ，私は散歩に行きたいのですが）

would like A to do の形で用いて,「(よければ) A に…してほしい」という意味を表す (→ 8.4 (1))。

> I'd like you to send this by registered mail, please.
> （これを書留でお願いいたします）
> I'd like you to see if the door is secure.
> （ドアがしっかり閉まっているかどうか確かめてください）
> We'd like the next meeting to take place as soon as possible.
> （次回の会合の開催をできるだけ早くお願いいたします）

**NOTE 1**
(1) 疑問文は丁寧な依頼・勧誘・申し出などを表す (→ 8.3 (2))：
*Would you like to* close the window?（窓を閉めていただけませんか）

*Would you like* a brochure? (パンフレットはいかがですか)
　　*Would you like to* come with me? (いっしょにいらっしゃいますか)
(2) 主に《米》では would like for A to do の形も用いられる：
　　I'*d like for* him *to* tell me the truth.
　　　(私は彼に本当のことを言ってもらいたい)

### NOTE 2
　　would like とほぼ同じ表現に would love がある。would like よりもいくらか意味が強く，主に話し言葉で用いられる。主に女性に好まれる言い方：
　　I *would love* a cup of coffee. (コーヒーを1杯いただけますか)
　　"Would you like to come swimming with us?" "Yes, I'*d love to.*"
　　　(「私たちといっしょに水泳に行きませんか」「ええ，ぜひ行きます」)
　　I'*d love* you *to* come and see with us.
　　　(私たちの家に遊びに来られませんか)

### NOTE 3
　　「…したかったのだが（しなかった）」という実現されなかった過去の出来事は「would like to have＋過去分詞」で表される：
　　I wish I'd been there—I *would like to have seen* her face.
　　　(私はそこに行けていればなあ。彼女の顔を見たかったわ)
　　くだけた言い方では，I *would have liked to have seen* [*to see*] her face. のように言うこともある。

## (3) (できたら)…したいと思う —— wish to do

　　wish は願望を示し，wish to do の形で用いて，「(できたら)…したいと思う」の意味を表す。want to do よりも控え目で堅い言い方。that 節をとる場合とは違い，通例実現不可能なことを願望するという意味合いはない。
　　I *wish to* hand in my resignation. (私は辞表を提出したい)
　　I *wish to* purchase a second house for investment purposes.
　　　(私は投資目的のためにセカンドハウスを購入したい)
　　I *wish to* make a complaint about the noise.
　　　(私はその騒音について苦情を申し上げたい)
　　If you *wish to* reserve a table, please telephone after three o'clock.
　　　(テーブルの予約をご希望なら，3時以降にお電話ください)

Please do not hesitate to phone me if you *wish to* talk about it.
（そのことについてお話しがあれば遠慮なくお電話ください）

wish A to do の形で用いて，「（できたら）A に…してもらいたいと思う」という意味を表す。

I was not sure whether I *wished* them *to* stay or go.（私は，彼らにいてほしいのか帰ってほしいのか，自分でもよくわからなかった）

Do you really *wish* me *to* come and help you?
（本当に私に手伝いに来てほしいのですか）

「wish for＋名詞」の形で用いて，「（実現が困難なことを）望む」の意味を表す。

We *wish for* peace.（我々は平和を願う）

I *wished for* a quieter life.（私はもっと平穏な生活を望んだ）

It is no use *wishing for* the impossible.
（不可能なことを望んでもしかたがない）

**NOTE 1** 名詞 wish を用いた願望を表す表現

She expressed a *wish to* go alone.
（彼女は1人で行きたいという希望を述べた）

He's always wanted to study abroad, and now he has finally got his *wish*.（彼はかねがね留学したいと思っていたが，今ついにその願いがかなった）

I have no *wish to* go back to that hospital again.
（私は二度とあの病院には戻りたくない）

Despite his *wish to* continue working, he was forced to retire at the age of fifty-five.（仕事を続けたいという望みにもかかわらず，彼は55歳で退職しなければならなかった）

**NOTE 2** 関連表現

動詞 long は，long to do,「long for＋名詞」の形で用いて，「（すぐには実現しにくいことを）切に望む」という意味を表す：

I*'m longing to* see him again.
（私は彼にもう一度会えることを切望している）

The students *are longing for* the summer vacation.
（学生たちは夏休みを首を長くして待っている）

He *longed for* the chance to speak to the doctor in private.
(彼は2人だけでその医者と話ができる機会を待ち望んだ)

## (4) …を[することを]強く望む―― desire; desire to do

desire は want, wish よりも意味の強い堅い語。「desire＋名詞」の形で用いて「…を強く望む」，desire to do の形で用いて「…することを強く望む」の意味を表す。

Everybody *desires* health and happiness. (誰も健康と幸せを望む)
She has everything she could possibly *desire*.
(彼女はおそらく望みうるすべてのものを持っている)
Both nations *desired* peace, but neither would stop fighting.
(両国は平和を強く望んだが，戦いをやめようとはしなかった)
I *desire to* be happy. (＝I *desire* happiness.) (私は幸せになりたい)
They *desired to* return to their homeland.
(彼らは祖国に帰ることを強く希望した)
The new Prime Minister *desires to* meet the President of the United States. (新首相はアメリカ大統領と会うことを切望している)

**NOTE** 名詞 desire を用いた願望を表す表現
He has a great *desire for* knowledge. (彼は知識欲旺盛だ)
He had a strong *desire to* go back to his home country before he died.
(彼は死ぬ前に祖国に戻りたいという強い願望を持っていた)
I have no *desire to* discuss the problem with him.
(私はその問題について彼と話し合いたくない)

## (5) …したい気がする―― feel like; feel like doing

feel like は，「feel like＋名詞」，feel like doing の形で用いて，「…がほしい気がする，…したい気がする」の意味を表す。主に話し言葉で用いて，特定の時における気持ちの傾向を表す。

I *feel like* a coffee. (私はコーヒーを1杯飲みたい)

It's a lovely day. I *feel like* a walk.
（今日はすばらしい天気だ。散歩をしたい気がする）
It's 12 o'clock—do you *feel like* something to eat?
（12時ですけど，何か食べたくありませんか）
"Are you coming to aerobics this evening?" "No, I don't *feel like* it."
（「今日の夕方エアロビクスに行きますか」「いいえ，どうも行く気がしないのです」）
I don't *feel like talking* right now. （今は話す気がしないんだ）
The boy was so noisy that I *felt like hitting* him.
（その少年は非常にうるさかったので，ぼくは殴ってやりたかった）
I don't *feel like cooking* today—let's eat out.
（今日は料理をする気がしないので，外食にしましょうよ）

## 17.2　wish, hope などを用いた願望の表現

### (1) wish

　wish は that 節を伴って，現在または過去の実現不可能な願望を表す。くだけた言い方では that は通例省略される。

(1a)　…すればいいのだが──「wish＋主語＋動詞の過去形」
　「wish＋主語＋動詞の過去形」の形で用いて，「…すれば［であれば］いいのだが」という現在の事実に反することや現在の実現不可能なことへの願望を表す。

*I wish* I *knew* Jim's telephone number.
（ジムの電話番号がわかればいいんだけどなあ）
What a lovely house! *I wish* it *were* mine!
（何て素敵な家なの！　私の家だったらいいんだけど！）
"*I wish* you *were* here." "Too bad, I have to work."
（「君がここにいなくて残念だ」「あいにく仕事がありまして」）
*I wish* it *didn't* rain so much.
（こんなにたくさん雨が降らなければいいのに）

*I wish* I *could* help you, but I'm a stranger here myself.
(お役に立てたらいいのですが，私もこの辺りはよく知らないのです)

Don't *you wish* you *could* fly? (飛べたらいいのにと思いませんか)

## (1b) (現状への不満を表して) …すればいいのだが
――「wish＋主語＋would＋動詞の原形」

「wish＋主語＋would＋動詞の原形」の形で用いて，話し手の現状に対する不満・いら立ち・遺憾などの気持ちを表し，「…すれば［であれば］いいのだが」という容易には実現しにくい願望を表す。

*I wish* you*'d* stop treating me like a child.
(ぼくを子供扱いするのをやめてほしいんだけど)

*I wish* someone *would* answer the phone. It's been ringing for nearly two minutes. (誰か電話に出てくれないかな。2分近く鳴っているんだけど)

*I wish* he*'d* shut up and let someone else speak.
(彼はいいかげんに黙って他の人に発言させてあげればいいのに)

*I wish* you *wouldn't* leave your things all over the floor.
(床一面に物を放っておかないようにしてほしいのですが)

*I wish* you *wouldn't* cut your toe-nails in the living room.
(居間で足指のつめを切らないでほしいのですが)

**NOTE 1**

従節の would は純然たる未来を表すのではなく，意志，習慣，習性などを表す。したがって，ˣI wish there would be no strike tomorrow. とは言えない。この場合，次のように言う (cf. Swan (1995))：

I *hope* there is [will be] no strike tomorrow.
(明日ストライキが中止だといいが)

**NOTE 2**

I wish ... would の形は語用論的には命令・依頼・要請などを表すことが多い。第1範例は，Please stop treating me like a child. (子供扱いはどうかやめてほしい) または Why won't you stop treating me like a child? (どうして子供扱いをやめてくれないのか) という命令・要請を表す。同様に，*I wish* you *wouldn't* drive so fast. と言うと，Please don't drive so fast. (あまり車のスピードを出さないでほしい) という命令・要請を表す。

**(1c) …していればよかったのだが**――「wish＋主語＋had＋過去分詞」

「wish＋主語＋had＋過去分詞」の形で用いて，「…していれば［であったら］よかったのだが」という過去の事実に反することや過去に実現できなかったことへの願望・後悔を表す。

Sometimes *I wish* I *had* never *been born*.
(私は時々生まれていなければよかったのにと思うことがある)

I feel sick. *I wish* I *hadn't eaten* so much.
(気分がよくない。あんなに食べなかったらよかったのだが)

Now *I wish* I *had gone* to university.
(私は大学へ行っておけばよかったと今になって思う)

*I wish* I *had known* that he was in the hospital. I would have gone to see him. (彼が入院していることを知ってたらよかったんだが。そうしたら見舞いに行ったのだが (行けなくて残念だ))

*I wish* we *had done* the shopping yesterday when the weather was fine. (天気がよかった昨日に買物をしておけばよかったんだが)

**NOTE**

I wish ... とほぼ同じ表現に Would that ...! もあるが，古風なあるいは今ではすたれた表現 (cf. Alexander (1988))：

*Would that* I had a Rolls Royce! (ロールスロイスを持っていればなあ)
*Would that* it were true! (それが事実であればなあ)

## (2) if only ...

if only ... は I wish (that) ... とほぼ同じ意味を表すが，if only のほうが強意的で感情的な表現。主節を省略して感嘆的に用いることが多い。

**(2a) …でありさえすれば**――「if only＋主語＋動詞の過去形」

「If only＋主語＋動詞の過去形」の形で用いて，「…でありさえすれば」という現在の事実に反することや現在の実現不可能なことへの願望を表す

(→17.2 (1a))。

 *If only* I *could* swim like a fish.
  （うまく泳ぐことさえできればいいのになあ）
 *If only* we *knew* where she was staying.
  （彼女の居場所がわかりさえすればいいのだが）
 *If only* the sun *were* shining at this moment.
  （太陽が今照っておりさえすればなあ）
 *If only* I *knew* the answer to your question.
  （君の質問の答えがわかりさえすればいいんだがなあ）

(2b)（現状への不満を表して）…でありさえすればいいのに
   ――「if only＋主語＋would＋動詞の原形」

 「If only＋主語＋would＋動詞の原形」の形で用いて、「…でありさえすればいいのに」という話し手の現状に対する不満・いら立ち・遺憾などの気持ちを表す（→17.2 (1b)）。

 *If only* that boy *would* listen to his parents.
  （あの少年が親の言うことを聞いてくれさえすればいいのだが）
 *If only* somebody *would* speak.
  （誰か発言してくれさえすればいいのだが）
 *If only* my father *would* agree to the plan.
  （父がその計画にうんと言ってくれさえすればいいのだが）
 *If only* prices *would* come down.（物価さえ下がってくれればいいのに）

(2c) …でありさえすればよかったのだが
   ――「if only＋主語＋had＋過去分詞」

 「If only＋主語＋had＋過去分詞」の形で用いて、「…でありさえすればよかったのだが」という過去の事実に反することや過去に実現できなかったことへの願望・後悔を表す（→17.2 (1c)）。

 *If only* you*'d been driving* more carefully.
  （君がもっと慎重に運転さえしていればよかったのに）
 *If only* I *had been* at home yesterday. The accident would never have happened.（私は昨日家にいさえすればよかったのだが。そうすればあん

な事故は起こらなかっただろう）

*If only* she *had kept* it secret from them, everything would have been all right. （もし彼女がそのことを彼らに秘密にさえしてくれていたら，すべてうまく行っていたのに）

**NOTE**

if only の only を分離して次のような位置に置くことも可能 (Alexander (1988))：
(1) be 動詞の後：If he were *only* here now!
　　　　　　　　（彼が今ここにいてさえくれればなあ）
(2) 過去分詞の前：If he had *only* known!
　　　　　　　　（彼が知ってさえいたらなあ）
(3) 法助動詞の後：If you would *only* try harder!
　　　　　　　　（君がもっと一生懸命やってくれさえすればなあ）

## (3) …を［することを；であることを］希望する
―― hope for; hope to do; hope (that) …

hope は，実現可能なあるいは見込みのあることを希望することを意味し，「hope for＋名詞」の形で用いて「…を希望する」，hope to do の形で用いて「…することを希望する」，hope (that) … の形で用いて「…であることを希望する」の意味を表す。

I'*m hoping for* a better salary in my next job.
　（私は今度の仕事では今よりも給料がいいことを期待している）

We *are hoping for* good weather the day after tomorrow.
　（明後日は天気がいいことを願っている）

I'*m hoping to* study law at Harvard.
　（私はハーバード大学で法律を勉強したいと思っている）

Ben *is hoping to* be a baseball player.
　（ベンは野球の選手になりたいと思っている）

The company *hopes to* increase its share of the market both at home and abroad. （その会社は国内外で市場占有率のアップを期待している）

I do *hope* you like raw fish.

（お刺身が気に入っていただけるとうれしいのですが）
　I *hope* the operation will go well.（手術がうまく行くといいが）
　I *hope* he doesn't make the same mistake again.
　（彼が二度と同じ間違いをしないといいのだが）
　I hope (that) ... は，話し言葉では hopefully（うまく行けば，願わくば）という文副詞を用いて表現されることも多い。
　*Hopefully*, I'll be home by ten tonight.
　　（できれば今晩は 10 時までに家に帰りたい）
　*Hopefully*, the weather will be better tomorrow.
　　（明日天気がよくなればいいのだが）
　話し言葉では，前述の内容を受けて，肯定では I　hope　so., 否定では I hope not. のように言うことも多い。˟I hope it. や ˟I don't hope so. とは言わないことに注意。
　"Will you be at the meeting tomorrow?" "I *hope* so."
　　（「明日会議に出られますか」「出られると思います」）
　"I will see you in the hotel." "I *hope* so."
　　（「ホテルで会いましょう」「そうしたいですね」）
　"Do you think she's lost on the way?" "I *hope* not."
　　（「彼女は途中で道に迷ったと思われますか」「そうでないといいのですが」）

**NOTE 1**
(1) 話し言葉では通例 hope (that) ... の that は省略される。
(2) hope (that) ... の that 節内の時制は，未来のことであってもしばしば現在時制が用いられる：
　　I hope he *will arrive* [*arrives*] on time.（彼が定刻に着けばいいのですが）
　　I hope he *won't be* [*isn't*] late.（彼が遅刻しなければいいのですが）
(3) that 節内の内容を否定する場合は hope を否定するのではなく，that 節内の動詞を否定する：
　　I *hope* the baby *doesn't* wake up.（赤ん坊が目を覚まさないといいが）
　　˟I *don't hope* the baby wakes up.
　　cf. I *don't think* it will rain.（雨は降らないだろうと思う）
(4) 実現しなかった希望は had hoped to do または「hoped to have＋過去分詞」の形で表すことができる。前者のほうが普通：

I *had hoped to be* [I *hoped to have been*] there, but in the end I couldn't go. (私はそこへ行きたいと思っていたが，結局行けなかった)

**NOTE 2**
hope を現在進行形，過去形，過去進行形で用いて，丁寧な依頼を表すことができる (→ 8.3 (4) NOTE)：
　　I'*m hoping* you will give us some advice.
　　　　(何か助言をいただければと思っております)
　　I *was hoping* you could lend me some money.
　　　　(お金をいくらか貸していただけないでしょうか)

**NOTE 3**
hopefully を文副詞として用いることには従来非難があったが，今では確立された語法である (cf. Todd & Hancock (1986))：
　　*Hopefully*, inflation will soon be under control.
　　　　(早くインフレが抑制されるといいが)

**NOTE 4**　名詞 hope を用いた願望を表す表現
　　The Prime Minister has expressed the *hope that* relations between the two countries will improve. (首相は両国間の関係は改善に向かうだろうという期待を表明した)
　　We now have no *hope of* finding any more survivors from the earthquake. (これ以上地震の生存者を発見する見込みは今やまったくない)
　　He went to the US with *hopes of* studying political science.
　　　　(彼は政治学を勉強したいという希望を持ってアメリカへ行った)
　　He never gave up *hope of* finding a job.
　　　　(彼は仕事を見つけたいという希望を決して捨てなかった)
　　What are your *hopes for* the future? (あなたの将来の希望は何ですか)

**NOTE 5**　関連表現
好ましくないことを思う場合は，I'm afraid (that) ... を用いる。that は通例省略される：
　　I'*m afraid* he's sick. (彼は病気じゃないかと思う)
　　I'*m afraid* your child has had an accident.
　　　　(あなたのお子さんが事故にあわれたようなんですが)

## 17.3 その他の欲求・願望を表す表現

### (1) …が [するのが] 待ち遠しい
—— can't wait for; can't wait to do

　wait を，can't wait や「can't wait for＋名詞」の形で用いて，「(…が) 待ち遠しい」，can't wait to do の形で用いて，「…するのが待ち遠しい」という待ちきれない気持ちを強めて表すことができる。主に話し言葉で用いられる。

　　We're going to London next Monday—I *can't wait*! (ぼくたちは来週の月曜日ロンドンへ行くんだ。待ち遠しくてしかたがない)
　　I *can't wait for* the summer vacation. (私は夏休みが待ち遠しい)
　　I *can't wait to* see him again—it's been a long time.
　　　(彼と再会できるのが待ち遠しい。久しぶりだから)
　　He *couldn't wait to* graduate from school.
　　　(彼は学校を卒業したくてたまらなかった)

　また can't wait for A to do の形で用いて，「A が…するのが待ち遠しい」の意味を表す。

　　They *can't wait for* the skiing season *to* start.
　　　(彼らは早くスキーシーズンが始まらないものかと首を長くしている)

**NOTE**
　I can't wait. は I can hardly wait. とも言う。また意味を強めて I just can't wait. (待ちきれない) とも言う。

### (2) …する [である] ことを切望している
—— be anxious to do; be anxious (that) ...

　anxious は，be anxious to do の形で用いて，「…することを切望する，しきりに…したがっている」，be anxious (that) ... の形で用いて，「ひたすら…であることを願っている」という意味を表し，しばしば願望の実現について不安や心配な気持ちを含意する。

I'm *anxious to* get home early to watch my favorite TV program.
（私は好きなテレビ番組を見たいので早く家に帰りたい）

I *was anxious to* know the result of the inquiry as soon as possible.
（私はその調査の結果をできるだけ早く知りたかった）

Both countries *are anxious to* avoid armed conflict in the Middle East.
（両国とも中東での武力衝突を避けることを望んでいる）

She *was anxious* not *to* be misunderstood.
（彼女は誤解されないことを切に願っていた）

We *are anxious that* the report of the investigation (should) be published as soon as possible.
（我々はその調査報告ができるだけ早く公表されることを望んでいる）

◇ that 節内に should を用いるのは主に（英）。

be anxious for A to do の形で用いて，「A が…することを切望している」の意味を表す。

Why *was* she so *anxious for* me *to* phone home?（どうして彼女は私が家に電話をすることをあんなに望んでいたのだろうか）

They *were* all *anxious for* the project *to* succeed.
（彼らは全員そのプロジェクトが成功することを切望していた）

また anxious は，「be anxious for ＋名詞」の形で用いて，「…を切望している」の意味を表す。

He *was* very *anxious for* promotion.（彼は昇進を強く望んでいた）

A lot of graduates *are* very *anxious for* work.
（多くの卒業生が必死に仕事を求めている）

**NOTE**
(1) 「be anxious for ＋名詞」は「…を心配している」の意味でも用いられる：
    We *are anxious for* their safety.（我々は彼らの安否を心配している）
(2) 副詞 anxiously は，「心配して」の意を表す：
    He was *anxiously* waiting for the test results.
    （彼は不安げにテストの結果を待っていた）

## (3) …するのを熱望している── be eager to do

eager は，be eager to do の形で用いて，「…するのを熱望している，強く…したいと思う」という熱望の意を表す。

I*'m eager to* go to the movies, but my mother won't let me go alone.
(映画を見に行きたくてたまらないのに，お母さんは私1人では行かせてくれない)

He *was eager to* get back to work after his illness as soon as possible.
(彼は病後できるだけ早く仕事に復帰することを強く望んでいた)

He *was* very *eager to* publish the result of his study in a journal.
(彼は雑誌に自分の研究成果を発表したいと強く希望していた)

また eager は，「be eager for＋名詞」の形で用いて，「…を熱望している」の意味を表す。

He *is eager for* success in business. (＝He *is eager to* succeed in business.) (彼は事業で成功することを強く願っている)

She *is eager for* her father's approval.
(彼女は父親の承諾を強く得たがっている)

People gathered around him, *eager for* any news.
(何か新しい情報を知りたくて，人々は彼の周りに集まった)

**NOTE 1**

eager とほぼ同じ意味は keen によっても表される：
They *are* very *keen to* meet you. (彼らはあなたにとても会いたがっている)
Peter *was keen to* go to the movies but I wanted to stay at home.
(ピーターは映画を見に行きたがっていたが，私は家にいたかった)
My mother *was* very *keen that* I (should) go to university. (母は私が大学へ行くことを強く望んでいた)◇that 節内に should を用いるのは主に(英)。

**NOTE 2** 名詞 eagerness，副詞 eagerly を用いた願望を表す表現
He tried to hide his *eagerness* to get back home.
(彼は家に帰りたいとはやる気持ちを隠そうと努めた)
They were *eagerly* awaiting the result of the vote.
(彼らは投票結果を今や遅しと待っていた)

# 18章　受身の表し方

　受身とは，主体となるものが他から動作の影響を及ぼされることをいい，英語では主に受身形または「have＋O＋過去分詞」の形で表される。受身は，被動作主を主語の位置に置き，「be＋過去分詞（＋by＋動作主）」という形で，「…が（〜によって）…される」というふうに動作を受けるものを中心に表現される文法形式をいう。「by＋動作主」は省略されることが多い。「have＋O＋過去分詞」が受身の意味を表す場合，これは「O＋過去分詞」で表される動作が，文の主語の意志とは関係なく自分の身にふりかかってくる場合に，「…される」と表現される文法形式である。

■基本文例■

1　Many accidents *are caused by* dangerous driving.
　　（多くの事故は危険運転によって引き起こされる）
2　The matter will have to *be dealt with* immediately.
　　（その問題はすぐに処理されなければならないだろう）
3　The teacher *is looked up to by* the students.
　　（その先生は生徒から尊敬されている）
4　The old man needs to *be taken care of*.
　　（その老人は身の回りの世話をしてもらう必要がある）
5　*It is said that* gas prices are going up again.
　　（ガス料金が再び上がると言われている）
6　I *was handed* the soup plate.（私はそのスープ皿を手渡された）
7　The door *was pushed* wide *open*.（ドアが広く押し開けられた）
8　We *were told to* come back at once.
　　（私たちはすぐに戻るように言われた）
9　He *was seen to* enter through the back door.
　　（彼は裏口から入るのを見られた）

> 10  He *had* his wallet *stolen* in a crowded train.
> （彼は満員電車で財布を盗まれた）

## A 「be＋過去分詞（＋by＋動作主）」による表現

## （～によって）…される

### 18.1 能動態と受身

英語には，主体と対象の関係をどうとらえ，どう表現するかによって能動態と受身の二通りの文法式がある。

能動態（active voice）は，動作を行う動作主（agent）を主語として，動作主が対象に働きかけて何かをすることを表す。これに対し，受身（passive voice）は，動作を受ける被動作主（patient）を主語の位置に置いて，「…が（～によって）…される」というふうに被動作主についてどういうことが起こったかということを表し，「被動作主＋be＋過去分詞（＋by＋動作主）」の形で表される。「by＋動作主」は省略されることが多い。

Alexander Graham Bell *invented* the telephone in 1876. ［能動態］
　（アレクサンダー・グレアム・ベルは 1876 年に電話を発明した）
The telephone *was invented by* Alexander Graham Bell in 1876. ［受身］
　（電話は 1876 年にアレクサンダー・グレアム・ベルによって発明された）
The army *attacked* the city. ［能動態］（軍隊はその町を攻撃した）
The city *was attacked by* the army. ［受身］（その町は軍隊に攻撃された）
Somebody *is using* the fax at the moment. ［能動態］
　（誰かが今ファックスを使っている）
The fax *is being used* at the moment. ［受身］
　（ファックスは今使われている）

**NOTE** 受身の時制と相
(1) 受身の時制（tense）と相（aspect）は，「be＋過去分詞」の be の変化によって示される。主に以下のような場合がある。
　(a) 単純現在時制：「is [am; are]＋過去分詞」

This bedroom *is cleaned* every day.（この寝室は毎日掃除される）
What *are* those holes *made* by?（あれらの穴は何でできたのですか）
(b) 単純過去時制：「was［were］＋過去分詞」
The bedroom window *was broken*.
（その寝室の窓ガラスが割られ（てい）た）
We *were woken up by* a loud explosion.
（私たちは大きな爆発音に起こされた）
(c) 未来：「will be＋過去分詞」
We *will be invited* to the party.（私たちはパーティーに招待されるだろう）
This type of music *will be enjoyed by* everyone.
（この種の音楽は誰にでも楽しまれるだろう）
(d) 現在完了形：「have［has］been＋過去分詞」
Rare animals *have been seen* in this forest.
（この森では珍しい動物が見られる）
*Have* you ever *been bitten by* a dog?（犬にかまれたことがありますか）
(e) 過去完了形：「had been＋過去分詞」
The kitchen looked different. It *had been cleaned*.
（台所は今までとは違って見えた。きれいに掃除がされていた）
He claimed that a lot of money *had been wasted* on horse racing.
（彼は多額の金が競馬に無駄に使われたと主張した）
(f) 未来完了形：「will have been＋過去分詞」
The work *will have been finished* by tomorrow afternoon.
（その仕事は明日の午後までに完了しているでしょう）
The store *will have been redecorated* by next week.
（その店は来週までには改装が終わっているでしょう）
(g) 現在進行形：「is［am; are］being＋過去分詞」
The bridge *is being repaired*.（その橋は現在修理中だ）
*Are* you *being helped*, ma'am?（奥様，ご用はうけたまわっておりますか）
(h) 過去進行形：「was［were］being＋過去分詞」
The injured player *was being carried* off the field.
（その負傷した選手は競技場から運ばれて行くところだった）
I heard footsteps behind me. I realized that we *were being followed*.
（後ろで足音がした。私たちは尾行されていることがわかった）
(2) 進行形が受身で用いられるのは，主として時制が現在または過去の場合である。未来進行形の受身（「will be being＋過去分詞」）と完了進行形の受身（「have［has; had; will have］been being＋過去分詞」）はきわめてまれである(cf. Swan (2005))。

## 18.2 受身が用いられる場合

受身は主に次のような場合に用いられる。

# (1) 被動作主の話題化

### (1a) 被動作主を主語に置いて話題として述べる場合

被動作主が誰か［何か］ということがすでにわかっており，その被動作主を主語にすえて，それがどうされたか，どうなっているかという受身の動作や状態を述べる場合に受身が用いられる。

 The escaped lion *was caught* three hours later.
  （逃げたライオンは3時間後に捕まえられた）
 The wallet *was discovered* among waste paper.
  （その財布は紙くずの中から見つかった）
 The house next door *has been bought*.（隣の家は買い手がついた）
 Our roof *was damaged* in last night's storm.
  （うちの家の屋根が昨夜の暴風雨で被害を受けた）
 The goods *hadn't been* well *packed*, and *were* badly *damaged* when we received them.（その品物はきちんと荷造りされていなかったので，受け取ったときはひどく損傷していた）

 **NOTE**
 英語の文は，聞き手にすでにわかっている情報（つまり旧情報 old [given] information）で始め，文末のほうに聞き手にとって未知である情報（つまり新情報 new information）を置いて表現するのが原則である。談話（discourse）の流れの中で被動作主がすでにわかっている場合，旧情報→新情報という談話の流れに合致するよう被動作主を主語に置いて，受身が用いられる。文の主語には，旧情報を表す語句，つまり the, this などを伴った名詞（句），固有名詞，代名詞などがくる。

### (1b) 文の流れをよくしたい場合

文と文の流れをよくしたい場合，受身が用いられる。

 He rose to speak and *was* loudly *cheered by* the great crowd present.
  （彼は立ち上がって演説をすると，その場にいた大群衆から盛んなかっさい

を受けた）
The child got sick and *was looked after by* his relatives.
（その子は病気になり，親戚の人の世話になった）

**NOTE**
主題はできるだけ連続したほうが望ましいという原則にしたがって受身が用いられる場合である。第1範例では，He rose to speak and the great crowd present cheered him loudly. とするよりも，主語が一貫していて文の流れがよい。第2範例についても同様のことが言える。

## (2) 動作主を際立たせる場合

あえて動作主を述べることによって動作主を際立たせる場合で，動作主を強調する場合と動作主が重い名詞句などの場合がある。

### (2a) 動作主を強調する場合

特に動作主を強調したい場合，受身が用いられ，「by＋動作主」は文末に置かれる。

The order to arrest the terrorists *was given by* the President himself.
（テロリストたちに対する逮捕命令は大統領自身から出された）

These paintings on display are very valuable. They *were painted by* Claude Monet.（展示されているこれらの絵画は非常に高価なものだ。それらはクロード・モネの作品だ）

We *were surprised by* the mayor's firm decision to resign.
（辞任するという市長の堅い決意に我々は驚いた）

This machine *is powered by* a very small motor.
（この機械は非常に小さいモーターで動く）

"Nice picture." "Yes, it *was painted by* my mother."
（「素敵な絵ですね」「ええ，母が描いたのよ」）

### (2b) 動作主が重い名詞句の場合

動作主が長いなど重い名詞句の場合，受身が用いられ，「by＋動作主」は

文末に置かれる。
　　Staff *were stunned by* the news that as many as 500 people were to lose their jobs.（従業員は，500人もの人が職を失うことになるかもしれないという報道にがく然とした）
　　The discovery *was made by* scientists studying the origins of the universe.（その発見は宇宙の起源を研究している科学者たちによってなされた）
　　The door *was broken by* a slate that fell off the roof.
　　（そのドアは屋根から落ちてきたスレートが当たって壊れた）
　　These Persian carpets *are made by* boys and girls who work fifteen hours a day.（これらのペルシャじゅうたんは1日15時間働く少年少女たちによって作られている）

**NOTE**
　(2a) は，文末に動作主を置いてそこに焦点を当て，それを新情報として提示する場合である（文末焦点の原則 end-focus principle）。(2b) は，重みのある名詞句はできるだけ文末に置くという原則（文末重点の原則 end-weight principle）に基づいた結果，受身が用いられる場合である。

## 18.3　動作主の省略

被動作主について，「…される，…されている」という受身の動作や状態を述べる際，動作主が省略されることがよくある。主に次のような場合がある。

### (1) 動作主を示す必要がない場合

動作主が明らかであったり，重要でないなど動作主を言い表す必要がない場合，「by＋動作主」は省略される。
　　English *is spoken* here.（ここでは英語が話されている）
　　He *was arrested* as he was climbing over the wall.
　　（塀をよじ登っていたときに彼は逮捕された）
　　All flights *were canceled* because of dense fog.

(すべてのフライトが濃霧のためキャンセルされた)
The rubbish *hasn't been collected*. (ごみの回収はまだだ)
He *was suspected* of lying.
(彼はうそをついているのではないかと疑われた)
The wooden building *was registered* on the World Heritage List in 2000. (その木造建築は2000年に世界遺産リストに登録された)
The job can *be done* by Monday if we all make an effort.
(全員力を合わせると，月曜日までにその仕事はできるだろう)

## (2) 動作主が不明の場合

動作主が不明であったり特定できない場合，「by＋動作主」は省略される。

The police officer *was* repeatedly *kicked* in the head.
(その警官は繰り返し頭をけられた)
The minister *was murdered* last night. (その大臣は昨夜殺害された)
The man *was shot* in front of his wife and three children.
(その男性は妻と3人の子供の前で撃たれた)
The toxic chemicals *were dumped* in the ocean.
(その有害化学物質が海洋に投棄された)
This building *was built* in 1990. (この建物は1990年に建てられた)
The convenience store *was robbed* last night.
(あのコンビニに昨夜強盗が入った)

## (3) 動作主を明らかにしたくない場合

話し手が何らかの理由で動作主を明らかにしたくない場合，通例「by＋動作主」は省略される。

Overtime pay will have to *be reduced*.
(超過勤務手当は削減されなくてはならないだろう)
"Did you go to the party?" "No, I *wasn't invited*."
(「パーティーに行ったの？」「いいえ，招待されなかったんだもの」)

There were some redundancies as a result of the fact that computers *had been introduced*. (コンピュータが導入された結果，余剰人員が生じた)

I can assure you the decision *was made* at a secret meeting yesterday. (間違いなくその決定は昨日の秘密の会談で行われました)

**NOTE 1**
話し手自身が，聞き手にとって不快の原因になると判断した場合，「by＋動作主」は通例省略される。なお，第1範例では，We will have to reduce overtime pay. よりも経営者の責任を回避した言い方になっている。

**NOTE 2**
受身の文のうち，「by＋動作主」が用いられるのは20％程度にすぎない (cf. Swan (2005))。

## 18.4 種々の構文による受身表現

### (1) Oが（〜によって）…される──「S＋V＋O」の受身

#### (1a) 「S＋V＋O」の受身
「S＋V＋O」の受身は「O＋be＋過去分詞（＋by＋S）」の形で表せる。
　(能動態：The policeman *caught* the thief.)
　The thief *was caught by* the policeman.
　　（その泥棒は警官に取り押さえられた）
　(能動態：The dog *bit* the mailman.)
　The mailman *was bitten by* the dog.
　　（その郵便配達人は犬にかまれた）
　(能動態：Everybody can *solve* this problem.)
　This problem can *be solved by* everybody.
　　（この問題は誰でも解ける）
　(能動態：They *rejected* the bold idea.)
　The bold idea *was rejected* (*by* them).

(その大胆な考えは（彼らに）拒否された)

"Excuse me. Can I sit here?" "Sorry, it*'s* already *taken*."

(「すみません。ここにすわってもよろしいですか」「すみません。すでにふさがっています」)

These books *were donated by* a local publishing company.

(これらの本は地元の出版社から寄贈された)

Did you hear that David*'s been promoted*?

(デービッドが昇進したことを聞きましたか)

**NOTE 1**

目的語をとる動詞でも次のような動詞は通例受身では用いられない：
become（似合う）, comprise（含む）, contain（含む）, cost（金額がかかる）, equal（等しい）, fit（適する）, have（持っている）, lack（欠く）, mean（意味する）, possess（所有している）, resemble（似ている）, suit（適する）, weigh（重さがある）など：

˟I*'m* not *fitted by* my shoes.

˟A nice house *is had by* Mr. Johnson.

˟His father *is resembled by* John.

**NOTE 2**

O が再帰代名詞，相互代名詞，あるいは主語と同一指示の関係にある場合は受身は不可 (Quirk *et al.* (1985)；Declerck (1991))：

˟*Herself was killed*.

˟*Each other* could hardly *be seen* in the fog.

˟*His arm was lifted by* the wounded soldier.

(1b)「S＋V（＝自動詞＋前置詞）＋O」の受身

「自動詞＋前置詞」の結合全体が1つの他動詞のように機能する場合，「S＋V（＝自動詞＋前置詞）＋O」の受身は，「O＋be＋過去分詞＋前置詞（＋by＋S）」の形で表せることが多い。

(能動態：Lucy *looked after* the children well.)

The children *were* well *looked after by* Lucy.

(その子供たちはルーシィに大変よく面倒を見てもらった)

(能動態：Bob *called on* Aunt Betty.)

Aunt Betty *was called on by* Bob.
　(ベティーおばさんはボブの訪問を受けた)
(能動態：Her parents *consented to* the marriage.)
The marriage *was consented to by* her parents.
　(その結婚は彼女の両親の同意を得た)
(能動態：The surgeons *operated on* him for nearly eight hours.)
He *was operated on* for nearly eight hours *by* the surgeons.
　(彼はその外科医師団によって8時間近く手術を受けた)
(能動態：We *looked at* the map carefully.)
The map *was* carefully *looked at* (*by* us).
　(その地図は入念に見られた)
I hate *being laughed at*. (私は笑われるのはいやだ)
The child *was* nearly *run over by* a bus.
　(その子はもう少しでバスにひかれるところだった)
He can't *be relied on*. (彼は信頼できない)
After the death of his mother, the child *was cared for* by his aunt.
　(その子は母親が亡くなった後、おばの世話になった)

**NOTE**
(1) 次のような結合では受身は不可：
　　×Lunch *was called after*. [Quirk *et al.* (1985)]
　　×I *was agreed with* by everyone. [Swan (1995)]
　　×A small pension has to *be lived on* by many elderly people. [Declerck (1991)]
(2) arrive at の場合、×A station *was arrived at*. は不可であるが、比喩的に用いられた次のような言い方では可能 (cf. Quirk *et al.* (1985))：
　　A conclusion *was arrived at*. (ある結論に達した)

## (1c) 「S+V (=自動詞+前置詞副詞+前置詞)+O」の受身
　「自動詞+前置詞副詞+前置詞」が1つの他動詞のように機能する場合、受身が可能な場合もあれば、不可能な場合もある。可能な場合、受身は「O+be+過去分詞+前置詞副詞+前置詞 (+by+S)」の形で表される。
　(能動態：They *did away with* those old laws.)

Those old laws *were done away with* (*by* them).
　（あの古い法律は（彼らによって）廃止された）
（能動態：There are some things that we can't *put up with* easily.)
There are some things that can't *be* easily *put up with* (*by* us).
　（容易には耐え難いことがある）
（能動態：We *are* very much *looking forward to* his retirement.)
His retirement *is being looked forward to* very much (*by* us).
　（彼の退職は心待ちにされている）
（能動態：We must *face up to* the problem.)
The problem must *be faced up to* (*by* us).
　（その問題は直視されなければならない）
（能動態：Their neighbors *looked down on* them.)
They *were looked down on by* their neighbors.
　（彼らは近所の人たちに軽蔑されていた）

## (1d)「S＋V（＝他動詞＋名詞＋前置詞）＋O」の受身

「他動詞＋名詞＋前置詞」が全体で1つのまとまった意味を表していると考えられる場合，受身が可能な場合がある。可能な場合，受身は「O＋be＋過去分詞＋名詞＋前置詞（＋by＋S）」の形で表される。
　（能動態：We should *take advantage of* this chance.)
This chance should *be taken advantage of* (*by* us).
　（このチャンスは活かされるべきだ）
（能動態：They *took care of* my sister.)
My sister *was taken care of* (*by* them).
　（姉は（彼らの）世話になった）
（能動態：The boys *made fun of* me.)
I *was made fun of by* the boys.
　（私は少年たちにからかわれた）
（能動態：We will always *take notice of* pretty girls.)
Pretty girls will always *be taken notice of* (*by* us).
　（きれいな女の子はいつも目にとまる）
（能動態：Everybody *made a fool of* him.)

He *was made a fool of by* everybody.
　（彼はみんなにばかにされた）
(能動態：We *caught sight of* the lifeboat.)
The lifeboat *was caught sight of* (*by* us).
　（その救命用ボートが見つかった）

**NOTE**
(1) 他に，find fault with（…のあら捜しをする），pay attention to（…に注意を払う），make allowance for（…を斟酌する），make a mess of（…を台無しにする），make much of（…を重んじる），make use of（…を利用する），put an end to（…を終わらせる），put a stop to（…をやめさせる）なども受身可能。
(2) 名詞の前に修飾語を伴うと，その名詞を主語として受身が可能なことがある：
　　In that hospital *every care is taken of* the patients' health.
　　　（あの病院では患者の健康にあらゆる注意が払われている）
　　*Good use had been made of* the facilities.
　　　（その施設は十分に使われていた）
　　*No attention was paid to* my advice.
　　　（私の忠告にはまったく注意が払われなかった）
(3) 次のような表現は受身は不可（Declerck (1991))：
　　bear witness to（…の証人となる），give ear to（…に耳を傾ける），join hands with（…と提携する），keep company with（…と付き合う），set eyes on（…に目を留める），set foot on（…に足を踏み入れる），take leave of（…にいとまごいをする），take refuge in（…に避難する）など。

## (1e)「S＋V＋O（＝that 節）」の受身

　allege, believe, expect, know, report, say, think, understand などの動詞が that 節をとる場合，一般に2つの受身が可能である。
　　(能動態：People *say that* that movie is very good.)
　　*It is said that* that movie is very good.
　　　（あの映画は非常によい映画だそうだ）
　　That movie *is said to* be very good.（同上）
　　(能動態：People *expect that* the strike will end soon.)
　　*It is expected that* the strike will end soon.

(そのストライキはすぐに終わると予想されている)
The strike *is expected to* end soon.（同上）
(能動態：People *think that* the man escaped by climbing over the wall.)
*It is thought that* the man escaped by climbing over the wall.
(その男は塀をよじ登って逃げたと考えられている)
The man *is thought to* have escaped by climbing over the wall.（同上）
(能動態：People *believe that* the thief got in through the window.)
*It is believed that* the thief got in through the window.
(その泥棒は窓から侵入したと考えられている)
The thief *is believed to* have got in through the window.（同上）
(能動態：They *reported that* the Prime Minister had had a sudden heart attack.)
*It was reported that* the Prime Minister had had a sudden heart attack.（首相が突然心臓発作に襲われたと報道された）
The Prime Minister *was reported to* have had a sudden heart attack.（同上）

## (2) $O_1$ は（～によって）$O_2$ を…される；$O_2$ が（～によって）$O_1$ に…される ——「S+V+$O_1$+$O_2$」の受身

「S+V+$O_1$（間接目的語）+$O_2$（直接目的語）」の受身は，「$O_1$+be+過去分詞+$O_2$（+by+S）」と「$O_2$+be+過去分詞+to+$O_1$（+by+S）」の2つの形で表すことが可能である。一般に $O_1$ を主語にした前者のほうが普通。この型をとる動詞に，ask, award, give, grant, hand, lend, offer, owe, pay, promise, sell, send, show, teach, tell, throw などがある。

(能動態：My mother *gave* me this digital camera.)
I *was given* this digital camera *by* my mother.
　(私はお母さんからこのデジカメをもらった)
This digital camera *was given* (*to*) me *by* my mother.（このデジカメはお母さんからもらった）◇to は時に省略されることがある。
(能動態：They *offered* her a Cabinet post.)

She *was offered* a Cabinet post.（彼女は閣僚のポストを与えられた）
A Cabinet post *was offered to* her.（閣僚のポストが彼女に与えられた）
(能動態：John *sent* me the parcel by airmail.)
I *was sent* the parcel by airmail *by* John.
　（私はジョンからその小包を航空便で送ってもらった）
The parcel *was sent to* me by airmail *by* John.
　（その小包はジョンから航空便で私に送られてきた）
(能動態：We *bought* her the nice summer dress.)
She *was bought* the nice summer dress (*by* us).
　（彼女はその素敵なサマードレスを買ってもらった）
The nice summer dress *was bought for* her (*by* us).（その素敵なサマードレスは彼女に買い与えられたものだった）　◇ buy は to ではなく for をとることに注意。×The nice summer dress *was bought* her. とは言わない。

**NOTE**
　次のような場合，$O_2$（直接目的語）を主語にした受身のみ可能：
　　(能動態：He *wrote* me several letters.)
　　*Several letters were written* to me.（数通の手紙が私に書き送られてきた）
　×*I was written* several letters.
　　(能動態：She *made* me a toy plane.)
　　*A toy plane was made* for me.（おもちゃの飛行機を作ってもらった）
　×*I was made* a toy plane.

## (3) O は (〜によって) C にされる
### ——「S＋V＋O＋C（補語）」の受身

(3a)「S＋V＋O＋C（＝形容詞，現在分詞，過去分詞，名詞）」の受身
　「S＋V＋O＋C（＝形容詞，現在分詞，過去分詞，名詞）」の受身は「O＋be＋過去分詞＋C（＋by＋S）」の形で表される。
　　(能動態：Karl *painted* the window frames *red*.)
　　The window frames *were painted* red by Karl.
　　　（その窓枠はカールによってペンキで赤く塗られた）
　　(能動態：I *found* him *dying* on the road.)

He *was found dying* on the road (*by* me).
　（彼は路上で瀕死のところを発見された）
（能動態：Several people *saw* the thief *leaving* the building.）
The thief *was seen leaving* the building *by* several people.
　（その泥棒は建物から出て行くところを数人の人に見られた）
（能動態：A teacher *caught* him *smoking* in the playground.）
He *was caught smoking* in the playground *by* a teacher.
　（彼は運動場で喫煙しているところを先生に見つかった）
（能動態：I *found* the door *locked*.）
The door *was found locked* (*by* me).
　（ドアに鍵がかかっているのに気づいた）
（能動態：The secretary *left* the letter *unopened* on the desk.）
The letter *was left unopened* on the desk *by* the secretary.
　（その手紙は秘書に机の上に未開封のままにされていた）
（能動態：They *elected* John *chairman*.）
John *was elected chairman* (*by* them).
　　（ジョンは（彼らによって）議長に選ばれた）◇唯一の役職の場合，無冠詞。
（能動態：They *appointed* Mr. Bell *ambassador* to Japan.）
Mr. Bell *was appointed ambassador* to Japan (*by* them).
　　（ベル氏は（彼らによって）日本大使に任命された）

(3b)「S＋V＋O＋C（＝to 不定詞）」の受身
　「S＋V＋O＋C（＝to 不定詞）」の受身は「O＋be＋過去分詞＋to do［to be］」の形で表される。to be は省略される場合がある。
　（能動態：They *asked* me *to complete* a questionnaire.）
　I *was asked to complete* a questionnaire (*by* them).
　　（私は（彼らに）アンケートに漏れなく記入するように求められた）
　（能動態：They *told* us *to come* back at once.）
　We *were told to come* back at once (*by* them).
　　（我々は（彼らに）すぐに戻るように言われた）
　（能動態：We *persuaded* Ken *to see* a doctor about it.）
　Ken *was persuaded to see* a doctor about it (*by* us).

(ケンはそのことで医者に診てもらうように説得された)
(能動態：Her mother didn't *allow* her *to stay* out late.)
She *wasn't allowed to stay* out late *by* her mother.
(彼女は遅くまで外出することをお母さんから許されなかった)
(能動態：Everyone *expected* her *to marry* John.)
She *was expected by* everyone *to marry* John.
(彼女はジョンと結婚するものとみんなに思われていた)
(能動態：They *believe* him (*to be*) intelligent.)
He *is believed* (*to be*) intelligent (*by*) them).
(彼は(彼らに)聡明だと思われている)
(能動態：We *consider* him (*to be*) responsible for the accident.)
He *is considered* (*to be*) responsible for the accident (*by* us).
(彼はその事故について責任があると考えられている)

**NOTE**
「V＋O＋to不定詞」構文をとる動詞でも，like, love, prefer, promise, want, wishなどは，Oを主語にして受身にはできないことに注意 (cf. Leech & Svartvik (2002))：
(能動態：I *want* everybody *to understand* this.)
˟*Everybody is wanted to understand* this.
cf. I *want* this *to be understood by* everybody.
(私はこのことをみんなに理解してもらいたい)

## (3c)「S＋V＋O＋C（＝toなし不定詞）」の受身

「S＋V＋O＋C（＝toなし不定詞）」の受身は「O＋be＋過去分詞＋to do」の形で表される。この構文をとるのは知覚動詞 see, hear, feel など，および使役動詞の make と help である。toなし不定詞は，受身では to 不定詞に変わることに注意 (make については→5.1)。
(能動態：We *saw* him *come* out of the room.)
He *was seen to come* out of the room (*by* us).
(彼は部屋から出て来るのを見られた)
(能動態：I *heard* her *shut* the front door.)
She *was heard to shut* the front door (*by* me).

(彼女が玄関のドアを閉めるのが聞こえた)
(能動態: The teacher *made* him *stay* after school.)
He *was made to stay* after school *by* the teacher.
　　(彼は放課後先生に残された)
(能動態: They *helped* him *organize* the meeting.)
He *was helped to organize* the meeting (*by* them).
　　(彼はその会議の準備を(彼らに)手伝ってもらった)

## (4) その他の受身表現

「be＋過去分詞」の過去分詞が形容詞化して，種々の前置詞と結びついて用いられる表現がある。以下にその一部をあげておく。

　　She *was delighted with* the present.
　　　　(彼女はそのプレゼントに大喜びした)
　　I *was surprised at* how quickly he finished it.
　　　　(彼がすばやくそれをし終えたことに私はびっくりした)
　　I *was* really *shocked at* the children's attitude.
　　　　(私はあの子供たちの態度に本当にショックを受けた)
　　The pupils *were* all *amused at* his stories.
　　　　(生徒たちはみな彼の話を面白く聞いた)
　　The children *are* very *excited at* the prospect of going to the beach.
　　　　(子供たちは海へ行けそうなのでとてもわくわくしている)
　　The room *was filled with* cigarette smoke.
　　　　(その部屋はタバコの煙で充満していた)
　　The players *were* all *covered in* [*with*] mud.
　　　　(選手たちはみな泥まみれだった)
　　I *was* very *disappointed at* her rejecting my offer.
　　　　(私は彼女が私の申し出を断ったことに大いに失望した)
　　She *was* really *upset about* the way they treated her.
　　　　(彼女は自分に対する彼らの扱いに本当にショックを受けた)
　　I *am* very *annoyed with* him. (私は彼に非常に腹を立てている)
　　I *am* especially *interested in* politics. (私は特に政治に関心がある)

We *are* not *satisfied with* the service at this hotel.
（私たちはこのホテルのサービスには満足していない）
She *is frightened of* spiders.（彼女はクモが怖い）
We *are* really *worried about* the future of the company.
（我々は会社の将来を本当に不安に思っている）

## 18.5　受身の動作と状態

### (1) 動作受動と状態受動

「be＋過去分詞」によって表される受身には，「…される」という動作を表す場合と，「…された状態になっている」という動作の結果としての状態を表す場合とがある。完結動詞（conclusive verb）の場合，動作か状態かはコンテクストから決まってくる。

⎧ I don't know when the front door *was shut*. ［動作］
⎨ 　（私はいつ玄関のドアが閉まったか知らない）
⎪ When I arrived, I found that the front door *was shut*. ［状態］
⎩ 　（私が着くと玄関のドアが閉まっていた）

⎧ The captain *was injured* in the leg by his own goalkeeper. ［動作］
⎨ 　（キャプテンは味方のゴールキーパーと接触して足にけがをした）
⎪ The captain could not play because he *was injured* in the leg. ［状態］
⎩ 　（キャプテンは足にけがをしていたのでプレーできなかった）

⎧ The goods *were* badly *damaged* in transit. ［動作］
⎨ 　（その品物は輸送中にひどく損傷した）
⎪ The goods *were* badly *damaged* when we received them. ［状態］
⎩ 　（その品物は受け取ったときひどく損傷していた）

**NOTE**
　非完結動詞（non-conclusive verb）の場合は「be＋過去分詞」は常に状態を表す：
　　The teacher *is* highly *respected* by the students.
　　　（その先生は生徒から非常に尊敬されている）

## (2)「get＋過去分詞」

くだけた言い方では，「…される」という動作を表す場合，「be＋過去分詞」の be の代わりに get が用いられることがある。ただし get は状態動詞とは共起しない。

The eggs *got broken*. (卵がつぶれた)
The tickets for the concert *got lost*.
(コンサートのチケットがなくなった)
How did the suitcase *get damaged*?
(そのスーツケースはどのように損傷したのですか)
The mailman *got bitten* by John's dog.
(その郵便配達人はジョンの犬にかまれた)
The dog *got run* over by a dump truck.
(その犬はダンプカーにひかれた)
Put your bicycle away. If you don't, it'll *get stolen*.
(自転車をしまいなさい。でないと盗まれますよ)
The windows *get cleaned* several times a week.
(それらの窓は週に数回拭かれる)
All the debts will *get paid* next week.
(借金はすべて来週返済されるだろう)

**NOTE**
(1)「get＋過去分詞」は次のような場合によく用いられる (cf. Alexander (1988); Swan (2005)):
　(a) 自分自身に対して何かをするとき：
　　You'd better *get changed*. (着替えをしなさい)
　　I *got dressed* as quickly as possible. (私は大急ぎで服を着た)
　　They *got married* [*engaged*; *divorced*] last year.
　　　(彼らは昨年結婚 [婚約；離婚] した)
　(b) 自分では制御できないことが起こるとき：
　　He *got hurt* on his way to school. (彼は通学途中でけがをした)
　　We *got delayed* because of the traffic congestion.
　　　(私たちは交通渋滞のために遅刻した)

My watch *got broken* while I was playing soccer.
　　（サッカーをしていたときに時計が壊れた）

　熟慮した計画的な行為については，「get＋過去分詞」はあまり用いられない (Swan (2005))：

　　×Our house *got built* in 1999.
　　×Parliament *got opened* on Thursday.

(2)「get＋過去分詞」では動作主は表されないのが普通 (Leech & Svartvik (2002))。ただし動作主が表されることもある（18.5(2)の範例の第4例，第5例参照）。

(3) この get の受身が用いられる確率は非常に低く，Biber *et al.* (1999) によれば，会話でも受身の文すべてのうち約0.1％にすぎないとされる。

## 18.6　能動受動態 (activo-passive)

　動詞の中には，形は能動態のままで「…される」という受身の意味を表すものがある。このような受動的な意味を表す動詞の態を能動受動態と言う。通例，様態を示す副詞（語句）または形容詞を伴う。

His latest novel *is selling* like hot cakes.
　　（彼の一番新しい小説は飛ぶように売れている）
This cloth *washes* easily.（この布は簡単に洗える）
These scissors *cut* well.（このはさみはよく切れる）
The play *reads* well, but it doesn't *act*.
　　（その戯曲は読んで面白いが，上演向きではない）
The photo didn't *print* well.（その写真は焼付けがよくなかった）
This beer *drinks* as if it were water.（このビールは水のように飲める）
This parcel *carries* easily.（この小包は楽に運べる）
How does it *compare* with iron?
　　（それと鉄とはどのように比較されますか）
This toast *eats* crisp.（このトーストは食べるとカリカリする）

## B 「have [get] + O + 過去分詞」による表現

## (自分の物が) …される

「O + 過去分詞」によって表される動作が、文の主語の意志とは関係なく自分の身にふりかかってくる場合に、「(自分の物が) …される」という受身的意味が表され、「主語 + have + O + 過去分詞」の形を用いて表すことができる。過去分詞に強勢が置かれる。くだけた言い方ではしばしば have の代わりに get が用いられる。

> She *had* her jewelry and other valuables *stolen* while she was away on vacation. (彼女は休暇で留守にしている間に宝石その他貴重品を盗まれた)
> He *had* his house *destroyed* in the earthquake.
> (彼は地震で家を壊された)
> He *had* his nose *broken* in a fight. (彼はけんかで鼻を折られた)
> We *had* our roof *blown* off by the typhoon.
> (台風でわが家の屋根が吹き飛ばされた)
> The captives *had* their heads *cut* off. (捕虜たちは打ち首になった)
> I *got* my rent *increased* by five percent. (私は家賃を5％上げられた)

**NOTE**
「O + 過去分詞」によって表される動作が、一般に主語によって有利に保持される場合、「…させる」「…してもらう」という使役の意味を表す(→ 5.4)：

> We must *have* another key *made* at once. (すぐにもう1つ鍵を作らせなければならない；すぐにもう1つ鍵を作ってもらわなければならない)
> I must *have* this television set *repaired*.
> (私はこのテレビを修理してもらわなくてはいけない)
> Where did you *have* your hair *cut*? (どこで髪を切ってもらったのですか)
> How often do you *get* your car *serviced* in a year?
> (あなたは1年に何回車を点検してもらうのですか)

# 19章　文と文のつなぎ方(1)——関係詞

　関係詞（relatives）とは関係代名詞と関係副詞の総称をいう。関係代名詞は，先行する名詞（または代名詞など）を受け，同時に後続する節を前の節に結合する役割を果たす。関係代名詞が受ける名詞（または代名詞など）を先行詞という。先行詞が人の場合は who, that，物・事の場合は that, which，先行詞を含む場合は what が用いられる。関係副詞は，関係代名詞と同じように，先行する名詞を受け，後続する節を前の節に結合する役割を果たすが，関係代名詞が関係詞節の主語，目的語，補語になるのに対し，関係副詞は副詞の働きをする。先行詞が時を表す名詞の場合は when，場所を表す名詞の場合は where，理由を表す名詞 reason の場合は why，方法を表す場合は先行詞なしで how が用いられる。

■基本文例■

1　What's the name of the tall man *who* just came in?
　　（今入ってきた背の高い男の人の名前は何と言うのですか）
2　The man *that* she saw at the concert was Bob's father.
　　（彼女がコンサートで会った人はボブのお父さんだった）
3　The postcard *that* came this morning was from my uncle.
　　（今朝来たはがきはおじからだった）
4　The house *whose* walls were damaged must be repaired.
　　（壁に損傷を受けたその家は修繕されなければならない）
5　This is *the best* hotel *that* I know.
　　（これは私が知っている中で最高のホテルだ）
6　The store didn't have *what* I wanted.
　　（その店には私がほしいものがなかった）
7　John Lennon, *who* was a member of the Beatles, was killed in 1980.（ジョン・レノンはビートルズのメンバーの1人だったが，1980

年に凶弾に倒れた）
8 Do you remember the day *when* you moved to Kyoto?
（あなたは京都に引っ越した日のことを覚えていますか）
9 The police searched the place *where* the man was killed.
（警察はその人が殺された場所を捜索した）
10 The reason *why* he didn't come was that he had been sick in bed.
（彼が来なかった理由は，病気で寝ていたからだ）
11 This is *how* the accident happened.
（その事故はこのようにして起こった）

## A 関係代名詞 (relative pronoun)

### 19.1 関係代名詞の種類と働き

関係代名詞は，代名詞と接続詞の機能をあわせもった語である。次の文でいうと，who は前の the man を受け，同時に lives の主語として機能し，後ろの文を前の文に結び付ける接続詞の働きをしている。

The man is very kind. He lives next door.
（その人は非常に親切だ。彼は隣に住んでいる）
→The man *who* lives next door is very kind.
（隣に住んでいる人は非常に親切だ）

関係代名詞は，その先行詞の種類によって次のように使い分けられる。また関係詞節の中での働きによって主格，所有格，目的格の3つがある。

| 先行詞 | 主格 | 所有格 | 目的格 |
|---|---|---|---|
| 人 | who<br>that | whose<br>— | who, whom<br>that |
| 物・事 | which<br>that | whose, of which<br>— | which<br>that |

この他，関係代名詞には先行詞を含んだ what (＝the thing(s) which) が

ある。

## 19.2　関係代名詞の先行詞

　関係代名詞は，まず先行詞（antecedent）の種類によって決まる。そして関係詞節の中で主語，他動詞または前置詞の目的語，あるいは補語のいずれかの機能を果たす。主語，補語として機能するときは主格，目的語として機能するときは目的格が用いられる。

### (1)　…するところの人——先行詞が人の場合

#### (1a)　関係代名詞が主格の場合

　通例 who を用いるが，くだけた言い方では that も用いられる。who, that は省略されない。

　　I don't like people *who* tell jokes all the time.
　　　（私は冗談ばかり言う人は好きではない）
　　The boy *who* was injured in the accident is now in the hospital.
　　　（事故でけがをした少年は現在入院している）
　　Who was that woman *who* was speaking just now?
　　　（今話していた女性はどなたですか）
　　"Who can join the club?" "Anybody *who* wants to." (「そのクラブには誰が加入できますか」「入りたい人は誰でもかまいません」)
　　The police are looking for three men *who* robbed the bank yesterday.
　　　（警察は昨日銀行を襲った3人組の男を捜索している）
　　Those *who* want to take the exam must sign up before Friday.
　　　（その試験の受験を希望する者は，木曜日までに申し込むこと）◇those who ... は「（…する）人たち（people who）」の意。×Those that ... とは言わない。
　　When we were on vacation, we met a couple *who* came from the same town as us. （休暇中私たちと同じ町から来た夫婦に会った）
　　The man *that* answered the phone told me you were out.
　　　（電話に出た人が，あなたは留守だと教えてくれた）
　　I'd like to speak to the person *that* wrote this letter.

(私はこの手紙を書いた人とお話をしたいのですが)

**NOTE**
(1) 動物は通例 which または that で受けるが，ペットは人間としての扱いを受けて who で受けることができる (cf. Greenbaum & Quirk (1990))：
  Rover, *who* was barking, frightened the children.
    (ローバーは吠えて子供たちを怖がらせた)
(2) 集合名詞は，通例，複数扱いの場合は who, 単数扱いの場合は which で受ける (cf. Greenbaum & Quirk (1990))：
  The committee *who are* [*which is*] responsible for it decided to inquire into the matter. (その件に責任のある委員会はその問題を調査することを決定した)

## (1b) 関係代名詞が目的格の場合

他動詞の目的語の場合と前置詞の目的語の場合とがある。

## (i) 他動詞の目的語の場合

that または who を用いるが，that のほうがよく用いられる。whom を用いるのは堅い言い方。くだけた言い方では that, who(m) は省略するのが普通。

  She married a man *that* she met on a train.
    (彼女は列車の中で出会った男性と結婚した)
  The man *that* he caught was sentenced to two years' imprisonment.
    (彼が捕まえた男は2年の禁固刑を宣告された)
  The woman *who* we met in Tokyo has sent me a Christmas card.
    (私たちが東京で出会った女性が私にクリスマスカードを送ってくれた)
  We have some distant relations in Hokkaido *who* we've never met.
    (一度も会ったことがない何軒かの遠い親戚が北海道にある)
  She is a woman *whom* we greatly respect.
    (彼女は私たちが非常に尊敬する女性だ)
  Make a list of all the people ∧ you want to invite. (招待したいすべての人のリストを作りなさい) ◇ that または who(m) の省略。
  The policeman lost sight of the man ∧ he was following.

(その警官は尾行していた男を見失った）◇ that または who(m) の省略。

## (ii) 前置詞の目的語の場合
　(i) に準じる。前置詞は通例節の末尾に置く。that, who(m) は省略可能で，くだけた言い方では省略するのが普通。

　　The woman *that* he fell in love with left him after two months.
　　　（彼が恋に落ちた女性は2か月後に彼のもとを去った）
　　He is respected by the people *who* he works with.
　　　（彼はいっしょに働いている人たちから尊敬されている）
　　We must find someone ∧ we can rely on.（私たちは信頼できる人を見つけなければならない）◇ that または who(m) の省略。
　　Mr. Bell is the person ∧ I obtained the information from.
　　　（ベル氏は私がその情報を得た人だ）◇ that または who(m) の省略。

堅い言い方では次のように前置詞を関係代名詞の直前に置いて表現することがある。この場合，関係代名詞は whom を用い，省略は不可。who, that は用いない。

　　The woman *with whom* he fell in love left him after two months.
　　　（彼が恋に落ちた女性は2か月後に彼のもとを去った）
　　He is respected by the people *with whom* he works.
　　　（彼はいっしょに働いている人たちから尊敬されている）
　　We must find someone *on whom* we can rely.
　　　（私たちは信頼できる人を見つけなければならない）
　　Mr. Bell is the person *from whom* I obtained the information.
　　　（ベル氏は私がその情報を得た人だ）

**NOTE**
　　Leech & Svartvik (2002) はスピーチレベルについて次のように示している：

　　Do you know the man Diana is engaged *to*?（くだけた言い方）
　　　（ダイアナが婚約している男性をあなたは知っていますか。以下同じ）
　　Do you know the man *who* Diana is engaged *to*?（あまり堅くない言い方，まれ）
　　Do you know the man *whom* Diana is engaged *to*?（堅い言い方，まれ）

Do you know the man *to whom* Diana is engaged?（非常に堅い言い方）

### (1c) 関係代名詞が従節の補語の場合

that を用いるか省略するが，省略するほうが普通。who は用いられない。

She is not the cheerful woman (*that*) she was five years ago.［主格補語］
（彼女は5年前の快活な女性ではない）

I am not the man (*that*) I was when I was at college.［主格補語］
（今の私は大学のころの私ではない）

He is not the fool *that* you thought him.［目的格補語］
（彼はあなたが思っていたようなばかではない）

### (1d) 関係代名詞が所有格の場合

whose を用いる。

I know the man *whose* photo was in today's newspaper.
（私は今日の新聞に写真が載っていた男性を知っている）

The movie is about a spy *whose* wife betrays him.
（それは妻に裏切られるスパイの映画である）

What's the name of the young man *whose* car you borrowed?
（あなたが車を借りた青年の名前は何と言いますか）

She's engaged to the man over there *whose* hair is long.
（彼女はあそこにいる髪の長い男性と婚約している）

**NOTE**
第4範例は次のように with を用いるほうが自然な英語になる（→ 19.2 (2c) NOTE(2)）：

She's engaged to the man *with* long hair over there.
（彼女はあそこにいる長髪の男性と婚約している）

## ⑵ …するところのもの［こと］──先行詞が物・事の場合

### (2a) 関係代名詞が主格の場合

that または which を用いる。which を用いるのは堅い言い方。that,

which は省略されない。

 I want a computer *that*'s [*which* is] quite easy to operate.
  (私は操作が非常に簡単なコンピュータがほしい)

 He was speaking a language *that* was not familiar to me.
  (彼は私のよく知らない言葉をしゃべっていた)

 He works for the company *that* manufactures shoes.
  (彼は靴を製造する会社に勤めている)

 The typhoon *that* hit Honshu last night caused widespread damage.
  (昨夜本州を襲った台風は広範囲に被害を及ぼした)

 There's something about this place *that* fascinates me.
  (この場所は私の心を引きつける何かがある)

 The stairs *which* lead to the second floor are slippery.
  (2階に通じる階段は滑りやすい)

 We saw the actual spacecraft *which* landed on the moon.
  (私たちは月に着陸した宇宙船の実物を見た)

**NOTE**
 船 (ship) の場合，代名詞は she で受けるが，関係代名詞は who ではなく which で受ける (Greenbaum & Quirk (1990))：
  Is she the ship *which* is due to leave for Panama tomorrow?
   (あれが明日パナマに向け出航予定の船ですか)

## (2b) 関係代名詞が目的格の場合

他動詞の目的語の場合と前置詞の目的語の場合とがある。

### (i) 他動詞の目的語の場合

that または which を用いる。くだけた言い方では that, which は省略するのが普通。

 The car *that* I hired broke down on the way to work.
  (私が借りた車は仕事に行く途中故障した)

 The TV program *which* I missed last night is repeated tonight.
  (私が昨夜見逃したテレビ番組は今夜再放送される)

## 19.2 関係代名詞の先行詞

The skirt ∧ I bought yesterday doesn't fit me properly.
(昨日買ったスカートはぴちっと合わない) ◇ that または which の省略。以下の２例も同じ。

London is a city ∧ I've always wanted to visit.
(ロンドンは私が常々訪れたいと思っている町だ)

The mistake ∧ he made was fortunately not very serious.
(彼が犯した間違いは, 幸運にもあまり重大なものではなかった)

(ii) 前置詞の目的語の場合

(i) に準じる。前置詞は通例節の末尾に置く。that, which は省略可能で, くだけた言い方では省略するのが普通。

Is this the book *that* you have been looking for?
(これがあなたがずっと探している本ですか)

The charity concert ∧ you were telling me about is held next week.
(あなたが私に話していたチャリティーコンサートは来週開催される)
◇ that または which の省略。

I can't remember the name of the hotel ∧ we stayed at in Paris.
(私たちがパリで滞在したホテルの名前を思い出せない) ◇ that または which の省略。

堅い言い方では前置詞を関係代名詞の直前に置く。この場合, which を用い, 省略は不可。that は用いない。

This is an important problem *with which* the government must deal.
(これは政府が扱わなければならない重要な問題である)

The restaurant *to which* we normally go is closed for renovation.
(私たちが普段よく行くレストランは改装のために閉店している)

What is the evidence *on which* you base this claim?
(あなたがこの主張の論拠としている証拠は何ですか)

(2c) 関係代名詞が所有格の場合

whose または of which を用いる。of which を用いるのは堅い言い方。

He's written a book *whose* name [the name *of which*] I've forgotten.
(私は書名を忘れてしまったが, 彼は１冊の本を書いた)

The store *whose* wall paper was damaged has been refurbished.
　　（壁紙が傷んでいたその店は改装された）
This is a house *whose* walls were made of glass.
　　（これは壁がガラスで造られた家だ）
Which is the Asian country *whose* economy is growing the fastest?
　　（経済が最も急速に発展しているアジアの国はどこですか）
We had a meeting the purpose *of which* was unclear.
　　（目的がはっきりしない会議だった）

**NOTE**
(1) that ... of または「of which ...＋名詞」を用いることも可能 (Swan (2005))。第1範例は次のようにも言える：
　　He's written a book *that* I've forgotten the name *of*.
　　　　（私は書名を忘れてしまったが，彼は1冊の本を書いた）
　　He's written a book *of which* I've forgotten the name.（同上）
(2) この whose, of which を用いた言い方は重くて堅い感じがするので，他の表現で言い換えられることが多い (cf. Swan (2005))。第3範例は次のように言える：
　　This is a house where the walls were made of glass.
　　　　（これは壁がガラスで造られた家だ）
　　This is a house with glass walls.（これは壁がガラスの家だ）
(3)「whose＋名詞」は前置詞の目的語にもなる (Alexander (1988))：
　　He is the man *from whose house* the paintings were stolen.
　　　　（彼が家から絵画が盗まれた人だ）
　　He is the man *whose house* the paintings were stolen *from*.（同上）

## (3) …のうち最も〜な；…した最初の；…のすべて；…する「人と物」；…する誰──先行詞が形容詞の最上級や the first, all などを伴う場合，everything などの場合，「人と物」の場合，疑問代名詞 who の場合

### (3a) 先行詞が形容詞の最上級や the first, all などを伴ったり，everything などの場合

先行詞が形容詞の最上級や the first, the last, the only, the very, the same, all, every, any, no などで修飾されている場合，通例 that が用いられるが，先行詞が人の場合は who が用いられることも多い。また先行詞が all (= everything), everything, something, anything, nothing, none などの場合は，通例 that が用いられる。他動詞の目的語の場合，くだけた言い方では関係代名詞は通例省略される。

That was *the most delicious* meal *that* I've ever eaten.
（それは私が今まで食べた中で一番おいしい食事だった）

Bach is one of *the greatest* composers *that* [*who*] have ever lived.
（バッハは古今を通じて最大の作曲家の1人だ）

He was *the first* student *that* [*who*] took the qualifying examination.
（彼はその資格認定試験を受けた最初の学生だった）

He was *the only* friend *that* [*who*] I could trust.
（彼は私が信頼できるただ1人の友人だった）

*The only* thing *that* matters is to find the best solution to the problem.
（ただ1つ重要なことは，その問題の最善の解決策を見つけることである）

That's *the same* man *that* [*who*] asked me the way to the station yesterday. （あの人は昨日私に駅までの道を尋ねた人と同じ人だ）

This is *the same* dictionary *that* lay on the desk this morning.
（これは今朝机の上にあったのと同じ辞書だ）

They've recaptured *all* the animals *that* escaped from the zoo.
（彼らは動物園から逃げたすべての動物を再び捕獲した）

There is a ¥1,000,000 reward for *any* information *that* helps to find the killer. （その殺人犯の発見につながるいかなる情報にも100万円の報奨金が出る）

The *few* (people) *that* like this movie are usually very young.
（この映画が好きな人は少数で，そのほとんどは非常に若い人たちだ）

This is *all that*'s left. （これが残っているすべてだ）

*All that* happened was that he went to sleep.
（起こったことといえば，ただ彼が眠ったということだけだった）

I'll tell you *all* (*that*) I know.
（私が知っているすべてをあなたに話しましょう）

I'll do *everything* (*that*) I can to help.

（お役に立てることなら何でもやります）
　Is there *anything* (*that*) I can do?（何か私にできることがありますか）
　This is *something* (*that*) I had never expected.
　　（これは私が予想もしていなかったことである）
　There is *nothing* (*that*) we can do.（我々ができることは何もない）

**NOTE**
　　the same を含む語が，関係詞節の他動詞または前置詞の目的語の場合は as も用いられる。as は省略可能（cf. Swan (2005)）：
　　This is the same book (*that* [*as*]) I told you about yesterday.
　　（これは私が昨日あなたに話したのと同じ本だ）

### (3b) 先行詞が「人と物」，疑問代名詞 who の場合

　先行詞が「人と物」の場合は通例 that を用いる。疑問代名詞 who の場合は who の反復を避けるために that が用いられる。
　We were fascinated by *the villagers, sheep and horses that* were in the valley.（我々は谷間にいた村人たち，そして羊や馬に魅せられた）
　The police are searching for *the boy and his dog that* got lost in the mountains.（警察は山で遭難した少年と彼の愛犬を捜索している）
　*Who that* knows the man doesn't respect him?
　　（その男を知っている人で，彼を尊敬しないものなどいるだろうか）

## (4) …するもの［こと］── what

　先行詞 the thing, the things を含めて「…するもの［こと］」と言う場合に，関係代名詞 what を用いて表すことができる。what は通例単数で受ける。主語，他動詞または前置詞の目的語，補語として機能する。
　*What* we saw astonished us.（= The things that we saw astonished us.）
　　［主語］（我々は見たものに驚いた）
　*What* is done cannot be undone.［主語］（覆水盆に返らず）（ことわざ）
　*What* she said made me angry.［主語］（私は彼女の言葉に腹が立った）
　*What* he did was morally wrong.［主語］

(彼がしたことは道徳的に間違っていた)

I promise I won't tell anyone *what* happened. [他動詞の目的語]
(起こったことは誰にも言わないと約束するよ)

Did you hear *what* I said? [他動詞の目的語]
(私の言ったことが聞こえましたか)

I've been thinking about *what* you said last night. [前置詞の目的語]
(私は昨晩あなたが言ったことをずっと考えている)

This is exactly *what* I wanted. [補語]
(これこそ私がほしかったものです)

He is not *what* he was ten years ago. [補語]
(彼は10年前の彼ではない)

この関係代名詞 what を含んだ慣用表現に次のようなものがある.

He is *what you call* a walking dictionary. (彼はいわゆる生き字引だ)

She is beautiful, and *what's more* she is intelligent.
(彼女は美人だ，そのうえ頭がいい) → 20.2(1)(1c)

Reading *is to* the mind *what* food *is to* the body.
(読書の心に対する関係は，食物の体に対する関係と同じである)

*What with* the cold and (*what with*) the noise, I couldn't get to sleep.
(寒さやら騒音やらで，私は眠れなかった)

**NOTE 1**

that which を次のように what と同じように用いるのは，現代英語では普通ではない (Swan (1995)):

We have *that which* we need. (我々は必要なものを持っている)

**NOTE 2**

what は「(…する) 全部の, (…する) だけの」の意味の関係形容詞としても用いられる:

I spent *what* little time I had with my family.
(私はわずかな時間をできるだけ家族とともに過ごした)

He gave her *what* money he had. (彼は多くはないが持っていた金全部を彼女にやった) ◇ what は「少ないがあるだけの」の意を含むことが多い.

## (5) …するような；…以上に；…しないところの
── 関係代名詞としての as, than, but

　as は such, as などと相関的に，「…するような」の意味の関係代名詞として用いられる。than は比較級を含む語を先行詞として，「…以上に，…よりも」の意味の関係代名詞として用いられる。but は否定を伴った語を先行詞として，「…しないところの (that [who] ... not)」の意味で用いられる。but のこの関係代名詞としての用法は，今日ではあまり用いられない。

　　I'm not *such* a coward *as* you are.
　　　（私はあなたのような意気地なしではない）
　　*Such* advice *as* he was given has proved almost worthless.
　　　（彼が受けた助言はほとんど役に立たなかった）
　　He is *as* great a scholar *as* ever lived.
　　　（彼は今までにないほどの偉大な学者だ）
　　You'd better not carry more cash around on you *than* is necessary.
　　　（必要以上のお金を持ち歩かないようにしなさい）
　　They sent more goods *than* I had ordered.
　　　（注文したより多くの商品が送られてきた）
　　There was not a child *but* wanted to return home.
　　　（家に帰ることを望まない子は1人もいなかった）
　　There is hardly anybody *but* desires peace.
　　　（平和を望まない人はほとんどいない）

**NOTE**
　　as が「それは…だが，…するように」の意味の関係代名詞として，非制限的に前文（の一部）または後続の主節を先行詞として用いられることがある：
　　　He is leaving soon, *as* everybody knows.
　　　　（誰もが知っているとおり，彼はもうすぐ出発することになっている）
　　　*As* is often the case with him, he stayed out late.
　　　　（彼にはよくあることだが，遅くまで外出していた）
　　　*As* often happens at such parties, a lot of people drank too much.
　　　　（あのようなパーティーではよくあることだが，多くの人が飲みすぎた）

## (6) そしてその人は［それは］——先行詞について付加的・挿入的に説明を加える場合（非制限的用法）

関係代名詞の前に，通例書き言葉ではコンマを，話し言葉では休止を置いて先行詞と関係代名詞を切り離し，「そしてその人は (, who)，そしてそれは［を］(, which)，そしてその人［それ］の (, whose)」のように付加的・挿入的に先行詞に説明を加えることがある。この用法を非制限的用法 (non-restrictive use) という。これに対し，先行詞の意味を制限する一般の用法を制限的用法 (restrictive use) という。この2つの意味・用法を比較してみよう。

(1) a. She often called her sister *who* lived in London.
（彼女はロンドンに住んでいる姉によく電話をした）
b. She often called her sister, *who* lived in London.
（彼女は姉によく電話をしたが，その姉はロンドンに住んでいた）

(2) a. Children *who* learn easily should start school as early as possible.（物覚えがよい子供はできるだけ早く就学すべきだ）
b. Children, *who* learn easily, should start school as early as possible.（子供は物覚えがよいので，できるだけ早く就学すべきだ）

(1a) の制限的用法では，どの姉に電話をしたかが述べられたもので，姉は2人以上いるものと推定される。(1b) の非制限的用法では，彼女の姉について付加的に説明が加えられたもので，姉は1人と推定される。(2a) の制限的用法では，どのような子供が早く就学すべきかが述べられている。(2b) の非制限的用法では，「子供は物覚えがよいので」という説明が挿入されたもので，子供一般について述べられている (cf. Leech & Svartvik (1994, 2002))。非制限的用法には，(1b) のように意味上一応完結した文の後に置いて，先行詞についてさらに説明を加える場合と，(2b) のように文中に挿入して，先行詞について補足説明を加える場合とがある。

以下に非制限的用法の例をあげておこう。

She was only 16 when she got married to Tim, *who* was already married.（彼女はまだ16歳のときにティムと結婚したが，彼にはすでに妻がいた）
In the hall was a magnificent vase, *which* was a gift from an Amer-

ican friend.（ホールには立派な花びんが置かれていたが，それはアメリカの友人からの贈り物だった）

He has a dark suit, *which* he only wears on special occasions.
（彼はダークスーツを持っているが，特別な場合以外は着ない）

My father, *who* is eighty, goes swimming every day.
（父は80歳だが，毎日水泳に行く）

The 8:50 train, *which* is usually very punctual, was late today.
（8時50分の列車は，普段は非常に正確なのだが今日は遅れていた）

My brother, *who* [*whom*] you once met, is visiting us next week.
（ぼくの兄は，君は以前一度会ったことがあるのだが，来週ぼくのうちに来ることになっている）◇非制限的用法では whom もよく用いられる。

This book, *which* we can get at any bookshop, will give us all the information we need.（この本は，どの書店でも手に入るのだが，我々が必要としているあらゆる情報が載っている）

His house, *which* he paid ¥40,000,000 for, is now worth ¥20,000,000.
（彼は今の家を4000万円で買ったが，今は2000万円の価値しかない）

Mr. Bell, *whose* health hasn't been good recently, has gone into the hospital for some tests.（ベル氏は最近健康がすぐれないので，検査のために入院した）

**NOTE 1**
　非制限的関係詞節では，目的格の関係代名詞は省略されない。また that は用いられない。したがって次のようには言えないことに注意（Sinclair (ed.) (1992))：
　　ˣShe sold her car, she had bought the year before.
　　ˣShe sold her car, *that* she had bought the year before.

**NOTE 2**
　which は非制限的に用いて，主格補語として機能する場合がある：
　　He made her believe he was wealthy, *which* he was not.
　　　（彼は彼女に金持ちだと信じ込ませたが，彼は金持ちではなかった）
　　She called him a liar, *which* he was not.
　　　（彼女は彼をうそつきと言ったが，彼はうそをつくような人ではなかった）

**NOTE 3**

which は非制限的に，次のように関係形容詞としても用いられる：

I may have to work late today, in *which* case I'll phone you.（今日は遅くまで仕事をしなければならないかもしれないが，その場合は電話するよ）

He lost his temper, at *which* point I decided to go home.
（彼はかんしゃくを起こした。その時点で私は帰ろうと決めた）

After leaving school he went to Kurashiki, in *which* city he lived for two years before moving to Kobe.（彼は卒業後倉敷へ行った。そこでは神戸に引っ越すまで2年間住んでいた）

## (7) そしてそのことは——先行詞が文全体の場合

「そしてそのことは」というふうに which が前の文全体またはその一部を受けることがある。この場合，書き言葉では「, which」で表し，話し言葉では休止が置かれる。

She got married again two years later, *which* surprised us.
（彼女は2年後に再婚したが，そのことに私たちは驚いた）

She had to be hospitalized, *which* was a pity.
（彼女は入院せざるをえなくなったが，そのことは残念なことだった）

He does a lot of walking, *which* keeps him fit.
（彼はよくウォーキングをする。それで彼は健康だ）

The car broke down again, *which* made him late for the meeting.
（車が再び故障した。そのために彼は会議に遅れた）

The boy was very well-behaved yesterday, *which* was quite exceptional.（その少年は昨日は非常に行儀がよかったが，それはまったくめずらしいことだった）

この which の使い方は，主に書き言葉で見られ，話し言葉では and this, and that などで表現されることが多い。たとえば範例の第1例，第2例は次のようになる。

She got married again two years later, *and this* surprised us.
（彼女は2年後に再婚した。そしてこのことに私たちは驚いた）

She had to be hospitalized, *and that* was a pity.
（彼女は入院せざるをえなくなった。そしてそのことは残念なことだった）

## 19.3　関係代名詞の省略

すでに述べたように，関係代名詞が目的格（who, whom, which, that）の場合，くだけた言い方では関係代名詞は省略されるのが普通である。また関係代名詞 that が関係詞節の補語として機能する場合は省略が普通である（→ 19.2 (1c)）。それ以外に，There is, Here is で始まる文の中で，あるいは文中に there is がある場合，関係代名詞は省略可能で，くだけた言い方では通例省略される。

> There's a man at the door ∧ wants to talk to you.
> 　（玄関にあなたとお話ししたいという方がお見えです）
>
> The next day there was a policeman ∧ came to ask questions about the missing man.（その翌日，行方不明の男性のことを尋ねに警官がやって来た）
>
> Here is a little book ∧ will tell you how to use the dictionary.
> 　（ここにその辞書の使用手引きの小冊子がある）
>
> The number of dead trees ∧ there are in this forest is alarming.
> 　（この森林には枯れ木が多いのに驚かされる）

## B　関係副詞 (relative adverb)

## 19.4　関係副詞の種類と働き

関係副詞は，副詞と接続詞の機能をあわせもった語である。たとえば，次の文では関係副詞の where は副詞の there を受け，同時に後ろの文を前の文に結び付ける接続詞の働きをしている。

> I know a restaurant. We can have a good meal there.
> 　（私はレストランを知っている。そこではおいしい食事が食べられる）
> →I know a restaurant *where* we can have a good meal.
> 　（私はおいしい食事が食べられるレストランを知っている）

関係副詞には，when, where, why, how があり，その先行詞の種類によって使い分けられる。つまり，時を表す time, day, year などの名詞の場合は when が用いられ，place, house, town などの場所を表す名詞の場合は where が，理由を表す reason の場合は why が用いられる。また方法を表す場合は先行詞なしで how が用いられる。

## 19.5 関係副詞の先行詞

### (1) …する時――先行詞が時を表す名詞の場合

when を用いる。先行詞は省略されることがある。

I'll never forget the day *when* I first met you.
（私はあなたと初めて会った日のことを決して忘れません）

Do you remember the time *when* I took you to Tokyo Disneyland?
（東京ディズニーランドへ連れて行ってあげたときのことを覚えていますか）

2006 is (the year) *when* my son was born.
（2006 年は息子が生まれた年だ）

That is (the period) *when* he studied abroad.
（それは彼が海外に留学していた時期だ）

Next Friday is *when* I have to pay off my debt.
（来週の金曜日が借金を皆済しなければならない日だ）

His parents got divorced—that's *when* he started to take drugs.
（彼の両親は離婚した。彼が麻薬をやり始めたのはそのころだ）

when の代わりに that を用いることもできる。くだけた言い方では that はよく省略される。

Come and see us any time (*that*) you're in Kobe.
（神戸にいらしたときはいつでもお越しください）

I still remember the winter (*that*) we had the big earthquake.
（私はあの大地震があった冬のことを今でも覚えている）

**NOTE**
(1) 関係代名詞 which を用いて表すこともできるが，やや堅い言い方になる。第1範例は次のようになる：
I'll never forget the day *on which* I first met you.
（私はあなたと初めて会った日のことを決して忘れません）
(2) 関係代名詞 that を用いて表すこともできる。その場合，文末の時を表す前置詞は通例省略される（Greenbaum & Quirk (1990)）：
This is the time *that* she normally arrives (*at*).

(これが彼女がいつも来る時間だ)
Monday was the day *that* he left (*on*). (月曜日が彼の出発した日だった)
The day *that* our daughter was born (*on*) was the happiest day of my life. (娘が生まれた日が私の人生で一番幸せな日だった)

## (2) …するところ──先行詞が場所を表す名詞の場合

where を用いる。先行詞は省略されることがある。

That is (the place) *where* he was born and brought up.
(あれが彼の生まれ育ったところだ)

I can't remember (the place) *where* I put my keys.
(鍵をどこに置いたか思い出せない)

The place *where* we live now is very convenient for the school—it's only a couple of minutes on foot. (我々が今住んでいるところは学校に近くて非常に便利だ。歩いてほんの数分のところにある)

Do you know a shop *where* I can find health food?
(健康食品を売っている店をご存じですか)

One day I'm going back to the town *where* I spent my childhood.
(私はいつか子供時代を過ごした町へ帰るつもりだ)

We reached a point *where* the river divided.
(私たちは川が分岐している地点に来た)

She moved to a position *where* she could see him better.
(彼女は彼がもっとよく見えるところへ移動した)

Across the street *where* we were standing was a little park.
(我々が立っていた通りの向こう側に小さな公園があった)

*Where* I used to live has been knocked down.
(私が住んでいた家が取り壊された)

Put this book back *where* it belongs.
(この本を元の場所に返してください)

**NOTE 1**
(1) 関係代名詞 which を用いて表せるが，やや堅い言い方になる。範例の第

1例，第4例は次のようになる：
 That is the place *in which* he was born and brought up.
  （あれが彼が生まれ育ったところだ）
 Do you know a shop *at which* I can find health food?
  （健康食品を売っている店をご存じですか）
(2) 関係代名詞 that を用いて表すこともできる。その場合，文末の場所を表す前置詞は通例省略されない（Greenbaum & Quirk (1990))：
 This is the garden *that* he sunbathes *in*. （ここが彼が日光浴をする庭だ）
 This is the university *that* she works *at*.
  （ここが彼女の勤めている大学だ）

**NOTE 2**
 先行詞が case（場合), point（点）の場合，where を用いて表せる。先行詞は省略されることがある：
 There are *cases where* honesty doesn't pay.
  （正直が割に合わない場合がある）
 That's (*the point*) *where* you're wrong.（そこが君の間違っている点だ）

## (3) …する理由——先行詞が理由を表す名詞 reason の場合

why を用いる。先行詞は reason で，しばしば省略される。
 That's (the reason) *why* they are displeased.
  （それが彼らが不機嫌な理由だ）
 I don't know the reason *why* she doesn't like me.
  （彼女が私を嫌っている理由がわからない）
 That is a major reason *why* he wants to change his job.
  （それが彼が転職したがっている主な理由だ）
 We'd like to know the reason *why* she declined our invitation.
  （彼女が私たちの招待を断った理由をできれば知りたい）
 Is there any particular reason *why* you want to go back to Japan?
  （日本に帰りたい何か特別な理由があるのですか）
 He borrowed too much money, and that's the main reason *why* his business failed.（彼は多額の借金をした。それが商売が失敗した主な理由だ）

why の代わりに that を用いることもできる。that は省略可能。
   This is the reason (*that*) she came late.
     （これが彼女が遅れて来た理由だ）
   That was the reason (*that*) he lied to you.
     （それが彼があなたにうそをついた理由だった）
   The reason (*that*) he's so bad-tempered is that he was told off by the teacher.（彼が非常に不機嫌な理由は，先生に叱られたためである）◇くだけた言い方では，後のほうの that の代わりに because も用いられる。

**NOTE**
   関係代名詞 which を用いて表せるが，堅い言い方になる。第2範例は次のようになる：
     I don't know the reason *for which* she doesn't like me.
       （彼女が私を嫌っている理由がわからない）

## (4) …する方法──先行詞なしで how を用いる

先行詞を用いず how で表す。
   This is *how* she spoke to me.（こんなふうに彼女はぼくに話しかけた）
   This is *how* I managed to persuade him.
     （このようにして私は彼を説得した）
   This is *how* it happened.（これが事の次第です）
   This is *how* the decision was made.（このようにその決定が行われた）
   That's *how* he usually declines our offer.
     （そんなふうに彼はいつも私たちの申し出を断るのです）
   Tell me *how* you did it.（どのようにしてそれをしたか教えてください）
   Look at *how* the dog is treated.（あの犬の扱われ方をごらんなさい）
   *How* you do it is for you to decide.
     （それをどのようにするかはあなたが決めることです）
how と同じ意味は the way を用いて，the way (that) … または the way (in which) … で表すことができる。that, in which は通例省略される。
   *The way* (*that* [*in which*]) you're doing it is completely crazy.

(君のそのやり方はまったくばかげているよ)
This is *the way* (*that*) he started the machine.
(こんなふうに彼はその機械を動かした)
I just like *the way* she laughs. (私は彼女の笑い方がとても好きだ)
I was horrified at *the way* he treated his children.
(私は彼の子供の扱い方にぞっとした)
More research is needed into *the ways in which* this virus is spread.
(どのようにこのウイルスが広がるのか, さらに詳しく調査する必要がある)

## 19.6　関係副詞の非制限的用法

# そしてその時；そしてそこで――「, when」;「, where」

　関係副詞 when, where は非制限的に用いて,「そしてその時, それから (and then)」「そしてそこで［に, へ］(and there)」という意味を表す。when, where の前に通例書き言葉ではコンマ, 話し言葉では休止が置かれる。why と how にはこの非制限的用法はない。

World War II broke out in 1939, *when* I was still a baby.
　(第二次世界大戦は1939年に起こったが, その時私はまだ赤ん坊だった)
I want to see you at 5 o'clock, *when* you leave the office.
　(あなたと5時に会いたい。あなたが退社される時間だから)
The year 1969, *when* men first set foot on the moon, will never be forgotten. (1969年は人類が初めて月に降り立った年だが, その年は決して忘れられることはないだろう)
The road was originally planned in the 1970s, *when* there weren't as many cars. (その道路はもともと1970年代に計画されたもので, その当時は今ほど車は多くなかった)
This evening I got on a train, *where* I happened to see an old friend of mine. (今日の夕方私は電車に乗ったが, そこでばったり昔の友人に会った)
He spent the summer in Shinshu, *where* his father has a cottage.
　(彼は夏を信州で過ごしたが, そこには彼の父の別荘がある)

# 20章　文と文のつなぎ方(2)——つなぎ語(1)

　英語でものを書いたり話したりする際に，理路整然と文章を書き進めたり，会話を続けるには，思考の過程や文のつながりを論理的に示すことが必要である。そのためには，ある言葉と他の言葉がどのような関係で結びついているかを示すつなぎ語の理解が欠かせない。本章および次章ではさまざまなつなぎ語を8つの機能に分け，それぞれのつなぎ語の意味・用法を解説する。

---

■基本文例■

1　She slipped *and* fell on the floor.（彼女は滑って床の上に倒れた）
2　He *not only* sent me a present, *but also* took me out to dinner.
　　（彼は私にプレゼントを送ってくれただけでなく，食事にも連れて行ってくれた）
3　"Our teacher's kind." "I think so *too*."
　　（「ぼくたちの先生は親切だよ」「同感だ」）
4　"I'm tired." "*So* am I."（「疲れたよ」「ぼくもだ」）
5　"I don't like sweets." "*Neither* do I."
　　（「私は甘いものが好きではありません」「私もです」）
6　It's too late to go out now. *Besides*, it's very cold outside.
　　（もう出かけるには遅すぎるし，そのうえ外は非常に寒い）
7　His room was full of old furniture, paintings, *and so on*.
　　（彼の部屋は古い家具や絵画などであふれていた）
8　*Firstly*, it's too expensive; and *secondly*, it's not easy to use.
　　（第一に，それは高すぎる。第二に，使い勝手がよくない）
9　And *finally*, I would like to thank you all for coming here today.
　　（そして最後になりましたが，今日ここに来てくださったすべての方々にお礼を申し上げます）

## 20.1 並置・追加してつなぐ

語・句・節を対等につなぐつなぎ語に，and, both ... and..., not only ... but (also) ..., ... as well as ... などがある。また文に文を追加してつなぐつなぎ語に，also, too, as well, so などがある。

## (1) そして —— and

and は，A and B という形で用いて，文法上対等の関係にある語・句・節を並置または追加してつなぐ。「A と B，A も B も」「A それにまた B (and also)」「A それで B (and therefore)」「A それから B (and then)」という意味を表す。

He likes apples *and* bananas.（彼はりんごとバナナが好きだ）
We kissed *and* hugged each other.（私たちはキスをし，抱き合った）
The train journey is tedious *and* tiring.（列車の旅は退屈で疲れる）
The patient was breathing quietly *and* regularly.
（その患者は静かに規則正しく息をしていた）
He climbed up *and* over the wall.（彼は塀を登り，越えた）
He has long hair *and* wears jeans.
（彼は長髪をし，ジーンズをはいている）
She opened her briefcase *and* took out a letter.
（彼女は書類かばんを開けて手紙を取り出した）
I heard a loud explosion *and* phoned the police.
（私は大きな爆発音を聞いて警察に電話をした）
It rained hard, *and* we all got soaking wet.
（雨が激しく降り，私たちはみなずぶ濡れになった）
Now the strike is over, *and* trains are running normally.
（現在ストライキは終わり，列車は正常に運行している）
I moved here in 2001 *and* I have lived here ever since.（私は 2001 年にここに引っ越してきた，そしてそれ以来ずっとここに住んでいる）

3つ以上の語・句・節をつなぐ場合，コンマで羅列し，最後の語・句・節の前に and を置く。and の前にコンマを置いても置かなくてもよい。

They drank, talked *and* danced.（彼らは飲んで語り，そして踊った）

Sam is intelligent, witty, *and* great fun to be with.
(サムは頭がよく，機知に富み，いっしょにいてとても楽しい人だ)
The spaghetti sauce consists of meat, onions, tomatoes, garlic, *and* herbs. (そのスパゲッティソースは肉，タマネギ，トマト，ニンニク，ハーブからできている)
The clouds boiled up, the sky turned black, *and* the lightning flashed.
(雲が湧き上がり，空が黒くなり，そして稲光がした)

「AもBも両方とも」というふうに意味を強める場合，both A and B とする。

*Both* my brother *and* my sister were born in China. (私の兄も姉も2人とも中国で生まれた) ◇ My brother and my sister were *both* born in China. とも言える。 ×*Both of* my brother *and* my sister ... は不可。
He felt *both* anxiety *and* joy. (彼は不安と喜びを感じた)
He is *both* smart *and* hard-working. (彼は頭がよくしかも勉強熱心だ)
She can write *both* elegantly *and* clearly.
(彼女は字をきれいにしかもはっきりと書ける)
At present, she is working *both* in Japan *and* in America.
(現在，彼女は日本とアメリカの両方で仕事をしている) ◇ ... in *both* Japan *and* America. とも言える。

「AでもBでもない」という否定は neither A nor B で表せる。

I *neither* smoke *nor* drink. (私はタバコを吸わないし酒も飲まない)
He can *neither* read *nor* write. (彼は読み書きができない)
*Neither* my mother *nor* my father went to university.
(私の母も父も大学へ行かなかった)
My house is *neither* big *nor* small.
(私の家は大きくもないし小さくもない)
He said he would contact me, but he *neither* wrote *nor* called. (彼は私に連絡すると言ったが，手紙をよこさないし電話もしてこなかった)

ただし，neither A nor B は堅い言い方なので，話し言葉では通例次のように言う。

I *don't* smoke *or* drink. (私はタバコを吸わないし酒も飲まない)
He *can't* read *or* write. (彼は読み書きができない)

My mother *didn't* go to university and *neither* [*nor*] did my father.
(私の母は大学へ行かなかったし，また父も行かなかった)

**NOTE 1**

John *and* Mary have won a prize. (ジョンとメアリーは賞を取った) は，いっしょに賞を取ったのかそれぞれ取ったのかあいまい。*Both* John *and* Mary have won a prize. とすると，John has won a prize, and Mary has won a prize. (ジョンが賞を取り，またメアリーも賞を取った) の意味で，このあいまいさはなくなる (Greenbaum & Quirk (1990))。

**NOTE 2**

次のように同じ名詞を and でつないで，異なる種類を表すことがある：
There are *teachers and teachers*. (＝There are good teachers and bad teachers.) (よい先生もいればよくない先生もいる)
You can find *doctors and doctors*. (よい医者もいればやぶ医者もいる)

**NOTE 3**

以下は決まった言い方で，語順を変えることはできない (cf. Swan (2005))：
a cup *and* saucer (受け皿付きのカップ) ◇ and を強形 /ǽnd/ で発音し，a cup and a saucer とすれば「受け皿とカップ」の意, a knife *and* fork (ナイフとフォーク), big *and* ugly (大きくてみにくい), black *and* white (白黒), bread *and* butter /brédnbʌ́tər/ (バターを塗ったパン), father *and* son (父親と息子), gold *and* silver (金と銀), ham *and* eggs (ハムエッグ), law *and* order (法と秩序), men *and* women (男女), odds *and* ends (半端物), on (one's) hands *and* knees (四つんばいになって), thunder *and* lightning (雷鳴と稲光), this *and* that (あれやこれや), young *and* pretty (若くてきれい)

## (2) …だけでなく…もまた
―― not only ... but (also) ...; ... as well as ...

not only A but (also) B, B as well as A という形で用いて，「A だけでなく B もまた」という意味を表し，B を強めた言い方。一般に，A には既知のものがくるのに対し，B には新しい情報がきて，予想できないこと・意外

なことなどを表す。A，B は文法上対等な関係にある語句であるのが原則。not only A but (also) B において，also はしばしば省略される。また B が節の場合，also は一般動詞の前，be 動詞・助動詞の後にも置かれる。only の代わりに just, merely, simply も用いられる。

not only A but (also) B の例：

We go to the cottage *not only* in summer *but also* in winter.
（私たちは夏だけではなく，冬にも別荘に行く）

*Not only* the student *but also* his parents need financial help.
（その学生だけではなく彼の両親も経済的援助を必要としている）

Any change in the exchange rate could affect *not only* the national economy, *but also* the local economy. （為替レートのいかなる変動も国の経済のみならず地域経済にも影響を与えかねない）

Chimpanzees *not only* use tools *but* make them.
（チンパンジーは道具を使うだけではなく道具を作る）

It's *not only* dangerous to ride a motorbike without a helmet, *but* it's *also* against the law. （ヘルメットをしないでバイクに乗るのは危険であるばかりか，法律にも違反している）

B as well as A の例：

They own two houses in Rome *as well as* a villa in Spain. （彼らはスペインに別荘を持っているほか，ローマにも家を2軒持っている）

She's intelligent *as well as* good-looking.
（彼女は美人であるばかりでなく頭もよい）

Stress can affect us physically *as well as* mentally. （ストレスは精神的にはもちろんのこと，肉体的にも影響を及ぼすことがある）

He hurt his arm *as well as* breaking his leg.
（彼は足を折っただけではなく，腕にもけがをした）

Harry, *as well as* Rita, was deeply shocked by the news of his death.
（リタはもちろんハリーも彼の死の知らせにひどくショックを受けた）

**NOTE 1**

(1) not only A but (also) B はやや堅い言い方。くだけた言い方では，たとえば第1範例では次のように言う（cf. Swan (2005))：

We *don't only* go to the cottage in summer. We go there in winter *too*.
(私たちは夏にだけ別荘に行くのではない。冬にも行く)

(2) not only A but also B の also の代わりに too, as well が文尾に用いられることがある。くだけた言い方では but が，また but と also が省略されることがある：

The hotel is *not only* centrally located, (*but*) it is close to the airport *too* [*as well*]. (そのホテルは町の中心部に位置しているだけではなく，空港にも近い)

He *not only* came late, (*but*) he *also* forgot his homework.
(彼は遅刻したばかりか，宿題も忘れてきた)

He *not only* came late, he forgot his homework. (同上)

(3) not only は強調のために文頭に置かれることがある。この場合，倒置が起こる (Swan (2005))：

*Not only* do they need clothing, *but* they are *also* short of food.
(彼らは衣類を必要としているばかりでなく食料も不足している)

**NOTE 2**

(1) not only A but also B, B as well as A を主語とする動詞の人称・数は B に一致するのが原則：

*Not only* Tom *but also* my parents are visiting them next week.
(トムだけではなく私の両親も来週彼らの家を訪れることになっている)

My parents *as well as* Tom are visiting them next week. (同上)

(2) as well as をコンマで区切って次のように用いるのは堅い言い方 (cf. Declerck (1991))：

My parents, *as well as* Tom, are visiting them next week. (トムはもちろんのこと，私の両親も来週彼らの家を訪れることになっている)

(3) 第 9 範例で次のように言うことも可能 (cf. Greenbaum & Quirk (1990))：

He hurt his arm *as well as broke* his leg.
(彼は足を折っただけではなく，腕にもけがをした)

ただし，文頭では不可：

*As well as breaking* [×*As well as broke*] his leg, he hurt his arm. (同上)

## (3) …もまた── also; too; as well

also, too, as well は，前述の事柄に付け加えて「…もまた」という意味を

表すが，スピーチレベルおよび用いられる位置に違いがある。スピーチレベルに関しては，also が一番堅い語で，too, as well の順にくだけた語になる。as well は主に話し言葉で用いられる。位置については，一般に also は文中（一般動詞の前，be 動詞・助動詞の後），too, as well は文尾に置かれる。話し言葉では，修飾する語に強勢が置かれる。

　　I'm feeling very tired, and I'm *also* hungry.
　　　（私はとても疲れている。そのうえ空腹だ）
　　I'm feeling very tired, and I'm hungry *too*. (同上)
　　I'm feeling very tired, and I'm hungry *as well*. (同上)

返答の場合，短縮して次のように言える。also は短縮した返答には用いられない。

　　"I'm bored." "I am *too* [*as well*]. / So am I. / Me *too*."
　　　（「退屈だ」「ぼくもだ」）◇ ˣI am also. / ˣI also. とは言わない。Me too. は非常にくだけた言い方。

**also の例：**

　　I went to London last year, and I *also* spent some time in Cambridge.
　　　（私は去年ロンドンへ行った。またケンブリッジでもしばらく時間を過ごした）
　　Fred *also* invited his father-in-law to dinner.
　　　（フレッドは義理の父も食事に招待した）
　　She sings well and *also* plays the flute and piano.
　　　（彼女は歌が上手だし，またフルートもピアノも弾ける）
　　Smoking is bad for your health. It can *also* contribute to heart disease. （喫煙は健康に悪い。また心臓病の原因にもなりうる）

also はまた文頭に置いて文全体を修飾することがある。くだけた言い方。

　　It's an old apartment. *Also*, it needs a lot of repairs.
　　　（それは古いアパートだ。それに相当修理が必要だ）
　　I didn't like the ring so much. *Also*, it was much too expensive. （私はその指輪はあまり好きではなかった。そのうえあまりにも高価だった）

**too の例：**

　　She speaks English, French, Italian and Spanish *too*.
　　　（彼女は英語，フランス語，イタリア語，そしてスペイン語も話せる）

People came from all over Europe, and from Japan *too*.
（人々はヨーロッパ中から，また日本からもやって来た）
Peter likes golf and Bill does *too*.
（ピーターはゴルフが好きだし，ビルもそうだ）
"I've got a headache." "I have *too*."（「ぼくは頭痛がする」「ぼくもだ」）
"Have a good weekend." "You *too*."
（「楽しい週末をお過ごしください」「あなたもね」）

「（主語）も」ということを明確にするため，too を主語の直後に置くこともある。堅い言い方で，too は通例コンマで区切られる。as well はこの位置では用いられない。

I, *too*, have experienced despair.（私もまた絶望を味わった）
John, *too*, was alarmed that she left the company.
（ジョンもまた彼女が会社を辞めたことに驚いた）
He, *too*, was pleased with this new digital camera.
（彼もまたこの新発売のデジカメが気に入っていた）

**as well の例：**

He inherited quite a lot of money, and the house *as well*.
（彼はかなりの大金と，また家も相続した）
He needs to develop his reading ability, and his writing ability *as well*.（彼は読解力と同時に，書く力も伸ばす必要がある）
"The food is good at this restaurant." "Yes, the prices are quite reasonable, *as well*."（「このレストランの食事はおいしいですね」「ええ，値段もとても手ごろですしね」）
Why don't you come along *as well*?（あなたもいっしょに行きませんか）
◇勧誘を表す疑問文では as well または too を用いる。

**NOTE 1**
(1) 否定文に否定的な内容を追加する場合は，not ... either を用いる。あるいは「neither［nor］＋be 動詞［助動詞］＋主語」の形で表す（→ 20.1 (4)）：
He doesn't like milk. I don't like milk *either* [ˣ*also*, ˣ*too*, ˣ*as well*].
（彼は牛乳が好きでない。私も牛乳は好きではない）
"I don't often go to the movies these days." "No, I *don't*, *either*."

（「私はこのごろあまり映画を見に行かないわ」「ええ，私もよ」）
　　I'm not satisfied and *neither* [*nor*] is she. (=I'm not satisfied and she *isn't* satisfied *either*.) (私は満足していないし，彼女もそうだ)
(2) 肯定文に否定的な内容を追加する場合は，通例 too または as well を用いる (*OALD*⁶)：
　　You can have a hamburger, but you can't have fries *too* [*as well*].
　　（君はハンバーガーは食べてもいいが，フライドポテトは食べてはいけない）

**NOTE 2**
　　also を not の後に置くと否定の作用域に入り，「…というわけではない」の意味になる：
　　He smokes too much, but at least he doesn't *also* drink too much.
　　（彼はタバコを吸いすぎだが，少なくとも酒を飲みすぎるということはない）

## (4) …もまたそうである；…もまた…でない――so; neither, nor

　肯定文を受けて，「…もまたそうである」という意味を表すのに，文頭に副詞の so を用いて表すことができる。前の文の主語と同一指示でない主語がくる。語順は「so＋be 動詞［助動詞］＋主語」となる。強勢は主語に置かれる。

　　"We're very busy at work." "*So* are we." (="We are too [as well].")
　　（「私たちは仕事がとても忙しいのです」「私たちもです」）
　　Tom cooks quite often, and *so* does Mike. (=..., and Mike does too [as well].) (トムはよく料理をするし，マイクもそうだ)
　　"I hate this long meeting." "*So* do I."
　　（「こんな長い会議は嫌ですね」「そうですね」）
　　"We often go to the seaside in summer." "*So* do we."
　　（「ぼくたちは夏によく海へ行くんだ」「ぼくたちもだよ」）
　　He was disappointed with the result of the exam, and *so* was I.
　　（彼は試験の結果にがっかりしていたし，ぼくもそうだった）
　　Tom has changed his job. *So* have I. (トムは転職した。私もそうだ)
　　Betty can play the piano beautifully, and *so* can her sister.
　　（ベティーは見事にピアノを弾けるし，彼女の姉もそうだ）

I was fed up with his lecture, and *so* were the others.
(私は彼の講義にはうんざりしていたが，他の者もそうだった)

否定文を受けて，「…もまたそうでない」の意味は neither または nor を用いて表せる。語順は「neither [nor]＋be 動詞 [助動詞]＋主語」となる (→ 20.1(3) NOTE 1(1))。

"I don't like traveling much." "*Neither* do I." (＝"I don't either.")
(「私はあまり旅行が好きではありません」「私もです」) ◇非常にくだけた言い方では Me *neither*. とも言う。

"I can't swim." "*Neither* can I." (＝"I can't either.")
(「ぼくは泳げないんだ」「ぼくもだ」)

"I've never been to Paris before." "*Neither* have I." (＝"I have never been there, either.") (「私はパリへは一度も行ったことがないのよ」「私もよ」)

You're not eligible to vote, *nor* am I.
(あなたは投票する資格がないし私もない)

"I don't feel like going out today." "*Nor* do I."
(「今日は出かける気がしないんだ」「ぼくもだ」)

This computer doesn't work, and *neither* does that one.
(このコンピュータは動かないし，あのコンピュータも動かない)

**NOTE**
「so＋主語＋動詞」の形で用いて，so が前に述べられたことを受け，「まったくそのとおりだ」という同意の意味を表すことがある。強勢は動詞に置かれる。この場合，通例驚きを含意する：
"It's starting to snow." "*So* it is!" (「雪が降り始めたよ」「まあ，本当ね」)
"They must have gone home." "*So* they must."
(「彼らはきっと家に帰ったんだわ」「きっとそうだわね」)

## 20.2 付加してつなぐ

すでに述べた事柄に対して，「そのうえ，さらに」と意味を付加して言うつなぎ語に，besides, in addition, what's more, moreover, furthermore などがある。また並列された語・句・節の最後に用いて，「…など，その他」

というふうに，まだ余すところなく述べられていないことを示して主な事柄を取り上げて言うつなぎ語に，and so on [forth], etc. などがある。

## (1) そのうえ，さらに —— besides; in addition; what's more; moreover; furthermore

### (1a) さらにまた，その他に —— besides

besides は，「さらにまた，そのうえ，その他に」という意味で，既述の事柄に対して新たな情報・証拠・理由などを示し，聞き手を納得させるのに用いられる。通例文頭で用いるが文尾も可能。主に話し言葉で用いられる。

I didn't want to go out for a walk. *Besides*, I had a stomachache.
（私は散歩に行きたくなかった。そのうえ胃が痛かった）

It's too far to travel. *Besides*, I can't afford it.
（行くには遠すぎる。それに私には旅行する余裕などない）

Sorry I've been too busy to come; and *besides*, I've seen the movie once.（すみませんが忙しくて行けません。それにその映画は一度見たことがあります）◇このように and *besides* としても用いる。

This car belongs to Nick, and he has three others *besides*.
（これはニックさんの車です。彼はこの他に車を3台持っています）

**NOTE**
前置詞として，「…に加えて，…の他に」の意味でも用いられる：
There will be five people coming *besides* Mike.
（マイクの他に5人来ます）
*Besides* writing novels, she looks after her five children.
（彼女は小説を書くことに加えて，5人の子供の世話をしている）

### (1b) さらに加えて —— in addition

in addition は，「さらに加えて，そのうえ」という意味で，既述の事柄にさらに情報を付加するのに用いられる。通例文頭で用いるが文中・文尾も可能。やや堅い語。

He drank a bottle of whiskey. *In addition*, he drank two bottles of beer and three glasses of wine.（彼はウィスキーを1本あけた。そのうえ，ビール2本とワインをグラス3杯飲んだ）

Two people were killed in the accident. *In addition*, twelve people were badly injured.（その事故で2人が死亡した。そのうえ，12人が重傷を負った）

*In addition*, the nurse is on duty until midnight.
（そのうえ，その看護師は夜中の12時まで勤務についている）

There is, *in addition*, one further point to make.
（その他，さらに言っておきたい点が1つある）

**NOTE**
(1)「…に加えて」の意味では in addition to ... が用いられる。
　　*In addition to* his salary, he receives royalties from his book.
　　　（彼は給料に加えて著書の印税が入る）
　　He speaks seven foreign languages *in addition to* French.
　　　（彼はフランス語の他に7か国語を話せる）
(2) in addition to ... よりもくだけた言い方に on top of ...（…に加えて）がある：
　　*On top of* everything else, I had to pay fifty thousand yen to fix my car.
　　　（すべての費用に加えて，まだ車の修理に50000円支払わなければならなかった）
　　He is old, and *on top of* that, he has his wife to look after.
　　　（彼は年老いている。そのうえ，世話をしなければならない妻がいる）

(1c) そのうえ —— what's more

　what's more [what is more] は，「そのうえ（重要なことには），さらには」という意味で，既述のことを強化したり支持するため，さらに重要な情報を付加して述べるのに用いられる。文頭または文中で用いる。主に話し言葉で用いられる。

　　This material is environmentally sound and, *what's more*, it's relatively cheap.（この材料は環境を損なわないし，それに比較的安価だ）
　　The hybrid car is economical. And *what's more*, it's environmentally friendly.（ハイブリッド車は経済的だ。そのうえ環境に優しい）

I've been fortunate to find the job and, *what is more*, I get well paid for it.（あの仕事が見つかって幸運だった。そのうえ給料もいい）

The hotel was awful and *what's more* it was far away from the town.（あのホテルはひどかった。そのうえ町からかなり遠く離れていた）

### (1d) そのうえ，さらに── moreover; furthermore

2語とも，「そのうえ，さらに」という意味を表し，既述のことを強化したり支持するため，新しい情報を付加して述べるのに用いられる。moreover のほうが堅い語。いずれも通例文頭で用いるが，文中・文尾も可能。

The price is high and, *moreover*, the house is too far from the station.（その家は価格は高いし，それに駅から遠すぎる）

The drug has side effects. *Moreover*, it is addictive.（その薬は副作用がある。そのうえ常用癖がつく）

Changing the plan would be difficult. It could, *moreover*, take up a lot of time.（その計画の変更は困難だろうし，それにかなりの時間がかかることもありうる）

This apartment house is in a very poor condition. *Furthermore*, there is little money to repair it.（このアパートは非常にひどい状態だ。それに修繕する金がほとんどない）

It's already dark, and *furthermore* it's going to rain.（もう暗いし，それに雨が降りそうだ）

## (2) …など，その他── and so on [forth]; etc.

### (2a) …など── and so on [forth]

and so on [forth] は，並列した語・句・節の最後に用い，「…など」というふうに，まだ述べていない事柄が他にもあるが，主な事柄を取り上げて言うのに用いられる。主にくだけた言い方で用いられる。

They complained about their wages, their working conditions, *and so on*.（彼らは賃金，労働条件などについて不満を述べた）

I spent the day doing the gardening, cleaning the windows, *and so on*.（私はガーデニング，窓拭きなどをしてその日を過ごした）

When you leave, make sure you lock the doors, turn off the heating *and so on*. (出かけるときは，ドアにロックをすること，暖房を切ることなどを忘れてはいけません)

We discussed everything—where to go, when to go, what to see *and so forth*. (私たちは，どこへ行くか，いつ行くか，何を見学するかなど，あらゆることを話し合った)

**NOTE**
(1) and so on [forth] を強めた形に and so on and so forth がある：
　　We mowed the lawn, cleaned the kitchen, *and so on and so forth*.
　　(私たちは芝刈り，台所の掃除などをした)
(2) くだけた言い方で，and so on [forth] とほぼ同じ意味は and what have you [and what not] によっても表される：
　　The shelf was crammed with books, magazines *and what have you [and what not]*. (その棚は本，雑誌などがぎっしり詰まっていた)
(3) 「同じような物 [人]，…など」の意味では and the like も用いられる：
　　the box for storing files, stationery, *and the like*
　　(ファイル，文房具など入れておく箱)

**(2b) …など── etc.; etc**

　etc., etc は，並列した語・句や時に節の最後に用い，「…など，その他」というふうに，その他にもあるが，主なものを取り上げて言うのに用いられる。通例前にコンマを置く。etc は et cetera の略で，/ètsétərə/ または and so forth と読む。主に書き言葉で用いる。etc. のようにピリオドを打つのは主に (米)，打たないのは主に (英)。

He packed his clothes, his books, his papers, *etc*.
　　(彼は衣類，本，書類，その他のものを詰めた)
Please bring pens, pencils, rulers *etc* to the exam.
　　(試験にはペン，鉛筆，定規などをご持参ください)
We talked about working conditions, pay, *etc*.
　　(我々は労働条件，給料などについて話し合った)
He asked me all sorts of questions—what condition the snow was in, and if we used ropes, *etc*. [Chalker (1990)]

(彼は私にあらゆる種類の質問をした。雪はどんな状態だったか，私たちはロープを使ったのかどうかなど)

## 20.3　列挙してつなぐ

一連の事柄を列挙してつなぐつなぎ語として，first(ly), second(ly), next, then, lastly, finally などの副詞，to begin with, to start with, in the first place, in the second place, to conclude などの句が用いられる。

### (1) はじめに —— first(ly); in the first place; to begin with; to start with

一連の事柄を述べるのに，「はじめに，最初に」という意味では firstly, first, in the first place, to begin with, to start with,《話》for a start などが用いられる。続いて「第二に」と述べる場合は，secondly, second, in the second place などが用いられるが，next (次に)，then (それから)，for another thing (もう1つには) などを用いることもできる。「第三に」は，thirdly, third, in the third place などとなる。

 I want you to do two things for me. *First*, phone for a doctor immediately. *Secondly*, order a taxi to be here.
 (あなたに2つのことをお願いします。まずすぐに電話をして医者を呼んでください。次に，タクシーをここに呼んでください)

 I've had a bad year. *First* I was laid off, *then* my wife walked out on me. (ぼくは今年はついてなかった。1つは，解雇された。それから妻にも捨てられた)

 *In the first place*, the economy is slowly improving, and *secondly* unemployment is beginning to decline. (第一に，経済はゆっくりと好転しつつある。第二に，失業率が低下を始めた)

 There are three reasons why I can't go. *To start with*, it's too far from here. *For another thing*, I'm really busy at work. And lastly, I haven't got any money at all.
 (私が行けない理由が3つある。まず第一にここから遠すぎるし，次に仕事が大変忙しい。そして最後にお金が全然ないからだ)

*For a start*, you empty all the ashtrays and wastepaper baskets. *Then* you go downstairs and bring the mail upstairs. *After that*, you can water the lawn in the garden.
(最初に，灰皿とくずかごを全部空にして。それから下へ降りて郵便物を取ってきてね。それが終わったら，庭の芝生に水をやるのですよ)

## (2) 最後に —— lastly; finally

「最後に」と一連の事柄の最後を述べるには，lastly, finally などが用いられる。その過程で追加するものがあることを示すには，also (また)，moreover (そのうえ)，what's more (さらに付け加えると) などを用いることができる (→ 20.1(3); 20.2(1c)(1d))。

First, I phoned her; then I sent her a fax; *lastly*, I went round and saw her myself. (最初に，私は彼女に電話をした。それからファックスを送った。最後に自ら出向いてじかに彼女に会った)

He washed his hands, arms and faces, and *lastly*, he washed his feet. (彼は手，腕，それから顔を洗った。そして最後に足を洗った)

You add flour, salt, and *finally* milk.
(小麦粉，塩，そして最後に牛乳を加えてください)

We spent several years in Tokyo, then moved to Nagoya, and *finally* settled in Kyoto. (私たちは東京で数年を過ごし，それから名古屋に移り，そして最後に京都で落ち着いた)

**NOTE**
finally には「(長い困難のあと) ついに」の意味もある：
　The plane *finally* arrived—over three hours late.
　　(ようやく飛行機は3時間以上遅れて到着した)
この finally とほぼ同じ意味は，次のように at last, eventually によっても表すことができる：
　*At last* the plane arrived—over three hours late. (同上)
　The plane *eventually* arrived—over three hours late. (同上)

## 20.4 結論づけてつなぐ

**終わりに** —— finally; lastly; last of all; to conclude; in conclusion

「終わりに，最後に」と結論づけて最後にまとめて言うのに，finally, lastly, last of all, to conclude, in conclusion などの語（句）が用いられる。in conclusion は堅い言い方。

  *Finally*, I'd like to thank all those people who helped make the party such a success. (終わるに当たりまして，パーティーをこのように盛大にしてくださったすべての方々にお礼を申し上げます)
  *Lastly*, I would like to thank my teachers for all their support.
  (最後になりましたが，先生方に，支えてくださったことに対しお礼を申し上げます)
  *Last of all*, I'd like to thank everyone for coming this evening.
  (最後に，今晩お越しくださったすべての方にお礼を申し上げます)
  *To conclude*, I would like to thank you all for your kind assistance.
  (終わるに当たって，皆様方の親切なご援助に対してお礼を申し上げます)
  *In conclusion*, I would like to thank our guest speaker.
  (終わりに当たり，来賓の講演者にお礼を申し上げます)

# 21章　文と文のつなぎ方(3)——つなぎ語(2)

■基本文例■

1. He is returning to Japan in five days, *that is* next Friday.（彼は5日後，すなわち来週の金曜日に日本に帰国することになっている）
2. He's the most popular student in the class. *In other words*, everybody likes him.（彼はクラスで最も人気のある学生だ。言い換えると，彼は誰からも好かれている）
3. Is he handsome? Your husband, *I mean*.
   （彼ってハンサム？　あなたのご主人のことよ）
4. Many countries, *for example* Japan and Italy, have a lot of earthquakes.（多くの国，たとえば日本やイタリアでは地震が非常に多い）
5. Wild animals *such as* bighorn sheep are becoming rare.
   （オオツノヒツジのような野生動物は希少になりつつある）
6. *In short*, we need more staff.
   （要するに，我々はもっとスタッフが必要だ）
7. *On the whole*, I agree with you.（大体において君と同意見だ）
8. Oh, *by the way*, I saw Bob yesterday.
   （ああ，ところで昨日ボブを見かけたよ）
9. *Well*, it's about time to go home.（さて，そろそろ帰る時間だ）
10. "He knows nothing." "*But* that's not possible!"
    （「彼は何も知らないわ」「でもそんなことは考えられないね」）
11. "Are you happy with the result?" "No, *actually* I'm disappointed."
    （「その結果に満足してる？」「ううん，本当はがっかりしているんだ」）
12. I thought the novel was boring, but *in fact* it was rather interesting.（その小説は退屈だろうと思っていたが，実際はかなり面白かった）

## 21.1　換言・例示してつなぐ

同じ事柄を別の言葉で言い換えるつなぎ語に，that is (to say), in other words, namely, i.e. などがある。例を挙げて示すつなぎ語に，for example, for instance, such as, like などがある。

## (1) すなわち——that is (to say); namely; i.e.

that is, that is to say は，「すなわち，つまり，もっと正確に言うと」の意味で，前に述べたことをさらに正確に具体的に述べる場合に，または「いや，少なくとも」の意味で前言に修正を加える場合に用いられる。文頭・文中・文尾で用いられる。

　I'm away on business next week. *That's to say*, from Tuesday.
　　（私は来週，正確には火曜日から出張で留守にします）
　You must acquire basic skills, *that is*, reading, writing, and arithmetic.（あなたは基本的技能，つまり読み，書き，計算といった技能を身につけなければならない）
　The fare is reduced for children, *that is*, anyone under 16 years old.
　　（子供，つまり16歳未満の者は誰でも料金が割引になる）
　I loved Jenny—*that is*, I thought I did.
　　（私はジェニーを愛していた。いや，少なくともそう思っていた）
　You'll find him helpful to you—if he's not so busy, *that is*.（彼はあなたのお役に立つでしょう。彼があまり忙しくなければの話ですが）

namely は，「すなわち，つまり」の意味で，前に述べたことをさらに正確に述べるのに用い，前の節の内容ではなく名詞（句）について述べる場合によく用いられる堅い語。

　Only one student failed the test, *namely* Ken.
　　（1人の生徒だけ，つまりケンだけが試験に落ちた）
　I would like to buy a new car, *namely* a Mercedes.
　　（私は新車，つまりメルセデスベンツを買いたい）
　He was arrested for possessing a weapon, *namely* a gun.
　　（彼は武器，つまり銃を保持していたために逮捕された）
　There was one snag; *namely*, the weather.

（1つだけ障害があった。つまり天候だった）

i.e. は「すなわち，つまり」の意味で，通例前に述べた名詞（句）についてさらに具体的に記述したり列記するのに用いられる。書き言葉で用いられる。/áiíː/ または that is /ðǽtíz/ と読む。

- an adult, *i.e.* a fully grown person who is legally responsible for their actions（成人，すなわち自分の行動に関し法的責任を伴う一人前のおとな）
- the basic essentials of life, *i.e.* food, clothing, and shelter
（生活に不可欠な基本的要素，つまり衣食住）
- Land prices must be more realistic, *i.e.* lower.
（土地価格はもっと現実的，つまりもっと安くならなければならない）

## (2) 換言すれば——in other words

in other words は，「言い換えれば，つまり」の意味で，前に述べたことを別の言葉で言い換えて簡潔明瞭に要点を言う場合に用いられる。

- Be natural. *In other words*, be yourself.
（ありのままにしなさい。つまり，あなたらしくしなさい）
- They asked him to leave—*in other words* he was fired.
（彼は出て行くように言われた。つまり首になった）
- The President of the United States, *in other words* George W. Bush, was on TV last night.（アメリカ大統領，つまりジョージ・W・ブッシュ氏が昨晩テレビに出演した）
- He was a fraud, a common thief *in other words*.
（彼は詐欺師，つまりよくいる盗っ人だった）

## (3) つまり——I mean

I mean は，「いやその，つまり」の意味で，話し手が自分の言わんとすることを補足説明したり，「いや，じゃなくて」と言い誤りを訂正したりするのに用いられる。また，とりたててこれといった意味もなく，適切な言葉が浮かんだら話を続ける意思のあることを聞き手に知らせる合図として用いた

りする。話し言葉で用いられる。

> The weather was awful—*I mean* it rained almost every weekend last month. (天気はひどかった。つまり先月は週末ほとんど雨ばかりだった)
>
> He's very kind; *I mean*, he's always ready to help.
> (彼はとても親切です。つまりいつも快く手伝ってくれるのです)
>
> Would you like to go out for a meal tonight? *I mean*, only if you want to, of course. (今晩食事に出かけませんか。もちろんあなたが行きたかったらの話ですが)
>
> We played volleyball yesterday. *I mean* basketball.
> (ぼくたちは昨日バレーボール，いや，バスケットボールをした)
>
> The girl plays the violin, *I mean* the viola, really well.
> (あの少女はバイオリン，いや，ビオラを実にうまく弾く)
>
> She's funny. *I mean*, she's ... she's really strange. (彼女っておかしいんです。何と言いましょうか，本当に変わっているんです)

「私が言いたいのは，つまり」の意味では，What I mean is ... のように用いられる。

> I'm afraid I can't help you. *What I mean is* that I'm not a detective, and I don't solve crimes. (残念ながらあなたのお役には立てません。つまり，私は探偵ではありませんので，犯罪の解決はできないのです)
>
> *What I mean is*, I don't feel lonely anymore.
> (つまり，私はもう寂しくないのです)

**NOTE** 関連表現

　　or rather は，「いやそうではなくて，もっと正確に言えば」の意味で，前言を訂正したり正しく言い直したりするのに用いられる：

> We decided, *or rather* it was decided, to pull the building down.
> (その建物を取り壊すことを決めた，というよりはむしろ決められた)
>
> She worked as a secretary, *or rather*, a personal assistant.
> (彼女は秘書，正確には個人的な助手として働いた)

## (4) たとえば——for example, for instance; e.g.

for example, for instance は,「たとえば」の意味で, 陳述を補強するために具体的な例を挙げて述べるのに用いられる。文頭・文中・文尾で用いられる。

There are a lot of famous buildings in Kyoto, *for example* the Golden Pavilion and the Ryoanji Temple. (京都には多くの有名な建物がある。たとえば金閣寺や竜安寺などである)

He's so odd. *For example*, he has a snake as a pet. (あの人は非常に変わっている。たとえば, ペットとしてヘビを飼っている)

There are lots of different kinds of food in the market, *for example*, vegetables, fruit and meat. (その市場では, たとえば野菜, 果物, 肉などの多くの種類の食べ物が売られている)

The report is incomplete; it does not include India, *for example*. (その報告書は不完全だ。たとえばインドが含まれていない)

In many countries, *for instance* Japan, rice is the staple food. (多くの国, たとえば日本では米が主食である)

He's very rude, I think. He shouts at waiters, *for instance*. (彼は非常に無礼な人だと思う。たとえばウェイターにどなりつけたりする)

There are many things I would like to learn; *for instance*, I have always wanted to learn English. (私は学びたいことがたくさんある。たとえば英語を勉強したいといつも思っている)

e.g., eg は「たとえば」の意味で, 書き言葉で用いられる。/í:dʒí:/ または for example /fərigzǽmpl/ と読む。ピリオドを打つのは主に (米), 打たないのは主に (英)。文頭では用いられない。

basic foods, *e.g.* sugar and bread (基本食品, たとえば砂糖やパン)

Make sure you eat foods that contain protein, *e.g.* meat, cheese, fish, eggs or beans. (たんぱく質を含む食物, たとえば肉, チーズ, 魚, 卵, 豆類を必ず食べるようにしなさい)

## (5) (たとえば) …のような —— such as; like

such as は，A(,) such as B という形で用いて，「(たとえば) B のような A」という意味を表し，典型的な例を1つまたは2つ以上挙げるのに用いられる。

 I like big cities *such as* New York.
  (私はニューヨークのような大都会が好きだ)
 Some birds, *such as* ostriches, can't fly.
  (たとえばダチョウのように飛べない鳥もいる)
 She has many pastimes, *such as* walking and reading.
  (彼女は，たとえばウォーキングや読書といった多くの趣味を持っている)
 Citrus fruits *such as* oranges and lemons are very good for us.
  (オレンジ，レモンのようなカンキツ類は我々の健康に非常によい)
 My doctor told me to avoid fatty foods *such as* bacon or hamburgers.
  (医者は私に，ベーコンやハンバーガーといった脂肪の多い食べ物は控えるように言った)

A(,) such as B は，such A as B と言い表すこともできる。

 *such* problems *as* school violence, withdrawal from society, and bullying (校内暴力，引きこもり，いじめといった問題)
 There is always too much traffic in *such* big cities *as* Tokyo or Osaka.
  (東京や大阪のような大都会ではいつも交通量が非常に多い)
 Avoid *such* fatty foods *as* cakes and cookies.
  (ケーキやクッキーのような脂肪の多い食べ物は避けるようにしなさい)

like は，A(,) like B の形で用いて，「B のような A」という意味を表し，典型的な例を1つまたは2つ以上挙げるのに用いられる。くだけた言い方。

 Exercise *like* swimming is best for your back.
  (あなたの腰のためには水泳のような運動が一番よい)
 Things *like* glass, paper, and plastic can be recycled.
  (ガラス，紙，プラスチックのような物はリサイクルが可能である)
 She looks best in bright colors, *like* red and pink.
  (彼女は赤とかピンクといった明るい色の服が一番よく似合う)
 I want to do something really different, *like* skating.

(私はスケートのようなまったく違ったことをやりたい)

## 21.2 要約・概括してつなぐ

話の内容を最後に短くまとめて述べるつなぎ語に，to sum up, in a word, in short, in brief などがある。全体を考慮して概略の結論を述べるつなぎ語に，on the whole, all in all などがある。

### (1) 要約すると —— to sum up

to sum up は「要約すると，要するに」の意味で，すでに述べた内容を最後に要約して述べるのに用いられる。文頭で用いる。

*To sum up*, he's weak and indecisive.
　(要するに，彼はひ弱で優柔不断だということです)
*To sum up*, there are two main ways of solving the problem.
　(要約すると，その問題の解決には主に2つの方法がある)
*To sum up*, to be healthy, you must take regular exercise every day.
　(要するに，健康であるためには毎日規則正しく運動しなければならない)
*To sum up*, the business is in financial difficulty.
　(要するに，その会社は財政難に陥っているということです)
*To sum up*, this is an interestingly and clearly written book.
　(要するに，これは面白く明快に書かれた本だ)

**NOTE**
「要約すると」の意味は to summarize, in summary によっても表せる：
*To summarize*, they have achieved a lot in a very short time.
　(要するに，彼らはきわめて短時間に多くのことを達成した)
*In summary*, don't waste your money on such things.
　(要するに，そんなものにお金を無駄に使ってはいけないということである)

### (2) ひと言で言えば —— in a word

in a word は，「ひと言で言えば，要するに」の意味で，ごく簡単に要約

したり説明したりするのに用いられる。また返答で用いられる。通例文頭・文中で用いられる。

 Job prospects for young people are, *in a word*, gloomy.
  （若者の就職の見通しはひと言で言うと暗い）
 I am, *in a word*, in no position to say anything about the matter.
  （要は，私はそのことについてとやかく言える立場にはない）
 We are, *in a word*, busy. We're ridiculously busy.
  （我々は忙しいのひと言に尽きる。信じられないほど忙しいんだ）
 "Would you like to help us?" "*In a word*, no."
  （「手伝っていただけませんか」「ひと言で言うと，だめです」）
 "Did you have a good vacation in Hawaii?" "*In a word*, no." （「ハワイでの休暇は楽しかったですか」「ひと言で言うと，楽しくなかったよ」）

## (3) 手短に言えば —— in short; in brief

 in short, in brief は，「手短に言えば，要するに」の意味で，最も重要な点を短く簡潔に述べるのに用いられる。文頭・文中で用いられる。

 *In short*, the report says that more money should be spent on education. （要するに，報告書の内容は，もっと教育にお金を使うべきだということだ）
 *In short*, I believe that we need to change our attitude toward them.
  （要するに，我々は彼らに対する態度を改める必要があると私は思います）
 Their demands are, *in short*, unreasonable.
  （要するに，彼らの要求には無理がある）
 *In brief*, I don't think the plan will work.
  （要するに，その計画はうまく行かないと思う）
 *In brief*, take no risks. （つまり，危険を冒してはいけないということだ）
 We should, *in brief*, invest heavily in the enterprise.
  （要するに，我々はその事業に多額の投資をすべきなのだ）

 in brief は briefly とも表現する。この意味では通例文副詞として用いられる。

 *Briefly*, the government needs to cut its expenditure.

(簡単に言うと，政府は歳出を削減する必要がある)
*Briefly*, I think we should accept their offer of help.
(要するに，我々は彼らの援助の申し出を受けるべきだと私は思うのです)

**NOTE** 関連表現
　(to put it) in a nutshell は「簡単に言えば」，to make a long story short は「かいつまんで言うと」の意味を表す：
　　(*To put it*) *in a nutshell*, we're bankrupt.
　　(要するに，我が社は倒産したのだ)
　　*To make* [《英》*cut*] *a long story short*, I don't like their way of doing things. (早い話が，私は彼らのやり方が気に食わないんだ)

## (4) 全体的に見て —— on the whole; all in all

　on the whole, all in all は，「全体的に見て，大体，概して」の意味で，すべての点をいろいろと考え合わせ，概略の結論を述べるのに用いられる。on the whole は文頭・文中・文尾で，all in all は通例文頭で用いられる。all in all は主に話し言葉で用いられる。
　*On the whole*, he is a good teacher. (概して彼はいい先生だ)
　*On the whole*, I'm in favor of the plan.
　　(大筋において私はその計画に賛成だ)
　The historic building is, *on the whole*, well-preserved.
　　(その歴史的建造物は概してよく保存されている)
　The operation was successful *on the whole*.
　　(手術はおおむね成功だった)
　*All in all*, I think you've done very well.
　　(概して君は大変よくやったと思う)
　*All in all*, I think the conference was a great success.
　　(全般的に見てその会議は大成功だったように思う)

**NOTE** 関連表現
　*By and large*, the job is very enjoyable. (概してその仕事は非常に楽しい)
　Women, *as a rule*, live longer than men.

(一般に女性は男性よりも長生きする)
*On balance*, I've had a good year. (全体的に見て私にはいい年だった)
*In general*, Japanese cars are very reliable.
(一般に日本車は非常に信頼性が高い)
*Broadly speaking*, I agree with you.
(大体において君の意見に賛成だ) ◇ *Broadly*, I agree with you. とも言う。
*All things considered*, I'm sure we made the right decision.
(すべてを考慮すると，我々は正しい決断をしたと思う) ◇独立分詞構文。→ 22.6(5) NOTE 2

## 21.3 話題を変えたり導入したりしてつなぐ

### (1) ところで── by the way; incidentally

by the way, incidentally は，「ところで」とその場の突然の思いつきで話題を変えたり，あるいはこれまで続いていた話題をそらせて，「本論からちょっとはずれるが」というふうに別の新しい話題を導入するのに用いられる。by the way は話し言葉で，incidentally は話し言葉，書き言葉いずれにも用いられる。

Oh, Jim, *by the way*, what time is it now?
(ところでジム，今何時ですか)
*By the way*, did I tell you that I'm moving?
(ところで，私は引っ越すことをあなたに話しましたっけ？)
How is she, *by the way*? I hear she's been ill.
(ところで彼女の様子はどうですか。病気だと聞いていますが)
"Yes, I know he's from Brazil." "*By the way*, do you know he speaks Japanese?" (「ええ，彼はブラジル出身だということは知っています」「ところで，彼は日本語をしゃべれることをご存じですか」)
*Incidentally*, if you want to see it again, let me know.
(ところで，もう一度それを見たかったらお知らせください)
*Incidentally*, I suggest that you have the telephone moved to the living room. (ところで，電話を居間に移されたらどうでしょうか)
I must be going now; *incidentally*, if you want this photo, I'll bring it

next time. (そろそろおいとまします。ところで，この写真がお入り用でしたら，次回お持ちいたします)

## (2) …と言えば—— speaking of ...; talking of ...

　speaking of ..., talking of ... は，「…と言えば，…のことだが」という意味で，すでに話題になったことに再び焦点を当て，話を展開するのに用いられる。ともに話し言葉で用いられる。talking of ... は主に《英》で用いられる。

　　*Speaking of* your brother, I still remember his face clearly.
　　　(あなたのお兄さんと言えば，私はまだはっきりと顔を覚えています)
　　*Speaking of* marriage, did I tell you Ann got married last month?
　　　(結婚と言えば，アンが先月結婚したことを話しましたっけ)
　　*Speaking of* scholarships, have you remembered to mail that application form? (奨学金と言えば，忘れずにあの申込書を郵送しましたか)
　　*Talking of* Laura, I met her boyfriend a couple of days ago. (ローラの話が出たついでだが，数日前に彼女のボーイフレンドに会ったよ)
　　We spent the summer holidays in Switzerland. *Talking of* holidays, what are your plans for next year? (ぼくたちは夏季休暇をスイスで過ごしたんだ。ところで休暇と言うと，あなたの来年の予定はどうですか)

## (3) …はどうかと言うと—— as for ...

　as for ... は，「…に関してはどうかと言うと，…について言えば」という意味で，前の話題に関連した事柄を受け，違った人や事柄について新しい情報を導入するのに用いられる。文頭で用いられる。

　　Bob has few friends. *As for* Ken, he is always surrounded by his friends. (ボブにはほとんど友達がいない。ケンはと言うと，いつも友達に囲まれている)
　　Harry is very thin. And *as for* his wife, she always seems to be sickly. (ハリーは非常にやせている。奥さんのほうはいつも病気がちのように見える)

Some people have complained, but *as for* me, I'm perfectly satisfied.
（不満を言う人もいたが，ぼくはと言うと，完全に満足している）
Tom's in the park. *As for* Jim, I've no idea where he is.
（トムは公園にいるが，ジムはと言うと，どこにいるのかわからない）

**NOTE** 関連表現
以下に「…に関して」という意味のつなぎ語をあげておく：
*As regards* the disease, there is no known cure for it.
（その病気に関してはまだ知られた治療法はない）
*With regard to* the details—these will be announced later.
（その詳細に関しては後ほど公表されるだろう）
The two groups are very similar *with respect to* income and status.
（その2つのグループは，所得と地位に関してきわめて類似している）
*With reference to* your proposal, I regret to inform you that we cannot agree to it. （お申し越しの件遺憾ながら応じかねます）◇商業通信文などによく用いられる堅い表現。
*Apropos* (*of*) the matter, I think you made the right decision.
（その件に関し，私はあなたは正しい決断をしたと思う）

## (4) ええと，さて，そうだけど――well

well は，話し手が人から意見などを求められたときに文頭で用いて，「そうですね，ええと，あの」というふうに一瞬考えて返答を探していることを示すのに用いられる。

*Well*, let's see now, I could see you next Monday.
（えーっと，そうですね，今度の月曜日にお会いしましょう）
"What did you think of that play?" "*Well*, I wasn't really happy about the performance." （「あの芝居はどうでしたか」「うーん，演技がもうひとつでしたね」）
"Who was that?" "*Well*, I'm afraid I can't remember his name."
（「あの方はどなたでしたか」「ええと，名前が思い出せません」）
"What's your opinion of the matter?" "*Well*, I don't really know."
（「その件についてどうお考えですか」「えーっと，よくわかりません」）

"So you two haven't met before." "*Well*, we have met, but it was ages ago."（「それでは，あなたたち2人は以前に会ったことはないのですね」「あの，会ったことはありますが，ずっと前のことです」）

well は，「さて，ところで，それで」というふうに話題を切り換えたり，言葉を切り出したり，話を継続したりするのにもよく用いられる。

*Well*, let's sum up.（さて，総括しましょう）

"*Well*, what shall we do this afternoon?" "Let's go shopping."（「さて，私たちは今日の午後何をしましょうか」「買い物に行きましょうよ」）

*Well*, what he told me was that he's going to leave the company.（ところで，彼がぼくに話したのは，会社を辞めるつもりだということだった）

"Do you remember Mr. Canning?" "Yes." "*Well*, he's become a doctor."（「キャニングさんのことを覚えていますか」「ええ」「ところでね，彼は医者になったのよ」）

You know that woman I told you about the other day? *Well*, she was arrested this morning!（先日話したあの女性をご存じでしょう。ところで，彼女は今朝逮捕されたのよ）

well は，「いや，まあ，そうだけど」というふうに相手の言葉を訂正するのにも用いられる。

"So you think we should sell the house." "*Well*, not exactly."（「それでは，私たちは家を売ったらいいとあなたはお考えなのですね」「うーん，そういうわけでもありませんが」）

"I hope you've recovered from your illness." "*Well*, not fully, but I'm getting better."（「病気はよくなられましたのですね」「いや，まあ，完全にというわけではありませんが，よくなりつつあります」）

"It's an excellent restaurant." "*Well*, yes, but it's too expensive."（「ものすごくいいレストランだよ」「まあ，そうだけど，でも高すぎるよ」）

well は，「では，さて」というふうに会話を打ち切ったり，言葉を締めくくったりするのに用いられる。

*Well*, that's all for today.（では，今日はこれで終わりです）

*Well*, I think I must be going now.（それじゃ，そろそろおいとまします）

## 21.4 反対・反論してつなぐ

### (1) でも，しかし —— but; however

but は，話し言葉で文頭で用いて，前述の内容に対して，「でも，だって」と反論や不同意を表したり，「さて，ところで」というふうに話題を変えたり新しい話題を導入するのに用いられる。

"It was an excellent idea." "*But* it didn't work."
(「それはすばらしいアイディアだった」「でもうまく行かなかった」)

"Go to bed now, Jack." "*But*, Mum, I haven't finished my homework yet." (「ジャック，早く寝なさい」「でも，お母さん，まだ宿題をすませてないよ」)

"He says it's your fault." "*But* I wasn't even there!" (「彼は，それはあなたの責任だと言う」「でもぼくはその場にすらいなかったんだもの」)

*But* now let's look at a different problem.
(さて別の問題を見ていきましょう)

Later I'll be discussing this with Dr Phillip. *But* first let me remind you of some of the issues.
(後ほどこの問題はフィリップ博士と話し合うことにいたしまして，まず最初にその問題についていくつか思い起こしていただきたいと思います)

however は，前述の内容と対照をなす別の概念を示し，「しかし，けれども」の意味を表す。文頭・文中，時に文尾で用いられる。やや堅い語。

He is an able student. *However*, he has to work harder if he wants to get good exam results. (彼は有能な学生だ。しかし，試験でよい結果を得たいのならもっと勉強する必要がある)

I thought all the answers were correct. *However*, I have discovered some mistakes. (私は解答はすべて正しいと思っていたが，いくつか間違いを見つけた)

There may, *however*, be other reasons that we don't know.
(しかし，我々が知らない他の理由があるかもしれない)

He is intelligent; *however*, he is also difficult to please.
(彼は頭がよい。しかしまた機嫌の取りにくい人でもある)

## NOTE 1

(1) but は yes, but ... (ええ，でも) の形で用いて，相手に一部同意して，反論することを表す (cf. Ball (1986))：

"This is the very best camera you can buy." "*Yes, but* how much does it cost?"(「これは手の届く最高級のカメラですよ」「ええ，でもいくらするのですか」)

(2) but は but then (そうは言っても，とはいえ) の形で用いて，前述の内容をある程度認めて補足することを表す：

She is lucky, *but then* she always was.
(彼女は運がいい，もっともいつもそうだったが)

## NOTE 2 関連表現

nevertheless, nonetheless, all the same は「それにもかかわらず」という意味を表す。nevertheless, nonetheless は文頭・文中・文尾で用いられる。all the same は文頭・文尾で用いられる。nonetheless は none the less ともつづられる (→ 14.1(4))：

It was a very difficult examination. *Nevertheless*, he passed it with distinction. (非常に難しい試験だった。にもかかわらず彼は優秀な成績で合格した)

It won't be easy but he intends to try his best *nonetheless*.
(それは簡単なことではなさそうだが，でも彼は最善を尽くすつもりだ)

Everyone thought that he should accept the offer. *All the same*, he turned it down. (誰もが彼はその申し出を受け入れるものと思っていたが，彼はそれを断った)

## (2) (しかし) 本当のところは—— actually

actually は，相手の予想に反してあるいは相手の発言を修正して，丁寧に「本当のところは，実は」というふうに新しい情報を伝えるのに用いられる。通例文頭・文尾で用いられる。主に話し言葉で用いられる。

*Actually*, you've slightly misunderstood me.
(実のところ，あなたは私のことを多少誤解しておられます)

"Do you mind if I smoke in here?" "*Actually*, I'd rather you didn't."
(「ここでタバコを吸ってかまいませんか」「実は，ご遠慮願いたいと思います」)

"When did he pass his driving test?" "Well, *actually*, he didn't pass it."
（「彼はいつ運転免許試験に通ったのですか」「あの，実は，受からなかったのです」）

*Actually*, on second thought, I don't think I want to eat out tonight.
（実のところ，やはり今晩は外食したくないのです） ◇ on second thought は「考え直して，やっぱり」の意味で，(英)では on second thought*s* となる。

"Hi, Hanako." "My name is Motoko, *actually*."
（「花子，こんにちは」「実は，私は元子といいます」）

## (3) （しかし）実際は―― in fact; as a matter of fact

in fact, in actual fact, as a matter of fact は前に述べられた内容を否定して，「(しかし)実際は，それどころか」と反対の事実をことさら強調して新しい情報を伝えるのに用いられる。文頭・文中・文尾で用いられる。

They told me it would be cheap, but *in fact* it cost me nearly fifty thousand yen. （それは安いということだったが，実際は5万円近くした）

I was told there were some tickets left, but *in fact* they were sold out in one day. （少しチケットが残っているということだったが，実際は1日で売り切れていた）

No, I'm not offended at all. *In fact*, I'm glad you asked the question.
（いや，全然怒ってないよ。それどころか質問してくれてうれしく思っているよ）

"Have you always lived here?" "*As a matter of fact*, I've only lived here for the last five months." （「ずっとここに住んでおられるのですか」「実はまだ5か月なんです」）

I'm very fond of classical music, *as a matter of fact*.
（実は私はクラシック音楽が大好きなのです）

"Did you go abroad last summer?" "No, I didn't *as a matter of fact*."
（「去年の夏海外へ行ったの？」「いや，実は行かなかったんだ」）

in (actual) fact, as a matter of fact は，新しい情報や証拠を添えて，前言を強調するのにも用いられる。

I know the president well. *In fact*, I had dinner with him yesterday.
（ぼくは社長をよく知っているよ。事実，昨日もいっしょに食事をしたんだ）

I used to live in Kobe; *in fact*, not very far from where you live.
（ぼくは以前神戸に住んでいたんだ。実際，君が住んでいるところからあまり遠くないところにね）

I saw her on the way—I'm certain, *in fact*.
（彼女を途中で見かけたんだ。確かに本当だよ）

The hotel was good. *As a matter of fact*, it was absolutely fantastic.
（あのホテルはよかったよ。実際，まったくすばらしかったね）

"Is Charlie coming?" "Yes, *as a matter of fact*, he should be here soon."（「チャーリーが来るの？」「ええ，実際もうすぐここに来るはずよ」）

**NOTE** 関連表現

on the contrary は「(前言とは正反対であることを表して) それどころか」，far from it は「(前の陳述内容とはまったくかけ離れていることを表して) とんでもない」の意味を表す。far from it はくだけた言い方：

I've never said I hate Laura! *On the contrary*, I love her.（私はローラが嫌いだなんて言ったことはないですよ。それどころか大好きよ）

"You look as if you're not enjoying yourself." "*On the contrary*, I'm having a great time."（「楽しくなさそうね」「そんなことないよ。とても楽しいよ」）

"Are you bored?" "*Far from it*!"（「あなた退屈したの？」「全然」）

"Did you enjoy your trip?" "No, *far from it*. The weather was awful."
（「旅行は楽しかった？」「いいえ，全然だめだったわ。ひどい天気だったもの」）

# 22章　文のちぢめ方

　英語では，文意が不明確にならない限り，できるだけ冗長を避けて短く簡潔に表現しようとする傾向があり，そのため，語句を他の語句で置き換えたり（代用 substitution），語句や節を省いたり（省略 ellipsis）する手段が用いられる。また，分詞が接続詞と動詞をかねた働きをし，「接続詞＋文」の形をちぢめて1つの句を作る分詞構文が，主に書き言葉で用いられる。

■基本文例■

1　"Could you lend me an eraser?" "Sorry, I haven't got *one*."（「消しゴムを貸していただけませんか」「すみません，持っておりません」）
2　I like both these sweaters but I think I'll buy the green *one*.
　　（このどちらのセーターも好きですが，緑のを買うことにします）
3　He works harder than Cathy *does*.（彼はキャシーよりもよく働く）
4　"Does the concert begin at 6:30?" "I think *so*."
　　（「コンサートは6時半に始まるのですか」「そう思います」）
5　"Are you working tomorrow?" "Yes, I am."
　　（「あなたは明日お仕事ですか」「ええ，そうです」）
6　I can't promise anything, but I'll do what I can.
　　（何も約束はできませんが，私ができることはやりましょう）
7　You can borrow this book, if you want.
　　（この本を借りたければ貸してあげます）
8　No wonder you were so tired!（君がそんなに疲れたのも当然だ）
9　The boy fell asleep while watching television.
　　（その少年はテレビを見ながら寝てしまった）
10　*Coming* home late one evening, I heard someone calling after me.
　　（ある夜遅く帰宅途中，後ろで誰かが呼んでいるのが聞こえた）

## A 代用 (substitution)

代用にはいろいろなケースがあるが，ここでは名詞（句）を代用する one，動詞（群）を代用する do，that 節を代用する so を取り上げる。

## 22.1 one ［名詞（句）の代用］

前出の可算名詞の反復を避けるために one が用いられることがある。one は物や人に用いられ，強勢を受けない。

### (1) (同類のものの) 1つ，1人——単独で用いて

先行の非特定の可算名詞を受けて，「a [an]＋名詞」を代用するのに one を用いることができる。この場合，複数形は ones ではなく，some が用いられる。

 We need a taxi. Can you call *one* (=a taxi) for us?
  (タクシーが必要だ。呼んでくれませんか)
 I think I'll have a drink. Would you like *one* (=a drink)?
  (私は一杯やろうと思うが，あなたもどうですか)
 "Have you got a computer?" "No." "I think you should buy *one* (=a computer)."(「コンピュータを持っているの？」「いいえ」「買ったほうがいいと思うわ」)
 "Would you like a cup of coffee?" "No thanks—I've just had *one* (=a cup of coffee)."(「コーヒーを1杯いかがですか」「結構です，今飲んだところです」)
 Do you have any pencils? I need *one* (=a pencil).
  (鉛筆をお持ちですか？　今必要なのです)
 If you like grapes, I'll get you *some* (=some grapes).
  (もしぶどうが好きなら買ってきてあげよう)
 "Did you get any tickets?" "Yes, I managed to get *some* (=some tickets)."(「チケットを手に入れましたか」「ええ，何とか数枚手に入れました」)

**NOTE**

one は前出の名詞と同一のものを受けることはできない：
    She made a cake and gave it [×one] to the children.
        （彼女はケーキを作り，それを子供たちにあげた）
    I found a wallet but I didn't know who it [×one] belonged to.
        （私は財布を拾ったが，持ち主がわからなかった）

## (2) (…な) もの，人——修飾語句と用いて

先行の可算名詞句の主要語を代用するのに one を用いることができる。この場合，複数可算名詞の代用には ones が用いられる。

This idea is a practical *one* (＝idea). （この考えは実践的なものである）
This size is big. I need a smaller *one* (＝size).
    （このサイズは大きい。もう少し小さなサイズがほしい）
My shoes are worn out. I'll have to buy some new *ones* (＝shoes).
    （靴がすり減った。新しいのを何足か買わなければならないだろう）
My house is the *one* (＝house) on the left. （左側にあるのが私の家です）
My computer is really slow compared to the *ones* (＝computers) at school. （私のコンピュータは学校のコンピュータと比べると実に遅い）
This car is much better than the *one* (＝car) we had before.
    （この車は前の車よりもずっとよい）
Here are some notebooks. Take the *ones* (＝notebooks) you want.
    （ここに何冊かノートがあります。好きなのを取ってください）
"Have you met our British neighbors?" "Are they the *ones* (＝neighbors) who moved here recently?" （「近所のイギリス人と会いましたか」「最近ここへ引っ越してきた人たちのことですか」）

one, ones は，対照された2つの形容詞の後，あるいは最上級や which の後で省略されることがある。また one は，this, that, another, each, either, neither などの決定詞の後で省略されることもある。

My dad bought a new camera, and he gave me the old (*one*).
    （お父さんは新しいカメラを買い，ぼくに古いのをくれた）
I think the student is the fastest (*one*) in the class.

(あの学生がクラスで一番足が速いと思う)
"Which (*one*) would you like?" "That (*one*) looks the nicest."
  (「どちらになさいますか」「あれが一番よさそうですね」)
"Could I borrow some of these reference books?" "Yes, which (*ones*)?"
  (「これらの参考図書のうち何冊か借りられますか」「ええ，どれですか」)
What about this (*one*) here? Or that (*one*) over there?
  (ここのこれはどうですか。あるいはあそこのあれはどうですか)
Either (*one*) suits you well. (どちらもあなたによく似合っています)
If a man of fifty loses his job, he'll never get another (*one*).
  (もし50歳の男性が職を失うと他の職につくことは無理だろう)

**NOTE 1**
(1) この one は，置き換えた名詞の意味を支えているので「支柱語の one (prop-word 'one')」とも呼ばれる。
(2) 修飾語句は形容詞以外に，範例の第4例，第5例のように前置詞句，第6例，第7例，第8例のように関係詞節であったりする。
(3) one, ones は色彩を表す形容詞の後で省略できる：
   My car is the red (*one*). (私の車は赤い)

**NOTE 2**
不可算名詞の代用には，some を用いるかまたは省略する。あるいは不可算名詞を繰り返す：
   Shall I pass the butter? Or have you got *some* already?
     (バターをお取りしましょうか。もうすでにお取りになりましたか)
   Which wine would you like? The red or the white?
     (どちらのワインになさいますか。赤ワインそれとも白ワイン？)
   I'd like fresh *milk*, not canned *milk*.
     (缶ミルクではなく生のミルクをください)

## 22.2　do ［動詞（群）の代用］

前の動詞または動詞を含む語群を代用するのに do を用いることができる。
   She likes Bob better than she *does* me.
     (彼女はぼくよりもボブのほうが好きだ)

My brother reads a lot more than I *do*.
(兄さんはぼくよりもずっとよく本を読む)

My father drives a car, and my mother *does*, too.
(父は車を運転しますし，母もまた車を運転します)

"Does he smoke?" "He *did*, but he doesn't anymore."(「彼はタバコを吸いますか」「以前は吸っていましたが，今はもう吸いません」)

"I like your tie." "Oh, you *do*? Thank you."
(「いいネクタイですね」「ああ，そうですか。ありがとうございます」)

They lost the game. I wasn't surprised that they *did*.
(彼らは試合に負けたが，私はそのことに驚かなかった)

"Have you e-mailed it to your father?" "Yes, I *did* yesterday."
(「お父さんにそれをメールで送りましたか」「ええ，昨日送りました」)

do はまた，do it, do so, do that の形で，通例前の動詞を含む語群の代用に用いることができる。do that は強調的でくだけた言い方で用い，通例 that に強勢が置かれる（cf. Leech & Svartvik (2002)）。

I promised to do the work, and I will *do it* [*so*] as soon as possible.
(私はその仕事をすると約束したし，できるだけ早くやるつもりだ)

"Please set the table." "I've just *done it* [*so*]."
(「食卓の用意をしてください」「今したところです」)

I rode a horse. I *had* never *done so* [*that*] before.
(私は乗馬をしたが，それまで一度も馬に乗ったことがなかった)

They have promised to raise our salary. If they *do so*, it will make a big difference to us. (会社は賃上げを約束した。もし賃上げがあると，それがないのと大きな違いだ)

She tore the letter to pieces. Why ever did she *do that*?（彼女はその手紙を細かく破いてしまった。一体どうしてそんなことをしたのだろうか）

**NOTE**

《英》では助動詞の後に do が使われるが，《米》では通例使われない（cf. Swan (2005))：

"Come and see us on Sunday." "I may (*do*), if I have the time."
(「日曜日に遊びにお越しください」「時間があればそうするかもしれません」)

He didn't pass his exam, but he could have (*done*) if he'd tried harder.
(彼は試験に合格しなかったが，もっと懸命に努力していたら合格していただろう)

## 22.3 so [that 節の代用]

so は，say, tell; believe, expect, fear, guess, hope, imagine, presume, suppose, think; appear, seem などの動詞と用いて that 節の代用をする。

If you want to go home, just say *so*.
(もし家に帰りたかったらそう言いなさい)

I've told you *so* already.
(すでにそう言ったでしょう；だから言わないことじゃない)

"Is it a national holiday on Monday?" "I think *so*."
(「月曜日は祝日ですか」「そう思います」)

"Is the painting insured?" "I believe *so*."
(「その絵画には保険がかけられていますか」「そう思います」)

"Is his sister coming to the farewell party?" "I hope *so*."
(「彼のお姉さんは送別会に来ますか」「来ると思います」)

"Will you be going on holiday this year?" "Yes, I expect *so*." (「今年は休暇を取って出かける予定ですか」「ええ，そうしたいと思っています」)

"Has she resigned from the bank?" "It appears *so*."
(「彼女は銀行を辞めたのですか」「そのようですね」)

"Did you fail the exam?" "I'm afraid *so*."
(「試験に落ちたの？」「だめだったわ」)

否定は，think, suppose, believe, expect, imagine などは，I don't think so. / I think not., I don't suppose so. / I suppose not. などのように2つの否定のし方があるが，一般に前者の言い方のほうが普通。hope, be afraid に関しては，I hope not., I'm afraid not. と言い，×I don't hope so., ×I'm not afraid so. とは言わないことに注意（not の that 節の代用については→ 23.1 (1) (1a) NOTE 4)。

"Is there anything else you want to tell me?" "I don't think *so*."
(「他に私に話したいことがありますか」「ありません」)

"Are you going to get a promotion?" "I don't suppose *so*."

(「昇進の見込みは？」「無理だろうと思います」)
"Does he have any experience of teaching?" "I don't believe *so*."
(「彼は少しは教えた経験があるの？」「ないと思うわ」)
"Will it rain?" "I don't expect *so*."
(「雨が降りそうですか」「降らないでしょう」)
"Do you think the factory will close down?" "I hope *not*."
(「あの工場は閉鎖になると思う？」「そうでないといいですが」)

**NOTE 1**
(1) so をとる動詞は他に，assume, gather, hear, reckon, understand などがある。ask, know は so をとらないことに注意 (Swan (1995))：
"You're late." "I *know* [*know that*, ˣ*know so*]."
(「遅刻だよ」「わかってます [そんなことわかってます]」)
(2) believe, gather, hear, notice, see, understand, say, tell, appear, seem などの動詞においては，短い応答の場合，so を主語の前に置くことができる (Alexander (1986))：
*So* I believe. (そう思います) / *So* I hear. (そのように聞いています) / *So* he told me. (そう彼に言われた) / *So* it seems [appears]. (そのようだ)
It's going to be hot tomorrow, or *so* the weather forecast says.
(明日は暑くなりそうだ。また天気予報もそう言っている)

**NOTE 2**
if so (もしそうなら), even so (たとえそうでも), maybe [perhaps] so (たぶんそうだろう), Why so? (どうしてそうなのか), 《英》 Quite so. (まったくそのとおり) などの表現において，so は先行する節を代用する：
Is the ticket available, and *if so* where?
(チケットは手に入りますか。手に入るとするとそれはどこでですか)
"My father is very strict." "*Maybe so*. But you should listen to him all the time." (「私の父は非常にきびしいのよ」「たぶんそうでしょうね。でもお父さんのおっしゃることはいつも聞いておくのよ」)

## B 省略 (ellipsis)

省略は，大きく，反復を避けるための省略と場面・状況による省略，および文構造による省略とに分けて考えることができる。

## 22.4 反復を避けるための省略

質問，要請などに対して答える場合，通例省略した形で答える。この他，名詞句の省略，動詞句の省略，等位接続における省略などがある。

## (1) 質問などに答える場合

"Are you enjoying the game?" "Yes, I am (enjoying the game)."
（「試合を楽しんでいますか」「ええ，楽しんでいます」）◇ am は /ǽm/ と強形で発音する。
"Have you ever been to Paris?" "No, I haven't (been to Paris)."
（「パリへ行ったことがありますか」「いいえ，ありません」）
"He must be late." "Yes, he always is (late)."
（「彼はきっと遅れるよ」「そうだね，いつも遅れるからね」）
"Please make yourself at home." "Yes, I will (make myself at home)."
（「どうぞおくつろぎください」「はい」）
"Where are you going?" "(I'm going) to the office."
（「どこへ行かれるのですか」「会社へ行くところです」）

## (2) 名詞句の省略

### (2a) 名詞の所有格の後での省略

My car is faster than Bill's (car).
（私の車はビルの車よりもスピードが出る）
His view is the same as Tom's (view). （彼の見解はトムの見解と同じだ）
This personal computer is my sister's (personal computer).
（このパソコンは姉のです）
"Whose is that?" "Brown's."
（「あれは誰のものですか」「ブラウンさんのです」）
His salary is much lower than a teacher's (salary).
（彼の給料は教師の給料よりもずっと安い）
We need a lawn mower. We can borrow our neighbor's (lawn mower).
（芝刈り機が必要なんだ。隣の人のを借りよう）

### (2b) 決定詞の後での省略

"Which watch do you want?" "This (watch) will do."
（「どちらの時計がよろしいか」「こちらので結構です」）

I've just picked these strawberries. Would you like some (strawberries)?（これらのイチゴを摘み取ったばかりです。少しいかがですか）

"Do you have any stamps?" "I don't have any (stamps)."
（「切手を置いておられますか」「置いておりません」）

"Have you read his novels?" "Yes, I have read several (novels)."
（「彼の小説を読んだことがありますか」「ええ，何冊か」）

### (2c) 「形容詞＋名詞」の名詞の省略

"What kind of eggs would you like?" "Boiled (eggs), please."
（「卵はどのようにいたしましょうか」「ゆでたのをお願いします」）

We haven't got any large sizes. Only small (sizes).
（大きなサイズは置いておりません。小さいサイズのみです）

## (3) 動詞句の省略

助動詞の後の動詞句や，to 不定詞の to に続く部分が省略される場合などがある。

### (3a) 助動詞の後での省略

助動詞に続く動詞句全部が省略される場合，または一部が省略される場合がある。

"Please sit down." "Thanks, I will."
（「どうぞおすわりください」「ありがとうございます。そうします」）

You can play in the playground, but you mustn't in the hall.
（運動場で遊んでもいいが，ホールで遊んではいけません）

I'll do what I can.（私ができることはやりましょう）

If I could have bought a ticket for the concert, I would have.
（私がそのコンサートのチケットを買えたら買っていただろう）

"I think Tom should have been told." "He should have been."

(「トムには言っておくべきだったと思うよ」「そうだったね」)
I can't see you today, but I can tomorrow.
　(今日は会えないが，明日ならいいよ)
Mark will be playing outside, but I don't think George will (be).
　(マークは外で遊んでいるはずですが，ジョージは外で遊んでいないと思います)
"Is the water boiling?" "It may be."
　(「湯が沸騰していますか」「たぶんね」)
"Get up." "I am."　(「起きなさいよ」「今起きているところです」)
He said he would win the game, and he has.
　(彼はその試合に勝つだろうと言ったが，そのとおり勝った)

### (3b) to 不定詞の to に続く部分の省略
　to 不定詞の to に続く部分全体が省略されることがある。
"Let's go for a swim." "I don't want to."
　(「泳ぎに行きましょう」「私は行きたくないわ」)
At last he agreed to do what I asked him to.
　(ついに彼は私が頼んだことをすることに同意した)
"Are you and Hanako getting married?" "We hope to."
　(「花子さんと結婚されるの？」「できればね」)
I don't take much exercise now, but I used to a lot.
　(私は今はあまり運動をしないが，昔はよくした)
I'm sorry I shouted at you. I didn't mean to.
　(君を怒鳴りつけたりしてごめん。そんなつもりなどなかったのだが)
She went out alone, though I told her not to.
　(いけないと言ったのに，彼女は1人で出かけた)
"Why don't you come and stay with us?" "I'd love to."
　(「私たちのところに来て泊まられたらいかがですか」「喜んでそうさせていただきます」)　◇to を省略して，×I'd love. とは言わない。
want, ask, like などの動詞の場合，to 不定詞句全体が省略されることがある。
　Come whenever you *want*.　(来たいときはいつでも来なさい)

We'll stay with you as long as you *want*.
（あなたの気がすむまでいっしょにいてあげましょう）
You can borrow my camera, if you *want*.
（私のカメラを借りたければ貸してあげます）
Somebody ought to help. Shall I *ask* him?
（誰かに手伝ってもらうべきだよ。彼に頼んであげようか）
I've decided to do what I *like*. （私は自分の好きなことをすることにした）
Stay as long as you *like*. （好きなだけ長くいてください）

## (4) 節全体・節の部分の省略

that 節全体の省略，wh- 節における省略，比較の than 節，as 節における省略などがある。

### (4a) that 節全体の省略

話し言葉では，ask, know, tell などの動詞の後で，that を含めて節全体が省略されることがある（Leech & Svartvik (2002)）。

"She's getting divorced." "I *know*."
（「彼女は離婚するのよ」「知ってるわ」）
"How did you hear that she's moving?" "She *told* me herself."
（「彼女が引っ越すことをどうやって聞いたの？」「彼女自身が私に話してくれたわ」）

### (4b) wh- 節における省略

wh- 節の場合，wh- 語を除いた後の部分が省略されることがある。whether 節の場合は省略されない。

Somebody must have stolen my keys, but I don't know *who* [*where*].
（誰かが私の鍵を盗んだに違いない。でも誰か［どこでか］はわからない）
"Somebody is bound to break that record some day." "Yes, but we can't tell *when*." （「きっといつか誰かがその記録を破るだろう」「そうだね，でもいつなのかはわからないね」）
I'd like to play chess, but I don't know *how*.

(ぼくはチェスをしたいが，やり方がわからない)
The student won't study. I can't understand *why*.
(その生徒は勉強しようとしない。私にはその理由がわからない)

### (4c) 比較の than 節，as 節における省略

He complains a lot less than you (do).
(彼はあなたよりよっぽど文句が少ない)
Tom can run faster than his brother can (run).
(トムは彼の兄よりも速く走ることができる)
Divorce is more common than (it was) twenty years ago.
(離婚は 20 年前よりも普通になっている)
He is more intelligent than I thought (he was).
(彼は私が思っていたよりも聡明だ)
The work was much more difficult than we thought (it would be).
(その仕事は我々が考えていたよりもずっと難しかった)
This condominium isn't as spacious as our previous one (was).
(このマンションは前のマンションほど広くはない)
The vegetables are not as expensive as (they were) last week.
(野菜は先週ほど高くない)

## (5) 等位接続における省略

2つ以上の句・節が and, but, or でつながれる場合，反復を避けるために同じ語（句）が省略されることがよくある。

He stopped the car and (he) rolled down the windows.
(彼は車を止めて窓を閉めた)
He wanted to go out for a meal but (he) felt very tired.
(彼は食事に出かけたかったが非常に疲れていた)
I may phone you later or (I) may see you tomorrow. (後ほどお電話をするか，明日お目にかかるかいずれかになるかと思います)
Since we had arrived late and (we) were exhausted, we decided to go to bed immediately. (私たちは遅く到着し非常に疲れていたので，すぐ

に寝ることにした)

John likes Ann, and George (likes) Susan.
（ジョンはアンが好きで，ジョージはスーザンが好きだ）
He works in a factory and his sister (works) on a farm.
（彼は工場で働いているが，彼の姉は農場で働いている）
Peter will take the intermediate course and Bob may (take the intermediate course) too.（ピーターは中級コースを取るつもりだ。またボブもたぶんそうするだろう）
I love my wife and (my) children.（私は妻と子供を愛している）
We have ever lived in Spain and (in) Italy.
（我々はスペインとイタリアに住んだことがある）

## 22.5　場面・状況による省略

　場面，状況，文脈などからそれとわかる場合，意味が不明確にならない限り，特に話し言葉においてよく省略が行われる。また慣用的に省略される場合も多い。

## (1) 文頭での省略

　文頭では1人称，2人称，3人称の代名詞主語の他，be動詞，助動詞(do, have など)，冠詞 (a [an], the)，人称代名詞の所有格などがよく省略される。

(I) There's no time to lose. (I) must hurry.
　　（ぐずぐずしておれない。急がなくては）
(I) told you so.（だから言わないことじゃない）
(I) hope he's coming.（彼が来ることを期待している）
(I) can't see anything.（何も見えない）
(I'm) sorry I'm late.（遅れてすみません）
(I'll) be seeing you soon.（じゃ，また近いうちに）
(You) have to wait a bit, I'm afraid.（少しお待ちいただけますか）
(You're) keeping well, I hope.（お元気のことと思います）
(You'd) better be careful.（気をつけなさい）

(It) serves you right. (いい気味だ)
(It) looks like rain. (雨が降りそうだ)
(It's) good to see you. (お目にかかれてうれしい)
(It's a) nice day, isn't it? (いい天気ですね)
This scarf is really nice. (It's a) pity it's expensive.
　　(このスカーフはとても素敵ですが，値段が高いのが残念です)
(That) sounds great. (いいですね) ◇同意・賛同を表す言い方。
(That'll) be nine hundred yen. (900円です)
(There's) nobody at home. (誰も家にいない)
(Have you) seen Helen on the way? (途中でヘレンを見かけましたか)
(Are you) in trouble? (困ったことでもありますか)
(Is there) anybody in? (誰か中にいますか)
(Do you) get it? (わかりますか)
(Do you) want a drink? (1杯どうだい？)
(Is) anything the matter? (どうかしましたか)
(Does) anybody need any help? (誰か助けが必要な方はありますか)
(Has) Alice finished her homework? (アリスは宿題をすましましたか)
(Be) careful of the dog. It sometimes bites you.
　　(あの犬に気をつけなさい。時々かみつきますから)
(Is the) machine running by wind power?
　　(あの機械は風力で動いているのですか)
(The) car's running smoothly. (あの車はすべるように走っている)
(The) fact is unemployment is still rising.
　　(事実は，失業率は今なお上昇しているということである)
(My) husband's away from work for a week.
　　(夫は1週間仕事を休んでいる)

## (2) 慣用表現・ことわざ・掲示などにおける省略

Come to think of it, I haven't heard from her lately.
　　(そう言えば，最近彼女から連絡がないね)
The more, the merrier. (多いほど楽しい) (ことわざ)

Out of sight, out of mind.（去るもの日々にうとし）(ことわざ)
Of all the stupid things to say!（よりによって何てばかなことを言うの！）
Hands up!（手を挙げて）
Happy birthday!（誕生日おめでとう）
Happy New Year!（新年おめでとう）
Your name?（あなたのお名前は？）
All rights reserved.（版権所有）
Well done!（よくやった）
For sale.（売り物）
Off limits.（立ち入り禁止）
Wet Paint.（ペンキ塗りたて）

**NOTE**

次の場合，所有格が独立して用いられており，（ ）内の語を補って考えることができる：

　　Peter is at the barber's (shop).（ピーターは床屋に行っています）
　　We met at Bill's (place).（私たちはビルの家で会った）
　　They got married at St Joseph's (church).
　　　（彼らは聖ジョセフ教会で結婚式を挙げた）

## 22.6　文構造上の省略

副詞節において「主語＋be 動詞」が省略されることがある。その他，接続詞 that，関係詞の省略などがある。

## (1) 副詞節における「主語＋be 動詞」の省略

時・条件・譲歩などを表す副詞節において，「主節と同一の主語＋be 動詞」は省略されることがある。また if (it is) possible などにおいて通例 it is は省略される。

　　I often read a book when (I am) commuting by train.
　　　（私は電車で通勤しているときによく本を読む）
　　When (you are) in difficulty, consult the manual.

（困ったときは手引書を見なさい）

I often do my ironing while (I am) listening to the radio.
（私はラジオを聴きながらよくアイロンかけをする）

While (he was) in the hospital he was visited every other day by his family.（彼が入院していたとき，家族の人が1日おきに見舞いに訪れた）

His clothes, though (they were) worn, looked very clean.
（彼の服は着古されていたが，非常に清潔に見えた）

Although (it was) built before the war, the machine is still in perfect order.（戦前に造られたが，その機械はまだ完璧に動いている）

I'll go if you're going. If (you are) not, I'd rather stay at home.（あなたが行くなら私も行くが，そうでないと私はどちらかといえば家にいたい）

They were standing at the entrance until (they were) told to come in.
（彼らは中に入るように言われるまで入り口で立っていた）

Unless (it is) seriously damaged, it can be used again.
（ひどい損傷を受けない限り，それは再利用できる）

Even if (it were) true, the information would be misleading.
（たとえ事実であってもその情報は誤解を招くだろう）

Once (it has been) deprived of oxygen, the brain dies.
（いったん酸素が断たれると脳は死んでしまう）

When (it is) necessary, you can contact me at home.
（必要な場合は私の家にご連絡ください）

You must come as soon as (it is) possible.（できるだけ早く来なさい）

I want to get back by five o'clock if (it is) possible.
（私はできたら5時までに帰りたい）

## (2) その他の省略

接続詞 that，関係代名詞（→ 19.3 参照），関係副詞（→ 19.5 参照）などが省略されることがある．

I believe (*that*) she applied for a visa.
（彼女はビザの交付を申請したと思う）

He said (*that*) he had had enough.（彼は十分食べたと言った）

I think (*that*) you're probably right.
（私はおそらくあなたが正しいと思う）
I'm sure (*that*) I've made the right decision.
（きっと私の決断は正しかったと思う）
Everybody knows (*that*) he is a great fan of baseball.
（誰も彼が野球の大ファンだということを知っている）

## C 分詞構文 (participial construction)

「接続詞＋文」の形をちぢめた句が，接続詞と動詞をかねた働きをし，文全体を修飾する副詞句として機能することがある。これを分詞構文といい，主に書き言葉で用いられる。文頭・文尾，または文中で用いられる。時，原因・理由，付帯状況，条件，譲歩などの意味を表すが，意味が微妙に複合している場合も多く，必ずしも明確に区別できるとは限らない。最終的には文の前後関係から決定される。

**NOTE 1** 分詞構文の時制

通例，主節の動詞の時制と同一のときは現在分詞で表し，それより前に起こったことは「having＋過去分詞」の完了分詞で表される。ただし，主節と従節の時の前後関係を特に意識しない場合は，完了分詞を用いないことも多い：

*Having failed* (＝As I had failed) my medical exams, I gave up my dream of becoming a doctor.（私は医師免許試験に落ちたので，医者になる夢をあきらめた）◇ *Failing* my medical exams, I gave up my dream of becoming a doctor. とも言える。

I decided to stay at home, *having heard* the terrible weather forecast.（予報では天気が大荒れになるとのことだったので，私は家にいることにした）

次例の having been は had been ではなくて，現在完了形の have been が完了分詞になったものであることに注意：

*Having been* (＝As he has been) ill for a long time, he needs a little more time to go back to work.（彼は長い間病気なので，仕事に復帰するまでもう少し時間が必要だ）

**NOTE 2**  受身の分詞構文
受身の分詞構文では，文頭の being, having been はよく省略される：
(*Being*) viewed from a distance, the river looked like a lake.
（遠くから見るとその川は湖のように見えた）
(*Having been*) misled by the clothes she was wearing, everybody believed she was a policewoman. （彼女の着ている服にだまされて，誰もが彼女は婦人警官だと思った）

**NOTE 3**
分詞句が等位節の働きをする場合がある。通例 and（そして，その結果）で置き換えられる：
*Buying* our tickets, we went into the theater (＝We bought our tickets, and we went into the theater). （我々はチケットを買って劇場の中へ入った）
A flowerpot fell off a balcony, *hitting* a child on the head (＝ ..., and hit a child on the head). （植木鉢がバルコニーから落ちて子供の頭に当たった）
The typhoon hit the Western part of Japan, *causing* great damage (＝ ..., and it caused great damage). （台風が西日本を襲い，甚大な被害を与えた）
Late frosts came, completely *ruining* the crops (＝ ..., and it completely ruined the crops). （遅霜が降りて作物が完全にだめになってしまった）

## 22.7  分詞構文

### (1) …すると（き）[して，している間] ——時を表す場合

*Reaching* (＝When we reached) the lake, we made camp for the night.
（私たちは湖に着くと，夜のテントを張った）
*Reading* (＝When I was reading) my newspaper, I heard the telephone ring. （新聞を読んでいたとき電話が鳴るのが聞こえた）
*Entering* (＝When he was entering) the room, he tripped over the mat and fell. （彼は部屋に入るときマットにつまずいて倒れた）
*Making* sure (＝After I made sure) I had the right number, I phoned again. （番号が正しいことを確かめてから私は再び電話した）

> *Putting* down his newspaper (=After he had put his newspaper), he looked out of the window. (彼は新聞を置いて窓から外を見た)
> *Opening* the bottle (=After he had opened the bottle), he poured the milk into a glass. (彼はびんを開けて牛乳をグラスに注いだ)
> I fell asleep *watching* (=while I was watching) television.
> (私はテレビを見ながら眠ってしまった)
> I twisted my leg *doing* (=while I was doing) gymnastics.
> (私は体操をしているときに足をひねった)

## (2) …なので──原因・理由を表す場合

> *Feeling* completely exhausted (=Since he felt completely exhausted), he went to bed early. (疲れ切っていたので, 彼は早く寝た)
> *Being* a milk deliverer (=Since he is a milk deliverer), he has to get up early every morning. (彼は牛乳配達人なので, 毎朝早く起きなければならない)
> Not *knowing* what to do (=Since I didn't know what to do), I notified the police. (どうしていいのかわからなかったので, 私は警察に通報した)
> ◇ not の位置に注意。
> My father, *being* an English scholar (=since he was an English scholar), devoted his life to the study of English grammar. (父は英語学者だったので, 一生を英文法の研究にささげた)
> The fans queued for hours, *hoping* to get tickets (=because they hoped to get tickets). (ファンはチケットを手に入れようと何時間も並んで待っていた)

with をつけて表されることもある。with をつけないと独立分詞構文になる (→ 22.7 (6) NOTE 3)。

> I can't concentrate *with* all this noise *going* on.
> (こんなに騒音がしていては集中できない)
> *With* night *coming* on, we started home.
> (夜になってきたので, 私たちは家路についた)

## (3) …しながら…する──付帯状況を表す場合

主節によって表される時と同時のまたはその前後の付帯状況 (accompanying circumstances) を表す。

He stood silently, *gazing* out of the window at the view.
(彼は静かに立って，窓から外の景色をじっと眺めていた)

She sat on a bench, *watching* the sun set.
(彼女は太陽が沈むのを眺めながらベンチにすわっていた)

"Hi, there! How're you doing?" said Peter, *smiling*.
(「やあ，元気かい」とピーターは笑みを浮かべて言った)

He walked out of the room, *slamming* the door behind him.
(彼はドアをバタンと閉めて部屋から出て行った)

He pointed to a chair, *signaling* for her to sit.
(彼女にすわるように彼はいすを指差した)

I was just thinking, *lying* on the beach, what I must do.
(私は海岸に寝そべって，どうしたらいいのかちょっと考えていた)

*Putting* down her book, Sally stood up to greet us.
(本を置きながら，サリーは立ち上がって私たちを出迎えてくれた)

*Lowering* its head, the bull charged at him.
(その雄牛は頭を下げて，彼に向かって突進して行った)

The woman entered the room, *followed* by three little children.
(その女性は，3人の幼児を連れて部屋に入ってきた)

付帯状況を表す場合，with をつけて表されることも多い。with をつけないと独立分詞構文になる (→ 22.7 (6) NOTE 3)。

A dump truck drove past *with* smoke *pouring* from the exhaust.
(ダンプカーが排気管から煙をはき出しながら通り過ぎて行った)

We stood under a tree, *with* rain *dripping* onto our heads.
(ぼくたちが木の下に立っていたら，雨が頭の上にしたたり落ちてきた)

Paul walked past quickly, *with* his little dog *trotting* along behind.
(ポールは子犬を後ろにちょこちょこ走らせながら，すばやく通り過ぎて行った)

The girl was lying on the bed *with* her eyes *closed*.

(その女の子は目を閉じてベッドで横になっていた)

## (4) もし…ならば——条件を表す場合

*Turning* right (=If you turn right) at the corner, you will find the station on your left. (その角を右に曲がれば, 左手に駅が見えるでしょう)
*Kept* (=If it is kept) in the refrigerator, the milk will not go bad. (冷蔵庫で保存すると, 牛乳は腐らないだろう)
*Used* economically (=If they are used economically), these food supplies will last for about two months. (節約して使うと, これらの食料物資は2か月くらいもつだろう)
We're having the party outside, weather *permitting* (=if the weather permits). (天気が許せば, 我々は外でパーティーを開く予定だ)

**NOTE**
「条件」と「譲歩」についての分詞構文の例は, (1), (2), (3)と比べるとあまり多くない。

## (5) …であるけれども——譲歩を表す場合

*Admitting* what you say (=Though I admit what you say), I still think you are in the wrong. (君の言うことは認めるとしても, やはり君は間違っていると思う)
*Built* (=Though it was built) in the 1950s, the engine is still in perfect working order. (そのエンジンは1950年代に造られたが, まだ完璧に動いている)

**NOTE 1**
文意を明確にするため, 分詞の前に when, while, after, if, though などの接続詞をつけることがある:
You'd better wear gloves *when* using an electric saw.

(電気のこぎりを使っているときは手袋をしなさい)
I cut my finger *while* opening a can.
(私は缶詰を開けているときに指を切った)
*After* finishing her work, she went home.
(彼女は仕事をすませてから帰宅した)
*If* used correctly, the drug is quite safe.
(正しく使用すると, その薬はまったく安全だ)
*Though* living next door, I hardly ever see Mr Smith these days.
(隣に住んでいるのに, 最近スミスさんに会わない)

**NOTE 2** 独立分詞構文

分詞構文の意味上の主語は主節の主語と一致するのが原則である。したがって分詞構文の主語が主節の主語と異なる場合は, 分詞構文の主語を示す必要がある。この句は主節から独立して, 1つの節と同じような働きをするので独立分詞構文 (absolute participial construction) と呼ばれることがある:

My father *having left* (=After my father had left) the house, Peter asked me for money. (父が家を出た後, ピーターは私にお金がほしいと言った)

The discussion (*being*) *completed* (=Since the discussion was completed), the chairman closed the meeting. (議論が終わったので, 議長は閉会にした)

Nobody *having* any more to say, the meeting was adjourned till Monday. (誰もそれ以上発言することがなかったので, 会議は月曜日まで延期になった)

All the money *having been spent*, I have to cut down expenses. (お金を使い果たしたので, 私は出費を切り詰めなければならない)

**NOTE 3** 慣用的な分詞構文

分詞構文の意味上の主語が主節の主語と異なる場合でも, 慣用的に表されない場合がある:

*Strictly speaking*, the book is not a novel, but a short story.
(厳密に言えば, その本は小説ではなく短編小説だ)

*Judging by* [*from*] what he said, everything is going well.
(彼の言ったことから判断すると, すべてうまく行っているようだ)

*Taking* everything *into consideration*, the conference was a great success. (あらゆることを考慮に入れると, その会議は大成功だった)

*Leaving aside* the heat, we really enjoyed our holiday in France.
　（暑かったことを別にすれば，フランスでの休暇はすごく楽しかった）
*Granted* (*that*) his story is true, what can you do about it?
　（彼の話が本当だとしても，そのことであなたは何ができるというのですか）
*Barring* fog, the train will arrive on schedule.
　（霧が出ていなければ列車は予定どおり着くだろう）
*All things considered*, I'm sure he is still wrong.
　（すべてのことを考え合わせると，彼はやはり間違っていると思う）
*Turning to* the problem of air pollution, how does the government tackle it?（大気汚染の問題に話を移すと，政府はどのようにしてその問題に取り組むのだろうか）
*Supposing* there was another energy crisis, what would you do?
　（もしエネルギー危機が再び起こると，あなたはどうされますか）→ 4.4 (1)

# 23章　否定の表し方

　否定 (negation) とは，そうでないと打ち消すことをいい，not の他，no, never, hardly, scarcely, few, little, rarely, seldom, neither, none, nothing, nobody, nowhere などの否定語 (negative words) によって表すことができる。また否定の意味は，動詞 avoid, deny, doubt, fail, forget, neglect, prevent, refuse など，前置詞 above, against, beyond, without など，接続詞 before, if など，形容詞 difficult, doubtful, impossible, improbable, unaware, unlikely など，名詞 denial, failure, refusal, reluctance などにも含まれる。その他 by no means, anything but, far from, free from などの成句によっても表される。

■基本文例■

1　The service at the hotel is *not* very good.
　　(そのホテルのサービスはあまりよくない)
2　I telephoned, but there was *no* answer.
　　(電話をしたが誰も出なかった)
3　That's *not necessarily* true. (それは必ずしも事実とは限らない)
4　She *never* goes out alone at night.
　　(彼女は決して夜は1人で外出しない)
5　There was *hardly any* food left in the fridge.
　　(冷蔵庫にはほとんど食べ物が残っていなかった)
6　I *rarely* see her these days. (このごろ彼女にめったに会わない)
7　*Neither of* the programs is suitable for children.
　　(その番組のどちらも子供にふさわしくない)
8　There's *nothing* we can do. (我々ができることは何もない)
9　"Where's our teacher?" "*Nobody* knows where he is."
　　(「先生はどこにいるの？」「どこか誰も知らないわ」)

> 10 My keys are *nowhere* to be found. (鍵がどこにも見当たらない)
> 11 The old bridge is *anything but* safe.
> 　　(その古い橋は安全どころではない)

## 23.1 not, no による否定

### (1) …でない ── not

#### (1a) 文否定

　文の述語動詞を否定するのに，be 動詞の場合は be 動詞の後に not を置く。be 以外の動詞の場合は動詞の前に do not [does not; did not] を置く。動詞が助動詞を伴う場合は助動詞の次に not を置く。くだけた言い方では，次のように縮約形を用いることが多い。

| | | |
|---|---|---|
| isn't (＝is not) | haven't (＝have not) | shouldn't (＝should not) |
| aren't (＝are not) | hasn't (＝has not) | mustn't (＝must not) |
| wasn't (＝was not) | hadn't (＝had not) | daren't (＝dare not) |
| weren't (＝were not) | can't (＝cannot) | oughtn't (＝ought not) |
| don't (＝do not) | couldn't (＝could not) | mightn't (＝might not) |
| doesn't (＝does not) | won't (＝will not) | needn't (＝need not) |
| didn't (＝did not) | wouldn't (＝would not) | |

　　It's *not* a computer─it's a word processor.
　　　(それはコンピュータではありません。ワープロです)
　　My parents *aren't* at home now. (両親は今不在です)
　　I'm *not* sure about this. (このことは確かじゃありません)
　　The treatment was *not* a success. (その治療はうまく行かなかった)
　　There were *not* many people in the park.
　　　(公園にはあまり人がいなかった)
　　I drove for five hours without a break, but I *don't* feel tired.
　　　(私は休憩しないで5時間運転したが疲れていない)

He *doesn't* speak English very well.
（彼は英語をあまりうまくしゃべれない）

Ann did *not* answer the letter immediately.
（アンはすぐには手紙の返事を書かなかった）

We *didn't* stay at the hotel longer than two hours.
（我々はホテルに2時間以上滞在しなかった）

I *haven't* got time to go to the library.（図書館へ行く時間がない）

If he *hadn't* seen it with his own eyes, he *wouldn't* have believed it.
（もし彼が自分自身の目で見ていなかったら，そんなことは信じなかっただろう）

I'm afraid Mr. Bell *can't* see you now—he's so busy.（申し訳ありませんが，ベルさんは今お目にかかれません。とても忙しいので）

I'm afraid I *won't* be able to come to your birthday party.
（残念ながら君の誕生パーティーには出席できません）

I managed to find the street, but I *couldn't* find her house.
（なんとか道はわかったが，彼女の家は見つけられなかった）

You *shouldn't* say things like that to Taro.
（太郎にそんなことを言ってはいけません）

You *mustn't* talk to your mother like that.
（お母さんにそんな口のききかたをするものじゃありません）

**NOTE 1** 否定の縮約形

(1) 否定の縮約には，n't の形の縮約否定と，it's not のような「動詞の縮約形＋not」の形がある。一般に後者のほうが強意的な言い方になる：

He *isn't* sick.＝He*'s not* sick.（彼は病気ではない）
They *aren't* satisfied.＝They*'re not* satisfied.（彼らは満足していない）
They *haven't* finished the book.＝They*'ve not* finished the book.
（彼らはまだその本を読み終えていない）
She *won't* listen to us.＝She*'ll not* listen to us.
（彼女は私たちの言うことを聞こうとはしない）
He *wouldn't* lend me any money.＝He*'d not* lend me any money.
（彼は私にお金をどうしても貸してくれなかった）

(2) am not の縮約形は 'm not であることに注意：

I'*m not* [×I *amn't*] late, am I? (ぼくは遅れてないですよね)

**NOTE 2**
非常にくだけた言い方では，am not, are not, is not, have not, has not の代わりに ain't /éint, ént/ が用いられることがある：
I *ain't* going to tell it to him. (ぼくはそのことを彼に言いやしないよ)
He *ain't* been here for months. (彼は何か月もここに来ちゃいないよ)

**NOTE 3**　転移否定
I think (that) he is in the wrong. を否定する場合，次の2つがある：
(1) I *don't* think (that) he is in the wrong.
　　(彼は間違っているとは思わない)
(2) I think (that) he is *not* in the wrong. (彼は間違っていないと思う)
文法的には(1), (2)とも可能だが，一般には(1)の形のほうが好まれる (Leech *et al.* (2001))。このように従節の not の主節への移動を転移否定 (transferred negation) という。think の他に，believe, expect, fancy, imagine, reckon, suppose などの動詞が転移否定をとる：
I *don't* believe we've met. (私たちは会ったことはないと思う)
We *don't* expect he'll do anything about it.
　　(我々はそのことで彼が何かをしてくれるとは思わない)
I *don't* suppose he's had an accident.
　　(彼は事故にあったのではないと思う)
assume, hope, presume などの動詞は転移否定をとらないことに注意：
I hope it *won't* rain. (雨が降らないでほしい)
×I *don't* hope it will rain.

**NOTE 4**　that 節を代用する not
not は be afraid, believe, expect, guess, hope, suppose, think などと用いて，否定の that 節の代用をすることができる。否定語を含まない名詞節の代用には so が用いられる (→ 22.3)：
"Do you think he is sick?" "I think *not*."
　　(「彼は病気だと思う？」「そんなことはないと思うわ」)
"Is it worth doing?" "I suppose *not*."
　　(「それはやってみる価値がありますか」「そうは思いませんが」)
"You haven't lost the ticket, have you?" "I hope *not*."
　　(「切符をなくしたんじゃないでしょうね」「なくしてないと思います」)
くだけた言い方では，一般に I *don't* think [believe, suppose, etc.] *so*. の形

のほうが好まれる。ただし，hope, be afraid については I hope *not*. / I'm afraid *not*. の形のみ可能（→ 22.3）。

## (1b) 語・句・節の否定
語・句・節を否定する場合は，その前に not を置く。

He was laughing, *not* crying.
　（彼は笑っていたのだ。泣いていたのではない）

*Not* surprisingly, he was found guilty. (＝It is not surprising that he was found guilty.)（驚くにあたらないが，彼は有罪判決を受けた）

"Shall we go to the movies?" "No, *not* now, dear."
　（「映画を見に行きませんか」「今はだめなんです」）

Ask Bill, *not* his friends.（ビルに尋ねなさい。ビルの友達ではだめですよ）

"I'll phone you at six." "No, *not* at six. Maybe at six thirty."
　（「6時にお電話します」「6時じゃなくて，6時半にお願いします」）

You should come early, but *not* before five.
　（早く来てください。でも5時以降にしてください）

Come and see me when you're free, but *not* on Tuesday.
　（お暇なときに遊びに来てください。ただし火曜日はだめです）

He *not* infrequently goes overseas.（彼はかなりひんぱんに外国へ行く）
　◇ not infrequently は quite often の意。

He didn't go to work, but *not* because he felt ill.
　（彼は仕事を休んだが，体の具合が悪かったからではない）

It is *not* that I don't like you.
　（あなたが好きではないというわけではない）◇二重否定。

He was slightly late, *not* that it mattered.
　（彼は少し遅れて来た。別にたいしたことではないが）

不定詞・分詞・動名詞を否定する場合は，その前に not を置く。

It is important *not* to eat too much.（食べ過ぎないことが大事だ）

The doctor told me *not* to worry.
　（医者は私に心配しないようにと言った）

I asked him *not* to interfere in this matter.
　（私は彼にこの件に干渉しないでほしいと頼んだ）

We persuaded him *not* to leave school.
　（我々は中退しないように彼を説得した）

He sat there *not* listening to what I was saying.
　（彼は私の話を聞こうともしないでそこにすわっていた）

I stood there, *not* knowing what to do.
　（どうしていいかわからず，私はそこに立っていた）

*Not* having studied the map, he didn't know which way to go.
　（地図を調べていなかったので，彼はどちらの道を行ったらいいかわからなかった）

*Not* drinking too much is important.（飲み過ぎないことが大事だ）

He reproached me for *not* having taken his advice.
　（彼は私が忠告を聞かなかったのが悪いと非難した）

I have always regretted *not* having studied harder when I was a student.（私は学生のころもっと頑張って勉強しておけばよかったといつも後悔している）

**NOTE**
　　seem と appear は，後に不定詞を伴う場合，不定詞を否定にすることも最初の動詞を否定にすることも可能。最初の動詞を否定にするほうが一般的で口語的：
　　　She *doesn't seem to* like you.（彼女は君が好きではないようだ）
　　　She *seems not to* like you.（同上）

## (2) 少しの［1つの，1人の］…もない── no

「少しの…もない (not any)」「1つの…もない，1人の…もいない (not a)」という強い否定は，「no＋名詞」の形を用いて表すことができる。対応する not any, not a で表現する場合と比べて，意味が強くまた堅い言い方になる。名詞は可算名詞，不可算名詞いずれもとる。可算名詞の場合，単数，複数いずれも可能。

　　There is *no* living room in the house.（＝There is *not a* living room in the house.）（その家には居間がない）

We had to walk home because there was *no* taxi.（＝We had to walk home because there *wasn't a* taxi.）（タクシーがいなかったので，私たちは歩いて帰らなければならなかった）

I have *no* doubts about his ability.（＝I *don't* have *any* doubts about his ability.）（彼の能力は疑う余地がない）

There were *no* stores open.（＝There were *not any* stores open.）（店は一軒も開いていなかった）

I have *no* patience left.（＝I *don't* have *any* patience left.）（私はもうこれ以上我慢できない）

Sorry I can't talk to you now. I have *no* time.（＝I *don't* have *any* time.）（悪いけど，今は話せない。時間がないんだ）

*No* person was killed in the accident.
（その事故で死亡した人は誰一人なかった）◇文頭では not a を用いて，*Not a* person was killed ... と言うほうが強意的。

*No* cigarette is completely harmless.（完全に無害なタバコなどない）

*No* music is allowed after eleven o'clock.（＝Music is *not* allowed after eleven o'clock.）（11時以降の音楽は禁止されている）

次のような場合，「…どころではない」という非常に強い否定の意味を表す。

Jim is *no* fool.（ジムはばかどころではない；ジムは利口者だ）◇否定とはむしろ逆の意味を表す。Jim is *not* a fool. は「ジムはばかではない」の意味。

He is *no* doctor.（彼は医者なんかではない）◇彼には医者に求められる資質などがまったくないことをいう。

That's *no* answer.（それはまったく答えになっていない）

the, one's, these などの決定詞をとる名詞または代名詞が続く場合は，「none of the [one's, etc.]＋複数可算名詞・不可算名詞」「none of＋代名詞」となり，「(…のうちの) 何一つ…ない，誰一人…ない」という意味を表す。

*None of* my friends phoned me.（友達は誰一人電話してこなかった）
　◇(1) *Not one of* my friends phoned me. とするほうが強意的。(2) ˣ*No* my friends [ˣ*Not any of* my friends] phoned me. とは言えない。

I liked *none of* that music.（私はあの音楽はどれも気に入らなかった）

*None of* the information they gave us was correct.
（彼らからもたらされた情報は何一つ正確ではなかった）

We have three daughters but *none of* them lives nearby.
（娘が3人いるが，誰も近くに住んでいない）

*None of* this is true. （このどれも事実でない）

**NOTE**
(1) 可算名詞を伴う場合，none は3つ以上の物・人について用い，2つについては neither を用いる（→ 23.2(4)）：
　　*Neither* of the buses goes to Kyoto Station.
　　（どちらのバスも京都駅には行かない）
(2) 「none of the＋複数可算名詞」の場合，呼応する動詞は単数，複数いずれでもよいが，くだけた言い方では複数形で受けるほうが好まれる（cf. Declerck (1991)）：
　　*None of* the seats *is* [《話》*are*] occupied. （席はみなあいている）
(3) none は単独で用いることもできる：
　　"How many of his books have you read?" "*None.*"
　　（「彼の本を何冊読みましたか」「1冊も読んでいません」）

## (3) …というわけではない──部分否定

　not を always, necessarily などの副詞や，あるいは all, every などと用いて，部分的な否定（partial negation）を表す。

### (3a) いつも［必ずしも］…というわけではない
　　　　　　── not always; not necessarily

「いつも…とは限らない」「必ずしも…ではない」という部分否定は，not always, not necessarily で表すことができる。

　　We're *not always* this busy.
　　（私たちはいつもこんなに忙しいわけではない）
　　We *don't always* go to the mountains for our vacation.
　　（ぼくたちは休みにはいつも山に行くとは限らない）
　　Having this disease does *not necessarily* mean that you will not live

long.（この病気にかかっても必ずしも長生きできないとは限らない）
Men *aren't necessarily* physically stronger than women.
（男性が必ずしも女性より肉体的に強いとは言えない）

**NOTE**
not は次のような副詞とも用いて部分的な否定を表す：
We *haven't quite* finished the work yet.
（我々はまだその仕事を完全に終えたわけではない）
She's *not exactly* fat, but she is slightly overweight.
（彼女は必ずしも肥えているというわけではないが，少し太り気味だ）
He has *not completely* recovered from his illness.
（彼は完全に病気が回復したわけではない）
The election results were *not altogether* surprising.
（その選挙の結果はまったく意外というものでもなかった）
I *don't really* mind the noise.（私はその騒音はあまり気にならない）◇I *really don't* mind the noise. は「その騒音はまったく気にならない」の意。
He *hasn't definitely* decided to go to America at the end of this month.
（彼は今月末にアメリカへ行くとはっきりと決めたわけではない）
I have a cellphone, but I *don't* use it *very often*.
（私は携帯電話を持っているが，しょっちゅう使うわけではない）

## (3b) すべてが…というわけではない── not all; not every

「すべてが…というわけではない」という部分否定は，「not all＋複数可算名詞・不可算名詞」「not all of＋代名詞」「not every＋単数可算名詞」の形で表すことができる。

*Not all* tourists visit [*Not every* tourist visits] this part of town.
（すべての観光客が町のこの地を訪れるわけではない）
*Not all* (*of*) the pictures she has taken are of mountains.
（彼女が撮った写真がすべて山の写真というわけではない）
He thinks he's quite a good cook, but *not all* (*of*) his friends agree with him.（彼は自分では料理がかなり上手だと思っているが，友人がみなそう思っているわけではない）
*Not all of* them supported the proposal.（彼らの全員がその提案を支持したというわけではなかった）◇of の省略は不可。

"Did you watch the news on TV last night?" "Yes, but *not all of* it."
（「昨夜テレビでニュースを見ましたか」「ええ，でも全部ではありません」）
◇ of の省略は不可。

*Not every* student in the class studies hard.
（クラスのすべての学生が熱心に勉強するわけではない）

*Not every* teenager likes that Hollywood movie. （ティーンエイジャーみんながあのハリウッド映画が好きというわけではない）

*Not every* kind of bird can fly. （すべての鳥が飛べるわけではない）

「誰もが…というわけではない」という意味は not everybody, not everyone によって表せる。

*Not everybody* can win first prize in a competition.
（誰もが競技で1位をとれるわけではない）

*Not everyone* is satisfied with the arrangements.
（誰もがその取り決めに満足しているわけではない）

**NOTE**
「両方…というわけではない」という部分否定は not ... both で表される：
I *don't* know *both* of her children.
（私は彼女の子供を2人とも知っているわけではない）
cf. I *don't* know *either* of her children.
（私は彼女の子供を2人とも知らない）→ 23.2(4) NOTE

## 23.2 not, no 以外による否定

### (1) 決して［一度も］…ない── never

「（現在・未来の）いかなるときも…ない，決して…ない（not at any time）」「（過去に）決して［一度も］…しなかった」または「今［その時］まで一度も…したことがない［なかった］」という強い否定の意味は，never を用いて表すことができる。最後の意味では通例現在［過去］完了形とともに用いる。

Wars *never* solve anything. （戦争は決して何も解決しない）

He *never* gets up before ten o'clock. (彼は10時前には絶対起きない)

I *never* sign anything without reading it through first.
(私はまず一通り目を通してからでないと決して何にも署名しない)

I'm terribly sorry. I'll *never* do that again.
(本当にすみません。二度とそんなことはしません)◇さらに意味を強める
と，I'll *never ever* do that again. となる。→ NOTE(2)

He *never* asked me to lend him any money.
(彼は私に金を貸してくれと言ったことは一度もなかった)

I *never* believed those rumors. (私はあんなうわさを決して信じなかった)

I waited for two hours, but he *never* came.
(私は2時間待ったが，彼は来なかった)

I *never* knew you played the guitar!
(私はあなたがギターを弾くとは知らなかったわ)

I've *never* seen anything like that.
(私はあのようなものを一度も見たことがなかった)

She's *never* said thank you—not once!
(彼女は礼を言ったことがないのよ。一度もね)

"Have you ever been to Hawaii?" "No, *never*."(「ハワイへ行かれたこ
とはありますか」「いいえ，一度も」）◇ *No*, (I have) *never* (been there).
の略。No, I *never* have. とも言えるが，×No, I have *never*. は不可。

never を強調して文頭に置くことがある。これは堅い言い方で，倒置が起こる。

*Never* again will I make that mistake. (二度とそんな間違いはしません)

*Never* in my life have I seen such a horrible thing.
(いまだかつてあんな恐ろしいものは見たことがない)

*Never* had I been so confused.
(あんなに頭が混乱したことはその時まで一度もなかった)

**NOTE**
(1) never を強調するため，never の後に do [does; did] をつけることがある (Sinclair (ed.) (2005))。

He *never* does write to me. (彼は決して私に手紙をよこさない)

(2) never を強めた言い方に never ever がある：
    I *never ever* want to see that man again.
        （あんなやつに二度と会いたくない）
(3)「今まで一度も…ない」の意味で，never よりも強意的でない言い方に not ever がある：
    I *haven't ever* thought about that.
        （そんなことは今まで考えたことがなかった）

## ⑵ ほとんど…ない —— hardly any; few, little

数・量が「ほとんど…ない（almost not）」の意味は，「hardly［《主に英》scarcely］any＋複数可算名詞・不可算名詞」の形で，また「（少しはあるが）ほとんどない（not many, not much）」の意味では「few＋複数可算名詞」「little＋不可算名詞」の形で表すことができる。

    There were *hardly any* apples on the tree last year.
        （昨年はりんごの木にほとんど実がつかなかった）
    There is *hardly any* butter left.（ほとんどバターは残っていない）
    He has done *hardly any* work today.
        （彼は今日ほとんど仕事をしていない）
    The country had *scarcely any* industry.
        （その国には産業らしい産業はほとんどなかった）
    There is *scarcely any* traffic on the street.（通りの交通量は少ない）
    He has *few* interests outside his work.
        （彼は仕事以外ほとんど興味がない）
    *Few* people speak a foreign language perfectly.
        （外国語を完璧に話せる人はほとんどいない）
    *Few* people know this, do they?
        （ほとんどの人がこのことを知らないのですね）
    There's *little* time left.（時間がほとんど残っていない）
    In this country people have *little* interest in politics.
        （この国の人々は政治にほとんど関心がない）
    *Little* progress was made during the negotiations.

(交渉中ほとんど進展はみられなかった)

「ほとんど誰も…ない」という意味は hardly anybody, hardly anyone によって表せる。

　　*Hardly anybody* (＝Almost nobody) agreed with her about it.
　　　(そのことに関してほとんど誰も彼女の意見に賛成しなかった)
　　*Hardly anyone* came to my party.
　　　(私のパーティーに来た人はほとんど誰もなかった)

**NOTE**
(1) 話し言葉では few, little の代わりに not many, not much などが好まれる (cf. Swan (2005))：
　　*Not many* restaurants stay open after midnight.
　　　(夜中の12時以降開いているレストランはあまりない)
　　There *aren't many* tickets left. (チケットは残りわずかです)
　　We *didn't* have *much* time, so we took a taxi.
　　　(時間があまりなかったので，我々はタクシーに乗った)
(2) hardly anybody, hardly anything, hardly anywhere は，それぞれ almost nobody, almost nothing, almost nowhere と言い換えることができるが，くだけた言い方では前者の hardly を用いた言い方のほうが普通 (hardly anybody [anyone] については範例の第12例，第13例参照)。
　　He said *hardly anything* (＝almost nothing).
　　　(彼はほとんど何もしゃべらなかった)
　　There is *hardly anywhere* (＝almost nowhere) to go.
　　　(行くところがほとんどない)

## (3) めったに…ない —— rarely; seldom

「めったに…ない (not often, infrequently)」という極めて頻度が低いことを言うのに rarely または seldom を用いて表すことができる。seldom のほうが堅い語。rarely, seldom は通例文中で用いられるが，very, only を伴って文尾で用いられることもある。

　　We *rarely* go out on weekdays. (私たちは平日はめったに外出しない)
　　"Crime *rarely* pays." "No, it doesn't." (「犯罪が引き合うということはめったにないですね」「そう，そのとおりです」)

She very *rarely* complains. (彼女が不平を言うことはめったにない)
　　　◇ She complaints very *rarely*. とも言える。
　　I *seldom* get any sleep after the baby wakes up.
　　　(私は赤ん坊が起きるとその後はめったに睡眠がとれない)
　　I *seldom* go to the theater; I go two or three times a year.
　　　(私はめったに芝居を見に行かない。年に2, 3回だけだ)
　　He lives in Nagasaki, so I see him very *seldom*.
　　　(彼は長崎に住んでいるのでめったに会わない)

くだけた言い方では rarely, seldom よりも hardly ever を用いるほうが普通。

　　He *hardly ever* works on Sunday mornings.
　　　(彼は日曜日の午前中に仕事をすることはめったにない)
　　I *hardly ever* go for a picnic. (私はめったにピクニックに行かない)
　　She *hardly ever* sees her parents these days.
　　　(最近彼女が両親と会うことはめったにない)

**NOTE**
　　rarely, seldom は，堅い言い方では文頭で用いられることもある。この場合は倒置が起こる：
　　　*Rarely* [*Seldom*] *do* we have any time to rest.
　　　　(我々はめったに休息する時間がない)

## (4) どちらの…も [(…の) どちらも] …ない —— neither

2つのうち，「どちらの…も…ない」と両方とも否定する場合，neither が用いられる。neither の後には単数可算名詞がくる。

　　Luckily, *neither* child was hurt in the accident.
　　　(幸いなことに，子供は2人ともその事故でけがをしなかった)
　　"Can you come on Friday or Saturday?" "I'm afraid *neither* day is possible."(「金曜日か土曜日，いずれかの日に来られますか」「残念ながらどちらもだめです」)
　　*Neither* proposal was acceptable to the committee.

(どちらの提案も委員会に受け入れられるものではなかった)

the, one's, these などの決定詞をとる名詞または代名詞が続く場合は，「neither of the [one's, etc.]＋複数可算名詞」「neither of＋代名詞」となり，「…のどちらも…ない」という意味を表す。呼応する動詞は単数が通例だが，くだけた言い方では複数で受けることも可能。

*Neither of* my sisters is [《話》are] married.
(姉は2人とも結婚していない)

*Neither of* the paintings was an original.
(その絵画はいずれも原画ではなかった)

*Neither of* us has [《話》have] ever been to the U.S. before.
(私たちは2人とも今までにアメリカへ行ったことがない)

neither は，「どちらも…ない」という意味で単独で用いることもできる。

You've given two answers. *Neither* is correct.
(あなたは2つの答を出したが，どちらも正しくない)

"Which of these two coats is yours?" "*Neither*. Mine is that one."
(「この2つのコートのうちどちらがあなたのですか」「どちらも違います。私のはあれです」)

"Would you like tea or coffee?" "*Neither*, thanks." (「お茶かコーヒーはいかがですか」「どちらも結構です。ありがとうございます」)

**NOTE**

neither とほぼ同じ意味を表す言い方に not … either があるが，これは neither ほどは強意的ではない：

We *didn't* accept *either* offer in the end. (＝We accepted *neither* offer in the end.) (我々は結局どちらの提案も受け入れなかった)

There were two witnesses to the accident but I *wouldn't* trust *either of* them. (その事故の目撃者が2人いたが，私はどちらの目撃者も信用できなかった)

## (5) 何も [誰も，どこにも] …ない
―― nothing; nobody; nowhere

「何も…ない」「誰も…ない」「どこにも…ない」という意味は，それぞれ

nothing; nobody, no one; nowhere を用いて表せる。同じ意味は not ... anything; not ... anybody [anyone]; not ... anywhere で表すことができ，このほうが口語的。ただし強意的なのは no- を用いた言い方。

### (5a) 何も…ない── nothing

物・事について「何も…ない」と言う場合，nothing を用いて表せる。動詞は単数で受ける。

"Did you buy anything at the market?" "No, I bought *nothing* at all (=I *didn't* buy *anything* at all)."（「市場で何か買いましたか」「いいえ，まったく何も買いませんでした」）◇ at all は nothing を強める。

There's *nothing* in the bag—it's empty.
（その袋には何も入っていない。空っぽだ）

I looked at her for confirmation, but she said *nothing*.
（私は確認を求めて彼女を見たが，彼女は何も言わなかった）

*Nothing* has been discussed at the meeting.
（会議では何も議論されなかった）

"What have you been doing?" "*Nothing*. Just sitting here."
（「何をしているの？」「何にも。ただここにすわっているだけよ」）

### (5b) 誰も…ない── nobody; no one

人について「誰も…ない」と言う場合，nobody, no one を用いて表せる。no one のほうが堅い語。no one は no-one ともつづる。動詞はいずれも単数で受ける。

There was *nobody* at home. (=There *wasn't anybody* at home.)
（家には誰もいなかった）

*Nobody* understands me—not even my husband.（誰も私のことをわかってくれない。夫さえも）◇ ×*Not anybody* understands me ... とは言わない。

I knocked on the door but *nobody* answered.
（ドアをノックしたが誰も出なかった）

We were told to speak to *no one*.（我々は誰とも話をしてはいけないと言われた）◇ We were told *not* to speak to *anyone*. のほうが普通の言い方。

There's *no one* else I really want to invite apart from you.

(あなた以外本当に招待したい人は誰もいない)

**(5c) どこにも…ない──nowhere**
　場所について「どこにも…ない」と言う場合，nowhere を用いて表せる。nowhere は元来副詞だが，名詞的に用いることも多い。

　　She's very old and goes *nowhere* these days.
　　　(彼女はかなり高齢で最近はどこへも出かけない)
　　The hall was very crowded—there was *nowhere* to sit (=there *wasn't anywhere* to sit). (ホールは人でいっぱいだった。すわるところはどこにもなかった)
　　*Nowhere* was safe. (安全なところはどこもなかった) ◇×*Not anywhere* was safe. とは言わない。
　　He lost his job, so he has no job and *nowhere* to live now.
　　　(彼は失業した。それで今は仕事も住むところもない)
　　"Where are you going?" "*Nowhere*. I'm staying here for a while."
　　　(「どこへ行くの」「どこも。しばらくここにいるよ」)
　　There's *nowhere* to put the computer in this room.
　　　(この部屋にはコンピュータを置くところがない)

## 23.3　その他の否定表現

### (1) not, no, un- などの否定語を含む表現

　　My granddaughter *never fails to* phone me on my birthday.
　　　(孫娘は私の誕生日には必ず電話をしてくれる)
　　There's *no telling* [*knowing*] what will happen next. (次に何が起こるかわからない) ◇ There is no doing は「…することはできない」の意味。
　　We *have no choice but to* keep silent.
　　　(私たちは黙っているより他はない)
　　It's really *no use* [*no good*] *worrying*. (実際，心配してもしかたがない)
　　　◇ It is no use [no good] doing は「…してもむだである」の意味。
　　I'm *no good* at mathematics. (私は数学が得意ではない)

He *no longer* lives here.（＝He *doesn't* live here *anymore*.）
　（彼はもうここには住んでいない）

There's *no more* bread.（もうこれ以上パンはない）

He is *no more* a genius *than* I am.
　（彼は私と同様天才ではない）◇ no more A than B は「B がそうでないと同様 A でない」の意味で，A でないことを強調する言い方。

The task is difficult, but *by no means* impossible.（その仕事は困難だが決して不可能ではない）◇「決して…でない」の意味。

This is *in no way* your fault.
　（これは決してあなたの過失ではない）◇「決して…でない」の意味。

He *did nothing but* complain about it.（彼はそのことで不満を言うばかりだった）◇「…してばかりいる」の意味。

I *couldn't help laughing* when I saw him in his costume.
　（彼の衣装姿を見たとき，私は思わず笑わざるをえなかった）◇ can't help doing は「…せざるをえない」の意味。

My aunt *never* visits us *without* bringing us some cakes.（＝Whenever she visits us, my aunt brings us some cakes.）（叔母は訪ねて来るときは必ずケーキを持ってきてくれる）

"What was the weather like?" "Oh, *not too* bad."
　（「天気はどうでしたか」「うん，それほど悪くなかったよ」）

It is *never too* late *to* give up smoking.
　（タバコをやめるのに遅すぎるということは決してない）

We'll be there *in less than no time* (＝very soon).
　（すぐにそこへ行きます）

It is *unlikely* that he will be in time for the meeting.
　（彼は会合に間に合いそうもない）

We were *unaware* of any hostility around us.
　（我々は周囲のどんな敵意にも気づかなかった）

She is *unable* to speak and *incapable* of moving.
　（彼女は口も利けず動くこともできない）

*Unlike* most people in the office, I don't come to work by car.
　（私は会社のたいていの人とは違って，車で通勤しない）

**NOTE**

否定の意味を表す接頭辞として，un-(*un*able, *un*belief, *un*certainty, *un*cooked, *un*happy, *un*hurriedly, *un*important, *un*truth, *un*willing, *un*zip, etc.), in-(*in*ability, *in*accurate, *in*action, *in*adequate, *in*finite, *in*offensive, *in*sensitive, etc. ◇ l の前では il-, r の前で ir-, p, b, m の前では im- となる：*il*legal, *il*logical, *im*morally, *im*possible, etc.), non-(*non*-alcoholic, *non*fiction, *non*human, *non*-iron, *non*payment, *non*-profit-making, *non*-smokers, *non*stop, *non*use, etc.), また接尾辞として -less (child*less*, count*less*, doubt*less*, harm*less*, heart*less*, home*less*, hope*less*, meaning*less*, tree*less*, etc.) などがある。

## (2) not, no などの否定語を含まない表現

The situation is *far from* clear.
　（状況はまったく明らかでない）◇ far from ... は「…にはほど遠い，決して…でない，…どころではない」という強い否定を表す。
She was rarely *free from* pain.
　（彼女は痛みがないことがめったになかった）
The hotel is *anything but* cheap. （そのホテルは決して安くはない）
　◇「少しも…でない，…どころでない」という強い否定を表す。
You'll be fully recovered *before you know it*.
　（あなたは知らぬ間に［すぐに］全快するでしょう）
She was walking *too* fast for us *to* catch up.
　（彼女は速く歩いていたので，私たちは追いつけなかった）
He is *the last to* criticize their mistakes.
　（彼は決して彼らの過ちを批判するような人ではない）◇ the last to do は「最も…しそうでない人」の意味。
He *denied* that any promises had been broken.
　（彼は約束が破られたことを否定した）
He *refused* to say anything. （彼は発言を拒否した）
Please *forget* that I ever told you anything about it.
　（私がそのことであなたに何か言ったということをどうかお忘れください）
The church bells *keep* me *from* sleeping. （私は教会の鐘の音で眠れない）

We were *prevented from* entering the building.
(我々は建物に入れなかった)

They are trying to *stop* AIDS (*from*) spreading. (彼らはエイズが広がるのを抑えようと努力している) ◇ from の省略は《英》。

He *failed to* turn up for basketball practice yesterday.
(彼は昨日バスケットボールの練習に来なかった)

The government *neglected* to warn us of the oil shortages.
(政府は石油不足が起こるかもしれないことを我々に警告するのを怠った)

Please *refrain from* smoking in the restaurant.
(レストランでの喫煙はご遠慮ください)

The doctor suggested that he *abstain from* alcohol.
(医者は，彼は酒を控えるべきだと言った)

He *omitted* to tell me that there would be no other women on the team. (彼はチームには私以外女性はいないことを私に話さなかった)

"Do you think Jim will join us?" "I *doubt* it."
(「ジムはぼくたちの仲間に加わると思うかい」「加わらないと思う」)

We *have yet to* make a decision about it.
(我々はまだそのことについて決定していない) ◇ have yet to do は《書》で，「まだ…していない」の意味。

It *remains to* be seen whether everything will go smoothly.
(すべて順調に行くかどうかはまだわからない)

It's *difficult* to understand anything he says.
(彼が言うことは何にせよ，理解することが容易でない)

He's *above* lying to protect himself.
(彼は自分の身を守るためにうそをつくようなことはしない)

The train arrived *without* any delay. (列車は遅れないで到着した)

It's *beyond* me why she wants to get married to George.
(彼女がどうしてジョージと結婚したがるのか私にはわからない)

I'm *against* going out anywhere tonight.
(今晩はどこへ行くことも私は賛成しない［反対だ］)

*If* anyone has any questions, I'll be glad to answer them. (もし誰か何か質問があれば，喜んでお答えいたします) ◇ if は否定的な含意を伴う。

# 24章　疑問の表し方

　疑問文は，誰かが聞き手に情報を与えてくれるように頼む文をいい，大きく分けて，yes または no で答えることのできる yes-no 疑問文，2つ（またはそれ以上）の中からいずれか一方の選択を表す選択疑問文，who, what, which, when, where, how, why などの wh- 語で始まり，yes または no で答えることのできない wh- 疑問文の3つがある。その他に，修辞疑問文，感嘆疑問文，応答疑問文などがある。

■基本文例■
1　*Are you* ready to start?（出発の準備はできていますか）
2　*Didn't you* phone me last night?（昨夜私に電話しなかった？）
3　It's a beautiful day, *isn't it*?（今日はすばらしい天気ですね）
4　*Which* is quicker, bus *or* taxi?
　　（バスとタクシーとではどちらが早いですか）
5　"*Who*'s the man?" "He's Bill."（「あの人は誰ですか」「ビルです」）
6　"*What* happened?" "We had an accident."
　　（「どうしたのですか」「事故にあいました」）
7　"*Which* is mine?" "The smaller one."
　　（「どちらが私のですか」「小さいほうです」）
8　"*How* did you come?" "I came by car."
　　（「どのようにして来ましたか」「車で来ました」）
9　*Who knows*?（誰が知っていようか；誰も知らない）
10　*Isn't it* wonderful news!
　　（それはすばらしいニュースじゃないの！）
11　"I'm getting married." "*Are you*?"（「私，結婚するの」「そうなの？」）
12　I was asked *if* I could drive.
　　（私は車の運転ができるかどうか尋ねられた）

13 "Do you know *when* he's coming?" "Yes. Tomorrow."
　　（「彼がいつ来るか知っていますか」「ええ，明日です」）

## 24.1　yes-no 疑問文 (yes-no question)

　yes か no で答えられる疑問文を yes-no 疑問文という。yes-no 疑問文には，通常の一般疑問文の他に，否定疑問文，付加疑問文がある。

### (1) …ですか —— 一般疑問文

#### (1a)「主語＋be 動詞」の疑問文

「be 動詞＋主語」の形で表す。文末は上昇調で発音する。
　　"*Is it* cold outside?" "Yes, it is."（「外は寒いですか」「はい，寒いです」）
　　"*Is she* good at languages?" "No, she isn't."
　　　（「彼女は語学が得意ですか」「いいえ，得意ではありません」）
　　"*Is she* your type?" "Just between you and me. Yes."
　　　（「彼女は君の好みのタイプ？」「ここだけの話だけど，そうなんだ」）
　　*Are they* in a hurry?（彼らは急いでいますか）
　　"*Were you* late?" "I'm afraid I was."
　　　（「遅刻したの？」「すみません，遅刻しました」）
　　*Was the weather* good when you were on vacation?
　　　（休暇中天気はよかったですか）
　　*Was she* angry with you about it?
　　　（彼女はそのことであなたに怒っていたの？）
　　*Are there* any questions?（何か質問がありますか）

#### (1b)「主語＋一般動詞」の疑問文

「Do [Does; Did]＋主語」の形で表す。文末は上昇調で発音する。
　　Excuse me, *do you* speak English?（失礼ですが，英語が話せますか）
　　*Do you* think Ann looks like her mother?
　　　（アンはお母さんに似ていると思いますか）
　　*Does he* always keep a photograph of his wife in the wallet?

（彼は奥さんの写真をいつも財布に入れているのですか）
*Does anyone* have any helpful suggestions?
（誰か何か役に立つ提案はありませんか）
"*Did you* lock the suitcase?" "Yes, I did."
（「スーツケースに鍵をかけましたか」「ええ，かけました」）
"*Did you* see that strange bird?" "No, I didn't."
（「あの変わった鳥を見た？」「いいえ，見なかったわ」）
*Did they* get the invitation to the wedding?
（彼らは結婚式の招待状をもらいましたか）

## (1c) 「主語＋助動詞」の疑問文

「助動詞＋主語」の形で表す。文末は上昇調で発音する。

"*Will I* need to change?" "No, it's a direct flight."
（「乗り換える必要がありますか」「いいえ，直行便です」）
*Will the strike* end soon?（もうすぐストライキは終わりますか）
*Can you* finish the job this week?
（今週中にその仕事を終えることができますか）
"*May I* take a picture of you?" "Yes, you can."（「あなたの写真を撮らせていただいていいでしょうか」「ええ，結構ですよ」）
"*Are you* working on Sunday?" "No, I'm not."
（「日曜日は仕事をされますか」「いいえ，しません」）
*Were you* disappointed with your exam results?
（あなたは試験の結果にがっかりしましたか）
*Have the committee* admitted that he made an error?
（彼が過失を犯したことを委員会は認めましたか）

**NOTE** 平叙疑問文

平叙文と形は同じだが，文末を上昇調で発音して，聞き手に確認を求めたり，話し手の驚きを表したりすることがある。これを平叙疑問文（declarative question）という。通例書き言葉では文末に疑問符をつける（cf. Swan (2005)；Greenbaum & Quirk (1990)）：

This is your car?（＝I suppose this is your car, isn't it?）

（これは君の車だね）
　　They've spoken to the President?（彼らは大統領と話をしたのだって？）
　　The train didn't arrive on time?（列車は定刻に着かなかったんだね）
　　You didn't buy anything to eat?（食べ物を何も買わなかったの？）

## (2) …ないのですか——否定疑問文

　否定疑問文（negative question）は，否定の平叙文をもとにして作った疑問文のことで，「-n't＋主語」または「助動詞［be動詞］＋主語＋not」の形で表され，通例上昇調で発音される。後者は一般に堅い言い方。「…ないのですか（そんなことはないでしょう）」と肯定の答えを期待する場合によく用いられ，驚き・失望・戸惑い・いら立ちなどを含意することがある。

　　*Doesn't he* understand it? / *Does he not* understand it?
　　　（彼はそんなことがわからないのですか）◇(1)「わかっていると思っていたのに，意外だ」ということを含意する。(2) ˣ*Does not he* understand it? とは言えないことに注意。
　　Why *haven't you* made a reservation yet? / Why *have you not* made a reservation yet?（どうしてまだ予約をしていないのですか）
　　*Aren't you* ashamed of yourself?
　　　（あなたは自分のことが恥ずかしくないのですか）
　　*Don't you* like ice cream? I thought everyone liked it!
　　　（アイスクリームは好きじゃないの？　嫌いな人なんてないと思ってたわ）
　　"*Can't you* really ride a bicycle?" "No, I can't."
　　　（「本当に自転車に乗れないのですか」「ええ，乗れません」）
　　*Didn't you* hear the doorbell? I rang it five times.
　　　（玄関のベルの音が聞こえなかったのですか。5回鳴らしたのですよ）
　　"*Haven't we* met somewhere before?" "Yes, I think we have."（「以前どこかでお会いしませんでしたか」「はい，お会いした気がします」）

**NOTE 1**
　日本語の「はい」「いいえ」と英語の yes, no が逆になることがあるので注意。英語では疑問文の形が肯定であろうが否定であろうが，返答の内容が肯

定ならば yes, 否定ならば no で答える：
  "Doesn't he like classical music?" "Yes, he does. / No, he doesn't."
    (「彼はクラシック音楽が好きではないのですか」「いいえ，好きです／はい，好きではありません」)
  "Haven't you ever been to Australia?" "Yes, I have. / No, I haven't."
    (「オーストラリアへ行ったことがないのですか」「いいえ，あります／はい，ありません」)

**NOTE 2**
  下降調で発音すると感嘆を表す (Leech *et al*. (2001))：
  "*Wasn't it* a wonderful game?" "Yes, wasn't it!"
    (「すばらしい試合じゃなかったですか」「ええ，そうでしたね」)

## ⑶ …ですね──付加疑問文

　付加疑問文（tag question）は，通例肯定文には否定の，否定文には肯定の付加疑問をつけた疑問文のことで，「助動詞［be 動詞］＋代名詞」の形で表される。日本語の「…ね」にあたり，下降調で発音して，「本当ですね」「同意されますね」と聞き手に確認や同意を求める。上昇調で発音すると，このような断言を避けて疑問の気持ちを含ませた言い方になる。
「肯定文＋否定の付加疑問」の例：
  This is too expensive, *isn't it*? (これは高すぎやしませんか)
  "That was fun, *wasn't it*?" "Yes, I really enjoyed it."
    (「あれは面白かったね」「うん，本当に面白かったよ」)
  "We're going the right way, *aren't we*?" "I hope so."
    (「道は間違ってないですよね」「そうだと思うよ」)
  Fancy meeting you here! It's a small world, *isn't it*?
    (まさかこんなところで君に会うとは。世間は狭いものだね)
  There's something wrong with the machine, *isn't there*?
    (どこか機械が故障しているのでしょうか)
  He has a more detailed map of the area, *doesn't he*?
    (彼はその地域のもっと詳細な地図を持っているのですね)
  You recognized her at once, *didn't you*?

（あなたはすぐに彼女だとわかったのですね）

You've finished your homework, *haven't you*?

（あなたは宿題をすませたのですね）

You can speak English well, *can't you*?

（あなたは英語が上手に話せるのですね）

### 「否定文＋肯定の付加疑問」の例：

It isn't raining, *is it*?（雨は降ってないのでしょうね）

You still don't believe me, *do you*?

（まだ私のことが信用できないのですね）

"You haven't heard the test results, *have you*?" "No, I haven't."

（「テストの結果はまだ聞いてないのですね」「ええ、まだです」）

You didn't come home late last night, *did you*?

（昨晩は帰りが遅くならなかったのでしょうね）

You won't tell it to him, *will you*?（そのことを彼に言わないよね）

You couldn't lend me a pen, *could you*?

（ペンを貸していただけないでしょうか）

時に、肯定文の後に肯定の付加疑問をつけて、話し手が状況から判断した結論が正しいかどうかを確認したり、あるいは話し手の関心・驚き・皮肉などを表すことがある。

This is the last train, *is it*?（これは最終列車ですよね）

You've had an accident, *have you*?（あなたは事故にあわれたわけですね）

So you're getting divorced, *are you*?

（じゃあ、あなたは離婚されるのですね）

"I can't help you just at the moment." "You're busy, *are you*?" "Sorry, I'm afraid I'm very busy."（「今手伝ってあげられないよ」「お忙しいのですね」「ごめんね、とても忙しくてね」）

So that's your little game, *is it*!

（なるほど、それが君のちょっとしたおふざけというわけですね）

### NOTE 1

(1) 付加疑問文では、this, that は it で、these, those は they で受ける。また nobody, everybody, nothing などは通例 they で受ける（cf. Swan (2005)）：

That is nice, *isn't it*? (それはすばらしいですね)
Those are lovely, *aren't they*? (あれらは素敵ですね)
Nobody came while I was out, *did they*? (私の留守中に誰も来なかったのですね) ◇ nobody, nothing の後では肯定の付加疑問になる。

(2) I am の付加疑問は aren't I? であることに注意：
I'm late, *aren't I*? (私は遅刻ですね)

**NOTE 2**
時に否定文の後に否定の付加疑問をつけることがあるが，これは通例攻撃的に響く (Swan (2005))：
I see. You *don't* like my cooking, *don't you*?
（なるほど。あなたは私の料理が気に入らないわけですね）

## 24.2　選択疑問文 (alternative question)

or を伴う疑問文を選択疑問文といい，通例 yes または no で答えることができない。wh- 語がある形と wh- 語がない形とがある。

## A ですかそれとも B ですか── A or B

「A ですか，それとも B（あるいは C）ですか」というふうに，A, B（または A, B, C）のうちいずれか一方の選択を表す場合，A or B（または A, B, or C）の形を用いて表す。列挙した一つ一つを上昇調で発音し，最後のみ下降調で発音する。or は通例 /ɔːr/ と強形で発音する。

*Which* do you like better, the red tie *or* the green one?
（ネクタイは赤と緑のどちらがお好きですか）
*Which* phone shall I use, the one upstairs *or* the one downstairs?
（2階の電話と下の電話のどちらを使ったらいいでしょうか）
"Would you like some coffee *or* tea?" "I'll have coffee, please?"
（「コーヒーと紅茶のどちらになさいますか」「コーヒーをいただきます」）
　　◇話し言葉では Coffee or tea? とも尋ねる。
Would you like chocolate, vanilla, *or* strawberry? ((アイスクリームは)
　チョコレート，バニラ，ストロベリーのどれにしますか)
Shall we go out to the movies *or* stay at home?

(映画に行きましょうか，それとも家にいましょうか)
"Shall we go by bus *or* train?" "By bus."
(「バスと列車のどちらで行きましょうか」「バスにしましょう」)
"Are you coming back today, *or* are you staying overnight?" "I'm coming back today." (「今日お帰りになりますか，それとも一晩お泊まりになりますか」「今日帰ります」)

**NOTE**
　A or B 全体を上昇調で発音すると，yes-no 疑問文になることに注意。or は弱形 /ər/ で発音される（cf. Greenbaum & Quirk (1990)）:
"Shall we go by bus *or* car?" "No, let's take the subway."
(「バスか車で行きましょうか」「いや，地下鉄にしましょう」)

## 24.3　wh- 疑問文 (wh-question)

　wh- 語つまり who [whose, whom], what, which, when, where, how, why で始まり，yes または no では答えられない疑問文を wh- 疑問文という。文の末尾は通例下降調で発音する。wh- 語が主語の場合は「wh- 語＋動詞」の形で，wh- 語が主語でない場合は「wh- 語＋助動詞 [be 動詞]＋主語」の形で表す。

### (1) who, whose, whom, what, which ——疑問代名詞

(1a) 誰が；誰を，誰に——who; who(m)
　人について，主語または補語として用いて「誰が」と尋ねる場合，who を用いて表す。動詞・前置詞の目的語として用いて「誰を，誰に」と尋ねる場合は whom を用いることもできるが，今日では堅い言い方で，文頭で前置詞の目的語として用いる以外は通例 who で表す。
"*Who* invited George to the party?" "I did." (「ジョージをパーティーに呼んだのは誰ですか」「私です」) ◇《話》では Me. とも答える。
"*Who* knows the answer?" "We all do."
(「誰がその答えを知っていますか」「私たちみんな知っています」)
"*Who* can explain this?" "John can."

(「誰がこれを説明できますか」「ジョンです」)

"*Who*'s that?" "It's my brother." (「あれは誰ですか」「私の兄です」)

"*Who* was at the door?" "The mailman (was)."
(「玄関にいたのは誰ですか」「郵便屋さんです」)

*Who* is the parcel addressed to? / (書) To *whom* is the parcel addressed? (その小包の宛先は誰になっていますか)

*Who* did you give the gift to? / (書) To *whom* did you give the gift?
(誰にその贈り物をあげましたか)

"*Who* do you teach?" "I teach medical students."
(「誰に教えているのですか」「医学生です」)

Someone told them, but I don't know *who*.
(誰かが彼らに話したのだが,誰だかはわからない)

*Who* did you send it to, and why? (誰にそれを送ったのですか, そしてなぜですか) ◇ wh-疑問文の中に2つ以上のwh-語があることがある。

**NOTE**

主語として用いるときは単数形が普通だが,複数形をとることもある (Alexander (1988)):

*Who have* won Nobel Prizes for literature in the past ten years?
(過去10年間に誰がノーベル文学賞をとりましたか)

(1b) **誰の,誰のもの**── whose

「誰の…」と所有者について尋ねる場合,「whose+名詞」で表す。また「誰のもの」という意味では whose 単独で「whose+名詞」の代わりに用いることができる。

"*Whose* camera is this? / *Whose* is this camera?" "It's hers."
(「これは誰のカメラですか」「彼女のです」)

"*Whose* cellular phone rang?" "Mine did."
(「誰の携帯電話が鳴ったのですか」「私のです」)

"*Whose* children broke the window?" "Our neighbor's (did)."
(「どこの子供が窓を割ったのですか」「近所の家の子供です」)

"*Whose* house did you go to?" "My friend's."

(「誰の家へ行ったのですか」「友達の家です」)

"*Whose* son is he?" "Kate's."
(「彼は誰の息子さんですか」「ケートさんの息子さんです」)

"I'm going to buy a house" "With *whose* money?"
(「一戸建てを買うつもりだ」「誰のお金で？」)

"*Whose* is this?" "Mine."（「これは誰のものですか」「私のです」）

## (1c) 何が, 何を, 何に, 何の, どんな —— what

不特定の物や事について，主語，目的語，補語として用いて「何が，何を，何に」と尋ねる場合，what を用いて表す。また「何の…，どんな…」と尋ねる場合，「what＋名詞」で表す。名詞が可算名詞の場合，単数，複数いずれも可能。

"*What* caused the accident?" "Falling stones (did)."
(「何が事故を起こしたのですか；事故の原因は何ですか」「落石です」)

"*What*'s wrong?" "I think I have a cold."
(「どうしたんですか」「風邪をひいたようです」) ◇前のほうは *What*'s the matter? / Is something wrong? などとも言える。

*What*'s happened to Dave? He seems in a really bad mood.
(デーブに何があったの？　とても機嫌が悪いみたい)

"*What* are you reading?" "A detective story."
(「何を読んでいるのですか」「探偵小説です」)

*What*'s the height of Mt. Fuji? / *What* height is Mt. Fuji?
(富士山の高さはどのくらいありますか)

*What*'s the depth of the pond?（＝How deep is the pond?）
(その池の深さはどれだけありますか)

"*What* does his father do? / *What* is his father?" "He is a teacher."
(「彼のお父さんは何をしていますか；彼のお父さんの職業は何ですか」「教師です」)

"*What* did he die of?" "A heart attack."
(「彼は何で亡くなりましたか」「心臓発作です」)

"*What* does it cost to get to Australia?" "It depends on how you go."
(「オーストラリアに行くのにどのくらい費用がかかりますか」「行き方によ

ります」）◇前のほうは How much does it cost to ...? とも言える。

*What* qualifications do you have?
　　（あなたはどんな資格を持っていますか）
"*What* nationality are you?" "I'm Japanese."
　　（「国籍はどこですか」「日本です」）
"*What* time is the next train?" "Ten thirty."
　　（「次の列車は何時ですか」「10 時半です」）
"*What* date will she come?" "On August 20th."
　　（「彼女は何日に来ますか」「8 月 20 日です」）
"*What* color are you going to paint it?" "Oh, I don't know yet."
　　（「それを何色に塗るつもりですか」「えーっと，まだわかりません」）
"*What* make is your camera?" "It's a Nikon."
　　（「あなたのカメラはどこの製品ですか」「ニコンです」）
"*What* year were you born (in)?" "In 1948."
　　（「お生まれは何年ですか」「1948 年です」）

**NOTE 1**
　　「what＋名詞」が人について用いられることがある。この場合，「どんな種類の (what kind of)」という意味を表す (Leech *et al* (2001))：
　　　　*What actors* do you like most?（どんな俳優が一番お好きですか）

**NOTE 2**
(1) What (...) for? は「どうして，なぜ (why)」という意味を表す：
　　　　*What* did you do that *for*? (＝Why did you do that?)
　　　　　（どうしてあんなことをしたの）
　　　　"I have to leave school." "*What for*?"
　　　　　（「ぼくは中退しなければならないんだ」「どうして」）
　　また文字どおり，「何のために，どんな目的で」という意味を表す：
　　　　*What's* this tool *for*?（この道具は何に使うのですか）
(2) What is it [he] like? は，物・事については様子を，人については外見または性質を尋ねる：
　　　　"*What's* the weather *like* today?" "It's windy."
　　　　　（「今日の天気はどうですか」「風が強いです」）
　　　　"*What is* he *like*?" "He's short and fat. / He's quiet and a bit shy."

(「彼はどんな人ですか」「背が低くて肥えています／物静かでちょっと恥ずかしがり屋です」)

## (1d) どちら, どれ── which

限定された人や物について, 主語, 目的語として用いて「どちらが, どちらを」と尋ねる場合, which を用いて表す。また「どちらの…, どの…」と尋ねる場合は「which＋名詞」で表す。名詞は単数, 複数いずれも可能。

"*Which* is your wife?" "The one in kimono."
(「どちらがあなたの奥さんですか」「着物を着ているほうがそうです」)

"*Which* comes first, Taro or Motoko?" "Motoko (does)."
(「太郎と元子のどちらが先に来ますか」「元子です」)

*Which* are the most important crops? (どれが最も重要な作物ですか)

It's either Spanish or Portuguese that she speaks, but I've forgotten *which*. (彼女が話せるのはスペイン語かポルトガル語ですが, どちらか忘れてしまいました)

"*Which* boy spoke first?" "George (did)."
(「どちらの少年が先に話しましたか」「ジョージです」)

"*Which* way is downtown?" "It's that way."
(「ダウンタウンはどちらの方角ですか」「あの方角です」)

*Which* hotel are you staying at? /《書》At *which* hotel are you staying? (どのホテルに滞在されていますか)

*Which* size do you want—small, medium or large?
(S, M, L, どのサイズになさいますか)

"*Which* scarf do you like best? The red, the black, or the green?" "I like the green one best." (「どのスカーフが一番お好きですか。赤の, 黒の, それとも緑の?」「緑のが一番好きです」)

the, one's, these などの決定詞をとる名詞, または代名詞が続く場合は, 「which of the [one's, etc.]＋複数可算名詞」「which of＋代名詞」となる。

*Which of* these umbrellas is yours?
(これらの傘のうち, あなたの傘はどちら[どれ]ですか)

*Which of* the photos would you like best?
(その写真のうちどちら[どれ]が一番気に入っていますか)

*Which of* us is going to clear the table?
(私たちのうちどちら［誰］が食事の後片付けをするのですか) ◇ ˣ *Who of* us is ... とは言わないことに注意。

*Which of* your friends have you invited to the party?
(あなたの友達のうちどの人［誰］をパーティーに招待したのですか)

I like all these ties. *Which* (*of* them) do you prefer?
(これらのネクタイは全部いいね。あなたはどれが好きですか)

**NOTE**

which は限定されたものの中から，what は不特定のものの中から選ぶ場合に用いられる。そのような違いはあるものの，次のような場合はほとんど意味の違いはない (cf. Eastwood (1994)):

*Which* [*What*] day is convenient? (何曜日が都合がいいのですか)
*Which* [*What*] part of Japan are you from? (日本のどこのご出身ですか)
*Which* [*What*] platform does the train go from?
(列車は何番ホームから出るのですか)

## (2) when, where, how, why ——疑問副詞

**(2a) いつ —— when**

現在，過去，未来の時について，「いつ…ですか［でしたか；でしょうか］」と尋ねる場合，when を用いて表す。通例現在完了形とは用いない。

"*When* do you usually get up?" "(At) seven."
(「いつも何時に起きますか」「7時です」)

"*When*'s good for you?" "Any day is fine with me."
(「あなたはいつがいいの？」「私はいつでも結構です」)

"*When* does the store open?" "We won't open until nine."
(「店は何時に開くのですか」「9時まで開きません」)

"*When* did you get married?" "Three months ago."
(「いつ結婚されたのですか」「3か月前です」)

"*When* did you come to Japan?" "On the thirtieth of June."
(「いつ日本に来られましたか」「6月30日です」)

"*When* did you last see him?" "A few days ago."

(「最後に彼を見たのはいつでしたか」「数日前です」)
"I did tell you about it." "*When*? I don't remember."
　　(「そのことはあなたにお話ししたでしょう」「いつ？　覚えていないわ」)
"*When* will he come?" "Tomorrow." (「彼はいつ来るの？」「明日よ」)
How and *when* did you come? (どうやって、いつ来たのですか)　◇ wh-疑問文の中に2つ以上の wh- 語があることがある。

(2b)　どこで —— where

場所について、「どこで［に、へ］…ですか」と尋ねる場合、where を用いて表す。

"*Where*'s Nick?" "He's taking the dog for a walk."
　　(「ニックはどこにいますか」「今犬を散歩に連れていっています」)
"*Where* are you from?" "From Kyoto."
　　(「ご出身はどちらですか」「京都です」)
"*Where* do you live?" "In Kobe."
　　(「お住まいはどちらですか」「神戸です」)
"*Where*'s the nearest supermarket?" "Over there, next to that tall building." (「一番近いスーパーはどこにありますか」「あそこ、あの高いビルの隣です」)
"*Where* are you going (to)?" "To Toyama, to see my aunt."
　　(「どこへ行かれるのですか」「富山へ行きます。おばに会いに」)
Have you read much of that novel? *Where* have you got to?
　　(あの小説をだいぶ読みましたか。どこまで読みましたか)
"There's a shooting star!" "*Where*?" (「あっ、流れ星だ！」「どこ？」)

**NOTE**
　　第5範例に見られるように、where の後では to は落ちることがある。ただし、Where to? (どこへ) の場合は to は通例保持される (cf. Swan (2005))：
　　"Could you send this off for me?" "*Where to*?"
　　　　(「これを発送していただけませんか」「どこにですか」)

## (2c) どのように，どんな具合で —— how

方法，手段，様態，状態などについて，「どのように…ですか」「どんな具合ですか」と尋ねる場合，how を用いて表す。

"*How* do you eat *sushi*?" "You dip it in soy sauce."
（「おすしはどうやって食べるのですか」「醬油につけてです」）

"*How* did the accident happen?" "The driver of the truck didn't notice the traffic light."（「どのようにその事故は起こったのですか」「トラックの運転手が信号を見落としたためです」）

"I lost my key." "So *how* did you get into the house?" "By breaking the window."（「ぼく，鍵をなくしてしまったんだ」「それでどうやって家に入ったの？」「窓を割って入ったんだよ」）

"*How* are you?" "Fine, thanks."（「いかがですか」「元気です」）

"*How* did you enjoy the movie?" "Very much."
（「あの映画はどうでした？」「とても面白かったわ」）

"*How* does she look today?" "Tired."
（「今日は彼女の様子はどうですか」「疲れているようです」）

*How* did the interview go? Was it all right?
（面接はどうでしたか。うまく行きましたか）

"*How* was your test?" "Oh, not too bad."
（「テストはどうでしたか」「まあまあです」）

*How* did you spend your time while you were on vacation?
（休暇中はどのように時間を過ごされましたか）

「How＋形容詞・副詞 ...?」の形で用いて，「どのくらい…ですか」という程度，頻度，時間，距離，数量などを尋ねる。

"*How old* are you?" "Thirty (years old)."（「何歳ですか」「30歳です」）

"*How tall* is he?" "About one hundred and seventy centimeters."
（「彼の身長はどのくらいですか」「約170センチです」）

"*How heavy* is it?" "Sixty-two kilograms."
（「それの重さはどのくらいありますか」「62キロです」）

"*How soon* does the next train come?" "In five minutes."
（「どのくらいしたら次の列車が来ますか」「5分後です」）

"*How well* do you know her?" "Not very well."

(「どの程度彼女のことを知っていますか」「あまりよく知りません」)

"*How far* is it to the gas station?" "About one kilometer."
(「ガソリンスタンドまでどのくらいありますか」「約1キロです」)

"*How often* do you wash your hair a week?" "Three times."
(「あなたは週に何回洗髪しますか」「3回です」)

"*How fast* did he run?" "He ran very fast."
(「彼はどのくらい速く走ったのですか」「とても速く走りました」)

"*How quickly* can you do it for me?" "In two days."
(「それはどのくらいでしていただけますか」「2日です」)

"*How long* can you stay?" "Not long, I'm afraid."
(「どのくらい滞在できますか」「残念ながら長くは滞在できません」)

"*How long* will the meeting last?" "About three hours."
(「会議はどのくらいかかりますか」「3時間くらいです」)

"*How many* people live in this condominium?" "About two hundred."
(「このマンションには何人住んでおられますか」「約200人です」)

"*How much* is the entrance fee?" "Five dollars." (「入場料はいくらですか」「5ドルです」) ◇前のほうは What is the entrance fee? とも言える。

"*How much* does this scarf cost?" "Nine thousand yen."
(「このマフラーはいくらしますか」「9000円です」)

*How much* does this parcel weigh? (この小包の重さはどれくらいありますか) ◇ What is the weight of this parcel? とも言える。

"*How much* gasoline did you put in the tank?" "Fifty liters." (「どのくらいガソリンをタンクに入れてくれましたか」「50リットルです」)

## (2d) なぜ── why

原因，理由について，「なぜ[どうして]…ですか」と尋ねる場合，why を用いて表す。返答は通例 Because ... となる。

*Why* are you crying? (どうして泣いているの)

"*Why* was he late?" "Because he missed the train."
(「彼はどうして遅刻したのですか」「電車に乗り遅れたためです」)

"*Why* did the tree die?" "Because they didn't water it."
(「どうしてあの木は枯れたのですか」「水をやらなかったことが原因です」)

"*Why* didn't you tell me?" "Because I didn't want to trouble you with my problems."(「なんで私に言ってくれなかったの？」「ぼくの問題で君に面倒をかけたくなかったのだよ」)
"*Why* don't you go to bed?" "I'm not tired."
(「どうして寝ないの？」「ぼく疲れてないよ」)

**NOTE 1**
(1) 否定の平叙文に対して,「なぜですか」と理由を尋ねる場合, Why? ではなく Why not? を用いる (Leech (2002))：
"We weren't invited to the wedding reception." "*Why not?*"
(「ぼくたちは結婚披露宴に招待されなかったよ」「どうして」)
(2) Why ...? の質問に答えて,「…するために」という目的を表す場合は to 不定詞で答えることができる (cf. Alexander (1988))：
"*Why* did you go this way?" "*To* save time (=Because I wanted to save time)."(「どうしてこちらの道を行ったの？」「時間を節約するために」)
"*Why* did you get up so early?" "*To* meet my father at the airport."
(「どうしてそんなに早く起きたの？」「お父さんを空港で出迎えるためにね」)

**NOTE 2**
理由を尋ねるのに, くだけた言い方では how come? (どうして) が用いられることがある：
"She went out on her own." "*How come*?"
(「1人で彼女出かけたよ」「どうして？」)
*How come* you're so late? (どうしてこんなに遅れたの？)

## 24.4 その他の疑問文

### (1) …であろうか（いや，そんなことはない）, …でないのか（いや，そうである）──修辞疑問文

平叙文に等しい内容を, 反語的に疑問文の形で述べることがある。この修辞疑問文 (rhetorical question) では,「…であろうか」という肯定の修辞疑問文は「いや，そんなことはない」という強い否定の断定を表し,「…で

ないのか」という否定の修辞疑問文は「いや，そうである」という強い肯定の断定を表す。平叙文と比べてずっと強意的で感情的な言い方になる。yes-no 疑問文の場合，通例上昇調で発音する。

*Is that* a reason for his decision to change jobs? (＝Surely that is not a reason for his decision to change jobs.) (それが彼が転職を決めた理由なのだろうか)

*Is it* any wonder that he is mistrusted? (＝It is no wonder that he is mistrusted.) (彼が信用されていないことに，何の不思議があろうか)

*Isn't it* obvious that he is lying? (＝Surely it is obvious that he is lying.) (彼がうそをついていることは明白ではないのか)

wh- 疑問文を修辞疑問文として用いることも多い。

*Who doesn't* know that? (＝Everybody knows that.)
　(それを知らない者などいるだろうか；誰でもそれを知っている)

*How couldn't you* remember? (＝You certainly should have remembered.) (どうして思い出せなかったのか；思い出せたはずだろう)

*What's the use* of asking them? (＝It's no use asking them.)
　(彼らに尋ねて何の役に立つのか；彼らに尋ねても無駄だ)

"You're wearing dirty jeans." "*Who cares*?" (＝Nobody cares.)
　(「君は汚いジーンズをはいているね」「誰がかまうもんか；それがどうしたというのか」)

## (2) …じゃないか——感嘆疑問文

形の上では疑問文だが，返答は期待せず，実際には感嘆文に等しい意味を表すことがある。この感嘆疑問文 (exclamatory question) では，通例否定疑問文の形で用い，「…じゃないか」と強い肯定の意味を表す。下降調で発音する。書き言葉では感嘆符をつける。

*Hasn't he* grown! (彼，ずいぶん大きくなったじゃないか！)

*Isn't the weather* nice! (すばらしい天気じゃないか！)

*Wasn't it* a marvelous film! (すばらしい映画だったじゃないか！)

次のように肯定の yes-no 疑問文の形で用いることもある。

Boy, *am I* hungry! (ああ，空腹なことといったらありゃしない！)

*Did he* look annoyed!（彼の困った顔つきときたら！）

## (3) そうですか──応答疑問文

相手の言葉に関心・興味・驚きなどを示し，「そうですか，本当ですか」と応答するのに，話し言葉ではしばしば「助動詞［be動詞］＋代名詞」の形を用いて表すことがある。これを応答疑問文（reply question）といい，上昇調で発音する。通例，相手の話を聞いていることを示す合図として用いられる。

"It was a terrible party." "*Was it*?"
（「ひどいパーティーだったよ」「そうだったの」）
"John quarreled with the man next door." "Oh, *did he*?"
（「ジョンは隣の人とけんかをしたんだ」「へえー，そうだったの」）
"We're moving house soon." "Oh, *are you*?"
（「私たちはもうすぐ引っ越しします」「えっ，本当」）
"There will be a strike tomorrow." "*Will there*?"
（「明日ストライキがあるみたいだ」「そうなの」）◇ there is 構文では「助動詞［be動詞］＋there」となる。

否定の陳述には，否定の応答疑問文を用いる。

"I can't hear you." "*Can't you*?"
（「あなたのおっしゃることが聞こえません」「聞こえませんか」）
"He hasn't come yet." "*Hasn't he*?"（「彼はまだ来ないよ」「まだなの？」）

**NOTE 1**
肯定の陳述に対し否定疑問文で応答すると，同意を強調した言い方になる (Swan (2005))：
"It was a lovely concert." "Yes, *wasn't it*? I did enjoy it."（「すばらしいコンサートだったね」「ええ，そうでしたね。とても楽しかったわ」）

**NOTE 2** 問い返し疑問文
話し言葉では，前に述べられた言葉の全部または一部を反復して，相手に繰り返してほしいと頼んだり，相手の言葉に関心・驚きなどを示すことがある。これを問い返し疑問文（echo-question）といい，上昇調で発音する。

"I forgot my purse." "*You forgot your purse?*"
(「財布を忘れたよ」「財布を忘れたって」)
"They are moving." "*Moving?*"
(「彼らは引っ越すんだよ」「引っ越すって？」)
"Excuse me. I lost my credit card." "*You did?*"
(「すみません。クレジットカードをなくしました」「なくしたのですって」)
"We don't have any milk." "Oh, *we don't?* I'll go and get some."
(「牛乳が少しもないよ」「えっ, そうなの。買いに行って来るわ」)

聞き取れなかった部分を wh- 語で尋ねることができる。この場合, wh- 語に主強勢が置かれる。

"Take a look at this!" "*Take a look at what?*"
(「これを見なさい」「何を見なさいって」)
"We're going to Britain this summer." "*You're going where?*"
(「ぼくたちは今年の夏イギリスへ行くんだ」「どこへ行くんだって」)
"Tom's cut the class today." "*Who's cut the class?*"
(「トムは今日授業をさぼったよ」「誰がさぼったって」)

## (4) 間接疑問文

間接疑問文 (indirect question) は複文の一部をなし, if 節または wh- 節で表される。

(4a) …かどうか──── yes-no 疑問文の間接疑問文

ask, say, tell などの伝達動詞の後に if または whether をつける。語順は「if [whether]＋主語＋動詞」となる。

He asked me *if* [*whether*] I was ready to go.
(彼は私に行く準備ができているかどうか尋ねた)
I asked her *if* [*whether*] she would look after the children for a while.
(私は彼女にしばらくの間子供の面倒を見てくれないか尋ねた)
The old lady asked *if* [*whether*] it was raining.
(その年老いた女性は雨が降っているかどうか尋ねた)
He didn't tell me *if* [*whether*] he would be arriving early or late.
(彼は私に早く着くとも遅くなるとも言わなかった)
He didn't say *if* [*whether*] he was coming to dinner.

（彼は夕食に来るかどうか言わなかった）

(4b) 誰が［誰の，何が，何を，どちら，いつ，どこで，どんなふうに，なぜ］…か——wh-語を含む間接疑問文

ask, say, tell などの伝達動詞の後に who, whose, what, which, when, where, how, why の wh-語を置く。語順は「wh-語＋主語＋動詞」「wh-語＋動詞」となる。

He asked *who* was in charge of this class.
（彼は誰がこのクラスの担任か尋ねた）
I've found a wallet. I wonder *whose* it is. （財布を見つけた。誰のだろう）
I asked her *what* she was doing. （私は彼女に何をしているのか尋ねた）
Could you tell me *what time* it is? （何時か教えていただけませんか）
He wondered *which* chair he should sit in.
（彼はどのいすにすわったらいいのか迷った）
I asked him *which* of the books he preferred.
（私は彼に，その本のうちどちらが好きか尋ねた）
He asked me *when* I got up in the morning.
（彼は私に朝何時に起きたのか尋ねた）
Please let me know *when* you are taking your holiday.
（いつ休暇を取られるのかお知らせください）
She didn't say *where* she lived.
（彼女はどこに住んでいるのか言わなかった）
"Pardon me. Could you tell me *where* a mailbox is?" "Yes. Go straight along this street. You'll see one on your right."
（「すみません。郵便ポストはどこか教えていただけませんか」「はい。この通りをまっすぐ行ってください。右手にあります」）
Are you deaf? I asked *how* old you were.
（耳が遠いのですか。あなたのお年をお尋ねしたのですが）
May I ask you *how* much you paid for the job?
（その仕事にいくらお支払いになったのかおうかがいしていいでしょうか）
She didn't tell me *why* she quit her job.
（彼女はどうして仕事を辞めたのか私に言わなかった）

# 25章　感情の表し方

　人間のもつ多様な感情を，喜び・楽しさ，怒り・いら立ち，心配・不安・悲しみ，好き・嫌いの4つに大別し，それぞれの感情がどのような英語でどのように表現されるのか述べることにする。

■基本文例■

1　I'm *happy to* see you again.（再びお目にかかれてうれしく思います）
2　I'm *glad to* hear he's getting better.
　　（彼が快方に向かっていると聞いてうれしい）
3　I'm very *pleased about* it.（そのことが大変うれしい）
4　I'm *delighted that* you can come.
　　（あなたが来られることをとても喜んでいます）
5　I *enjoyed* reading at the weekend.（私は週末に読書を楽しんだ）
6　It was a very *enjoyable* concert.（とても楽しいコンサートだった）
7　Please don't *be angry with* me. It isn't my fault.
　　（怒らないでくれ。それはぼくのせいじゃないんだ）
8　He *was irritated at* the long delay in departure.
　　（彼は出発の大幅な遅れにいらいらしていた）
9　What *are* you *worried about*?（何をくよくよしているの？）
10　I *was* very *sad to* hear that he had died.
　　（彼が亡くなったことを聞いて私はとても悲しかった）
11　"Do you *like* our new teacher?" "Yes, I *like* him very much."
　　（「今度の先生は好きですか」「ええ，とても好きです」）
12　"Do you *like* spinach?" "No, I *hate* it."
　　（「ホウレンソウは好きですか」「いいえ，大嫌いなんです」）

## 25.1　喜び・楽しさの表現

### (1) 喜び

(1a)（喜びや満足の気持ちで）うれしい —— happy

　望みどおりの結果が得られたり，物事がうまく行ったりして，喜び・幸せ・満足の気持ちで心が充足した状態は happy で表せる。一時的な意味でも持続的な意味でも用いられる。叙述的にも限定的にも用いられ，叙述的には，be [feel, look] happy のように用いて「うれしい [うれしく思う，うれしそうだ]」の意味を表す。また be happy to do の形で用いて「…してうれしい」，be happy (that) ... の形で用いて「…ということがうれしい」，「be happy about [with]＋事」の形で用いて「…のことでうれしい，…に満足している」という意味を表す。

　　I've never *felt happier* in my life.
　　　（私はこれほどうれしいことは今まで一度もなかった）
　　Congratulations! I'm very *happy* for you.
　　　（おめでとう。本当によかったわね）
　　I*'m* very *happy to* be back here again.
　　　（私は再びここに帰ってこられて大変うれしい）
　　I *was* so *happy to* hear about the birth of your baby.
　　　（お子さまがお生まれになったことを聞いてとてもうれしく思いました）
　　Bill will *be* so *happy to* see you.
　　　（ビルはあなたに会ったらとても喜ぶわよ）
　　*Are* you *happy about* [*with*] your new job?
　　　（今度の仕事は気に入っていますか）
　　He was not very *happy about* Helen traveling on her own.
　　　（彼はヘレンが1人で旅行することはあまり気が進まなかった）
　　He *is* not *happy with* his exam results.
　　　（彼は試験の結果に満足していない）
　　I*'m happy that* you have come.（おいでいただいてうれしい）
　　I*'m* very *happy that* our plan worked out well.
　　　（我々の計画がうまく行ったことを大変うれしく思う）

名詞の前で限定的に用いると，「幸福な，楽しい」また「(出来事などが)幸運な」という意味を表す。

She wore a *happy* smile. (彼女は幸せそうな笑みを浮かべていた)

Today has been the *happiest* day of my life.
(今日は私の人生で一番幸せな日だ)

I have a lot of *happy* memories of my childhood.
(私は子供時代の楽しい思い出がいっぱいある)

By a *happy* chance, we were on the same bus.
(運よく我々は同じバスに乗り合わせた)

**NOTE**
(1) be happy doing の形でも用いられる：
　　We *were* very *happy* just *being* together.
　　　(私たちはいっしょにいるだけでとても幸せだった)
　　*Are* you *happy working* here? (ここで働くことに満足していますか)
(2) about, with の他に in, at をとることもある：
　　She's not very *happy in* [*at*] her job.
　　　(彼女は自分の仕事にあまり満足していない)
(3) be happy to do は「喜んで…する (be willing to do)」の意味でも用いられる：
　　I'll *be happy to* go with you. (喜んでごいっしょします)
　　I'd *be* very *happy to* help you, if you need a hand.
　　　(もし手助けが必要だったら喜んでお手伝いします)

## (1b) (よいことがあって) うれしい —— glad

何かよいことがあって通例一時的に満足している気持ちは glad で表せる。主に叙述的に用い，be glad to do の形で用いて「…してうれしい」，be glad (that) ... の形で用いて「…ということがうれしい」，「be glad about＋事」の形で用いて「…のことでうれしい」という意味を表す。be 以外に, feel, look, seem なども用いられる。

"I've decided to accept the job." "I*'m glad*."
　　(「その仕事を引き受けることに決めました」「よかった」)

That's great! I*'m* so *glad* for you.

(すごいですね！ 本当によかったわね)
I'm *glad to* see you. (お目にかかれてうれしい)
I *was glad to* hear he had returned home safely.
　(彼が無事に帰国したことを聞いてうれしかった)
I'm *glad to* know that he speaks very good English.
　(私は彼が英会話がとても上手なことを知って満足している)
He looked *glad to* see her. (彼は彼女に会えてうれしそうだった)
I'm *glad* (*that*) you could come. (ようこそおいでくださいました)
"The meal was excellent." "I'm *glad* you liked it."
　(「食事はとてもおいしかったですよ」「お気に召してうれしく思います」)
I'm *glad about* your passing the exam.
　(あなたが試験に合格されてうれしく思います)
She didn't quit her job after all. I *was glad about* that.
　(彼女は結局仕事を辞めなかった。私はそのことがうれしかった)

**NOTE**
　be glad to do は「喜んで…する (be willing to do)」の意味でも用いられる：
　　She's always *glad to* help. (彼女はいつも喜んで手伝ってくれる)
　　I'd *be glad to* help her if she asked.
　　　(もし彼女が頼めば喜んで手伝ってあげるのだが)

## (1c) (喜んで，気に入って) うれしい —— pleased

うれしくて一時的に満足した気持ちになる［させられる］ことは pleased で表せる。pleased は他動詞の please (喜ばせる，満足させる) の過去分詞が形容詞化したもの。be pleased to do の形で用いて「…してうれしい」，be pleased (that) ... の形で用いて「…ということがうれしい」，「be pleased with [about] ＋事」の形で用いて「…がうれしい，…が気に入っている」という意味を表す。be 以外に，feel, look, seem なども用いられる。

I'm *pleased to* meet you.
　(お目にかかれてうれしく思います；はじめまして)
I'm very *pleased to* be back again in Japan.

(日本に再び帰れて大変うれしい)
I*'m* so *pleased to* hear that you've got a promotion.
(あなたが昇進されたことを聞いてとてもうれしい)
We*'re* all *pleased* you can come.
(あなたが来られることをみんな喜んでおります)
Her mother *was pleased that* she chose a college close to home.
(母親は，娘が自宅に近い大学を選んでくれたことをうれしく思った)
We*'re* so *pleased that* you're able to come to the wedding.
(結婚式にご出席くださいますことを大変うれしく存じます)
I*'m* really *pleased with* my new haircut.
(今度の髪型はすごく気に入っている)
He *isn't pleased with* his test scores. (彼はテストの点に満足していない)
We *were pleased about* his promotion.
(私たちは彼の昇進がうれしかった)
He *wasn't* very *pleased about* having to leave.
(彼は帰らなければならないことがあまりうれしくなかった)

**NOTE**
(1) I*'m pleased to* meet you.（お目にかかれてうれしく思います）は初対面の人と交わす挨拶の丁寧な表現。I'm を略して，*Pleased to* meet you. とも言う：
　　"Tom Watson." "*Pleased to* meet you."
　　（「トム・ワトソンです」「はじめまして」）
(2) be pleased to do は「喜んで…する（be willing to do）」の意味でも用いられる：
　　I'll *be pleased to* come.（喜んでお伺いします）
　　We *are* always *pleased to* help you.（いつでも喜んでお手伝いします）
(3) pleased は正式な文書でも用いられる：
　　I am *pleased to* inform you that the book you ordered has arrived.
　　（ご注文書が入荷したことをお知らせいたします）

## (1d) 大いにうれしい —— delighted

何かよいことがあって一時的に極度にうれしい気持ちになる［させられる］ことは delighted で表せる。delighted は他動詞 delight（大喜びさせる）

の過去分詞が形容詞化したもの。be delighted to do の形で用いて「…して大変うれしい」,be delighted (that) ... の形で用いて「…であることを大変うれしく思う」,「be delighted with [by, at]＋事」の形で用いて「…を大変うれしく思う」という意味を表す。be 以外に, feel, look, seem なども用いられる。

I *was delighted to* see my old friends again.
(再び昔の友達と会えてとてもうれしかった)

I *was delighted to* hear you were getting married.
(あなたが結婚されることを聞いてとてもうれしく思いました)

We*'re delighted that* you can come.
(あなたが来られることをとても喜んでいます)

We *are delighted that* the negotiations have been completed successfully. (交渉が成功裏に終わって大変うれしい)

We *were* all *delighted by* [*at*] the news of the release of the hostages.
(私たちはみな人質の解放の知らせに大喜びだった)

They *were* all really *delighted with* their new house.
(彼らはみな新しい家に大喜びだった)

She *seemed delighted with* her present.
(彼女はプレゼントをとても喜んでいるようだった)

**NOTE 1**

delighted 自体に強い意味があるので, 通例 ˣvery delighted とは言わない。さらに意味を強めるには absolutely などを用いる：

We*'re absolutely delighted to* hear that you're getting engaged.
(あなたが婚約されることをうかがい, 大変うれしく思います)

**NOTE 2** 関連表現

He *was ecstatic* when he heard the news.
(彼はその知らせに狂喜した) ◇「気が狂うほど喜ぶ」の意。

Everybody *was jubilant* when we won the championship.
(我々が優勝したとき, みんな歓喜した) ◇「歓呼して大喜びする」の意。

When I heard he was safe, I *felt on top of the world*.
(彼が無事だということを聞いて, 私は大喜びした) ◇《話》で, 「天にも昇

るような気分になる」の意。
He *was overjoyed to* hear from his old friend.
（彼は旧友からの便りをとても喜んだ）◇「大喜びする」の意。
Why are you *in* such *a good mood* this morning?（どうして今朝はそんなに上機嫌なの？）◇「楽しい気分である，上機嫌である」の意。

## (2) 楽しさ

(2a) **楽しむ**──enjoy; have a good time; have fun

「…を楽しむ」という意味では「enjoy＋名詞」で，「楽しむ，愉快に過ごす」という意味では enjoy oneself, have a good [a great, an enjoyable] time, have fun で表せる。「…して楽しむ」という意味では enjoy doing, have fun doing で表すことができる。

We *enjoyed* the party very much. ◇ We very much *enjoyed* the party. とも言える / We *enjoyed ourselves* very much at the party. / We *had a* very *good* [*enjoyable*] *time* at the party. / We *had* a lot of *fun* at the party.（パーティーはとても楽しかった）◇ The party was great [good] *fun*. とも言える。

We really *enjoyed* the game between the Giants and the Tigers last night.（昨夜のジャイアンツ・タイガース戦は実に面白かった）

The park was lovely, and I *enjoyed* the walk.
（素敵な公園だった。それで私は散歩を楽しんだ）

Everyone seemed to *be enjoying themselves*.
（みんな楽しんでいるようだった）

The park was full of people *enjoying themselves* in the sunshine.
（公園は日光浴を楽しんでいる人でいっぱいだった）

When I was in London, I *had a* really *good time*.
（ロンドンでは本当に楽しかった）

I *enjoy playing* tennis when I have time.
（私は時間がある時にはテニスをして楽しむ）

I *enjoyed listening* to music while I was driving.
（私は車を運転しながら音楽を聞いて楽しんだ）

We *had fun chatting* all day long.
(私たちは一日中おしゃべりをして楽しんだ)

**(2b) 楽しい**── enjoyable; pleasant; cheerful; happy; amusing

「楽しく面白い」という一般的な意味では enjoyable,「心地よさを与えて楽しい」の意味では pleasant,「表情などが明るくて陽気で楽しい」の意味では cheerful,「幸せな気持ちで楽しい」の意味では happy (→ 25.1 (1a)),「愉快で人を笑わせて楽しい」の意味では amusing を用いて表せる。いずれの語も限定的, 叙述的に用いられる。

This novel is very *enjoyable*. (この小説は大変面白い)

We had a very *enjoyable* afternoon.
(私たちはとても楽しく午後を過ごした)

We spent an *enjoyable* evening playing cards.
(私たちはトランプをして楽しい夜を過ごした)

We had a very *pleasant* chat about the old days.
(私たちは昔のことをとても楽しく語り合った)

It was *pleasant* to sit reading under the tree.
(その木の下ですわって読書して楽しかった)

I'm not feeling very *cheerful* today. (今日はあまり楽しい気分ではない)

"What a *cheerful* story!" she said with a smile.
(「なんて愉快な話なの」と彼女はほほえんで言った)

She looks *happier* today than yesterday.
(彼女は今日は昨日よりも楽しそうだ)

His speech was very *amusing*. (彼の話はとても面白かった)

There was an *amusing* story in the newspaper.
(新聞に面白い話が載っていた)

**NOTE** 関連表現

I'm reading a very *interesting* book.
(私は今とても面白い本を読んでいます) ◇「知的興味をそそる」の意。

We spent an *entertaining* evening with our old friends.
(私たちは昔の友人と楽しい夕べを過ごした) ◇「なごませる」の意。

The novel was so *absorbing* that I spent all night reading it. (その小説はとても面白かったので，私は一晩中読んで過ごした) ◇「心を奪う」の意。

The boxing match was very *exciting* last night.
(昨晩のボクシングの試合はとても面白かった) ◇「興奮させる」の意。

It was the *funniest* story I had ever heard. (それは私が今まで聞いた中で最高に面白い話だった) ◇「面白くて人を笑わせる」の意。

## 25.2 怒り・いら立ちの表現

### (1) 怒り

(1a) 怒る —— get angry; get mad; be offended; lose one's temper

「怒る」の意を表す最も一般的な言い方は get angry で，主に「get angry with [at]＋人／about [over, at]＋事」の形で用いて「…に［のことで］怒る」，get angry (that) ... の形で用いて「…ということに怒る」という意味を表す。get mad は get angry よりも怒りの度合いは強く，主に《米》で話し言葉でよく用いられる。主に「get mad at [with]＋人／about＋事」の形で用いて「…に［のことで］怒る」という意味を表す。いずれも「怒っている」という状態を表す場合は be angry [mad] となる。「無礼や道徳に反することなどで立腹する」は be offended，「正気を失って突然怒る」は lose one's temper で表せる。

Calm down, there's no need to *get angry*.
(落ち着いて。怒ることはないんだ)

She *was angry with* him because he had broken his promise.
(彼女は彼が約束を破ったことに怒っていた)

He*'s angry at* [*with*] me for upsetting Laura.
(彼は私がローラの機嫌を損ねたことで怒っている)

Everyone *is angry about* the gasoline prices.
(誰もがガソリンの価格のことで怒っている)

Local people *are angry that* they weren't consulted about plans to build a new road. (地元の人は，新しい道路の建設計画について何の相談もなかったことに怒っている)

He *got mad at* me for missing the meeting.
（彼は会議に出なかったことで私に怒った）

*Was* your mother *mad at* you when you came home late?
（遅く帰宅してお母さんは怒ってた？）

They'll *be offended* if you don't go to their wedding.
（もしあなたが結婚式に出ないと彼らは怒るだろう）

She *was offended* by such a personal question.
（あのような個人的な質問に彼女は腹を立てた）

I hope you*'re* not *offended* that we didn't invite you.
（あなたをお招きしませんでしたが，気分を悪くなさらないでくださいね）

As the argument escalated, Ken *lost* his *temper* completely.
（議論が高じると，ケンはまったく正気を失い怒った）

He *lost* his *temper* with a customer and shouted at him.
（彼は客に突然怒りだし，どなりつけた）

(1b) 激怒する── get very angry; get furious; rage

「激しく怒る」の意の最も一般的な表現はget very angry（→25.2 (1a)）。「気が狂ったように激しく怒る」はget furiousで，主に「get furious with [at]＋人／at [about]＋事」の形で用いて「…に［のことで］激怒する」，get furious that ... の形で用いて「…ということに激怒する」という意味を表す。「自制心を失うほど激しく大声で怒る」はrage。堅い語。主に「rage at [against]＋人／about＋事」の形で用いて「…に［のことで］激怒する」という意味を表す。

The teacher *got very angry with* the students because none of them did their homework. （先生は，生徒たちが誰一人宿題をしてこなかったのでひどく怒った）

My mother *got very angry about* my grades.
（お母さんは私の成績のことでひどく怒った）

I was late and he *was furious with* me.
（私が遅れて行くと彼はひどく怒った）

My father came home *furious at* something his boss had said.
（父は上司の言葉に激怒して家に帰ってきた）

They *were furious at* not being invited to the party.
(彼らはパーティーに招待されなかったことに対してひどく怒っていた)

"That's unfair," she *raged*.
(「それは不公平だわ」と彼女は激怒して言った)

He *raged at* me for forgetting to order the book from the store.
(彼は私に，店に本の注文をし忘れたと言ってひどく怒った)

**NOTE** 関連表現

When I criticized him for his behavior, he *flew into a rage*.
(態度のことで彼を非難すると，彼はかっと怒った) ◇「かっとなる」の意。

His silence *infuriated* the teacher even more. (彼は黙っていたので，先生はいっそう激怒した) ◇「人を激怒させる」の意。

"Was he angry when you got in so late?" "Angry? He was *livid*!"
(「あんなに遅れて行って彼怒った？」「怒ったどころじゃないわ。カンカンだったわよ」) ◇ furious と同意で，「激怒して」の意。叙述的に用いられる。

## (2) いら立ち

いら立つ——get irritated; get on one's nerves; get impatient

「不快なことにいらいらする」は get irritated で表せる。主に「get irritated with [at]＋人 / at [by, about]＋事」の形で用いて「…にいらいらする，…に怒る」という意味を表す。get on one's nerves は「騒音などが人の神経にさわる」ことをいう。くだけた言い方。「待たされたりなどして忍耐がなくなる」は get impatient で，主に「get impatient with＋人・事 / at [about]＋事」の形で用いて「…にいらいらする，…に我慢できない」という意味を表す。

I *got irritated with* him because he was too noisy.
(私は彼があまりにも騒がしかったのでいらいらした)

Ben began to *get irritated at* [*by*] her absurd questions.
(ベンは彼女のばかげた質問にいら立ちはじめた)

The passengers *were getting irritated at* the long delay.
(乗客は大幅な遅れにいら立ってきていた)

The noise from the street was beginning to *get on* my *nerves*.

(私は通りの騒音にいらいらしてきた)

I do *get impatient with* the children when they won't do their homework. (私は子供たちが宿題をしないときは本当にいらいらした気持ちになる)

People *are growing impatient with* the slow pace of educational reform. (人々は遅遅として進まない教育改革にいら立ち始めている)

**NOTE** 関連表現

His questions were starting to *annoy* her.
(彼の質問に彼女はいらいらし始めていた) ◇「困らす,悩ませる」の意。

You*'re bothering* me.
(君にはいらいらさせられるよ) ◇「面倒をかける,困らす」の意。

After waiting for an hour, I was beginning to *run out of patience*.
(1時間待ったので,私はいらいらし始めてきた) ◇「我慢しきれない」の意。lose patience とも言う。

That loud music *is driving* me *crazy* [*mad*].
(あのうるさい音楽で気が狂いそうだ) ◇「気が狂うほどいら立たせる」の意。drive は「…の状態にさせる」。

## 25.3 心配・不安・悲しみの表現

### (1) 心配・不安

(1a) 心配である── worry, be worried; be concerned; be anxious; feel uneasy

「心の中でいろいろ思い悩む[悩んでいる]」ことを表す一般的な言い方は worry [be worried] で,「worry [be worried] about+人・事」の形で用いて「…のことで心配する[している]」, worry [be worried] that ... の形で用いて「…ではないかと心配する[している]」という意味を表す。「関心があって気にかけている」は be concerned で,「be concerned about+人・事」の形で用いて「…のことを気にして[心配して]いる」, be concerned that ... の形で用いて「…ではないかと気にして[心配して]いる」という意味を表す。「将来起こるか起こらないかわからないことを不安に思ってい

る」は be anxious。この意味では通例「be anxious about [for] ＋人・事」の形で用いて「…を心配している，…を不安に思う」という意味を表す。「不安で落ち着かない気持ちになる」は feel uneasy で，主に「feel uneasy about ＋事」の形で用いて「…のことを不安に感じる，…が心配だ」という意味を表す。

 Where have you been? I *was worried about* you.
  （いままでどこに行ってたの。心配してたよ）
 She*'s worrying about* her exam results.
  （彼女は試験の結果が気がかりだ）
 I sometimes *worry that* I'll never find a job.
  （私はずっと仕事が見つからないんじゃないかとときどき不安になる）
 I think she*'s* genuinely *concerned about* you.
  （彼女は心から君のことを心配していると思うよ）
 She*'s* very *concerned about* the environment.
  （彼女は環境のことをとても心配している）
 He didn't *seem* in the least *concerned for* his son's safety.
  （彼は息子の安否についてまったく心配していない様子だった）
 I*'m concerned that* she's too thin.
  （私は，彼女はやせすぎじゃないかと心配している）
 She *seemed anxious about* her children's future.
  （彼女は子供たちの将来を案じている様子だった）
 She works so hard that I sometimes *get anxious for* her health.
  （彼女は一生懸命働くので時々彼女の健康のことが心配になる）
 She was still not back, so I was beginning to *feel uneasy*.（彼女はまだ帰って来ていなかったので，私は不安な気持ちになり始めていた）
 After a while he started to *feel uneasy about* it.
  （しばらくして彼はそのことが心配になり始めた）

 **NOTE** 関連表現
  I *felt disturbed* because I had lost an important paper.（大事な書類をなくしたので心配でしかたなかった）◇「心が乱れる，心配になる」の意。
  I always *get nervous* before exams.（私は試験の前はいつも緊張して不安に

なる）◇「神経が高ぶって不安になる」の意。
Is there something *on your mind*?
（何か心配事があるのですか）◇「気にしている，気にかかる」の意。

## (1b) 悲しむ―― be [feel] sad; feel sorrow; grieve

　「悲しみを感じる」ことを表す最も普通の言い方は be [feel] sad という。主に「be [feel] sad about＋事」，be [feel] sad to do, be [feel] sad that ... の形で用いて，「…が [して；であることが] 悲しい」という意味を表す。「（人・人の死などを）ひどく悲しむ」は feel sorrow で，「feel sorrow over [at, for]＋事」の形で用いられる。grieve は，feel sorrow よりも意味が強く，「深く悲しむ」ことをいい，主に「grieve for＋人」「grieve (over)＋事」の形で用いられる。

The children *are sad* because their dog has died.
　（子供たちは犬が死んでしまったので悲しんでいる）
I *felt sad about* leaving my family, but I had no choice.
　（私は家族を残して去るのは悲しかったが，そうするよりほかなかった）
I *was* very *sad to* hear about his father's death.
　（私は彼のお父さんが亡くなったことを聞いてとても悲しかった）
*Are* you *sad that* she's going away?（彼女が出ていくのが悲しいの？）
Of course the team *felt sad that* they had lost the game.
　（もちろんチームの誰もが試合に負けたことを悲しく思った）
The *sorrow* she *felt over [at]* the death of her husband was almost
　too much to bear.（彼女が夫を亡くした悲しみは耐えがたいものだった）
He *is* still *grieving for* his wife.
　（彼は奥さんのことをまだひどく悲しんでいる）
She *grieved* the death of her husband.（彼女は夫の死を深く悲しんだ）

**NOTE** 関連表現
　　Why *are* you so *unhappy*?（どうしてそんなに悲しいの？）◇悲しみを表す最も穏やかな語で，「うれしくない」の意。
　　She *was sorry* that she had upset him.（彼女は彼を怒らせてすまないと思った）◇「後悔して悲しくなっている」の意。
　　He has *been* very *depressed* since he lost job.（彼は職を失ってからまった

く落ち込んでいる）◇悲しみが続いて「落ち込んだ，意気消沈した」の意。
What's the matter? You *seem* really *down*.
　（どうしたの？　すごく落ち込んでるみたいだけど）◇（話）で，「気がめいった（slightly depressed）」の意。
I *feel blue* today.
　（今日は気分が憂うつだ）◇（話）で，「悲しくて憂うつな」の意。
He *became* very *gloomy* and depressed.（彼はとても悲観的になって落ち込んだ）◇「希望がなくて悲しい，憂うつな」の意。
When her parents got divorced, she *was heartbroken*.（彼女は両親が離婚したとき悲しみに打ちひしがれた）◇「悲嘆にくれた」の意。
He *was overcome* [*overwhelmed*] *by grief* when he heard the news of his friend's death.（彼は友人の死の知らせを聞いて悲しみに打ちひしがれていた）

## 25.4　好き・嫌い

## (1) 好き

(1a)（…が，…するのが）好きである──like; be fond of; love

　「好む」の意の最も一般的な語は like で，「like＋名詞」，like to do, like doing の形で用いて「…が［するのが］好きである」という意味を表す。be fond of は，like よりも口語的な言い方で，通例長期にわたって好きなことをいう。「be fond of＋名詞」，be fond of doing の形で用いて「…が［するのが］（大）好きである」という意味を表す。love は like よりも意味の強い語で，「love＋名詞」，love to do, love doing の形で用いて「…が［するのが］大好きである」という意味を表す。
　"Do you *like* walking?" "Yes, I do. I *love* it."
　　（「ウォーキングは好きですか」「ええ，好きです。大好きです」）
　She *likes* John a lot.（彼女はジョンが大好きだ）
　He really *likes to* travel.（彼は本当に旅行が好きだ）
　I think he *likes living* alone in the country.
　　（彼は田舎で1人で生活するのが好きなようだ）
　She*'s* very *fond of* dancing.（彼女はダンスが大好きだ）

Elephants *are* very *fond of* bananas.（ゾウはバナナが大好物だ）
I *love* Italian food.
　　（私はイタリア料理が大好きだ）◇(1) 通例 ×I *love* Italian food *very much*. とは言わない。(2)《話》では，I *simply adore* Italian food. などとも言う。
I went to York this summer and *loved* it.
　　（私は今年の夏ヨークへ行ったが，ヨークがとても気に入った）
Charlie *loves* his work.（チャーリーは自分の仕事が大好きだ）
She *loves to* walk in the rain.（彼女は雨の中を散歩するのが大好きだ）
We *love going* to the mountains.（ぼくたちは山へ行くのが大好きだ）

**NOTE 1**
「好きになる」という状態の変化は come to [get to, grow to] like で表される：
　　At first he hated London, but after a while he *got to like* it.
　　　　（彼は最初ロンドンが大嫌いだったが，やがて好きになった）
　　I've gradually *come to like* Laura and her odd habits.
　　　　（私は次第にローラと彼女の変な癖が好きになってきた）

**NOTE 2**
　　like, love, prefer（→ 25.4 (1b)）は，to do または doing をとり，意味の区別なく用いられることもあるが，一般に to 不定詞は未来の特定の行為に言及する場合，動名詞は一般的なことや進行していることを言う場合に用いられる（cf. Alexander (1988)）：
　　I really *like to* travel around the world.
　　　　（私は本当に世界一周旅行がしたい）
　　I *like living* in London.（私はロンドンでの生活が気に入っている）

**NOTE 3**
　　like よりも堅い言い方に care for があるが，これは通例否定文・疑問文で用いられる：
　　"Do you *care for* spicy food?" "No, I don't much *care for* it. / Oh yes, I like [×*care for*] it."（「スパイスのきいた食べ物が好きですか」「いいえ，あまり好きではありません／はい，好きです」）

**NOTE 4**　関連表現
　　He's very *keen on* swimming.（彼は水泳に熱中している）
　　She *is crazy about* skiing.（彼女はスキーに夢中になっている）
　　He's *mad about* computer games.（彼はコンピュータゲームに夢中だ）
　　My brother's really *into* rock-climbing.
　　　（弟はロッククライミングに夢中になっている）

## (1b)（…のほうが）好きである── prefer; like ... better

　「…のほうが好きである」という意味は，prefer, like ... better によって表せる。prefer は「prefer＋名詞」，prefer to do, prefer doing の形で用いて「…のほう［するほう］が好きである」という意味を表す。また prefer to do rather than (to) do の形で用いて「…するよりも…するほうが好きである」，prefer A to B の形で用いて「B より A のほうが好きである」という意味を表す。like ... better は prefer よりも口語的な言い方で，like A better than B の形で用いて「B より A のほうが好きである」という意味を表す。

　　"Coffee or tea?" "I'd *prefer* tea, thanks."（「コーヒーと紅茶のどちらになさいますか」「紅茶をお願いします」）◇(1) *Which do you prefer*, coffee or tea? の略。(2) I'd prefer は I prefer よりも断定を避けた丁寧な言い方。
　I *prefer to* eat organic vegetables if possible.
　　（私はできれば有機野菜を食べたい）
　I'd *prefer* not *to* talk about the matter.
　　（その件については話したくありません）
　Do you *prefer traveling* by train or car?
　　（列車や車で旅行するほうが好きですか）
　I *prefer to* drive *rather than* take the train.
　　（私は電車に乗るよりも車を運転するほうが好きだ）
　I'm beginning to like Japanese food. I *prefer* rice *to* potatoes.
　　（私は日本食が好きになってきた。ジャガイモよりも米のほうが好きだ）
　I *liked* his last novel *better*.（彼の前の小説のほうが好きだった）
　I *like* our new teacher much *better than* the one we had before.
　　（私は前の先生よりも今度の先生のほうがずっと好きだ）

## (2) 嫌い

### (…が, …するのが) 嫌いである —— don't like; dislike; hate

「嫌いである」という意味の最も普通の言い方は don't like で,「don't like＋名詞」, don't like to do, don't like doing の形で用いて「…が [するのが] 好きでない」という意味を表す。don't like よりもいくらか意味の強い語は dislike で,「dislike＋名詞」, dislike doing の形で用いて「…が [するのが] 嫌いである」という意味を表す。「嫌悪感を抱くほど嫌う」のは hate で,「hate＋名詞」, hate to do, hate doing の形で用いて「…が [するのが] 大嫌いである」という意味を表す。

He *doesn't like* fish.（彼は魚が好きでない）

I *don't* really *like* classical music.
　（私はクラシック音楽はあまり好きでない）

I *don't like* noisy children.（私はうるさい子供は好きじゃない）

I *don't like talking* in public.（私は人前で話すのは好きではない）

Why do you *dislike* him so much?（どうしてそんなに彼を嫌うの？）

He *disliked having* to get up early.（彼は早く起きなければならないのは嫌だった）◇ ×He *disliked to* have to ... とは言わない。

He *hates* cats.（彼はネコが大嫌いだ）

We all *hated to* see the Giants lose a game.
　（我々はみなジャイアンツの負け試合を見たくなかった）

I *hate having* to wait.（私は待たされるのはひどく嫌だ）

**NOTE**
　嫌悪を表す語は他に, detest, abhor, loathe などがある。detest は「強く時に激しく嫌う」ことをいう。abhor は堅い語で「身震いするほど嫌う」, loathe は「胸がむかむかするほど嫌う」の意。嫌悪感は, 弱いほうから don't like, dislike, hate, detest, abhor, loathe となる:

They used to be friends, but now they absolutely *detest* each other.
　（2人は以前は仲がよかったが, 今では犬猿の仲だ）

He *abhors* discrimination of any kind.（彼はどんな差別も嫌悪する）

"Do you like meat?" "I *loathe* it."（「肉はお好きですか」「大嫌いなの」）

# 参考書目

Alexander, L. G. 1988. *Longman English Grammar*. London: Longman.
Ball, W. J. 1986. *Dictionary of Link Words in English Discourse*. London: Macmillan.
Biber, D., S. Johansson, G. Leech, S. Conrad and E. Finegan. 1999. *Longman Grammar of Spoken and Written English*. London: Longman.
Bolinger, D. 1972. *That's That*. The Hague: Mouton.
―. 1977. *Meaning and Form*. London: Longman.
Carter, R. & M. McCarthy. 2006. *Cambridge Grammar of English*. Cambridge: Cambridge University Press.
Celce-Murcia, M. & D. Larsen-Freeman. 1983, $1999^2$. *The Grammar Book*. Rowley: Newbury House. (第2版は Boston: Heinle & Heinle)
Chalker, S. 1990. *English Grammar Word by Word*. Edinburgh: Nelson.
Christophersen, P. & A. O. Sandved. 1969. *An Advanced English Grammar*. London: Macmillan.
Close, R. A. $1977^2$. *English as a Foreign Language*. London: George Allen & Unwin.
Copperud, R. H. 1980. *American Usage and Style: The Consensus*. New York: Van Nostrand Reinhold.
Declerck, R. 1991. *A Comprehensive Descriptive Grammar of English*. Tokyo: Kaitakusha.
Eastwood, J. 1994. *Oxford Guide to English Grammar*. London: Oxford University Press.
Frank, M. $1993^2$. *Modern English: A Practical Reference Guide*. Englewood Cliffs: Regents/Prentice Hall.
Garner, B. A. 1998. *A Dictionary of Modern American Usage*. Oxford: Oxford University Press.
Greenbaum, S. 1969. *Studies in English Adverbial Usage*. London: Longman.
― & J. Whicut. 1988. *Longman Guide to English Usage*. London: Longman.
― & R. Quirk. 1990. *A Student's Grammar of the English Language*. London: Longman.
Heaton, J. B. & J. P. Stocks. 1966. *Overseas Students' Companion to English Studies*. London: Longman.
Hornby, A. S. $1975^2$. *Guide to Patterns and Usage in English*. London: Oxford University Press.
Kishino, E. (岸野英治) 1980.「女性と強意語」和知誠之助(編)『女性と英米文学』東京：研究社出版.
―. 1982.「OF の意味」『甲南女子大学研究紀要』(第18号).

Konishi, T.（小西友七）1976.『英語シノニムの語法』東京：研究社.

―――.（編）1989.『英語基本形容詞・副詞辞典』東京：研究社.

Leech, G. N. 1987². *Meaning and the English Verb*. London: Longman.

―――, B. Cruickshank & R. Ivanič. 2001². *An A-Z of English Grammar & Usage*. Harlow: Pearson Education.

――― & J. Svartvik. 2002³. *A Communicative Grammar of English*. Harlow: Pearson Education.

Long, R. B. 1961. *The Sentence and Its Parts*. Chicago: the University of Chicago Press.

Lovinger, P. W. 2000. *The Penguin Dictionary of American English Usage and Style*. New York: Penguin.

Manser, M. H. (ed.) 1990². *Bloomsbury Good Word Guide*. London: Bloomsbury.

Morris, W. & M. Morris. 1985². *Harper Dictionary of Contemporary Usage*. New York: Harper & Row.

Murphy, R. 1989. *Grammar in Use*. Cambridge: Cambridge University Press.

―――. 2004. *English Grammar in Use*. Cambridge: Cambridge University Press.

Otsuka, T.（大塚高信）(編) 1970².『新英文法辞典』東京：三省堂.

Palmer, F. R. 1974, 1987². *The English Verb*. London: Longman.

Quirk, R. & S. Greenbaum. 1974. *A University Grammar of English*. (2nd impres.) London: Longman.

―――, S. Greenbaum, G. Leech & J. Svartvik. 1985. *A Comprehensive Grammar of the English Language*. London: Longman.

Randall, B. 1988. *Webster's New World Guide to Current American Usage*. New York: Simon & Schuster.

Schourup, L. & T. Waida.（和井田紀子）1988.『*English Connectives* 談話のなかでみたつなぎ語』東京：くろしお出版.

Sinclair, J. (ed.) 1992, 2004². *Collins Cobuild English Usage*. London: HarperCollins.

Swan, M. 1995², 2005³. *Practical English Usage*. London: Oxford University Press.

Thomson, A. J. & A. V. Martinet. 1986⁴. *A Practical English Grammar*. London: Oxford University Press.

Todd, L. 1997. *The Cassell Dictionary of English Usage*. London: Cassell.

――― & I. Hancock. 1986. *International English Usage*. Wolfeboro: Croom Helm.

Van Ek, J. A. & N. J. Robat. 1984. *The Student's Grammar of English*. Oxford: Basil Blackwell.

Ward, J. M. 1972. *New Intermediate English Grammar*. London: Longman.

Wilson, K. G. 1993. *The Columbia Guide to Standard American English*. New York: Columbia University Press.

Wood, F. T. 1967. *English Prepositional Idioms*. London: Macmillan.

**【辞　書】**　　[　]内は本書で用いた略号を示す

The American Heritage Dictionary of the English Language. 2000⁴. Boston: Houghton Mifflin.
BBC English Dictionary. 1992. London: HarperCollins.
Cambridge Advanced Learner's Dictionary. 2003. Cambridge: Cambridge University Press.
Cambridge International Dictionary of English. 1995. Cambridge: Cambridge University Press.
Cambridge Learner's Dictionary. 2001. Cambridge: Cambridge University Press.
Chambers Essential English Dictionary. 1998. Edinburgh: Chambers.
Collins Cobuild Advanced Learner's English Dictionary. 2003⁴. London: HarperCollins.
Longman Advanced American Dictionary. 2000. Harlow: Pearson Education.
Longman Dictionary of American English. 2004³. Harlow: Pearson Education.
Longman Dictionary of Contemporary English. 1978, 1987², 1995³, 2003⁴. London: Longman.（第4版は Harlow: Pearson Education）[LDCE²]
Longman Dictionary of English Language and Culture. 2005³. Harlow: Pearson Education.
Longman Essential Activator. 1997. London: Longman.
Longman Language Activator. 1993, 2000². London: Longman.
Longman Lexicon of Contemporary English. 1981. London: Longman.
Longman Wordwise Dictionary. 2001. Edinburgh: Pearson Education.
Macmillan English Dictionary. 2002. New York: Macmillan.
Merriam-Webster's Collegiate Dictionary. 2003¹¹. Springfield: Merriam-Webster.
Oxford Advanced Learner's Dictionary of Current English. 2000⁶, 2005⁷. London: Oxford University Press. [OALD⁶] [OALD⁷]
Oxford Collocations Dictionary for Students of English. 2002. Oxford: Oxford University Press.
Oxford Learner's Wordfinder Dictionary. 1997. Oxford: Oxford University Press.
Oxford Wordpower Dictionary for Learners of English. 2000². London: Oxford University Press.
The Random House Dictionary of the English Language. 1987². New York: Random House.
Webster's Dictionary of English Usage. 1989. Springfield: Merriam-Webster.
Webster's New Dictionary of Synonyms. 1984. Springfield: Merriam-Webster. [Web Syn²]
Webster's New World College Dictionary. 1999⁴. New York: Macmillan.
Webster's Third New International Dictionary of the English Language. 1961. Springfield: Merriam.
The World Book Dictionary. 1978². Chicago: Doubleday.

# 索　引

**【英　語】**

## [A]

a great deal　250
a lot　64,250
abhor　455
absolute　263
absolutely　264,270,443
absorbing　446
abstain from doing　416
accept　10
accordingly　210,223
actually　264,357,371-372
advise　10
after　38,56,225
after that　355
against　416
all in all　363,365
all morning　32
all night　36
All right.　125,150
All right if I ...?　129
(all) the＋比較級　244,253
all the same　226,232,371
all the time　16,36
all things considered　366,396
allege　308
allow A to do　126
almost certainly　184
already　19-20
also　341,345-346,348,355
although　226,228-230
always　7,16-17,24,32,36-37
amusing　445
and（並置・追加）　225,340,341-343;（対照）　228;（命令文の後で）　78
比較級＋and＋比較級　244,254
and besides　350
and so　218
and so on [forth]　340,350,352-353
and so on and so forth　353
and the like　353
and what have you [and what not]　353
and yet　227
annoy　449
anxiously　295
anyhow　233
anything but　397-398,415
anyway　233
apologize　10
appear so　379
apropos (of) ...　368
arrange for A to do　86
as（接続詞）（理由）　196,200-201,219;（様態）　226-227,240-241;（譲歩）　230;（比例）　253;（時）　35
as（関係代名詞）　328,330
as（前置詞）　241
as a matter of fact　372-373
as a result (of) ...　210,223-224
as a rule　365
as ... as A　244-248
as far as I know　179
as for ...　367-368
as if＋主語＋動詞の過去形　66-67
as if＋主語＋had＋過去分詞　71
as if to do　67
as it were　68
as long as ...　72,74-75

as many (...) as A  245
as much (...) as A  245-246
as regards ...  368
As ..., so ...  241
as soon as  38-39,56
as though＋主語＋動詞の過去形  66
as though＋主語＋had＋過去分詞  71
as well  341,345-348
B as well as A  341,343-345
ask (尋ねる)  436-437
ask A to do  86,131,145-146
ask that ...  146
ask to do  146
assume  10
assume (that) ...  57
at (原因)  196,206-207
at any rate  233
at best  260
at last  355
at least  255,260
at one's best  260
at present  13,15
at that time  36
at the moment  13
at (the) most  255,259
at (the) worst  260
awfully  264

[B]

badly  266
barring ...  396
be＋過去分詞(＋by＋動作主)  297-304
be about to  49
be above doing  416
be allowed to do  79,83,126-127
be amused at  313
be angry  438,446
be annoyed with  313
be anxious about [for]＋人・事  295,
　450

be anxious for＋名詞  295
be anxious for A to do  295
be anxious (that) ...  294-295
be anxious to do  280,294-295
be banned from doing  128
be barred from doing  128
be being＋形容詞［名詞］  17-18,37
be bound to  183
be certain to  183
be coming  50
be compelled to do  89
be concerned about＋人・事  449
be concerned that ...  449
be covered in [with]  313
be crazy about  454
be delighted (that) ...  438,443
be delighted to do  443
be delighted with [by, at]＋事  313,443
be depressed  451
be determined to do  176
be disappointed at  313
be down  452
be eager for＋名詞  296
be eager to do  280,296
be ecstatic  443
be excited at  313
be filled with  313
be fond of＋名詞  452-453
be fond of doing  452
be forbidden to do  128
be forced into doing  88
be forced to do  88
be frightened of  314
be furious at  448
be glad about＋事  440-441
be glad (that) ...  440-441
be glad to do  438,440-441
be gloomy  452
be going  50
be going＋to 不定詞  45,47,**48-50**,165,

169-172, 180
be happy　439
be happy about ［with］＋事　439
be happy doing　440
be happy (that) …　439
be happy to do　438-439
be heartbroken　452
be incapable of doing　414
be interested in　313
be into　454
be irritated at　438
be it ever so humble　238
be jubilant　443
be just going to do　49
be keen on　454
be keen (that) …　296
be keen to do　296
be let (to) do　83
be likely to do　187, 195
be livid　448
be mad　446
be mad about　454
be made to do　79-81
be no good at　413
be not allowed to do　126-127
be not going to do　167, 169-170
be not permitted to do　127-128
be not to do　101, 113
be obliged to do　79, 90
be offended　446-447
be on the point of　49
be overcome ［overwhelmed］ by grief　452
be overjoyed　444
be permitted to do　83, 127
be pleased (that) …　441-442
be pleased to do　441-442
be pleased with ［about］＋事　438, 441-442
be prohibited to do　128

be requested to do　146
be resolved to do　176
be sad about＋事　451
be sad that …　451
be sad to do　438, 451
be satisfied with　314
be shocked at　313
be sorry　451
be such that 節　223
be supposed to do　113
be surprised at　313
be thinking of doing　165, 176
be＋to 不定詞　45, **57-58**, 91, 101, 112-113
be unable to do　414
be unaware of …　414
be unhappy　451
be upset about　313
be worried about＋人・事　314, 438, 449
be worried that …　449
because　196-199, 202, 219, 432-433
because of　196, 201-202
before　21, 38, 56, 58
before you know it　415
beg　10
believe　308
believe so　379
besides　340, 349-350
bet (that) …　57
beyond　416
both A and B　341-343
bother　449
briefly　364-365
bring about　197
broadly (speaking)　366
but (接続詞)　226-228, 232, 357, 370-371
but (関係代名詞)　330
but for …　65-66, 70
but then　371
by＋動作主　297-298, 301-304
by all means　121

by and large  365
by comparison  231
by contrast  231
by far  259
by no means  269,397,414
by oneself  272
by the time  58
by the way  357,366

[C]

can（許可）116,118-120,123;（可能性）172,177-178,183,189-192
can＋知覚動詞  6
can have＋過去分詞  192
Can I ...?  116-119,130,136,147,161-162
Can you ...?  131,134-135
can you?  95-96
can't [cannot]  116,120-121,183,191-192
can't have＋過去分詞  192
can't help doing  414
Can't I ...?  120-121
can't possibly  189,270
can't wait  294
can't wait for＋名詞  280,294
can't wait for A to do  294
can't wait to do  294
Can't you ...?  136
can't you?  96-97
care for  453
carry easily  316
cause（名詞;動詞）  197
cause A to do  81-82
certainly  177,184-185,264
Certainly.  125
Certainly not.  124
cheerful  445
come to like  453
come what may  238
compel A to do  79,89

complete  263
completely  264
consequently  223
constantly  16-17,36
continually  16-17,36-37
could（過去の許可）116,119;（可能性）177-178,190,193-195
could＋知覚動詞  6
could have＋過去分詞  194-195
Could I ...?  116-120,130,136-137,282
could not  119
Could you ...?  130-131,134-135
could you?  95-96
Could you possibly ...?  135
Couldn't I ...?  120
couldn't possibly  189,270
couldn't you?  96
cut  316

[D]

decide that ...  175
decide to do  165,175
declare  10
definitely  264
deny  10,415
desire（名詞）  286
desire＋名詞  280,286
desire to do  286
despite  226,233-234
determine that ...  175
determine to do  165,175
detest  455
didn't have to do  106
didn't need to do  106
die from  205-206
die of  205-206
difficult  416
dislike＋名詞  455
dislike doing  455
do（助動詞）（強調）  91,97,131,261,273

do（動詞）（代用） 374-375, 377-379
do it　378
do nothing but do　414
do so　378
do that　378
Do you mind doing?　131, 142-143
Do you mind if ...?　125
Do you mind if I ...?　116, 124
Do you mind my [me] doing?　116, 124
Do you think ...?　195
Do you think I could ...?　120
Do you think you could ...?　135
Do you want ...?　130, 140
Do you want me to do?　147, 149, 162-163
Do you want to do?　140-141
Don't ... [Do not ...]　91, 94-95
don't allow A to do　126
don't have to　105
don't let A do　126
Don't let me do　101
Don't let's do　100, 150
don't like＋名詞　455
don't like doing　455
don't like to do　455
don't need to　105
don't permit A to do　127
Don't you ...　99
doubt　416
down [up, away, out, etc.] with　114
drive ... crazy [mad]　449
due to　196, 201-203

[E]

e.g. [eg]　361
eagerly　296
eagerness　296
easily　259
enjoy＋名詞　444
enjoy doing　438, 444
enjoy oneself　444

enjoyable　438, 445
entertaining　445
entirely　261, 264
etc. [etc]　350, 352-353
even　250
even if　68, 226, 235
even so　226, 232, 380
even though　229
eventually　355
ever　8, 21-22, 259, 261, 267-268
every day　7, 15-16, 36
exactly　241, 245
exciting　446
expect　308
expect so　379
extreme　263
extremely　264

[F]

fail to do　416
fancy　400
fantastic　263
far　250, 265
far from　269, 397, 415
far from it　373
feel on top of the world　443
feel　5, 15, 312
feel blue　452
feel compelled to do　89
feel disturbed　450
feel happy　439
feel like＋名詞　280, 286-287
feel like doing　286-287
feel obliged to do　90
feel sad about＋事　451
feel sad that ...　451
feel sad to do　451
feel sorrow over [at, for]＋事　451
feel uneasy about＋事　450
few　397, 408-409

finally 340,354-356
first(ly) 340,354
fly into a rage 448
for（接続詞） 196-199
for（前置詞）(理由) 196,203-204; (目的) 210,216-217; (不定詞の主語) 213
for a start 354-355
for all 226,233-234
for another thing 354
for example 357-358,361
for fear (that) ... 216
for instance 358,361
for the benefit of 210,216-217
for the most part 260
for the purpose of 210,216-217
for the sake of 210,216-217
forbid＋名詞 128
forbid A from doing 128
forbid A to do 128
force A into doing 87-88
force A to do 79,87-88
forever 16-17,36-37
forget 415
free from 397,415
from（理由） 196,203-206
fully 264
funny 446
furthermore 349-350,352

[G]

gather 11
generally 7
get 83
get＋過去分詞 315-316
get＋O＋過去分詞 317
get angry about [over, at]＋事 446
get angry (that) ... 446
get angry with [at]＋人 446
get A doing 79,84-85
get furious at [about]＋事 447

get furious that ... 447
get furious with [at]＋人 447
get impatient at [about]＋事 448
get impatient with＋人・事 448-449
get irritated at [by, about]＋事 448
get irritated with [at]＋人 448
get mad about＋事 446
get mad at [with]＋人 446-447
get nervous 450
get on one's nerves 448
get A to do 79,83-84
get to like 453
give rise to 197
gonna 49,169
good and＋形容詞 264
grand 263
granted (that) ... 396
great 263
greatly 266
grieve for＋人 451
grieve (over)＋事 451
grow to like 453
guarantee 10

[H]

had＋過去分詞 37-43
had been＋過去分詞 299
had been＋現在分詞 43-44
had best 260
had better 91,109-112
had better not 109-110
had hoped to do 292-293
had intended to do 173
had meant to do 173
had to 104-105,184
half as ... as A 246
hang 7
happy 439-440,445
hardly 397
hardly any 397,408-409

hardly ever  410
hate  15
hate＋名詞  438,455
hate doing  455
hate to do  455
have  85
have [has]＋過去分詞  19-25
have＋O＋過去分詞  297-298,317
have a good [a great, an enjoyable] time  444
have [has] been＋過去分詞  299
have [has] been＋現在分詞  25-27
have been to  22
have A do  79,85-86
have A doing  79,86
have fun  444
have fun doing  444-445
have gone to  22
have got to  104-106,184
have had to  104
have it coming  87
have no choice but to do  413
have to（義務）  91,104-106;（推量）182,184
have yet to do  416
haven't got to  105
hear  5-6,11,312
help  312
hence  223-224
hereby  11
hit  16
hope（名詞）  293
hope for＋名詞  291
hope so  379
hope (that) ...  57,291-292
hope to do  280,291
hoped to have＋過去分詞  292-293
hopefully  292-293
how（疑問副詞）  417,424,429,431-432,437

how（関係副詞）  318-319,334,338-339
How＋形容詞・副詞...?  431-432
How about ...?  147,153-154
how come?  433
How would you like ...?  142
How would you like to do?  142
however（どんなに…しようとも）  226,235-236;（しかし）  232,370

[ I ]

I advise doing  160
I advise you to do  160
I am [I'm] wondering ...  15,126,143
I can ...  162-163
I can't wait.  294
I can't wait for＋名詞  294
I can't wait to do  294
I could ...  162
I dare say [I daresay]  178-179
I don't believe so.  400
I don't suppose so.  379,400
I don't think so.  379,400
I don't think (that) ...  400
I guess  111
I hope not.  292,379-380,400-401
I hope so.  292
I hope (that) ...  292
I mean  357,359-360
I propose doing  159-160
I propose that we do  159-160
I propose that you do  159
I propose (your) doing  159
I shall ...  171
I suggest doing  159
I suggest (that) we do  158-159
I suggest (that) you do  158-159
I suggest (your) doing  158
I suppose  111
I suppose not.  379,400
I think  111

I think not.　379, 400
I think (that) ... not ...　400
I want A to do　145
I was hoping ...　293
I was wondering ...　126, 143
I will [I'll] ...　163, 165-168
I wish ...　68, 287-289
I wish ... would　288
I wonder if [whether] I ...　116, 125-126
I wonder if [whether] you ...　131, 143-144
I wondered ...　126, 143
I won't have A do [doing, done]　86-87
I would [should] ...　155-156
I would [I'd] advise ...　160
I would [I'd] like A to do　131, 145
I'd ...　155-156
I'd like ...　282
I'd like to very much.　150
I'd love to.　150
I'd prefer　454
I'd rather ...　68
I'd rather you didn't.　121-122
I'd sooner ...　68
i.e.　358-359
if（条件）　56, 75-76, 416;（譲歩）235;（＝whether）　436
if＋主語＋動詞の過去形　63-65, 130, 139
if＋主語＋had＋過去分詞　69-70
if＋主語＋should＋動詞の原形　71-72
if＋主語＋were＋to 不定詞　64-65
if I were you　63, 65, 147, 155-156
if it had not [hadn't] been for ...　70
if it was not [wasn't] for ...　65-66
if it were not [weren't] for ...　65-66
if only＋主語＋動詞の過去形　68, 280, 289-290
if only＋主語＋had＋過去分詞　290-291
if only＋主語＋would＋動詞の原形　290
if possible　388

if so　380
if you could ...　138-139
if you don't [wouldn't] mind　95-96
if you like　95-96, 163
if you want　163
if you were＋to 不定詞　140
if you will [would; could]　139
if you will [would] ...　130, 138
I'm afraid (that) ...　293
I'm afraid not.　122, 379, 401
I'm afraid so.　379
I'm hoping ...　15, 144, 293
I'm (much) obliged (to you).　90
imagine　400
in a＋形容詞＋manner [way, style, fashion, etc.]　227, 242-243
in a good mood　444
in a nutshell　365
in a word　363-364
in actual fact　372
in addition　349-351
in addition to ...　351
in all probability　179
in any case　233
in any event　233
in brief　363-364
in case ...　56, 72, 75-76, 215-216
in case of ...　76
in comparison　231
in conclusion　356
in consequence (of ...)　210, 223-224
in contrast　231
in fact　357, 372-373
in general　366
in less than no time　414
in no way　414
in order for A to do　215
in order not to　212-213
in order that A can [will, may] ...　213-215

in order that A can [will, may] not ... 214
in order to  210-213
in other words  357-359
in short  357,363-364
in spite of  226,233-234
in summary  363
in the first [second, third] place  354
in the world  267
in those days  32,36
incidentally  366
inform  10-11
infuriate  448
intend doing  174
intend for A to do  174
intend to do  165,170,172-173
intend A to do  173
intend to have＋過去分詞  173
intention  174
interesting  445
is [am; are]＋過去分詞  298
is [am; are]＋現在分詞  13-18,50-52
is [am; are] being＋過去分詞  299
Is it all right [OK] (for me) to do?  129
Is it all right [OK] if I ...?  117,129
A is to B what C is to D.  329
It is A that [who, which] ... (分裂文) 261,274-277
It is likely (that) ...  187
It is no use [no good] doing  413
It is time＋主語＋動詞の過去形  68
It would be a good idea for A to do  111
It would be better to do  111

[J]

judging by [from] ...  395
jump  16
just  13,19-20,198,241,245,264,270
just in case  76
just now  20

just the same  232-233

[K]

keep ... from doing  415
kick  16
kindly  96
knock  16
know  308
know better (than to do)  255-256

[L]

last of all  356
lastly  354-356
lead to  197
learn  11
least of all  260
leaving aside ...  396
less ... than A  244,251-252
lest 節  216
let  82
let A do  79,82-83,100-101,117,126-127
Let him [her; them] do  101
Let me do  100,147-148,161
Let me not do  101
Let us do  100-101
Let us not do  100
Let's ...  101,147,149-150
Let's don't do  100,150
Let's not do  100,150
lie  7,24
like（動詞）  15,438
like（接続詞）  67,241
like（前置詞）  226,240-241,358,362
like＋名詞  452
like A better that B  454
like doing  452
like to do  452
likely  177,184,187-188
little  397,408-409
little more than  255

loathe 455
long for＋名詞 285-286
long to do 285
look happy 439
lose one's temper 446-447
lose patience 449
lots 250
love 15
love＋名詞 452-453
love doing 452-453
love to do 452-453

[M]

make 80,312
make A do 79-81
make A done 81
make the most of 260
make up one's mind that ... 176
make up one's mind to do 175-176
many more＋複数名詞 250
may（許可） 116,118,120-123;（可能性） 177-178,191,193-195,237
may have＋過去分詞 194
May I ...? 116-118,121-122,130,136-137,147,161-162
may not 116,120-122
maybe 111,177,184,188
maybe so 380
Maybe you could ... 136
mean for A to do 174
mean to do 165,172-173
mean A to do 173
might（許可） 116,123;（可能性） 177-178,193-195
might have＋過去分詞 157,194-195
Might I ...? 116-117,123,130,136-137
Mind if ...? 125
more and more 254
more often than not 256
more or less 256

more than 255
more＋原級＋than 251
moreover 349-350,352,355
most (＝very) 259
most likely 187
most of all 260
most probably 186
much 250,259
much less 256
much more 256
must（強制・義務） 91,101-104,106-107,112;（推量） 177-178,182-184,192
must have＋過去分詞 182-183
must not [mustn't] 101,103,116,122-123,183
My advice is [would be] ... 160

[N]

name 10
namely 358
need not [needn't] 105
need not have＋過去分詞 106
neglect 416
neither 348-349,397,404,410
neither＋be動詞［助動詞］＋主語 340,343,347-349
neither A nor B 342
neither of 397,411
never 7,21-22,397,406-408
Never ... 94
never ... without doing 414
never ever 407-408
never fail to do 413
never in one's life 269
never to do 224
never too ... to do 414
nevertheless 226,229,232,371
next 354
nice and＋形容詞 264
no 397-398,402-403

No+(動)名詞　114-115
no better than　255
no fewer than　255
No, go (right) ahead.　125
no less A than B　255
no less than　255
No, let's not.　149-150
no longer　414
no matter+wh-語　236-237
no more　414
no more A than B　255, 414
no more than　255
No, not at all.　124
no one　412
No, please do.　125
no sooner ... than　256
no ... what(so)ever　268-269
nobody　397, 411-412
nod　16
none　397
none of　403-404
none the+比較級　253-254
nonetheless [none the less]　232, 371
nor　348-349
nor+be 動詞 [助動詞]+主語　340, 343, 347-349
not　397-402
not a+名詞　269, 402-403
not a bit　269
not a single+名詞　269
not ... a thing　269
not ... a wink　269
not all　405-406
not all of　405-406
not altogether　405
not always　404
not any　402-403
not as ... as A　244, 246, 251
not ... at all　261, 268, 412
not ... because ...　199

not ... both　406
not ... by any means　269
not completly　405
not definitely　405
not ... either　347-348, 411
not ever　408
not every　405-406
not exactly　405
Not in the least.　124
not ... in the least　268
not less than　255
not many　409
not more than　255
not much　409
not nearly　269
not necessarily　397, 404-405
not only A but (also) B　340-341, 343-345
not A or B　342
not quite　405
not really　405
not so ... as A　246, 251
not to　212
not too　414
not ... very　405
nothing　397, 411-412
notwithstanding　234
now　13, 15-16, 19
now (that) ...　200-201
nowhere　397-398, 411-413

【O】

obligation　90
oblige A to do　89-90
of（理由）　203-206
Of course.　125
Of course not.　124
of which　319, 325-326
offer to do　164
offer (A) B [B (to A)]　164
often　7, 21, 32

Oh that ...  68
OK.  125, 150
OK if I ...?  129
omit  416
on account of  196, 201-202
on balance  366
on condition (that) ...  72, 74
on earth  43, 168, 267
on one's mind  451
on second thought(s)  372
on the contrary  231, 373
on (the) grounds of ...  203
on the grounds that ...  203
on the other hand  231-232
on the whole  357, 363, 365
on top of ...  351
once  21
once a week  7, 32
one（代用）  374-377
ones（代用）  376-377
oneself  261
only  198
only to do  224
or（それとも）  417, 423-424;（さもないと）78
or rather  360
order A to do  86
ought not to [oughtn't to]  108, 181
ought to  91, 103, 107-109, 177, 180-182
ought to have＋過去分詞  108, 181
out of（理由）  196, 203-205
owing to  196, 201-202

### [P]

perfect  261, 263
perhaps  111, 138, 177-178, 184, 188-189
perhaps so  380
Perhaps you could ...  136
Perhaps you would be good enough to do?  138

permit A to do  117, 127
perpetually  16-17
plan＋名詞  174
plan on doing  174-175
plan to do  165, 174
pleasant  445
please  91, 95-98, 110, 121, 131
possibly  123, 135, 137, 177, 184, 188-189, 270
prefer＋名詞  454
prefer doing  454
prefer A to B  454
prefer to do  454
prefer to do rather than (to) do  454
presumably  177, 184-186
prevent ... from doing  416
print well  316
probable  187
probably  177, 184, 186
prohibit＋名詞  128
prohibit A from doing  128
promise  10
pronounce  10
provided (that) ...  72-74
providing (that) ...  72-73

### [Q]

quite  259, 264
quite likely  187
Quite so.  380

### [R]

rage about＋事  447
rage at [against]＋人  447-448
rarely  397, 409-410
read well  316
really  264, 270
reason  197
recently  19
reckon  400

recommend  10
refrain from doing  416
refuse  415
remain to do  416
report  308
request  10
request that ...  146
request A to do  145-146
resolve that ...  175
resolve to do  175
result  218
right  264
run out of patience  449

## [S]

say  10-12, 308, 436-437
say so  379
scarcely  397
scarcely any  408
second(ly)  354
see  5-6, 11, 312
see (to it) that  57
seeing (that) ...  200-201
seldom  8, 397, 409-410
sell like hot cakes  316
sentence (動詞)  10
several times  21
shall (予測)  47; (意志)  165, 171-172
Shall I ...?  147-149
Shall we ...?  148-149
shall we?  150
sheer  263
should (義務)  91, 107-109, 112; (推量)  177-178, 180-182; (that 節内)  208; (in case 節内)  76
should have＋過去分詞  108, 181
Should I ...?  148-149
should not [shouldn't]  108, 181
Should we ...?  148-149
should we?  150

simply  198, 270
since (理由)  196, 200-201, 219
sit  7, 24
sleep  24
smell  5-6
so (接続詞)  201, 210, 218, 220
so (副詞)(強意)  263-264, 266; (代用)  374-375, 379-380, 400
so＋主語＋動詞  349
so as not to  212
so as to  210-213
so＋be 動詞［助動詞］＋主語  340, 348-349
so far  24
so long as ...  72, 74
so that 節 (結果)  210, 219-220
so that A can [will, may] ...  210, 213-216
so that A can [will, may] not ...  214
so ... that 節  210, 220-222
some (代用)  375, 377
sooner or later  256
speaking of ...  367
stand  7
stay  24
still  13, 229, 232
still less  256
still more  256
stop ... (from) doing  416
strictly speaking  395
such (強意)  263, 266
such A as B  362
A (,) such as B  357-358, 362
Such is ... that 節  223
such ... that 節  210, 220-222
suggest  10
suppose (that) ... (…と思う)  57
suppose [supposing] (that) ... (もし…としたら)  72-73, 396; (…してはどうか)  158

Suppose [Supposing] (that) you do　158
Suppose [Supposing] we do　147,158
Sure.　125,150
surely　264
Surely not.　124

## [T]

taking ... into consideration　395
talking of ...　367
taste　5
tell　11,436-437
tell A to do　86
tell you so　379
ten to one　179
terribly　264
terrific　263
比較級＋than A　244,248-252
than（関係代名詞）　330
Thank you very much.　150
thanks to ...　203
that（関係代名詞）　318-328,332,334-337
that（関係副詞）　335,338
that is (to say)　357-358
that is why　219
That sounds great [good].　150
that which (＝what)　329
That'd be very nice.　150
(That's a) good idea.　150
That's very kind of you.　150
the last (...) to do [関係詞節]　260,415
the next＋最上級　260
The reason (why [that]) ...　197
the way (that, in which) ...　241,338-339
the＋比較級, the＋比較級　244,252-253
then　354-355
There is no doing　413
therefore　210-211,223
these days　15-16
think　308
think so　379

third(ly)　354
this morning　22
this week　22
this year　22
thorough　263
thoroughly　264
those who ...　320
though（接続詞）　226,228-230
though（副詞）　229
through（理由）　196,203-204
thus　210,223
... times as ... as A　246-247
... times＋比較級＋than　247
to begin with　354
to conclude　354,356
to make [cut] a long story short　365
to put it in a nutshell　365
to say the least　260
to start with　354
to sum up　363
to summarize　363
to (the best of) my knowledge　179
today　22
too　340-341,345-348
too ... to 構文　222-223,415
try as you will　238
try one's best　260
turning to ...　396
twice as ... as A　246

## [U]

understand　11,308
unless　56,72,77
unlike　414
unlikely　188,414
until　39,56
until now　24
used to do　32-34
usually　7,15,32,36
utter　263

utterly 264,266

## [V]

very 259,263
very likely 187
very much 250,259
very probably 186

## [W]

wait 24
wanna 281
want＋名詞 280-281
want A＋形容詞（過去分詞，現在分詞，前置詞句など） 282
want to do 281,284
want A to do 281-282
warn 10
was [were]＋過去分詞 299
was [were]＋現在分詞 34-37
was [were] allowed to 119
was [were] being＋過去分詞 299
was [were] going to 170
was [were] not allowed to 119
was [were]＋to 不定詞 57-58
was [were] to have＋過去分詞 57-58, 113
wash easily 316
We can [could] ... 156
We shall ... 171
well 264,357,368-369
were＋to 不定詞 64
what（疑問代名詞） 417,424,426-427, 429,437
what（関係代名詞） 318-319,328-329
what（関係形容詞） 329
What about ...? 147,153-154
What do [would] you say? 155
What do [would] you say ...? 155
What do [would] you say to ...? 147,154

What (...) for? 427
What I mean is ... 360
What if ...? 158
What ... is A（疑似分裂文） 261,277-279
What is it [he] like? 427
what with A and (what with) B 329
what you call 329
whatever 226,235-238
what's more [what is more] 329,349-352,355
when（接続詞） 35-36,38-39,56,225
when（疑問副詞） 418,424,429-430,437
when（関係副詞） 318-319,334-335
, when 339
whenever 235-236
where（疑問副詞） 424,429-430,437
where（関係副詞） 318-319,334,336-337
, where 339
whereas 230-231
wherever 235-236
whether 239,436
whether A or B 238,436
whether A or not 238-239
which（疑問代名詞） 417,424,428-429,437
which（関係代名詞） 318-319,321,323-325,335-338
which（関係形容詞） 333
, which 331-333
which of 428-429
whichever 226,235-236
while 35,226,230-231
who（疑問代名詞） 417,424-425,437
who（関係代名詞） 318-324,327
, who 331-332
whoever 226,235-236
whom（疑問代名詞） 424-425
whom（関係代名詞） 319,321-323
, whom 332
whose（疑問代名詞） 424-426,437

whose（関係代名詞） 318-319,323,325-326
, whose 331-332
why（疑問副詞） 424,429,432-433,437
why（関係副詞） 318-319,334,337-339
Why don't we ...? 147,151
Why don't you ...? 147,152
why don't you? 96-97
Why not? 153,433
Why not ...? 151-152
Why so? 380
will（予測） 46-48,50;（意志） 56,139,166-168,170;（推量） 55,177-180;（命令） 91,111-112
will［shall］＋動詞の原形 45,**46-48**
will be＋過去分詞 299
will be＋現在分詞 52-54
will be able to 119,190
will be possible 190
will have＋過去分詞 58-60
will have been＋過去分詞 299
will have been＋現在分詞 60
will have to 104
will never 167
will not 167,180
Will you ...? 130-132,135
will you? 95-96,99,133
Will you be doing? 54,133
wish（名詞） 285
wish＋主語＋動詞の過去形 280,287-288
wish＋主語＋had＋過去分詞 289
wish＋主語＋would＋動詞の原形 288-289
wish for＋名詞 285
wish to do 280,284-285
wish A to do 285
with（所有） 323;（理由） 196,203-204;（付帯状況） 392-393
with＋抽象名詞 242-243
with a view to 210,216-217

with all 233-234
With pleasure. 125
with reference to ... 368
with regard to ... 368
with respect to ... 368
with the aim of 210,216-217
with the result that ... 223-224
without 416
won't 167-168,171,180
Won't you ...? 133
won't you? 96,133
worry about＋人・事 449
worry that ... 449
worse than 255
would（過去の習慣） 33;（意志） 139;（過去の固執） 168;（推量） 179-180
Would it be all right［OK］(for me) to do? 129
Would it be all right［OK］if I ...? 129
would like＋名詞 283
would like for A to do 284
would like to do 280,283
would like A to do 281,283
would like to have＋過去分詞 284
would love 284
would not［wouldn't］ 168,180
Would that ...! 289
Would you ...? 131-133
Would you be kind［good］enough to do? 130-131,137-138
Would you be so kind［good］as to do? 131,137-138
Would you care for ...? 142
Would you care to do? 142
Would you like ...? 141,284
Would you like me to do? 147-149,162-163
Would you like to do? 130-131,141,283-284
Would you mind doing? 110,131,142-

143
Would you mind if ...? 125
Would you mind if I ...? 116,124
Would you mind my [me] doing? 116,124
would you? 95-96,133
wouldn't you? 96
write 11-12

[Y]

yes, but ... 371
Yes, let's. 149-150

yet 19-20,226-227,229
you 91,94
You ... 98-99
You can ... 116-119,121,156
You can't [cannot] ... 117-118
You could ... 112,156
You may ... 118,121
You might ... 112,123,157
you might not ... 123
You shall ... 172
You'd be better to do 111

【事　項】

[あ]

意志　45,48,54,56,165-167,169-170,172
一致（人称・数の）　345
一般疑問文　418-420
意図　165-167,170-171,**172-175**
依頼　54,71,96,**130-146**,157,166,282-283,288,293
受身　**297-317**
　〜の意味　14,80
　〜の時制と相　298
応答疑問文　417,435

[か]

開放条件　61
過去完了形　28,**37-43**,173
過去完了進行形　28,**43-44**
（単純）過去時制　6,20,22,24,28,**29-34**,35,38-40,144,173
過去進行形　28,**34-37**,44
仮定法　61-62,73,125,143,158,235
仮定法過去　**63-68**,125,129,139
仮定法過去完了　63,**69-71**
仮定法現在　216
仮定法未来　**71-72**
可能性　177,**189-195**

関係形容詞　329,333
関係詞　318
関係代名詞　318,**319-334**
関係副詞　318,**334-339**
完結動詞　314
間接疑問文　116,125,239,436-437
感嘆疑問文　417,434
願望　280,284-286,**287-296**
勧誘　54,101,130,132-133,139,142,145,148-154,166,283
完了・結果　19-20,22,25,41,45,58-59
完了進行形　27
完了不定詞　57,173
完了分詞　390
疑似分裂文　278-279
義務　102,104-106,108
疑問　**417-437**
疑問代名詞　424
疑問副詞　429
却下条件　61
旧情報　200,275,300
強意の形容詞　262
強意の副詞　264
強制　102
強調　189,222-223,**261-279**,345,407
強調詞　189

許可　**116-129**,139,151
禁止　103,108-109,116,122,127-128
経験　19,21-22,24-25,41,45,58-59
継続　19,23-26,42-43,45,58-60
劇的現在　12
決意　165,169,171,**175-176**
結果　210,213,216,**218-225**
決定詞　256,263,376,382,411,428
原因　196,**197-209**,432
原級　258
現在完了形　3,**19-25**,30
現在完了進行形　3,24,**25-27**
(単純)現在時制　3,**4-12**,14,32,45,**55-57**,214,292
現在進行形　3,9,**13-19**,45,**50-52**,56
呼応　404,411
固執　166,168
語用論的　54,92,96,132,148,288

[さ]

再帰代名詞　81,94,261,271-272,305
最上級　244,**256-260**
使役　**79-90**,317
使役動詞　79,312
自制可能　18,58,94
時制の一致　37,40-41,104,277
支柱語の one　377
修辞疑問文　417,433-434
主格(関係代名詞の)　319-320,323
瞬間動詞　16
条件節　61-62
状態受動　314
状態(を表す)動詞　5-6,8,20,32,49,52,54,65,83,88,182,213,254,315
譲歩　**226-239**
省略　374,**380-390**
　be 動詞の〜　58,237
　by＋動作主の〜　297-298,302-304
　if の〜　65-66,70,72
　one [ones] の〜　376-377

that の〜　208,215,219,221,275,287,292-293,335,338
to be の〜　282,311
関係代名詞の〜　321-322,324-325,327-328,**334**
「主語＋be動詞」の〜　67,77,230,239-240,249,**388-389**
主節の〜　73,289
先行詞の〜　335-337
動詞句の〜　81,83,88
除外の we　149
助言　63,68,71,73,107,155
所有格(関係代名詞の)　319,323,325
進行形　6-7,14-16,18,144
新情報　197,278,300,302
遂行動詞　10
推量　55,58,**177-189**
制限　73-74,77
制限的用法　331
絶対最上級　259
先行詞　318-320,323,326,328,330-331,333-338
選択疑問文　417,423-424
相互代名詞　305

[た]

対照　**226-235**
代用　374,**375-380**,400
談話　20,300
知覚動詞　5-6,312
直説法　61-62,67,73,77,125,129,158,215-216,235
直喩　248
提案　68,71,73,101,139-140,**147-160**,191
転移否定　400
伝達動詞　11,436
問い返し疑問文　435
等位接続詞　227
統語的　132
動作主　297-298,301-302,316

動作受動　314
動作動詞　33,81
倒置　65-66,70,72,222,241,262,269,345,
　　407,410
同等比較　244,**245-248**
独立分詞構文　366,392-393,395

## [な]

二重否定　401
認識動詞　11
人称代名詞　233,247,249
能動受動態　316
能動態　298

## [は]

倍数　246-247
話し手以外の権威　104
話し手の権威　102,112,118
反復（主語と助動詞［be動詞］の）　272；
　　（同一語句の）　261,270
被害　85
比較級　**248-256**,258,330
非完結動詞　314
非制限的用法（関係代名詞の）　331-333；
　　（関係副詞の）　339
否定　342,379,**397-416**
　　～の作用域　199,348
否定疑問文　110,120,418,420-421,434-
　　435
否定語　397,413
否定命令　94-95,101
否定命令文　95-96
被動作主　297,298,300,302
付加疑問　95-96,421-423
付加疑問文　94,99,273,418,421-423
不許可　116-117,120-123,126-127
副詞節（時・条件を表す）　55-56
付帯状況　393
不等比較　244,248

部分否定　404-406
分詞構文　201,374,**390-396**
　　慣用的な～　395-396
文末重点の原則　302
文末焦点の原則　302
分裂文　275-277
平叙疑問文　419-420
法助動詞　195,216,277

## [ま]

未来完了形　45,**58-60**
未来完了進行形　45,59,**60**
未来進行形　45,48,**52-54**,133
命令　71,**91-115**,133,172,282,288
命令文　78,91-92,94-99,113,133
申し出　147-148,**161-164**,166,282-283
目的　**210-218**,433
目的格（関係代名詞の）　319-321,324,
　　332,334

## [や・ら・わ]

有標な表現　10
様態　226,**240-243**
欲求　**280-287,294-296**
呼びかけ語　99-100
理由　196,**197-206**,209,219,432-433
歴史的現在　12
話題化　262,300

that 節（感情の原因）　196,208
to 不定詞（仮定）　77；（感情の原因）　196,
　　207-209；（判断の根拠）　209；（目的）
　　210-213,215,217-218,433；（結果）　210,
　　224
wh-疑問文　417,424-433
wh-語　192,267-268,417,423-424,430,
　　436-437
wh-ever 語　192,226,236-237
yes-no 疑問文　417-424,434,436

[著者紹介]

岸野英治（きしの　えいじ）

1948年　兵庫県篠山市生まれ
1976年　神戸市外国語大学大学院外国語学研究科修士課程英語学専攻修了
1979-1980年　Harold Bell Scholarshipにより The Bell School of Languages (Cambridge校) 留学
現在　甲南女子大学教授，京都大学非常勤講師

[主要業績]

『現代表現英文法』（共著，英宝社），『小学館プログレッシブ英和中辞典』（第1，2版）（執筆・校閲，小学館），『ジーニアス英和辞典』（第1，4版）（執筆・校閲協力，大修館書店），『ラーナーズプログレッシブ英和辞典』（執筆・校閲，小学館），『ニューセンチュリー和英辞典』（編集委員，三省堂），『ランダムハウス英和大辞典』（第2版）（執筆・校閲，小学館），『アクティブジーニアス英和辞典』（執筆，大修館書店），『グランドセンチュリー和英辞典』（編集委員，三省堂），『ウィズダム和英辞典』（編集委員，三省堂），『現代英語語法辞典』（編集協力・校閲，三省堂），『あいづち・つなぎ語辞典』（共訳，マクミランランゲージハウス），ほか

総合コミュニケーション英語文法（そうごうコミュニケーションえいごぶんぽう）

© Kishino Eiji, 2008　　　　　　NDC835　xviii, 477p　22cm

初版第1刷────2008年7月1日

| 著　者 | ──── | 岸野英治（きしのえいじ） |
| 発行者 | ──── | 鈴木一行 |
| 発行所 | ──── | 株式会社大修館書店 |

〒101-8466　東京都千代田区神田錦町3-24
電話　03-3295-6231（販売部）/03-3294-2655（編集部）
振替　00190-7-40504
[出版情報] http://www.taishukan.co.jp

| 装丁者 | ──── | 内藤創造 |
| 印刷所 | ──── | 壮光舎印刷 |
| 製本所 | ──── | 牧製本 |

ISBN978-4-469-24526-4 C3082　　　　　　Printed in Japan

Ⓡ本書の全部または一部を無断で複写複製（コピー）すること は，著作権法上での例外を除き禁じられています。